北京高等教育精品教材
BEIJING GAODENG JIAOYU JINGPIN JIAOCAI

21 世纪应用心理学教材

实用心理与人事测量

王 垒 施俊琦 童佳瑾 编著

图书在版编目(CIP)数据

实用心理与人事测量/王垒,施俊琦,童佳瑾编著.—北京:北京大学出版社,2008.11
(21世纪应用心理学教材)
ISBN 978-7-301-14399-5

Ⅰ.实… Ⅱ.①王… ②施… ③童… Ⅲ.心理测量学-应用-企业管理-人事管理-高等学校-教材 Ⅳ.F272.92

中国版本图书馆CIP数据核字(2008)第167200号

书　　　名：**实用心理与人事测量**
著作责任者：王　垒　施俊琦　童佳瑾　编著
责 任 编 辑：陈小红
封 面 设 计：薛　磊
标 准 书 号：ISBN 978-7-301-14399-5/B·0758
出 版 发 行：北京大学出版社
地　　　址：北京市海淀区成府路205号　100871
网　　　址：http://www.pup.cn
新 浪 微 博：@北京大学出版社
电 子 信 箱：zpup@pup.pku.edu.cn
电　　　话：邮购部 62752015　发行部 62750672　编辑部 62752021　出版部 62754962
印 刷 者：河北滦县鑫华书刊印刷厂
经 销 者：新华书店
　　　　　787mm×1092mm　16开本　20印张　462千字
　　　　　2008年11月第1版　2018年3月第4次印刷
定　　价：42.00元

未经许可,不得以任何方式复制或抄袭本书之部分或全部内容。
版权所有,侵权必究
举报电话：010-62752024　电子信箱：fd@pup.pku.edu.cn

前　言

随着中国的改革开放,随着经济发展、全球化,工作社会的要求也越来越高、越来越复杂,竞争也越来越激烈。无论是企业,还是其他类型的组织,如医院、学校,都面对着竞争。如今,全球范围内的一个共识是:竞争首先是人才的竞争。一个组织要想在激烈的竞争中取得关键性优势并最终胜出,首要任务之一就是获得适用的人才。人才是竞争优势的基础和保障。而要获得人才,就必须首先懂得如何识别人才。这就好比需要千里马,就必须知道如何识别千里马。因此,客观、可靠而有效地甄别、评价人才,就成为竞争中的一个关键。这就需要有科学的心理与人事测量。

不仅从组织的角度,从个人的角度而言,正确地认识自己,了解、把握和发掘自己的优势、潜能、特长,对于在今天的工作社会中有效地生存,也是十分重要的。不了解自己的人,很难为自己找到适合自身特长和发展的工作。而且,不能很好地了解自己,也就难以很好地管理自己;而不能很好地管理自己,也就只能被别人管。所以,从个人职业生涯规划、发展而言,通过科学的心理与人事测量系统全面地了解自己,也是十分重要的。

值得一提的是,市场经济造成的结果之一是人员流动。竞争为人才提供了机会,使人力资源在社会中形成动态调配,从而应了一句老话,"人往高处走,水往低处流",人力资本也趋于流向其价值最大化的地方。如今,"跳槽"在中国早已成为见惯不怪的事;合理的人员流动已经被人们普遍接受,并且成为各类组织所需人才的巨大供应渠道。人员流动促成了活跃的人事机制,使组织有可能根据自己的需要灵活地配置人才。然而,要想使这种配置科学化,真正实现人—事匹配,人适所能、才尽其用的理想,就需要了解人,就需要对人的特性做出科学的诊断,也就需要心理与人事测量。

随着现代职业社会的发展、进步,每一个职业人获得了更大的发挥空间。人们有机会不断评价自己,调整自己,不断地发展自己。人们开始接受个人职业生涯规划与开发的概念,并逐渐用于自己的职业指导。过去那种"吃老本"、"吃大锅饭"的日子一去不复返了,取而代之的是不断"充电",追求自我提升、自我完善。然而,要想最大限度地开发自己,最大限度地发挥自己,就必须首先全面、准确地了解自己。这同样需要运用科学的心理与人事测量。

心理与人事测量有许多功能,企业需要它,各种组织需要它,个人也需要它。它能服务于人力资源规划,能为招聘、安置、考核、晋升提供依据,也是个人择业的参考,是职业生涯规划与开发的基础。科学的心理与人事测量能提供客观的评价依据,能消除人为主观的臆断,能避除任人唯亲的不公;它为组织人事决策的最大准确性和效率提供了科学基础,使组织和个人的利益都得到保证。

在发达工业国家,心理测验很早就被开发出来,并得到广泛应用,涉及的领域包括军事、企业、教育、政府机构等。例如,美国很早就使用人格测验参与士官的选拔;法国政府推动将心理测验为义务教育的实施服务；美国政府很早开始在公务员的选拔中使用心理测验。欧美的很多大企业很早就开始使用心理测验于人事甄选。一些企业资助研究机构进行心理测验的开发，有的企业干脆自己设立专门的机构研发心理测验服务于专门的人事管理目的。在国内，早在上世纪初，就有包括北京大学在内的一些机构运用心理测验提供职业指导。这些事例都充分体现了心理学技术在人事评价中的重要作用。

自从上世纪80年代我开始从事心理测验与人事评价有关工作以来，接触了企业、教育、政府、军队各类机构。在为这些机构提供研究与咨询服务的过程中，我深切感受到心理与人事测量在我国现代化发展中起到的作用，经历的坎坷，也看到这一事业的不断发展和成熟。随着各类机构越来越多地应用心理与人事测量，这方面的专业知识、技术、方法的推广传播也越来越重要。这些年来，也有少数相关的专业书籍出版，但在系统性、理论与应用的结合特别是操作性方面仍不能满足业内需要。1989年，我编著出版了《心理测验程序库》一书和配套软件。90年代初，我在北京大学出版社出版了多种心理与人事测量软件。1999年，为了配合北京大学的课程教学，也为了给业内人士提供一个专业化的工具书，我和我的学生们撰写出版了《实用人事测量》一书。如今，又有很多年过去了，心理与人事测量在国内又有了许多发展，许多新的实用测量工具被开发出来，各类机构对心理与人事测量的需求与日俱增，人力资源管理的需求与实践越来越复杂，各类职业人士对自我认识的要求越来越迫切。为此，我和我的同事们在原来《实用人事测量》一书的基础上进行了大量的修订，编著成这本《实用心理与人事测量》，还是当时那句话，将此书献给读者，献给那些诚于探索自我、勇于开发自我的人，特别要献给那些锐意改革、勇敢面对竞争的人和组织。

本书是我与同事二十余年的研究与实践经验积累的结果，书中绝大多数案例都出自我们的亲身实践经验。其中既有著名西方企业的经典案例，有国内民营企业的大胆尝试，也有国营企业的谨慎试验。从这里我们也看到，涉入市场经济越深的企业，越对科学的人事测量予以重视，因为他们的经验证明了科学人事测量的价值。实际上，我认为，人事测量有"四两拨千斤"的作用，人事测量上的少许投入，能取得人力资源的重要保障，换得组织的巨大效益。有的企业不肯在科学人事测量上投资，却肯把整个企业交给一些并不了解的人，造成千百万甚至数以亿计的损失。这样的交换怎么会有人算而不清呢？我希望通过本书引发读者和企业的反思，使人们肯于把管理交给科学。

科学的心理与人事测量是由一系列经过科学方法研制成的测量工具，以科学的方法使用而完成的，也就是说，是由工具和过程两个环节来保证的。因此，要了解科学的心理与人事测量，就要了解这些工具是怎样构成的，以及它们是如何工作的。两者都很重要，不可偏废。为此，本书在编著时紧紧围绕这两个方面展开。全书共分三大部分。第一部分是"原理篇"，可以说是心理与人事测量的基础知识篇，共有10章，系统介绍心理与人事测量的基本概念、原理，尤其重点说明心理与人事测量的科学基础。作者尽力使该部分严谨之余不失可读性。第二部分"工具篇"，是心理与人事测量的实用技术篇，详细介绍了各种类型的心理与人事测量工具近40种，使读者能对各种不同功能用途的心理与人事测量工具有较直观的感性认识。第三部分是"实务篇"，是心理与人事测量的高级综合应用，介绍如何在实际工作中组合、运用各种不同的心理与人事测量工具以达到不同的目的，包括如何针对不同规模的企业、不同类型的岗位、不同层次的员工、不同的管理目的、不同的企业特殊需要如企业文化等进行心理与人事测量操作。该篇还介绍了如何运用心理与人事测量得到的结果进行总体的人事评价。为了进一步加强该篇的实务性，还特意安排了各类型企业实务案例一章，以及如何撰写测评报告一章。

本书由我和北京大学心理学系人力资源评价与开发中心的同事施俊琦博士、童佳瑾博士共同编著。本书由我们以前编著的《实用人事测量》脱胎而来，也与此前很多同仁、学生、朋友的支持、合作、帮助和直接参与是分不开的，他们是：肖敏、姚宏、廖芳怡、王欢、李林、陈祎，在此特别表示感谢。还要感谢北京泰来猎头事务所、北京泰来人力资源评价中心、北京欣智成长科技有限公司，它们提供了许多测量实务实施与案例调研的机会，而本书提到的绝大部分测量工具也由北京欣智成长科技有限公司实现了网上在线实施（参见 wisejoy.com）。

最后，要感谢北京大学出版社的陈小红编辑，她为本书出版计划的立项与实施，对本书的文字和专业性，都倾注了极大的精力和热忱，提出了不少宝贵的意见和建议。

今年恰逢改革开放三十年。这三十年也是心理与人事测量重新获得各界重视和逐渐发挥作用的三十年。谨以此书作为特别的纪念。

王 垒

2008 年 10 月

于北京大学

目 录

·原 理 篇·

1. 心理测量概论 … 3

    1.1 什么是心理测量 … 3
    1.2 心理测量的应用领域 … 7
    重要概念和术语 … 8
    讨论题 … 8

2. 心理测量的历史 … 9

    2.1 最早的智力测验:比奈的智力测验 … 9
    2.2 心理测量在欧美的发展 … 11
    2.3 心理测量在中国的发展 … 15
    2.4 人事测量技术的革新 … 16
    重要概念和术语 … 17
    讨论题 … 18

3. 心理测量的基本类型 … 19

    3.1 标准化的纸笔测验 … 19
    3.2 投射测验 … 20
    3.3 行为模拟与观察类测量 … 22
    3.4 人事评估中基于工作情境的综合类测量 … 24
    重要概念和术语 … 26
    讨论题 … 26

4. 心理测量工具的建立 … 27

    4.1 针对不同目标的测量工具的设计 … 27

    4.2　题目的设计和测量的编制　29
    4.3　题目的编排　35
    重要概念和术语　36
    讨论题　36

5. 心理测量的实施与计分　38

    5.1　实施测量操作的要领与误差控制　38
    5.2　实施测量计分的要领与误差控制　43
    重要概念和术语　45
    讨论题　45

6. 心理测量结果的解释　46

    6.1　测验结果解释的概念　46
    6.2　常模与基于常模的解释　47
    6.3　效标与基于效标的解释　55
    重要概念和术语　56
    讨论题　56

7. 心理测量的关键技术1：信度　58

    7.1　心理测量的可靠性——信度　58
    7.2　如何评估心理测量的信度　59
    7.3　影响信度的因素　65
    重要概念和术语　66
    讨论题　67

8. 心理测量的关键技术2：效度　68

    8.1　心理测量的有效性——效度　68
    8.2　如何评估心理测量的效度　69
    8.3　影响效度的因素　75
    重要概念和术语　77
    讨论题　77

9. 心理测量的关键技术3：项目分析　79

    9.1　测量的难度分析　79
    9.2　测量的项目鉴别度分析　82
    9.3　测量的诱答分析　86

9.4	其他类型的项目分析及要点	88
	重要概念和术语	89
	讨论题	89

10. 人事测量在现实中的应用 91

10.1	现实工作中的人事测量	91
10.2	人事测评的工具和方法	97
	重要概念和术语	104
	讨论题	104

· 工 具 篇 ·

11. 基本测验1：个性品质测验 107

11.1	卡特尔16因素人格测验	107
11.2	DISC个性测验	114
11.3	管理人员人格测验	119
11.4	控制源取向测验	126

12. 基本测验2：职业适应性测验 129

12.1	生活特性问卷	129
12.2	需求测试	133
12.3	职业兴趣测验	135
12.4	道德成熟度测验	140

13. 基本测验3：能力测验 144

13.1	多项能力与职业意向咨询	144
13.2	数量分析能力测验	151
13.3	管理人员逻辑推理测验	153
13.4	敏感性与沟通能力测验	155
13.5	销售技能测验	159
13.6	情绪智力测验	162

14. 基本调查 164

14.1	个体行为评估	164
14.2	领导行为评估	170

14.3	团体行为评估	*178*

15. 基于情境的测验 *181*

15.1	公文筐测验	*181*
15.2	无领导小组讨论	*189*
15.3	结构化面试	*196*

16. 面向高绩效管理的测验 *214*

16.1	人际敏感能力测验	*214*
16.2	管理变革测验	*215*
16.3	团队指导技能测验	*216*
16.4	自我实现测验	*217*
16.5	人际关系管理测验	*217*
16.6	沟通技能测验	*218*
16.7	XYZ管理方式测验	*219*
16.8	基本管理风格测验	*220*
16.9	管理情境技巧测验	*222*
16.10	组织绩效测验	*225*

• 实 务 篇 •

17. 人事测量工具的组合原理 *229*

17.1	测量工具组合设计的含义	*229*
17.2	企业组织行为和人力资源评价系统回顾	*229*
17.3	测量工具的组合和设计论证	*232*

18. 针对不同管理目的的人事测量 *236*

18.1	用于招聘的测量组合设计	*236*
18.2	用于培训和开发的测量组合设计	*241*
18.3	用于晋升的测量组合设计	*243*
18.4	用于考核的测量组合设计	*247*
18.5	用于激励的测量组合设计	*252*

19. 针对不同对象的人事测量 　　254
19.1　用于不同层次的人事测量 　　254
19.2　用于不同职务层次的人事测量 　　258
19.3　用于不同岗位系列的人事测量 　　264

20. 针对企业特征和需求的人事测量 　　267
20.1　针对不同行业特征的测量组合设计 　　267
20.2　针对企业其他特征的测量组合设计 　　270
20.3　其他出于具体需要的人事测量 　　271

21. 人事测量案例 　　274
案例1：某英国跨国公司的人事测量 　　274
案例2：某美国跨国公司的人事测量 　　277
案例3：某瑞士跨国公司的人事测量 　　280
案例4：某国有企业的人事测量 　　287
案例5：某民营企业的人事测量 　　289

22. 人事测量结果的报告 　　290
22.1　个人报告的撰写 　　290
22.2　总体报告的撰写 　　299

参考文献 　　301

重要概念和术语汇总 　　302

原理篇

在"组织竞争就是人才竞争"的今天,人才的素质越来越被各类组织所重视。随着人才素质要求多元化的发展,过去单凭经验选人、评价人的方法已不再适合。对人才素质的考察需要科学、客观的方法。因此,人事测量对于企业也就变得越来越重要。而人事测量学的基础是心理测量,本书首先介绍心理测量学的基本知识和概念,然后将心理测量学的知识运用到人事测量中。

本书也将有大量的篇幅向读者介绍人事测量技术在人力资源管理与开发领域如何实际操作和运用。但要真正做到对人事测量灵活地运用,还应首先对心理测量的原理有一个基本的了解。所以这开卷第一篇的目的就是向读者介绍心理测量的基本原理。在本篇中,你将能够了解到下列内容:

- 什么是心理测量,它的功能、用途、基本程序是什么;
- 心理测量的历史和现况;
- 如何编制一项科学的心理测验;
- 如何建立测验计分体系和解释体系;
- 如何建立一个稳定的实用测量数学模型;
- 实施测验时应注意哪些问题;
- 怎样对测验的可靠性和有效性进行评估;
- 如何对测验的各个项目进行分析;
- 心理测量的方法如何运用到人事测量中去。

1

心理测量概论

1.1 什么是心理测量

心理测量、心理测验与人事测量

心理测量(psychological measurement)是通过科学、客观、标准的测量手段对人的特定素质进行测量、分析和评价。研究心理测量的学科叫做**心理测量学**(psychometrics)。这里的所谓素质,是指那些完成特定工作或活动所需要或与之相关的感知、技能、能力、气质、性格、兴趣和动机等个人特征,它们是以一定的质量和速度完成工作或活动的基础。

人事测量(personnel assessment)是心理测量技术在人事管理领域的应用,它以心理测量为基础,针对特定的人事管理目的如招聘、安置、考核、晋升、培训、奖惩等,对人的素质进行多方面的系统评价,从而为人事管理、开发提供参考依据。因此,相对来说,人事测量是一个更广泛的实用概念,它通常要求运用多种心理测量工具来完成。

心理测验(psychological test)是心理测量的一种具体方法和手段,它是结合行为科学和统计学以评价特定个体在特定素质上相对于特定群体所处的水平的手段。心理测验是人事测量中最常采用的方法之一。除测验法之外,人事测量还经常采用观察法、访谈法、调查法等。以上几个概念之间的关系可由图1.1来表示:

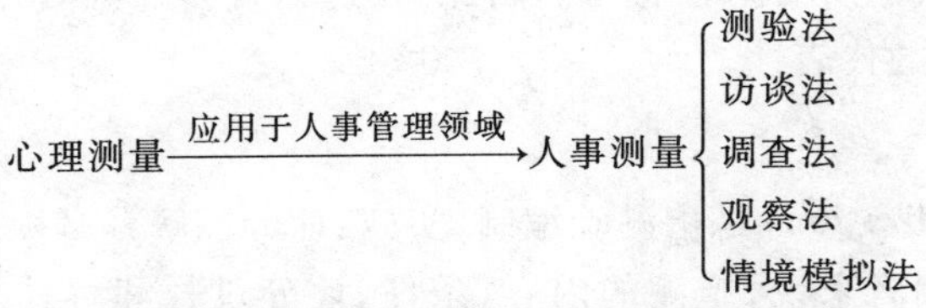

```
                                        ┌─ 测验法
                                        │  访谈法
心理测量 ──应用于人事管理领域──→ 人事测量 ┤  调查法
                                        │  观察法
                                        └─ 情境模拟法
```

图1.1 心理测量、心理测验与人事测量的关系

就具体方法而言,心理测量是通过对特定个体的有限的具有代表性的行为进行观察,依据事先确定的原则,对贯穿在行为活动中的心理特征进行推论和数量化分析。也就是说,由外部行为推及内在特征。个体的心理活动和心理特征是很难用直接测量的手段来度量的,往往要通过对心理特征的外显结果——行为进行测量,才能推知个体内部的心理活动状态和心理特征。因此,心理测量的对象实际上是行为样本,而不是心理状态。这种由行为表现到心理状态的推论并不是主观随意的,它必须在成熟的心理测量学理论的基础上,采用客观、科学的方法进行推断。

心理测验的五个基本要素

心理测验是人事测量的重要手段,心理测验是对行为样本的客观的和标准化的测量。它包含以下五个基本要素:

1. 行为样本

人们在对一类事物的某种特性进行考察时往往无法对这类事物的每一特定情况进行逐个观测,而总是抽取这类事物中有典型代表性的一部分进行观测,进而推论该类事物的普遍特性。

对个体行为或行为特征的测查同样无法做到面面俱到。在进行心理测量时,往往只能对经过科学选择的少数行为样本进行测查,借以推测个体的心理特征。例如,要考察个体的数学运算能力,可以选择一定数量、有代表性的运算题进行测量。个体对所抽选出来的问题的解决行为就叫做**行为样本(behavioral sample)**。通过对这个行为样本的测量,可推测个体对所考察问题的解决行为,进一步推断个体解决问题能力的优劣。

由于实际上只考察了有限的行为样本,由此去推论总体行为,结论是否可靠,取决于所抽选出的行为样本能否很好地代表总体行为。为此,必须获取一组能够提供足够有用的信息、能恰当反映个体行为特征的行为,即要保证行为样本具备一定数量和具有代表性。

首先,行为样本的数量必须足够多,以使从样本到总体的推测错误率尽可能低。例如,从个体对一两道运算题的解决情况来推测个体的运算能力,这种推测的风险是极大的,因为猜对的概率很大。也就是说,从少数一两个行为,无法判断被评价者是在猜测结果,还是真正具备了解决问题的能力。

其次,要保证所选样本具有对总体样本的代表性。例如,不能只靠检测个位数加法题目来代替多位数加法能力的检测,因为个位数加法只是多位数加法的一个特例。又比如,不能只通过测查个体的计算能力来判定其财会技能。因为基本的计算能力只是财会技能的一部分,不能代表所有财会行为。因此,在选择行为样本时一定要十分慎重,尽可能使行为样本有较强的代表性。

2. 标准化

标准化(standardization)是指测验编制、实施、计分和解释必须严格遵循统一的科学程序,保证对所有受测者来说,施测的内容、条件、计分过程和解释系统都相同。只有这样才能保证测验的客观性和准确性。

要达到测验的标准化,应做到:

(1)测验题目的标准化

对所有属于同一群体的受测者来说,测验题目本身不存在差异。对同一项心理测验,测验题目所引发的受测者心理状态、行为反应可以不同,但呈现在受测者面前的测验题目本身应该是同样的。例如,一个数理逻辑能力测验题可能引起不同受测者不同的推理过程,但题目本身对所有人来说是一样的。只有保证题目标准化,即对所有受测者给定的条件一样,我们才能通过考察不同受测者的不同反应来判断其内在素质特征。这里,真正的输入(自)变量是受测者的内在素质,输出(因)变量是所观测到的受测者的反应,即应答行为,包括行为的过程和结果。

(2) 实施过程和计分的标准化

标准化的人事测量在实施时必须保证所有受测者在相同的环境中接受施测并得到标准化的测量指导说明。只有这样才能确保测验结果不受其他无关因素的影响。比如,如果同样的测验,有的人在炎热、潮湿、昏暗的环境接受测量,有的人在舒适明亮的环境接受测量,或者有的考场主考人口齿不清、说明含糊,而有的考场主考人口齿清晰、解释明确,由此造成的受测者的反应差异,无法判定究竟是由于受测者本人真实素质的差异所致,还是由考场环境的差异所致。

同理,测验的计分也必须有标准化的程序。要做到不同的计分者对同一受测者同一测验答案的计分方法和结果是相同的。人事测量中有一部分测验是较为依赖于评分者的主观判断的,如"无领导小组讨论"测验和"公文筐测验"的部分内容,这种类型的测验要做到计分系统的完全标准化相对较为困难。在这种情况下,虽然很难要求不同计分者计分结果完全一致,但通常要求有较高的相关性,一般相关系数要达到 0.80 甚至 0.90。目前,由于专业机构的努力,这类测验在计分方法和程序上已可达到相当客观的程度。

(3) 选用有代表性的常模

常模(norm) 是一组具有代表性的受测者样本的测验成绩的分布结构,包括它的集中趋势(通常用平均数表明)和离散度(通常用标准差表示)。常模是用以比较不同受测者测验分数的标准,它能够说明某一测验结果分数相对于同类受测者所处的水平。因此,心理测验的常模实际上起到度量衡的度量定制的作用,就如同确定如何计量长度(厘米、尺)或重量(克、两)一样,心理测验的常模可确定诸如何表达能力的水平、工作动机的高低、职业兴趣的强弱或某种行为倾向(如内向和外向)的大小。

平均数(mean) 是常模的重要内容之一,也是一个最常用的统计概念,它的数学定义是一个数据序列所有数据之和除以数据个数的商,即:

$$M = \frac{\sum X_i}{N} \quad (i = 1, 2, \cdots, N) \tag{1.1}$$

其中,M 为平均数;N 为数据个数;X_i 为各数据值。例如,如果一组大学生能够在 30 分钟内平均正确回答 30 道逻辑推理题的三分之二,即 20 道题。则这 20 题的分数为一般大学生的平均值。平均分(数)描述了相应受测者群体的平均水平。

只有平均数还不够。因为不能把一个受测者的原始测验分数和平均数直接比较来判断它的高低。比如,一个人在上述的逻辑推理测验中得了 17 分,比平均分差了 3 分,但这 3 分究竟意味着什么?如果所有大学生的逻辑推理测验得分分布在 16—24 分,那么,这个 17 分可能就相当差,因为它几乎是在所有人成绩的最低端。但如果所有大学生该项测验的分数分布在 5—30 分,那么,这个 17 分就可能是还不错的成绩了。所以,只有平均分还不能反应一个测验分数的真实水平。这就需要常模中的另一个概念"离散度",两者合在一起才能共同确定心理测验的度量定制。

离散度最常用的表示方法是标准差。**标准差(standard deviation)** 的数学定义为一

个数据序列各数据与平均数之差的平方和除以数据个数之商的平方根,通常记作 S,即:

$$S = \sqrt{\frac{\sum (X_i - M)^2}{N}} \quad (i = 1, 2, \cdots, N) \quad (1.2)$$

标准差值越大,说明数据分布越分散,离散度越大。

一般来说,测验的原始分数并没有多大的意义,而是要通过以离散度为基准与平均值的比较来体现受测者的特点。在智力测验中,人们关心的往往是得分是高于一般水平还是低于一般水平。这就需要将测验的原始分数转换为标准分数,如将智力测验的原始分数转换为标准分数。通常这个转换公式设定为:

$$IQ = 100 + 15 \times \frac{X - M}{S} \quad (1.3)$$

其中,IQ 为标准分数;X 为实得原始分;M 为平均分;S 为标准差。

这个公式很好地体现了常模的作用,其意义是:把智力分数转化为以 100 为平均分、以 15 为标准差的标准(智商)分数。举例来说,如果一个人的实得测验分数刚好等于平均分,那么代入公式,末项分式取值为 0,最后结果刚好为 100 分。如果一个人的实得分数刚好高于平均分一个标准差,那么代入公式,末项分式取值刚好为 15,则最后得分为 115 分。

常模是否可靠,关键是有没有一个具有代表性的受测者样本,即建立常模的这些受测者样本要有足够的数量,而且是依据随机抽样或分层随机抽样原则抽选出来的。例如,如果要建立一般人的智力测验的常模,就不能用大学生作为智力测验的受测者样本,因为他们的分数往往高于一般水平,而无法代表一般人的水平。

3. 难度的客观测量

测验题目的难度水平影响到测验的客观性。无论是测验题目太容易,所有人都成功地完成所有项目,得分都很高,还是测验题目太难,使得大部分人的得分很低,都会使所有受测者的反应趋于一致,抹消了个体差异,无法就某一素质将不同的受测者很好地区别开来,致使测验的目的无法达到。通常将测验题目过于容易,致使大部分个体得分普遍较高的现象,称为**天花板效应(ceiling effect)**;而将测验题目过难,致使大部分个体得分普遍较低的现象,称为**地板效应(floor effect)**。在编制心理测验题目时要力求避免出现这两种情况。选择题目时,通常以通过某一题目的人数的百分数来作为难度的指标。有关的具体方法我们将在第 9 章详细介绍。

4. 信度

信度(credibility,也写为 reliability)是指测验结果的可靠性、稳定性,即测验结果是否反映了受测者的稳定的、一贯性的真实特征。这种可靠性体现在:

- 测验结果跨时间的一致性——受测者在不同时间所测结果一致;
- 测验内容的一致性——同一测验内的各部分题目所测的是同一种行为或行为特征;
- 不同评分者之间的一致性——不同评分者对同一测验结果的评分一致。

一项成熟的心理测验应具有比较理想的信度。信度较低的测验其测验分数的稳定性较差,往往不能反映受测者的真实水平。有关信度的具体内容我们将在第 7 章详细介绍。

5. 效度

效度(validity)是指所测量到的结果反映了所想要考察内容的程度。测量结果与要考察的内容越吻合,则效度越高;反之,则效度越低。例如,在一项考察管理人员逻辑推理能力的测验中,如果题目的文字表述过于晦涩,行文不畅,又过多使用许多生僻词汇,可能决定测验分数高低的就主要是受测者的语文理解水平,而不是逻辑推理能力。这样的测验就没有测量到其本应该测的素质特征,其结果无法用于评价受测者相应的能力,其效度很低。

效度指标主要包括效标关联效度、内容效度和构想效度等。具体内容将在第8章详细介绍。

1.2 心理测量的应用领域

心理测量在教育、咨询、临床、人才选拔和人事管理等诸多领域都起着重要的作用,下面就心理测量在各个领域的主要运用做简单的介绍:

1)教育领域:就我国现在的教育体制而言,心理测量在其中起到了举足轻重的作用。从学生每一个学期的学习成绩考试,到中考、高考和研究生入学考试,均需要用到大量心理测量的知识。近年来出现的一些信度成就测验,即教育合格证书考试,也是一种重要的考试类型。3~21岁的残疾儿童及青少年要接受相应的特殊教育,而进入这种特殊教育机构必须经过心理测量并跟踪评估报告。

2)咨询方面:测验能够将一个人的行为在许多方面进行比较,从而确定其相应的优点和缺点,为决策提供信息。这种诊断可以包括教学过程中对学生的甄别,从而对学生因材施教、个别指导,也包括对出现问题的个体所存在的症结进行诊断和鉴别。前来咨询来访者可能会遇到各种各样的问题,咨询者必须通过心理测量中所提供的测量工具对来访者进行综合的分析,不仅使咨询者了解来访者,而且使来访者了解自己,进而共同寻找解决问题的办法。因此心理测量对咨询很重要,心理咨询是在心理测量的有效应用的基础上发展和完善起来的。

3)临床方面:临床心理工作有两大部分——心理评估和心理干预。评估是干预的基础,是干预效果的检查手段。具体来说,临床评估有三方面的作用:① 作出决定,临床心理学家在确定诊断、制订治疗方案、向来访者或者患者提出忠告和建议时,都只能在有效的心理测量的基础上完成;② 形成印象,评估的第二个意义是使临床心理学家形成对来访者或者患者的印象,印象正确与否,取决于评估时所获得的信息;③ 核实假说,通过观察或者其他途径将各种渠道得到的信息综合成一个整体,形成一个初步的假说,再通过临床心理评估对假说加以核实和修正,以便形成新的假说。

4)人才甄选和人事方面:人事测量的最主要的作用,是为人事决策提供可靠、客观的依据,为人事决策提供参考性建议,是人事决策的基本工具。它的具体功能涉及甄选、安置、考核与培训等几个方面。本书的第二篇之后的主要内容也是介绍在人事测量中经常使用的心理测量工具以及测验组合等问题。

重要概念和术语

心理测量	标准化	地板效应
心理测量学	常模	信度
人事测量	平均数	效度
心理测验	标准差	
行为样本	天花板效应	

讨 论 题

1. 心理测量和人事测量是什么关系？
2. 心理测量常用方法是什么？
3. 心理测验的要素有哪些？
4. 常模的概念和意义是什么？
5. 为什么只有平均数仍不充分，还要有标准差？
6. 为什么心理测验必须要标准化？
7. 比较测验的信度和效度的概念，它们有什么区别？
8. 你是否接触过心理测量？是如何使用的？

2

心理测量的历史

2.1 最早的智力测验:比奈的智力测验

世界上第一个具有应用价值的心理测验,是法国心理学家比奈(A. Binet)制定的智力测验。比奈可以说是心理测验的鼻祖,他的最突出的贡献之一在于他提出了测量智力的方法,并建立了最早的相对客观、量化的度量工具。他的另一个重要贡献是将智力测验成功地运用于教育领域。这也使人们看到了心理测验的应用价值,推动了心理测验的迅速发展。

比奈的**智力测验(intelligence test)**作为最早的评价、鉴定智力的结构和水平的测量工具,可以说是应社会的需要而产生的。19世纪末,法国公共教育部颁布了义务教育法,所有的孩子都有受教育的权利。教育部召集许多医学家、教育学家和其他科学家组成一个委员会,专门研究对公立学校的智力落后儿童进行特殊教育的问题。研究的首要问题是如何对智力落后儿童进行鉴别。当时,还没有一种可靠的方法对智力落后进行定义和区分。比奈作为该委员会的委员之一,一直致力于对智力测量的研究。

早在1895年,比奈与亨利(V. Henri)在批评当时的心理测验过于偏重感觉方面的同时,就提出了一些较为严格的测验,这些测验所测量的内容包括记忆、想象、注意、理解、暗示性、审美等方面。1903年,比奈在《智力的实验研究》一书中提出了广义的智力概念。他所定义的**智力(intelligence)**包括一切高级的心理过程,并突出表现在推理、判断、解决问题的能力上。尽管智力的定义在今天仍然存在一定的分歧,但在当时提出这样的定义,无疑对理解智力的内涵并操作性测量智力奠定了基础。比奈以自己的女儿为**受测者(subject,**即心理测验或实验的施予对象,在心理学专业研究中一般译为"被试"),尝试建立了词语填充、图片解释等测验。1904年对智力落后儿童的研究给他提供了一个很好的契机。他提出用测验的方法来鉴别智力落后儿童。出于这种考虑,他与西蒙(T. Simon)共同合作,完成了世界上第一个智力测验——比奈-西蒙量表,并于1905年在《诊断异常儿童的新方法》一文中对该量表进行介绍,历史上又称其为"1905年比奈-西蒙量表"。**量表(scale)**的英文原意是"天平"、"秤"的意思,这里借取其度量衡的含义,意思是说心理测验是一种以人的心理为内容的、有一定量度的量具。因此,量表或心理量表就是指测量心理的度量工具。

1905年比奈-西蒙量表是一项**个体测验(individual test)**,这是相对于**团体测验(group test)**而言的,因为测验是针对单一个体为实施对象而设计的。这个测验共有30

— 9 —

道题,题目顺序由易到难排列。通过对 3~11 岁正常儿童和部分智力落后儿童各 50 名和成人测试的结果,分析确定题目的难易程度,并用不同难度的题目代表不同年龄的智力水平。例如,第 4 题要求受测者对食物进行识别(例如,区分巧克力与木头);第 14 题要求受测者对某种熟悉物体(如,叉子)进行定义;而最难的第 30 题要求受测者定义和区分一对抽象概念(如悲伤与厌烦)。

1905 年比奈-西蒙量表还不够完善。从内容上看,该量表主要是对判断、理解和推理能力的测查,并不能涵盖智力的全部内容。从形式上看,这个量表无论是测验主持人的指导,还是受测者的回答或反应,主要都是以言语形式进行的,因而对言语能力的依赖程度较大,这对某些特殊儿童如聋哑儿童是不公平的。同时,这个量表不能准确地表示测验总分,只能以受测者完成题目的多少来大致确定其智力水平。比奈当初采用的是**智力年龄(mental age)**的概念,即为每一个年龄(段)确定出难度最适宜的题目(即该年龄恰好有 60% 的受测者能完成的题目),用受测者所能完成的最大难度的题目所对应的年龄作为该受测者的智力年龄,以此对照其实足年龄(chronological age),来说明其智力发展水平的高低。也就是说,当时并没有一个确切的智力分数。例如,比奈认为完成前 9 题是正常 3 岁儿童的平均水平,完成前 14 题是正常 5 岁儿童的平均水平;完成题目越多,说明该受测者的智力水平越高。对于一名 3 岁儿童,如果他能完成前 14 题,就说明他具有 5 岁儿童的智力水平。当时,并没有智商的概念。

由于比奈最早采用智力年龄的概念,给智力水平的判定带来了一定的麻烦。人们发现,智力的发展和实足年龄的发展不同,不具有时间均匀性。比如,一个 3 岁的孩子如果智力年龄仅为 2 岁,即智力(年龄)落后(实足年龄)1 年,等到了 6 岁时,其智力年龄会是 4 岁,智力落后程度不再是 1 年而是 2 年,即其智力落后的程度不是保持固定的时间程度不变,而是按照一个比例递增的。从这时开始,人们才引入智商的概念,把(年龄)**智商(intelligence quotient**,缩写为 IQ)定义为智力年龄除以实足年龄的商,再乘上 100,以避免小数位,并容易理解,写为公式就是:

$$IQ = 100 \times \frac{智力年龄}{实足年龄} \tag{2.1}$$

其中,IQ 为智商。

然而,公式(2.1)很快也遇到了麻烦。这里的智力年龄是用经过测量检验能代表不同年龄智力水平的、有一定难度的题目来表示的。虽然对于较小的年龄,能给 2 个月甚至更小的年龄变化找出刚好代表其智力水平的题目,但到了一定的年龄如 15 岁以后,人们发现很难再找出一定数量的、在难度上能区分出不同年龄的题目。例如,很难找到大多数 18 岁孩子能完成而大多数 17 岁孩子恰好不能完成的一些题目。也就是说,实足年龄还在增长,但找不到能代表其智力年龄增长的题目了。于是对公式(2.1)又做出了修订,规定到了 15 岁以后,公式中的分母"实足年龄"不再变化,一律定为 15(岁)。显然这个规定是比较牵强的。

在传统的智力测量方法沿用了若干年之后,到了 20 世纪中叶,终于由美国著名心理学家、斯坦福大学教授推孟(L. M. Terman)提出了离差智商的概念。推孟放弃了智力年龄的概念。他认为,不需要为不同年龄的人找不同的题目,而只要确定一组固定的题目,看不同年龄的人在这些题目上得分的分布,计算相应的平均数和标准差。也没有必要一定区分开不同的年龄,而是以实际测量结果为准,如果 21 岁和 22 岁的年龄组在得分上(平均分和标准差)经统计检验没有显著性差异,就可以合并。至于智力水平的表示方法,可以将实际测量的分数和本年龄组的平均分以标准差为单位进行比较,也就是说,以标准差为单位计算测验分数偏离平均数的方向和程度,这就是**离差智商(deviation IQ)**,也就是第 1 章的公式(1.3)所描述的算法。这个概念一直沿用至今。需要说明的是,这个智商不再是对智力的绝对意义上的度量,其分数本身并不能说明智力的实际高低,它只是一个相对值,表明一个人的智力水平相对于和他同类型的人群群体的平均水平所处的高低位置。

2.2　心理测量在欧美的发展

心理测量在美国的崛起

　　心理测量兴起于 20 世纪初,20 年代进入狂热时期,40 年代达到顶峰,50 年代后逐渐转向稳步发展。在心理测量的发展过程中,一贯重视应用的美国心理学界可以说是心理测量应用的主要推动力量。尤其是在 20 年代,心理测验在美国军事和工业领域的广泛应用促成了心理测验研究的迅速发展。

　　1917 年,美国卷入第一次世界大战。美国心理学会认为心理测验可以帮助军队对官兵进行选拔和分派。他们主张,在选拔官兵和分派任务时,必须考虑到他们的一般智力水平。实际上,这就是主张把心理测验用于军队中的人才选拔。鉴于这种考虑,心理学家们设计了多项适合于军队使用的团体测验。尤其是欧提斯(A. Otis)编制的纸笔智力测验,十分适合于团体施测,其中的多项选择题和其他客观题都是首次采用。这项测验最后编制修订成著名的军队 α 和军队 β 测验,即陆军甲种测验和陆军乙种测验,前者为文字测验,后者为非文字测验,是专门为文盲和不懂英文的新兵设计的。1917 年 3 月至 1919 年 1 月期间,共有 200 多万名官兵接受了测验,为该测验方法的建立积累了大量的数据。

　　战后,由于陆军甲种测验和陆军乙种测验实施方法简便,又可以适合于大量群体,该测验被广泛运用于美国社会。这种操作方便的团体施测形式的产生,使心理测验在社会上的应用更为广泛,以至于在 20 年代出现了心理测验应用狂热的现象,心理测验被普遍用于职业咨询、工业部门及军事领域的人才选拔和安置工作。

　　需要说明的是,智力测验在美国社会大量应用,除了心理学以及测量本身的发展这一内因和第一次世界大战这一特殊机遇外,也有其特殊的社会历史背景。一方面,19 世纪末、20 世纪初,美国涌入了大批新移民,形成了一个比较大的劳动力供应市场,用人机构有机会在较大的人群中进行选择。这种择优的可能性为开发择优的方法、工具提供了前提基础,心理测量自然应运而发展起来。另一方面,当时社会仍很大程度上相信遗传论,即认为个体的素质尤其是智力是天生的。按照这种想法,靠后天培训是没有用的,因此在选人时,一定要找出那些智力合格的人。这也为智力测验的产生和普及提供了哲学基础。在此可以看到,和当年比奈研制智力测验的初衷不同,这时的智力测验的运用是部分建立于对人的某种偏见上的。

除智力测验外,在一战期间被广泛应用的心理测验还有人格问卷。世界上第一个标准化的人格问卷——武德沃斯(R. S. Woodworth)编制的个人资料调查表(Personal Data Sheet),是应鉴别不能从事军队工作的神经症患者的需要而设计的。该问卷包括一些与常见的神经症症状有关的116个问题,由受测者以"是"或"否"的方式回答,对每个症状问题回答"是",记1分;问卷总分是所报告的症状得分的总和。在一战结束前该调查表没来得及完成,战后,武德沃斯又编制了适用于一般人员和儿童的变式版本。从今天的角度来看,个人资料调查表的**表面效度**(face validity,即从题目表面是否容易看出出题人的意向和答案倾向)太高,测验结果不够准确,但是在当时,这项测验的应用促进了结构化人格测验的发展。并且,个人资料调查表后来成为情绪适应问卷的典范,这些问卷对个体的家庭适应、学校适应和职业适应能力进行测量,应用十分广泛。

除军事领域外,心理测量技术在美国工业领域的应用也十分普遍。1921年,卡特尔(J. M. Cattell)、桑代克(E. L. Thorndike)和武德沃斯等著名心理学家建立了第一个较大的心理测验公司,将心理测验向社会推广。1922年,美国文官服务委员会成立了以奥罗克(L. J. O'Rouke)为领导的评估研究小组,将心理评价技术引入到文官考试制度中。1927年,第一个职业兴趣测验——斯特朗男性职业兴趣量表出版,广泛应用于职业选择、人才选拔等领域。1971年,美国联邦法院要求在工作相关领域的人才选拔中采用测验手段。在现在的美国社会中,人事测量手段的运用更加普遍,许多大企业都制定了适合于自己企业的人事测量程序和工具,客观、科学的测量方法成为人才选择和评定的主要手段。

心理测量在工业人事选拔中的应用

正如前面看到的,心理测量一诞生不久,就被工业界接受和运用。尤其是一些著名的大企业,开创性地在人事管理中引入心理测量,为心理测量的普及起到了巨大推动作用。

工业应用中最常见的心理测验有智力测验、人格测验、职业兴趣测验和动机测验。这些测验的应用是基于以下的人事管理思想:其一,工作的绩效和人的素质有关;要追求高的工作绩效,必须有高素质的人才。其二,不同的工作对人的素质结构的要求不同,必须有针对性地为不同的工作匹配不同的人才,才能确保各种工作的高绩效,做到恰当的人做恰当的事。这也就是最经典的"人—事匹配"的思想。这种思想为心理测量在工业中的运用,为人事测量的形成与发展奠定了基础。

1. 智力(能力)测验

在人事选拔中应用智力测验,既有考察智力水平的目的,也有考察智力结构的目的。一方面,不同的人智力水平不同,选择优智的人,可期望高绩效。另一方面,智力水平相近的人,其智力结构可能不同。有的人擅长言语理解、加工、表达,有的人擅长数字加工,有的人则擅长对形象的分析、加工。在现实社会中,诸如工商管理、财务运作、市场营销、工程设计等不同的工作,对人的智力水平和结构的要求不同,因此,测量人的智力结构与鉴定其水平同样重要。

在美国,有一种测验叫做分化能力性向测验(Differential Aptitude Test,缩写为DAT),

也称分化能力倾向测验,分别从语言理解、语言推理、数学推理、抽象推理、空间推理、机械推理等六个方面检测人的智力水平,从而整体分析智力结构。这个测验的假定是:人的能力主要表现为这六个方面,而社会中的绝大多数职业对能力的要求也都可划分为这六类能力,并且,不同职业对不同方面能力的要求高低不同。通过大量分析,研究者认为可以把社会中的职业按照它们对能力的不同结构类型的要求分为20大类。通过鉴定每一个人的能力结构,即六类能力的不同水平的高低配置,就可以判定这个人最适合哪种职业,最不适合哪种职业。因此,该测验被广泛应用于职业指导和招聘、安置。类似这样的测验已经建立有中国版本,我们将在本书的工具篇第13章详细介绍。

其他类型的智力测验还有韦克斯勒(Wechsler)智力测验,包括一个成人版和儿童版;瑞文测验,这主要是以抽象图形推理形式检测智力,其形式类似DAT中的抽象推理,不过,在工业中的应用,DAT还是比较多见的。另外,还有许多专门为工商业企业开发的能力测验,它们大多专门针对某些具体的能力如数量分析能力、逻辑推理能力进行测验。另外还有一些针对特殊技能的测验,如打字测验、精确度与灵敏度测验,以及各种管理技能测验等。

2. 人格测验

人格(personality) 的定义虽然在学术界仍存在着争论,但一般来说,主要是指个体所具有的与他人相区别的独特而稳定的思维方式和行为风格。显然,它同个体的工作绩效和工作方式和习惯有关。概括来说:

(1)人格会影响个体在工作中对事物的理解

有的人看待事物总是乐天达观的,总是以温暖的色调看待生活、社会和工作,即使面对悲哀和不幸,也总能想得开;而另一些人则倾向于悲观乃至厌世,或者以灰色的眼光看待世界。有的人看待事物比较独立,有自己的主见;有的人则很容易受周围人和环境的影响和暗示,判断事物缺乏自己的标准,即所谓**场依存性(field dependence)** 的人。

(2)人格会影响个体处理事物的方法

有的人处世谨慎,凡事谨小慎微;有的人则不拘小节,放荡不羁,敢于冒险。有的人做事优柔寡断;有的人做事坚决果断。有的人做事拖拖拉拉,有的人做事雷厉风行。有的人做事只顾眼前,或是只能看到局部,有的人做事则能运筹帷幄,把握整体和长远利益。

(3)人格会影响个体在工作与他人相互沟通的方式

有的人善解人意,能体察对方心情;有的人则麻木不仁,反应迟钝。有的人善于为对方设身处地地着想,能换位思考,从对方角度看问题;有的人则爱钻牛角尖,"一根筋",固执己见。有的人说话善于调侃,调整气氛;有的人说话则过于直率,甚至失于尖刻,易于伤人。

(4)人格会影响个体独特的表现方式

有的人情绪稳定,心气平和;有的人多愁善感;有的人脾气乖戾,喜怒无常。有的人做事我行我素,独往独来;有的人则善于察言观色,或随群附众。有的人做事很讲义气,重情分;有的人则薄情寡义。有的人责任心强,做事精益求精,认真仔细;有的人敷衍塞责,或马虎草率。

过去近一百年里,欧美心理学家研制出了种类相当多的人格测验,其中最著名的有:明尼苏达多相人格问卷(MMPI)、卡特尔 16 因素人格测验(16PF 测验)、加州人格问卷(CPI)、梅耶-布里基斯人格特质问卷(MBTI)、DISC 个性测验等。

明尼苏达多相人格问卷是较早享有知名度的人格测验,是由明尼苏达大学的学者创建的。它的建立初衷是要诊断各种类型的精神病和心理疾患。因此,它最初建立的方式是寻找各种能够将各类患者与正常人区分开来的题目,组合成相应的测验。也正因为这样,它对于区分正常人和病人比较灵敏,但并不适合对正常人进行不同目的的检测,故而在人事选拔中并不常用,也不适用。

卡特尔 16 因素人格测验是由著名心理学家卡特尔创建的。他引入统计分析的方法,经过大量计算,发现可以用 16 个因素维度描述所有人的人格面貌,从而建立该人格问卷。和 MMPI 测验不同,16PF 测验是以正常人为对象,描述各种人在 16 个人格因素维度上的表现形态,从而描述人的人格结构。由于每一个人格因素都很贴近人的现实生活,并且给出较系统的评价,该测验很受欢迎,相对较多地应用于工商界。

梅耶-布里基斯人格特质问卷是一个遵循心理分析学家荣格(Jung)的理论建构的测验。它从四个方面分解人格维度,认为每一个人都在每一个维度上处于两个极端之间的某一个水平,例如直觉与判断之间,情感与理智之间等,体现出人的两面性。由于四个维度都有两种可能性,组合起来共有 16 种可能,即可把人划分为 16 种类型。这个测验在美国有不错的应用市场,主要是用于工作团队成员之间促进相互了解,增进合作。

DISC 个性测验是一个相当流行的简便易行的人格测验。它把人格分为四大类型,即支配型、交际型、稳妥型、服从型,对每种类型的人又区分出 6 种亚型。由于它能做出详细的分类,同时又能对每种人的特征、团队价值、所适宜的工作环境等给出较详细的说明,在工商界受到相当欢迎。对此我们还将在第 11 章做详细介绍。

3. 职业兴趣测验

职业兴趣也是人事选拔时经常参考的一种心理测验。这是因为,大量研究揭示,不同的人的工作生活兴趣可以按照对人、概念、材料这三大基本要素分类,而社会上的所有职业、工作也是围绕这三大要素展开的。因此,在工作所规定的核心要素与人所感兴趣的内容之间,恰好形成对应。这就意味着,要在工作与人的兴趣之间进行匹配。否则,只看能力,不看个人兴趣,结果是"强扭的瓜——不甜"。历史上最著名的职业兴趣测验有斯特朗-坎培尔(Strong & Campbell)职业兴趣测验和霍兰德(Holland)职业兴趣问卷。它们都通过分析,确定职业兴趣可分为六大类:社交型、艺术型、研究型、技能型、事务型、经营型。不难看出,通过鉴别人的职业兴趣,可以对人事选拔、安置提供重要的参考依据。

4. 动机测验

动机也是相当复杂的一类心理现象,也是人事管理中经常需要考察的内容。最简单不过的原因是,管理者总是要寻求了解员工的工作生活,从而为激励员工的积极性找到依据和途径。所谓**动机(motivation)**是指由特定需要引起的,欲满足该种需要的特殊心理状态和意愿。从以往的研究和测验来看,大致分为两个思路,一个是探讨人的一般生活动机,另一个是专门探讨人的工作动机。

所谓**一般生活动机(general motivation)**是指人们在广泛的生活领域中具有普遍性

的需求所导致的动机。探讨一般生活动机的主要理论有马斯洛（Maslow）的需要层次理论、赫兹伯格（Herzberg）的保健—激励理论、奥尔德弗（Alderfer）的 ERG 理论（ERG 即生存、关系、成长）。这三种理论都试图分析人类基本需要的种类，从而对需要的内容做出说明，因此都属于需要的理论。而它们同时又被看做是动机理论，因为动机总是由需要而来的，解释需要也就解释了动机的来源。虽然这三种理论各有特色，但从甄别出的需要的内容来看，还是有很大的相同之处的。从这些理论一问世，就有人开始研究如何测量这些需要并运用到组织管理特别是激励中。目前已有一些相对成熟的测验被应用于企业及其他组织，对此我们将在工具篇详细介绍。

所谓**工作动机（work motivation）** 具体是指驱使人们工作的原因。在这方面最有影响的当属哈佛大学著名心理学家麦克里兰（McClelland），他提出了著名的三重需要理论，认为人们的工作动机可以分为三种：

- 成就动机，即寻求获得成功；
- 权力动机，即寻求获得、保持和运用对他人的影响和支配；
- 亲和动机，即寻求与多数人群保持密切的关系。

很明显，这三类动机对于了解工作中的人，特别对于甄别、选拔管理者，具有重要的意义。所以很快就有诊断这三种工作动机的测验问世。这些测验也都有了实用的中国版本。对此我们也将在工具篇予以详细介绍。

由于心理测量有如此重要的功能，在欧美企业中得到了普遍欢迎和大量应用。美国电话电报公司（AT&T）早在 20 世纪 30 年代就起用评价中心技术，采纳了许多人事测量的方法用于考察自己的管理者，并取得了相当的成功，为采用人事测量技术预测管理者的绩效和未来职业发展，积累了重要的资料和经验。摩托罗拉公司也很早接受和采纳了心理测量，在人事招聘中采用各种有关的心理测验。在欧洲，有些大公司如壳牌公司，专门聘用心理学专业出身的人从事有关人事测量的工作，为推动心理测量在企业人事管理中的应用起到了重要作用。值得一提的是，壳牌公司几十年来不懈努力于寻找恰当的方法诊断公司所需要的人才素质，从实践角度促进了研究的发展。正是由于这样一批在业界有代表性的企业努力寻求人事管理中的客观、科学的心理测量技术，推动了心理测量在业界的应用，对人事测量的发展起了历史性的促进作用。同时，这些企业也从中受益匪浅。

2.3　心理测量在中国的发展

心理测量在中国诞生并不太落后于西方，这和中国心理学的"早产"不无关系。早在 1900 年，在北京大学的前身京师大学堂，由于受洋务思想的影响，西（方）学（问）在学堂有一定影响，这时便已经开始有了心理学课程和标准化的心理学课本。蔡元培先生曾于 1908—1911 年、1912—1913 年两度在科学心理学之父、德国莱比锡大学冯特（Wundt）教授的课上学习"实验心理学"，了解这门西方人发明的、研究人的心理世界的学问。在蔡元培 1916 年底执掌北京大学不久的 1917 年，便在北京大学建立了中国第一个心理学实验室，宣告了中国科学心理学的正式诞生。心理学史学家们分析认为，这是蔡元培试图对冯特实验室的翻版。而这时距离冯特在 1879 年建立世界上第一个心理学实验室而宣告科学心理学诞生,不过相差38年。

由于心理学从理论、教学、实践都较早地在中国出现了,心理测量学也较早落户在了中国。早在20世纪初,我国的心理学界就引进了心理测验方法,并制定出自己的各种教育和智力测验。而其中对中国心理测量领域影响最大的就是对比奈智力测验的引进和修订。1916年樊炳清首先介绍了"比奈-西蒙量表"。1922年费培杰将"比奈-西蒙量表"译成中文,并在江苏、浙江两省的一些中小学试测。1924年燕京大学的心理学家、曾出任燕京大学校长的陆志韦先生发表了经修订的"中国版比奈-西蒙量表",这就是中国最早的标准化的比奈智力测验。1936年陆志韦与吴天敏合作,再次修订该量表。这时制定的量表已较为成熟,对我国当时的教育事业做出了很大的贡献,并且对中国心理测量领域的发展起了较大的促进作用。

随着心理学和心理测量在中国的发展,人们也开始在人才评价、职业介绍中使用有关方法。早在30年代,已经出现了一些职业介绍所,开始用一些最简单的心理测量或诊断方法进行人才评价或职业介绍。虽然当时的技术很不完善、系统,使用的程度和规模也都极有限,但这毕竟是人事测量在中国最早的开端。

1936年修订的"中国版比奈-西蒙量表"仍然采用的是年龄量表,适用于3~18岁的受测者,其中对6~16岁的受测者最为适合,其他年龄的儿童也可使用,但成绩难以确定。该"量表"中,3~11岁,每岁有6个题目,每题代表的智力年龄为2个月;12岁和13岁这两个年龄各有3个题目,每题代表的智力年龄为4个月;14~15岁有6个题目,每题代表4个月;16~18岁共有9题,每题代表4个月。

1979年,北京大学心理学系的吴天敏教授开始对"中国版比奈-西蒙量表"进行第三次修订,对第二版的"量表"作了较大的修改,对部分题目进行了增删,并于1982年发表了该"量表"的第三版。此后的几年里,吴天敏教授仍一直致力于修订一个简化版本的智力测验,以方便学校之用。直至她1985年辞世,可以说她把毕生都贡献给了制订中国的智力测验。

第三版的中国版比奈量表仍是个体施测的测验,题目按难度排列,适用对象年龄范围扩大到2~18岁,基本上每岁3道题,共51道题。同时在计分上,不再采用年龄比率智商,而是采用离差智商。该修订本的最佳使用年龄为小学至初中阶段。

到了20世纪八九十年代,可以说中国的人事测量迎来了大发展。随着改革开放,外资企业进入中国,为中国带来了先进的管理思想、观念和技术,推动了心理测量在人事管理中的应用。一批组织与管理心理学家、心理测验专家开始关注和着手心理测验在人事管理中的应用,一批有中国自主知识产权、体现中国特色、适用于中国企业的心理测验相继问世。这一切标志着在中国心理测量这种科学方法成为人事测量的主体的时代已经到来。

2.4 人事测量技术的革新

由于心理测量在社会中广泛的应用,尤其是在人事管理领域的重要作用,心理学界不断掀起心理测验研究的热潮。在这股研究热潮的影响下,产生了一大批服务于人事管理的心理测验,过去的各种心理测验也被应用心理学家们改编成适合于特殊应用目的的人事测验,同时也在社会需求的推动下产生了许多人事测量的新技术,人事测量技术逐渐完善和系统化,人事测量的技术研究开始成为应用心理学中一个相对独立的领域。

人事测量技术在近几十年来的发展表现在以下几个方面:

1. 出现大量适用于人事管理领域的测验

近几十年来出现了大量适用于人事管理领域的测验,例如,伍德立斯人事测验(Wonderlic Personnel Test,WPT)、一般能力性向测验(General Aptitude Test Battery,GATB)、分化能力性向测验、DISC 个性测验等。

2. 面试技术在人才选拔中广泛应用

面试历来是招聘过程中必不可少的一个过程,往往是影响人事决策的重要一环。随着企业对人力资源的重要性的逐渐认识,对人事决策的准确性的要求也越来越高。然而,过去那种面试只凭经验评定的方法使人事决策的质量大大降低。企业开始寻求一种客观、公正的面试评估方法,于是,结构化、半结构化的面试在企业大受欢迎,标准化的面试提问表和评分表在招聘中被普遍采用。

3. 人格测验成为人才甄选程序的必要过程

过去在人才选拔和安置过程中,十分重视对能力倾向的评估。然而,现代企业开始认识到许多非智力因素,如性格、情绪特质、人际关系技巧、动机、兴趣和态度模式等方面,对工作方式甚至工作绩效都有十分重要的影响。各种对人格进行测量的工具受到企业的欢迎,人格测验成为人才甄选程序的必要过程之一。

4. 针对具体要求的测验设计、组合越来越重要

由于现代企业对人才素质的要求越来越精细化、多面化,并越来越强调企业自身的特点对人才选拔的要求,人事测量正向迎合具体企业要求和岗位要求的方向发展。过去那种一项测验普遍通用于各个企业的现象受到挑战。取而代之的是各企业纷纷设计适合于自己的特定测量程序和方法。并且,由于对人才素质的要求越来越精细和多元化,在实际应用中往往需要多个不同种类和不同形式的测量方法相结合,于是,在人事测量领域越来越强调针对具体要求设计测验和对测验进行合理组合。

人事测量是帮助人事决策收集信息,及对信息进行分析的重要手段。这种手段的价值在于它的公平性和客观性,这也是各个企业竞相采用人事测量的主要原因。人事测量在企业的人才选拔、培训、考核等领域发挥着重要的作用。随着企业管理科学化的发展,人事测量已成为现代企业人力资源管理的必要工具之一。

重要概念和术语

智力测验	团体测验	人格
智力	智力年龄	场依存性
受测者	智商	动机
量表	离差智商	一般生活动机
个体测验	表面效度	工作动机

讨 论 题

1. 最早的智力测验是如何出现的？其历史意义是什么？
2. 智商的概念是如何出现和演变的？现在的智商的含义是什么？
3. 智力与工作的关系是什么？
4. 人格如何影响人？人格与工作的关系是什么？
5. 如何看待职业兴趣与工作的关系？职业兴趣与人格有什么关系？
6. 为什么人事测量中经常要考察动机？一般生活动机与工作动机的关系是什么？
7. 回顾人事测量在欧美发展的历史，其启发是什么？为什么企业对心理测量感兴趣？
8. 中国的心理测量为什么能很早出现？对中国社会的意义是什么？
9. 人事测量发展的新趋势是什么？未来会怎样发展？

3

心理测量的基本类型

现实中的人是复杂的,是由许多不同的层面整合构成的,同时又在不同环境条件中有相应的丰富变化。这就使得对人的测量十分困难。过去的一百年里,心理学家作了相当大的努力,各种形式的测验不断出现,也就形成了今天的心理测量五花八门的格局。本章我们将详细介绍用于心理测量的各种技术的基本形式与操作方式。

3.1 标准化的纸笔测验

什么是标准化的纸笔测验

在心理测量中,标准化的纸笔测验的应用最为广泛。顾名思义,**纸笔测验(paper-pencil test)**就是只用纸和笔就能进行的测验。这类测验在实施过程中,一般不需要借助其他工具和手段。标准化的纸笔测验一般有事前确定好的测验题目和答卷,以及详细的答题说明,测验题目往往以客观题居多,但也有不少是主观自陈评价题。这种标准化测验一般由专人主持,称为**主试**(taster)或施测者,有时也称考官,是实施和控制测试进程的主要人员。受测者的任务一般很简单,只需按照测验的指示语回答问题即可。一个标准的纸笔测验系统还包括客观的计分系统、解释系统、良好的常模,以及信度、效度和项目分析数据。

大多数智力测验、人格测验、成就测验、能力倾向测验等,都采用纸笔测验的形式。例如,下一篇中所介绍的卡特尔16因素人格测验、生活特性问卷、数量分析能力测验等都是属于这种类型的测验。

对标准化纸笔类测验的评价

标准化的纸笔类测验之所以被广泛采用,是因为它有许多其他类型的测量方法所无法替代的优点:

- 方便性。这种测验很容易实施,测验一般有详细的实施说明。一般就单一的测验而言,一位没有受过任何心理测量训练的主试,可以在很短的时间内学会如何操作测验的施测过程。这就使一些非专业人士也可以很好地使用这些测验。
- 经济性。这类测验通常可以团体施测,可以节约大量的精力和时间,在较短的时间内获得受测者的大量信息。

- 客观性。纸笔类测验较为客观,它往往有标准化的实施说明、计分系统和解释系统。测验结果受测验实施者和计分人员的主观因素的影响较小,可以保证在公平的前提下进行测验,受测者比较容易接受和信服。

当然,标准化纸笔测验同样有它的不足之处。主要表现为以下三方面:

- 受测验的形式所制约,它无法对受测者实际的行为表现进行测量,如言语表达能力、操作能力等。
- 纸笔测验的实施较为程式化,只能收集到测验中所考察的信息,而对于测验外的信息一无所知。
- 纸笔形式测验中有标准答案的测验如能力测验,并不能完全避免考试技巧和猜测因素的影响,而那些没有标准答案的主观自陈形式的测验,如人格测验,也往往无法完全解决应试者掩饰自己的真实情况的问题。

3.2 投射测验

什么是投射测验

投射测验主要用于对人格、动机等内容的测量。这类内容通常不可能建立具有标准答案的题目,受测者主要是进行主观评价和自我陈述,其回答并无正误之分。投射技术一词由富兰克(L. Frank)于1939年首先明确提出。在20世纪四五十年代,投射测验在人格评估中曾占主导地位。不过,相对说来,投射测验在人事测评中运用较少,通常用于临床鉴别。

投射测验(projection test) 要求受测者对一些模棱两可或模糊不清、结构不明确的刺激做出描述或反应,通过对这些反应的分析来推断受测者的内在心理特点。其逻辑假定是,人们对外在事务的看法实际上反映出其内在的真实状态或特征。例如,设计一幅没有任何含义、模糊不清的墨迹图,要求受测者看了墨迹图之后展开联想,回答主试提出的问题。投射测验的三个主要特点是它的非结构性、掩蔽性和整体性。

- 非结构性。这是指投射测验使用非结构化任务作为测验材料,即允许受测者产生各种各样不受限制的反应。为了促使受测者充分想象,投射测验一般只有简短的指示语,测验材料也是含义模糊、模棱两可的。由于测验材料的模糊性,受测者的反应较少受到情境线索和他人观点的影响,往往会表现出受测者真实的内在感受、需要、个性、情绪、动机、冲突和防御等心理内容。采用投射法可以更真实地反应受测者的人格特征。
- 掩蔽性。这是指测验目的的隐蔽性,受测者一般不可能知道测验的真实目的,也不知道对自己的反应将作何种心理学解释,减少了受测者伪装自己的可能性。
- 整体性。这是指测验关注的是对个体的总体评估,而不是针对单个特质的测量。受测者的任何反应都可能影响评估结论,在对投射测验进行解释时也要注意它的整体性特征。

投射测验的分类及实例

林德塞(C. Lindzey)按照测验所引起的反应性质将投射测验分为五类:

1. 联想法投射测验

测验任务为报告因某种刺激(如字词、墨迹、图画)所引起的联想(通常是最先引发的联想)。例如:罗夏克墨迹测验。

测试材料:10张墨迹图,其中5张是黑白的,2张有黑色和红色墨迹,另外3张为淡彩色墨迹图。

测验任务:看图片后对图画内容进行自由联想,主试通常问:"请告诉我你在图片中看到了什么,或者想起了什么。"受测者回答后,主试又将图片展示出来,询问是图片的哪个部分,哪些因素致使受测者做出以上联想的。

又如:主题统觉测验(TAT)。

测试材料:31张图片,其中有一张是空白图片。图片中画有一些主题不明确的图画,大多数图画中包含有人物。

测验任务:主试每次给受测者看一张图片,要求受测者根据图片中的图画讲一个故事,鼓励受测者尽量发挥想象力,说出这个故事为什么会发生,会有什么结果等内容。要求受测者所讲述的故事越详细越好。

2. 构造法投射测验

测验任务是让受测者编造或创造一些作品(如故事、图画等)。例如:绘人测验。

测验任务:要求受测者在一张白纸上用铅笔任意画一个人。画完后,再要求受测者画一个与前者性别相反的人。最后,主试可以通过面谈的方式向受测者了解其所画人物的年龄、职业、爱好、家庭、社交等信息。最后测验者对受测者的作品进行分析。

3. 完成法投射测验

测验任务是让受测者对一项不完整的材料进行填补使其完整。例如:罗特未完成句子量表。

测验任务:要求受测者将一系列未完成句子补充成完整的句子。通过受测者的反应可以对其家庭态度、社会与性态度、一般态度和品格态度进行解释。

4. 选择或排列法投射测验

测试任务是让受测者将一些刺激按照某种原则进行选择或予以排列。例如,可以让受测者将一些描述人性格的词按照其好恶程度或适宜程度排序。

5. 表露法投射测验

测试任务是让受测者利用某种媒介自由地表露自己的心理状态。例如,可以通过书写、谈论、歌唱、绘画等形式让受测者自由表达,从中分析其人格特点。

对投射类测验的评价

通过投射技术可以使受测者将不愿表露的个性特征、内在冲突和态度更容易地表达出来,因而在对其人格结构和内容的深度分析上有独特的功能。投射技术在临床领域有一定的应用前景。但是,对于投射测验一直存在着相当多的批评:

- 由于投射测验结果的分析一般是凭分析者经验做出的主观推断,其科学性有待进一步考察。
- 投射测验在计分和解释上相对缺乏客观标准,人为性较强,不同的测验者对同一测验结果的解释往往不同,并且,投射测验的重测信度也很低。
- 投射技术是否能真正避免防御反应的干扰,在研究上并未得出一致结论。

投射测验在人事管理领域的应用很少,因为投射测验除具有上述缺点之外,在应用时还有如下不便之处:

- 投射测验一般为个体测验,不仅测验时间长,分析结果所需要的时间也很长,实施起来耗费精力。
- 投射测验对主试和分析者的要求很高,一般只能由经验丰富、有专业背景的人担当。这种局限使一般的人事管理人员无法直接使用投射测验。
- 对投射测验结果的评价带有浓重的主观色彩,不能满足人事测验的公平性原则。

虽然投射技术面临这么多的批评,心理测量学家们并没有放弃在这方面的努力,他们一直致力于使投射测验更加客观化和标准化。例如,经过改进的主题统觉测验利用内容分析的方法评分,对个体的成就动机、亲和动机、权力动机进行评估,使该测验具备了一定的客观性。相信通过不断改进,投射测验将能够在各种应用领域发挥其独特的作用。

3.3 行为模拟与观察类测量

行为模拟与观察类测量方法自出现以来便受到人们的关注,其主要原因在于,一般说来对处于某种情境下个体的真实行为的观察最能说明问题。几十年来,人们一直在设法通过设计各种情境尽可能接近自然地观察受测者的各种行为或反应。角色扮演、无领导小组讨论等都是应这种需求而产生的心理测量技术,也是在人员评估中最为常用的测评方法。

行为观察法

行为模拟与观察类测量的技术核心是**行为观察法**(behavioral observation),它是通过安排一定的情境,观察在其中特定个体(或群体)的特定行为,从中分析所要考察的内在素质或特征。行为观察法可以分为自然观察法、设计观察法和自我观察法。

1. 自然观察法

自然观察法(natural observation)是观察者在真实的生活或工作情境中对个体的行为进行直接观察的方法。在自然观察中,观察者不应该对情境作任何干预和改变,被观察者也不应该意识到自己正在被观察这一事实。观察者在观察的过程中对被观察者的行为进行详细的记录,包括利用各种观察、记录设备,如摄录像机,事后根据记录对被观察个体的行为进行分析和评估。

自然观察的内容真实性很高,往往能够反映被观察者的实际情况。但在观察时要注意观察时间的选取,因为有些行为并不一定经常出现。例如接待客户的礼貌行为在没有客户来访时并不会出现。如果把观察时间选定在客户通常很少来访的时候,则观察结果会受影响。另外,要保证被观察者所处的情境中不存在影响受观察行为的因素。例如不应选择被观察员工的上级在场的情况下进行观察。

2. 设计观察法

在需要对真实生活中不易随时观察到的行为进行评估时,可以采用设计观察法。例如,想知道一位应聘者在紧张压力环境下的表现,但一般很难有机会在自然状态下遇到这种观察机会。这就需要采用**设计观察法(designed situation observation)**,即在人为设计的环境中观察个体特定的行为或反应。在人事测量领域经常用到的设计观察法有情境压力测验和模拟情境测验两种。

(1)情境压力测验

情境压力测验(situational stress test)由主试向受测者布置一定任务和作业,借以观察个体完成任务的行为。工作样本测验、无领导小组讨论都可算作情境压力测验的具体方法。

在**工作样本测验(working sample test)**中,主试通常向受测者布置一项工作任务,要求受测者在一定时间内完成,观察者对受测者完成任务的行为过程和行为结果进行观察和评估。例如,在招聘打字员时,主试通常让应聘者现场录入一篇文章或听打一封口授信函,对应聘者的打字速度、错误率进行评估。

无领导小组讨论(leaderless group discussion)是安排一组互不相识的应聘者(通常为6~8人)组成一个临时任务小组,且不指定任务负责人,请大家就给定的任务(讨论题)进行自由讨论,并拿出小组决策(讨论)意见。这是一种目前很受欢迎的人事测量方法。在无领导小组讨论情境中,主试对每个受测者在讨论中的表现进行观察(通常要使用专门的摄录像设备),但不参与到讨论中去。由于没有安排领导,而讨论任务往往又需要有人来对讨论的进程进行引导,对各类意见进行归纳和总结,并最终导向一致决策,因此,具有领导才能的个体往往可以在这种情境中脱颖而出。无领导小组讨论将在工具篇中具体介绍。

(2)模拟情境测验

模拟情境测验(situation simulation test)是指通过模拟一个尽可能接近真实工作情境的环境,要求受测者完成某项任务,对受测者完成任务的行为过程及行为结果进行观察、评估。模拟情境测验与情境压力测验的唯一区别就是在模拟情境测验中受测者处在一个假定的情境中,这个假定情境可以根据测验的需要不断变换,以充分考察受测者在不同情境中的表现。角色扮演测验就是一个典型的模拟情境测验。

角色扮演测验(role taking test)是通过赋予受测者一个假定的角色,要求其按照角色的要求表现自己的行为,观察、记录并评价角色扮演的行为,评价角色接近程度或胜任力。例如,在招聘销售员时,主试往往要求应聘者扮演销售人员,自己扮演客户,假定考场就是销售现场,要求应聘者向自己推销某一产品,借以考察应聘者的销售能力。在测验进行过程中,主试可以根据需要不断提出各种问题,使考生的能力可以得到充分体现。角色扮演测验的操作成本高,对主试的要求也很高,但是由于它对人员的评估十分有效,不少企业都很乐于采用这种方法。

3. 自我观察法

自我观察法(self observation)是由受测者自己对自己的行为进行观察,并记录自己行为的方法。企业中常采用的"工作日志"就是自我观察的一种应用。对工作行为的自我观察有利于观察者对自己的工作进行总结和改进。另外,自我观察法也可以用于对员工的考核。有些企业要求处于试用期的员工对自己每天的工作内容进行详细的记录。在试用期结束时,这些记录成为考察员工工作能力的重要依据。需要注意的是,采用自我观察法对员工进行考核,必须建立在员工如实反映情况的前提上。

对行为模拟与观察类测量的评价

行为模拟与观察类测量的最大弊端在于它操作的困难性。这类测量对主试的要求很高,通常需要富有经验的主试来操作。并且,这类测量通常只能逐个进行,测量的成本很高。最后,这类测验的结果分析也很复杂,而且对结果的分析也很容易受到主观性的影响。

然而,行为模拟与观察类测量方法也拥有很多其他方法所不能代替的优越性,因而在企业中仍受到相当欢迎。与其他测量方法相比,行为模拟与观察类测量具有如下优点:

- 通过行为测量可以观测到受测者在具体情境下的真实行为,相对于自陈量表的结果而言,其结果更令人信服。
- 通过对情境的操作,可以使测试情境与将来的工作情境尽可能相似,所测量出的结果具有更好的预测效果。
- 在行为测量中,受测者的个人特点和能力可以得到充分的展示。通过对情境的设计,主试可以成功地观测到许多他所想要考察的行为和能力。

3.4 人事评估中基于工作情境的综合类测量

公文筐测验

公文筐测验(in-tray test)是让受测者在所安排的假想的情境中扮演某种管理者的角色,对事先设计的一系列文件进行处理,进而针对受测者处理公文的方式、方法和结果等进行评价。公文筐测验一般用于对中高级管理者的评价,它可以对应试者的计划、预测、决策和沟通等管理能力进行测查,在管理领域应用十分广泛。关于公文筐测验,工具篇中将做进一步介绍。

面试

面试(interview)是主试针对自己感兴趣的、与工作有关的各种问题,与应聘者进行面对面的交谈,收集有关信息,从而达到了解和评价应聘者目的的一种人事测量手段。

面试是人事管理领域应用最普遍的一种测量形式。但严格地讲,面试并不能算是一种测量,因为面试的结果往往不能定量化,对结果的评价也不够客观。但是,因为面谈可以给主试和受测者提供双向交流的机会,尤其能使人了解到从纸笔测验的卷面上看不到的内容,在招聘中往往被采用。

面试按其形式的不同可以分为结构化面试和非结构化面试。

1. 结构化面试

结构化面试(structured interview)往往有事先确定的提问提纲,里面列出需要了解的各方面的问题,而且这些问题通常还可能有一定的内在的逻辑关系。面试时,主试按照固定的程序向应试者逐个提问这些问题。这样,所有受测者都回答同样结构的问题。结构化面试往往有详尽的标准化评分表,主试按照评分标准对受测者的表现进行客观评分。

结构化面试克服了面谈的无法量化、主观和随意性的缺点,是一种很值得推广的面谈技术(详见工具篇第15章)。

2. 非结构化面试

非结构化面试(unstructured interview)则没有固定的面谈程序,主试提问的内容和顺序都取决于他的兴趣和现场应试者的回答。这种面试方法给谈话双方以充分的自由,主试可以针对受测者的特点进行有区别的提问,不同受测者所回答的问题可能不同。我国很多企业的人事经理在招聘中都喜欢采用这种面试形式。

虽然,非结构化的面谈形式给主试以自由发挥的空间,但由于这种形式的面试存在一系列问题,如容易受主试主观因素的影响、面试结果无法量化、不利于受测者之间的相互比较等,建议尽量不要在对应聘人员的评估中采用这种方法。

在实际应用中,还存在一种介于结构化和非结构化面试两种形式之间的折中形式,即在结构化面试中加入一些灵活的追问和附加问题。这样既可以保证对受测者进行客观评估,又使主试能够根据应试者不同的情况,随时了解面试提纲之外的有用信息。这种方法称做"半结构化面试"。

调查法

在人事管理工作中,还经常要用到一种测量方法:调查法。**调查法**(survey)是指就员工的某些意愿、态度、观点或感受等认知性或情感性心理状态或行为倾向,进行一定范围的信息搜集,并就相应状态或倾向的特性、程度、广泛性等做出分析评价的方法;通常由一系列问题构成,可以是纸笔形式,也可以是访谈形式。

调查表与人事测验不同。调查表没有严格的常模,也不需要考虑的信度、效度指标,它只是管理者用来了解现实情况的一种工具。例如,企业中常进行的员工满意度调查、员工价值观调查、员工需求调查、员工对某项改革措施的态度调查等,都属于此类。

调查表虽然不很严格,但它是管理工作的必备工具之一。通过对管理者自身、员工以及工作群体乃至整个组织的各方面特点和现状的评估,可以帮助管理者调整自己的管理方式,制定相应的策略,确定合适的激励手段,并能帮助管理者及时发现组织中存在的问题,及时解决。

重要概念和术语

纸笔测验	情境压力测验	公文筐测验
主试	工作样本测验	面试
投射测验	无领导小组讨论	结构化面试
行为观察法	模拟情境测验	非结构化面试
自然观察法	角色扮演测验	调查法
设计观察法	自我观察法	

讨 论 题

1. 你过去是否曾经接触过本章中所介绍的这些心理测量方法？为什么会有这么多的方法？你对它们的不同功能、特性看法如何？

2. 纸笔测验的优点是什么？目前，有不少纸笔类测验都可以并已经移植到计算机平台，对此你有何看法？

3. 你是否认为投射法是一种很有意思的方法？你对它在人事测量中应用的发展前景有何预测？

4. 你对无领导小组讨论测验有何看法？如果是你在负责执行这个测验，你认为有什么内容是可以观察分析的？

5. 试比较行为观察法和纸笔测验。你更愿意采用哪种方法？为什么？

6. 你认为工作样本测验对应聘者未来工作的预测效度如何？为什么？

7. 你觉得公文筐测验都可以考察哪些应聘者的素质？为什么？

8. 你认为影响面试效果的原因有哪些？应怎样在现实中克服？

9. 在你看来，应该如何在人事测量中组合不同的测量方法？

10. 请考虑下面这些职位，你认为在招聘时应选用什么方法对应聘者加以考察？
A. 研发主管　　　B. 财会人员　　　C. 销售经理　　　D. 行政秘书

心理测量工具的建立

要建立一项完善的心理测量工具,目标设定是第一步。如何根据测量目标确定合适的测量工具是决定测量效果的关键因素。要建立好的心理测量工具,还要对心理测量工具编制的通用原则有所了解。通过本章内容的介绍,读者可以掌握心理测量工具设计和编制的基本原则和技巧。

4.1 针对不同目标的测量工具的设计

测量目标的分析

测量目标是指测量工具做什么用。测量目标不同,所设计的测量内容、测量工具的操作形式、采用题目的形式以及题目的范围和难度都会有差异。

在确定测量内容之前,先要确定测量目的是显示个体的行为特点,还是用来预测其将来的行为表现。例如,成就测验、态度测验就是**显示性测量**(display measurement)工具,它反映受测者具有什么知识和特点,能完成什么任务。同理,许多观察法、调查法都是显示性测量工具。

预测性测量(forecast measurement)预测一个人在不同情境下的行为。例如,各种能力倾向测验可以预测个体未来的工作绩效。部分人格测验可以预测个体未来的工作风格。而角色扮演、公文筐测验能够更加直接地预测个体未来在同样的工作情境中的工作表现。

在实际过程中,测量工具的编制者还必须把测量目标转换成可操作的测量指标,这种转换过程称之为操作化或**目标分析过程**(purpose analysis)。目标分析与测量目标是密切相关的。根据测量目标的不同,可按以下三种情况来具体分析:

● 对于有选拔和预测功用的预测性测量工具,它的主要任务是要对所预测的行为活动做具体分析,称之为**任务分析**(task analysis)或工作分析。这种分析包括两个步骤:

首先,要确定使所预测的活动达到成功所需要的心理特质和行为。例如职业能力性向测验的编制,若某项工作包括打字,那么测量工具的编制者可以假定手指的灵活性、手眼协调等能力是必需的。这种确定可以通过参阅前人的工作从理论上分析,也可以通过对在某项活动中已经录用或已经成功的从业人员的行为进行分析后得出。当测验编制者确定某项工作需要哪些能力、技能或特质之后,就可以编制测量这些能力或特质的测量工具。

其次，还要建立衡量受测者成功与否的标准，这个标准称之为**效标**（criterion）。例如，用以确定一名运动员是优秀运动员的标准，就是效标。效标可以作为鉴别测量工具的预测是否有效的重要指标。

- 如果测量工具用于测量一种特殊的心理品质或特质，那么首先就必须给所要测量的心理和行为特质下定义，然后找出该特质往往通过什么行为表现出来。例如创造力的测量，有人将创造力定义为发散性思维的能力，即对规定的刺激产生大量的、变化的、独特的反应的能力。根据这种操作性定义，创造能力则应该从反应的流畅性、灵活性、独创性和详尽性这四个方面来测量。

- 如果测量工具是描述性的显示测验，它的目标分析的主要任务则是确定所要显示的内容和技能，从中取样。成就测验就是一种典型的描述性显示测验，它的内容分析可以利用双向细目表来完成。**双向细目表**（two-way checklist）是一个由测量的内容材料维度和行为技能维度所构成的表格，它能帮助成就测量工具的编制者决定应该选择哪些方面的题目以及各类题目应占的比例。表 4.1 是为测量学生学习"测量工具的编制和实施"这一课程内容中的成就所编写的测量工具双向细目表的一个样例。

表 4.1 "测量工具的编制和实施"课程内容的测量工具细目表

行为目标	内容（材料）				
	测量工具准备（16%）	测量工具编制（26%）	实施（14%）	计分（22%）	项目分析（22%）
概念知识	工作分析 效标事件 显示性测量工具 （3题）	匹配题 混合螺旋式 反应定势 （5题）	关系效应 晕轮效应 （2题）	计分键 组合计分 机器计分 （3题）	效标 内容一致性 测量工具同质性 （3题）
具体事实知识	教育目标分类的类别 （2题）	问答题和客观题的优点和缺点 （4题）	测量工具成就的影响因素 （2题）	问答题计分和客观题计分的原则 （3题）	决定项目的效度的方法 项目分析的目的 （3题）
理解	解释编制测量工具计划的目的 （2题）	（0题）	（0题）	计分起加权的作用 （1题）	P和D关系的解释 （1题）
应用	编制测量工具领域某一单元的双向细目表 （1题）	测量理解、应用、分析综合、评价的多选题实例 （4题）	编制测量工具指示语 （2题）	猜测的修正加权 使用图表对重排题计分 （4题）	难度和区分度的计算 （4题）
总数	8题	13题	6题	11题	11题

根据测量目标确定测量的内容和形式

在对测量目标进行分析之后，就可以根据不同情况确定测量的内容，即对个体的哪些行为和心理特征进行测量，并由此确定所采用的测量工具的形式。例如，用于选拔的测量工具要求对个体将来的行为进行预测，那么各种能力测验、人格测验、动机测验，以及面试、情境模拟测验都是合适的。如果只想对培训效果或者员工的工作表现和对工作的满意度进行了解,那就分别需要采用成就测验、行为观察和团体健康度评定。

一般来说,测量的目标应当是明确的,测量目标决定测量内容,而测量内容又对测量工具的操作形式有所制约。例如,对成就、一般能力倾向、人格的测量,可以采用纸笔测验的形式,而对个体的言语交流能力、社交能力以及机械操作能力就不能采用纸笔测验的形式,而应采用各种操作性测量方法。

确定测量内容和形式是决定性的关键,它决定测量有效与否。下面列举一个针对测量目标进行具体测量内容和测量形式设计的实例:

某商场需要招聘一批具有一定工作能力、有敬业精神并且掌握一定专业知识的摄像设备的销售人员。

第一步——确定测量目标:对应聘者未来的工作能力、工作动机进行预测,并且对应聘者现有的专业知识(对摄像设备的知识)进行了解。

第二步——设计测量内容:根据销售人员任职资格的要求,其工作能力可以分解为以下内容:言语交流能力、说服能力、推销技巧。对成就动机的测量可以预测应试者未来工作的敬业程度。另外,通过对摄像设备知识的考试可以测查应试者的专业知识。

第三步——设计测量形式:根据测量内容,建议采用情境模拟测验形式对工作能力进行测量,用自陈量表形式对动机进行测量,并设计一项标准化的摄像设备知识的纸笔考试。

根据测量的对象确定题目的形式

在编制测量工具时,还应该考虑使用测量工具的团体的组成和特点,如受测者的年龄、智力水平、受教育程度、社会经济地位、文化背景、阅读水平等因素。测量工具针对的对象不同,测量工具采取的形式、题目的编写、测量题目的难度、取样的范围都可能有所不同。例如,如果受测者是没有阅读能力的个体,在编制测量工具时应该考虑采用操作性测量的形式,而不能采用纸笔类测验。受测者群体的特点有很多,到底哪种变量更重要,取决于测量工具的目的和类型。

4.2 题目的设计和测量的编制

测量工具编制过程中最重要也是最困难的步骤,就是题目的编写和收集。题目的编写要经历从编写、集编,到预试、修改,然后再试测、再修改,这样一个不断重复的过程,直到得到一套令人满意的、符合一定测量学指标的测试题。

至于编写多少数量的题目合适,根据经验,一般在客观题的测验中,为了可供筛选,编写出的题目应比实际需要多20%以上,如果考虑到以后还要不断筛选和修改,初次编写的题目量可以比实际需要的多出一倍到几倍。

测验题目的来源

在测量的内容及形式设计完成之后,就可以根据所设计的内容和形式要求来收集和编写题目。收集题目的方法有很多,包括从现成的测验中选取、按照现有理论设计、请专家设计等。

最简单、最直接的方法是,从已经出版的各种标准的测量工具中选择合适的题目。例如,编制能力测验就可以从已出版的包含所要测量能力的测验中选取题目。当然,这样做必须注意尊重原作者的知识产权。

现成的理论从来都是设计测验题目的绝好参考。例如编制态度测量量表,则有关态度的类型、定义等理论都有参考和指导作用。又如,设计职业兴趣测验,可以按照斯特朗或霍兰德等人的著名理论构架,即把职业兴趣分为六大类型,来编制相应的题目。

专家无疑是设计测验的重要资源。在实际操作上,既可以直接邀请专家设计题目,也可以参考专家的有关经验、建议或以往的工作。以人格测验为例,描述人格的术语可作为题目的来源。阿尔波特(G. Allport)等人曾总结出17953个描述人的特点的形容词,将这些词进行归纳后,就可作为编制题目的参考。

在收集题目时应注意几个问题:
- 题目的来源要尽可能丰富,这样测量内容不至于偏颇,并能提高行为样本的代表性;
- 题目要有普遍性,尤其是成就测验,要保证所有受测者都学过该测验中题目所包含的内容;
- 在编制智力或能力等本身不应体现文化影响的内容的测量题目时,要尽量避免文化背景差异的影响。也就是说,像能力测验这样的测量,应当对不同性别、种族、肤色、各种亚文化的群体具有公平性。

题目编写的原则

对测量工具题目进行编写要遵从某些一般原则,这些原则可以归纳为内容、语言、表达与理解四个方面。

1. 针对题目内容的原则
- 要求题目的内容符合测量工具的目的,避免贪多而乱出题目;
- 内容取样要有代表性,符合测量工具计划的内容;
- 各个试题必须彼此独立,不可互相重复或牵连,切忌一个题目的答案影响对另一个题目的回答。

2. 针对题目语言的原则
- 使用准确的通用语言,不要使用生僻晦涩的词句;
- 文句须简明扼要,既排除与解题无关的陈述,又不要遗漏解题的必要陈述;
- 最好一句话说明一个概念,不要使用两个或两个以上的概念;
- 语意必须明确,不得歧义或含糊,尽量少使用双重否定句。

3. 针对题目表达的原则
- 尽量避免主观性和情绪化的字句;
- 不要伤害受测者感情,避免涉及社会禁忌或个人隐私;
- 避免诱导和暗示答案;

- 避免令受测者为难的问题(受测者没有明确结论或羞于启齿的问题)。

4. 针对题目理解的原则
- 题目应有确切答案,不应具有引起争议的可能(创造力、人格类测验例外);
- 题目内容不要超出受测者的知识和能力范围;
- 题目的格式不要引起误解。

题目的分类

题目的种类很多,根据受测者所做出的反应(回答)方式进行分类,可以分为提供型和选择型题目。

- **提供型题目**(self-produced answer question)要求受测者提供答案,如问答题、填充题。另外,各种操作性题目,如画图、表演、完成某项任务、回答问题等,都可以算作提供型题目。
- **选择型题目**(selective question)则要求受测者在提供的备选答案中选择正确答案,如是非题、匹配题、选择题。

由于操作性题目往往没有什么固定模式,所以本节主要介绍纸笔类测验的题目类型。

常用题目类型与编制要领

1. 问答题

问答题的主要优点在于它能够测量受测者组织材料的能力、综合能力和文字表达能力,这些能力是其他客观题难以测量的。相对来说,问答题有下列优势:较好编制,题目无需太多;不需准备备选答案,答案是由受测者自己完成的;可以避免受测者猜测答案。

但是,问答题的缺点也很明显:

首先,问答题一般回答时间长,占分数多,因此题量不宜太大,所以能测量到的内容也有限,对行为的取样受到局限。由于取样代表性差,则可能使某些受测者对某个论题碰巧很熟,得到"虚假的高分",其结果的信度自然就会受到影响。

其次,问答题的评分标准不容易标准化。相对来说,评分者在掌握评分方法时可能有相当的主观性,而且不同评分者的评分结果很难保持高度的一致。已有许多研究发现,不同评分者对同一答案的评分一致性相关系数仅在 0.62~0.72 之间。同一评分者对两份等值的答案的评分信度更低,仅在 0.42~0.43 之间。即使同一评分者在隔一段时间后再评价同样的测验,也会出现前后评分的不一致。

再次,问答题的评分容易受书写的整洁程度和个人成见等无关因素的影响。这可能是评分者非客观性的主要来源之一。一方面,卷面形象可能使评分者形成印象分,影响最终评价;另一方面,问答题的阅卷比较费时,对评分者的耐心和仔细程度是一个挑战。

一般来说,在可以用客观题施测的情况下,尽量不要采用问答题形式。如果需要采用问答题施测,题目编写者应该使问题及评分标准尽可能客观,在编制时应注意以下几点:

- 问题应清楚而且明确,使受测者了解答题要求;

- 题目的数量不要太多，以免变成速度测验；
- 在编制题目时应该有一个理想答案或一系列答题标准，同时对另外一些可接受的答案应有所规定和说明。

2. 选择题

选择题通常包括两个部分：一是题干，即呈现一个问题的情境，由直接问句或不完全的陈述句构成；另一是选项，即对问题的几种可能的回答，包括正确答案及若干（一般1～5个）错误答案，这些错误答案叫做诱答，其主要作用在于迷惑那些无法确定答案的受测者。

选择题适用于文字、数字和图形等不同性质的材料，可以考察记忆分析、鉴别推理、理解和应用知识的能力，也可以考察对某一事物的看法和观点。选择题的主要优点包括：

- 适用范围广，从一般知识到复杂能力的测量均可使用；
- 题意明确，受测者的反应简单，容易计分；
- 与其他形式的客观题相比，更少受猜测和反应定势的影响，评分客观；
- 选择题的题量可以较大，考察的范围更广，取样代表性较高。

选择题的不足之处在于诱答难以编制，诱答的数量要求多，而且还要似是而非，让那些不知道正确答案的受测者感到无从选择，这相对来说较为困难。另外，通过选择题较难测出个体组织能力、表达能力和创造性等特点。

下面是编制选择题的一般原则：

- 题干所提出的问题必须明确，使用简单和清晰的用词，做到即使受测者不看选项的情况下，题干本身的意义也是完整的；
- 不要将选项夹在题干中间，或者在题干前出现与问题无关的材料；
- 选项要简练，尽量将选项中共同的词句（如限定语、条件）移至题干中，这样不仅可以使题意清楚，而且可以减少受测者的阅读时间；
- 除特殊情况外，所有选项的长度应该大致相等，而且与题干的联系要紧密，否则，本来正确的答案可能会因为逻辑上或语法上与题干不一致而被错误地排除；
- 避免在题目中出现帮助受测者猜测正确答案的线索，例如，不应将正确选项描述得比诱答详细得多，应避免出现两个意义相同的诱答等；
- 对于人格和态度的测量工具，题干的陈述应该不带任何倾向性；
- 如果选项是数字、日期、年龄等有逻辑顺序的材料，则最好仍按顺序排列，否则应随机排列；
- 答案在选项中的位置应当随机出现，没有任何规律，避免受测者猜测。

3. 是非题

是非题的共同特征是只有两种可能的反应，其中一种是肯定的（同意、正确、是），另一种是否定的（不同意、错误、否）。因此是非题可以当作是只有两个选项的选择题。

是非题容易受受测者反应定势和猜测的影响，测验分数的可靠性不如选择题。所谓**反应定势（reaction set）**就是指部分受测者在回答问题时，其答案的选择建立在题目的形式或位置上（如偏向正面回答或否定回答），而不是建立在题目内容的基础之上。另外，是非题仅有两种答案,即使猜测,也有50%答对的可能性。如果还有其他额外的线索,猜对的可能性还会更高。弥补这一缺陷的方法之一是,加大题目数,使每一题目分数的偶然性对总分的影响相对减小。

当然,是非题也有其长处。它能很快阅读与作答,因此题量可以较大,便于广泛取样;计分也比较客观。在能力测验中,是非题多用于只需快速粗略判断受测者能力的情况。

编写是非题时要注意以下几点:

- 测查的内容应以有意义的事实、概念或原理为主,不要考察受测者对无关紧要的问题或细节的辨别能力;
- 每道题只能包括一个重要的概念,避免两个以上的概念出现在同一题目中,造成"半对半错"或"似是而非"的情况。而且还要把各个概念放在题干的重要位置上;
- 除特殊情况,尽量避免否定的叙述,尤其是要避免双重否定的叙述。因为采用否定的叙述容易使人困惑,否定词也容易被一些粗心的受测者所忽略;
- 对于测验中正确的题目与错误的题目,它们的长度和复杂性应尽量一致;
- 正确的题目数与错误的题目数应该基本相等,两种题目应按随机方式排列。

4. 匹配题

匹配题可以说是选择题的一种变式。匹配题一般包括多个反应项(匹配项)和多个刺激项(被匹配项),用反应项来匹配刺激项。匹配题有完全匹配(刺激项与反应项的数量相等)和不完全匹配(反应项目多于刺激项目)两种形式。通常,刺激项目和反应项目分别排成两列。

匹配题容易编制,而且可以在短时间内测量大量相关联的材料,覆盖面较广。但它一般只能测量简单记忆的事实材料或概念关系,并且要求编制的选项必须是同质的。

下面是对编制匹配题的一些建议:

- 刺激项目和反应项目应该分成两列,通常反应项安排在右边;
- 配对数目不可过多或过少,最好使用不完全匹配,使反应项数目多于刺激项数目,并且最好不限制每个反应项被选择的次数,这样可以降低猜测的概率。一般可以列举6～15个项目,其中反应项应比刺激项多2～3项;
- 匹配题的反应项与刺激项的性质必须相近,选项如存在逻辑顺序,应按顺序排列;
- 应对匹配方法、匹配的依据加以明确的规定和说明,同时说明反应项可以被选择的次数;
- 同一组的反应项与刺激项最好印在同一页纸上,以免造成答题时间的浪费;
- 反应项与刺激项应以不同形式的序号加以标识,例如在反应项前冠以数字,刺激项前则冠以英文字母或甲、乙、丙、丁,以免混淆。

5. 填充题

填充题是提供型的题目,它要求受测者用一个正确的词或句子来完成或填充一个未完成句子的空白处,或者是提供一个正确的答案。填充题比较容易编制,不受猜测的影响,在评估专业知识方面特别适合。另外,在前面介绍的投射测验——"语句完成测验"中也用到填充题。当然,填充题也有其局限性,它不能测量更为复杂的知识和能力;题目有时也会有多个答案,计分不能完全客观。下面是编制填充题时应注意的几个方面:

- 最好采用问句形式。如果需要使用未完成句子,则填充处应尽量放在句子末尾;
- 使用直接问句的形式,可避免产生对题意的误解;
- 如果是填空形式,填充处不可太多。过多空白会使题意不明确;
- 每题最好只有一个答案,答案最好简短而具体,有利于评分。

6. 操作性测量形式

在很多情况下,操作的方法和过程是重要的测量目标,而这是纸笔测验无法测量的,这时可以采用操作性测量形式。操作测试题要求受测者对未来真实情境中的行为进行模拟,其真实性要高于纸笔测验。

操作性测试题通常分为着重过程和着重结果两种形式。考察仪器操作、演讲、演奏乐器和其他各种技艺,就需要采用着重过程的形式,这些内容需要在工作过程中进行评鉴。而有些活动则要在活动结束后考察结果,例如文章、图画、设计图纸或样品等。当然,也有的需要同时考察过程和结果,如工作样本测验。

操作性测试有多种不同的分类方法,按测试情境的真实性程度可以分为:

- 纸笔的操作性测试:虽用纸笔但偏重于模拟情境下知识的应用。如编制、编写某项操作计划、步骤、注意事项等,如公文筐测验;
- 模拟操作测试:强调正确的程序,受测者需要在模拟情境下完成与真实活动相同的动作,如飞行员在模拟驾驶舱中的考核;
- 工作样本操作测试:其真实性最高,包括了真实作业的全部要素,但是是在有控制的条件下去完成的。如司机在标准场地内的考核、师范学生的教学实习等。

设计操作性测试题的主要原则有:

- 明确所要测量的目标,并将其操作化。即要进行工作分析,辨认出操作中最重要的因素,找出具有代表性的工作样本;
- 要建立作业标准,规定通过此项作业的最低标准。如操作的准确性(误差多少)、速度(时限多少)、步骤的正确性或某些主观品质(如熟练程度、优秀水平)等,都应该操作化;
- 选择合适的真实性程度。通常情况下,真实性程度越高,模拟的代价越大。应根据所考核目标的不同,选择不同真实程度的测试方法,以便在最节约的前提下获得最多的信息;
- 指示语简单明确,让受测者知道要干什么和在什么条件下去做;
- 有明确的计分方法。

操作项目的计分有不同形式,差别很大。有些项目根据完成题目的数量和错误次数客观计分就可以了;有些项目的评分则较为困难,这种项目可以采用"作品量表"来计分。**作品量表(standard sample scale)**一般包括一系列按顺序排列的不同作业程度、水平、质量的标准样本,评分时参照这些标准样本对受测者结果进行评分。如果被考核的操作活动可以分为多个方面或几个步骤,则可以按每个方面或步骤完成的情况分别给分,最后统计总分。

4.3 题目的编排

在测试题目编写完成之后,下一步的就是对题目进行编排。经过认真的编写,测试题可能在内容和形式上初步达到了要求,但还必须根据测量工具的目的、性质与功能,对原始测试题进行选择和编排。这种选择和编排过程包括定性的逻辑分析和根据预测的结果进行的定量分析。

测试题的编排方式因测量工具的类型不同而有所差别,下面是题目编排的一般原则:

- 将测量相同因素的测试题排列在一起;
- 尽可能地将同一类型的测试题组合在一起,这样只需对每一类型的试题作一次说明,也方便受测者的回答,同时还可以简化计分工作和对题目的统计分析;
- 难度测验的题目应按由易到难排列,避免某些受测者一开始就因较多题目回答不出而失去信心,这种安排也可以使受测者熟悉反应程序,解除紧张情绪,同时还可避免受测者在难题上耽搁较长时间而影响了后面的回答;
- 对于人格测验,应尽量避免将测量同一特质的题目编排一起,防止受测者猜测出题目所要测查的因素。

测试题的预测试和分析

测试题编排完成并不意味着这项测量工具的编制就此完成。前面对题目的选取只是依靠编写者的主观经验,题目的效果如何还需要进行定量的客观分析。这时的测试题还只能叫做预备测试题,还需要获取受测者对这些题目的反应,为进一步筛选题目和为编排测量工具提供客观依据。也就是说,必须将预备测试题对一定规模的小样本受测者进行施测,获得数据以进行校验、修订。这一过程称为测试题的**预测试**(pilot test)。数据收集上来之后,就应该利用这些数据对题目进行分析,删除不好的题目或对题目进行修改,这个过程称为**题目分析**(thematic analysis),具体内容包括对题目的项目分析和对测验信度、效度指标的检查。有时候,题目需要经过多次预测试和分析,不断修改后才能达到测量学的要求。

对测试题的预测试应注意以下问题:

- 预测试对象必须和将来正式测试的对象相似,取样应注意其代表性,人数不必太多,但不能太少,一般应不少于 30 人;
- 预测试的实施过程和情境应力求与将来正式实施时的情况相似;
- 预测试的时限可稍宽些,最好使每个受测者都能将题目答完,以便搜集充分的反应资料,使统计分析的结果更为可靠;
- 在预测试过程中,应将受测者的各种反应情况随时加以记录。如,记录在不同时限内一般受测者所完成的题目数、题意不清之处、受测者的态度等,以便在修改测验时作为参考。

预测试完成后,可以根据预测结果进行题目分析,对每个题目的具体分析称为**项目分析**(item analysis),主要是指根据题目的难度、区分度、备选答案的合适度等数量指标来对题目进行分析(详见第9章"项目分析")。根据分析结果,再对题目进行选择,最终编制出较好的测量工具。

测验使用手册

任何标准化的测验都必须提供给用户相应的说明书,即测验使用手册。使用手册对如何使用该测验进行说明,同时也是用户评价和比较测验优劣的重要依据。

使用手册的内容一般包括:
- 测验的一般信息:标题名称、作者、施测形式、记录形式;
- 测验目的和作用。通常手册应指出测验可作何种用途(如选拔、指导、评价),适用对象,以及所测量的内容(如测量何种能力、特质)等;
- 测验编制的理论背景和题目的来源。一些手册还提供选择题目的统计指标;
- 测验的实施方法、时间要求及注意事项,包括对施测现场环境的要求、指示语和对主试的训练要求;
- 测验的标准答案和计分方法;
- 常模表、常模适用团体及测验计分系统、解释系统,以及样本的选择方法;
- 测验的信度资料和效度资料,以及这些资料取得的条件和情境,包括调查的样本和时间。

使用手册可以说是测验的"门面",其编写的好坏、形式十分重要。一个测验的编制、修订可能花费巨大的时间、精力、财力,但最后的主要表现形式却很简单,往往只是一个使用手册和题本,使用者也只是从中了解测验的价值。因此,编写使用手册一定要慎重,充分体现测验的功能和意义。

重要概念和术语

显示性测量	双向细目表	预测试
预测性测量	提供型题目	题目分析
目标分析过程	选择型题目	项目分析
任务分析	反应定势	
效标	作品量表	

讨 论 题

1. 显示性测量和预测性测量的区别是什么?对测量的要求有什么不同?
2. 请讨论目标分析的意义,它和任务分析的分别是什么?
3. 以某类营销人员为例,请设计一个招聘用的测量内容双向细目表。
4. 请讨论题目编写的原则,其中有哪些涉及伦理性原则?
5. 用选择题形式的测验能否测量组织能力、表达能力?为什么?

6. 是非题猜测的可能性较大,有什么办法可以降低这一影响？为什么？

7. 如果你要组织一项对企业销售人员营销知识的测验,你会采用以下哪些形式？为什么？

8. 什么叫"作品量表",其功能是什么？根据你的经验,你所接触的哪些职位的招聘可以采用作品量表法？

9. 为什么要做预测试？

心理测量的实施与计分

心理测量的目的是要对受测者做出尽可能准确和公平的评估,这种准确和公平性的前提是对误差进行尽可能地控制,这需要做到在测试的实施和计分过程中,测试的各种因素对所有受测者尽可能相同,以控制无关因素对测量结果的影响。本章将介绍有关测验实施过程中应注意的各种细节和技术,以及对测验答案的计分程序和对受测者猜测因素的校正。

5.1 实施测量操作的要领与误差控制

心理测量实施的最基本要求是,使所有的受测者都在相同的条件下表现出自己的真实行为。这就要求测试时使用标准的指示语,制订标准的时间限制,采用合适的测试环境,以及控制施测过程中可能影响测试结果的任何其他因素,如主试回答提问的方式,宣读指示语的语调、声调、速度甚至面部表情等。下面对实施测量操作时应注意的各个方面进行详细介绍。

测量的操作程序

1. 标准化指示语

在施测过程中应该使用统一的指示语。**指示语(instruction)** 是在测量实施时说明测量进行方式以及如何回答问题的指导性语言。指示语通常有两种:一种是针对受测者的,另一种是给主试的。前者应该力求清晰和简单,向受测者说明应该做什么,即如何对题目做出反应。这种指示语一般印在测验的开头部分,可以让受测者自己阅读,同时又在测验开始前由主试口头说明,以确保受测者确实掌握要求。下面是一项能力倾向测验的指示语的例子:

请在答题卷的右上角写上你的名字。在测题本上不要做任何记号。本测验的目的是要测查你的逻辑推理能力。请将你的答案写在答题纸上,在每道题中你认为正确的选项上画圈表示,例如:题13: 1 2 3 ④,表示你选择答案"4"。你的测验成绩将由你正确回答的题目的数量决定。因此,在你对某题没有把握时可以猜测,不要漏掉任何题目。如果测验时有什么问题,可以举手,询问主考人员。完成测验后请将答题纸和测验题本一起交给主考人员,之后离开考场。

一般来说,针对受测者的指示语包括:
- 如何选择反应的形式(画圈、画钩、填数字、口答、书写等);
- 如何记录这些反应(答卷纸、录音、录像等);
- 时间限制;
- 如果不能确定正确反应时,该如何去做(是否允许猜测等)以及计分的方法;
- 当题目形式比较生疏时,应该给出附有正确答案的例题;
- 某些情况下告知受测者测验目的。

标准指示语通常要求主试在指示语念完后,要询问受测者有何问题。主试在回答这些问题时,不要加入自己的主观看法,也不要透露任何可能对测验结果有影响的信息或线索。因为指示语和主试的回答也是测验情境之一,不同的指示语和提示,会直接影响到应试者的答题态度与答题方式。

2. 测验时限

大多数典型作为测验是不受时间限制的。例如,人格测验中,受测者的反应速度并不很重要,所以人格测验一般不限定受测者完成测验的时间。但在最高作为测验中,速度是需要考虑的重要因素之一。大多数测验既要考察受测者的反应速度,也要考察其解决有较大难度题目的能力。通常,在能力和成就测验中所使用的时限,以大约90%的受测者能在规定时间内完成测验为标准。如果题目从易到难排列,力求使大多数受测者能在规定时间内完成他会答的题目。确定测验的标准时限一般采取尝试法,即通过预测试来确定。

3. 测验的环境条件

测验的环境条件也是影响测试成绩的一个因素。尤其对于操作性的测验,测验的环境如果布置得太严肃,容易让应试者感到紧张。测验场所必须确保具有良好的物理环境,包括安静而宽敞的地点、适当的光线和通风条件、适宜的温度和湿度等。在测试时还要防止干扰。

必须说明的是,环境条件的要求并不是可有可无的。不同的环境条件可能导致不同的结果,导致测验分数难以解释。因此,在施测时,首先必须完全遵从测验手册的要求布置测验的场所,其次是要在施测过程中记录下任何意外的测验环境因素,以便在解释测验结果时加以考虑。

主试的职责

主试的经验往往会对测验的结果产生影响。对于个体测验、投射类测验、操作性测试和面试,主试的作用就更为重要。测验手册中一般有对主试职责的详细说明,主试应严格按照此说明主持施测。一般来说,主试应做以下工作:

1. 测验前的准备工作

(1) 预告测验

主试应事先通知受测者,保证受测者准确知道测验的时间、地点以及测验的内容、测题的类别(问答题、客观题、口试题等),使受测者对测验有充分的准备。

(2) 熟悉测验指示语

在个体测验中,主试记住(能背诵)指示语是基本要求,否则一旦面对受测者,自己却不熟悉测验要求,会非常被动,严重影响测量效果。即使是团体测验,事先熟悉指示语也会使主试在朗读指示语时不会犹豫或出错,主试的紧张不安情绪很容易感染受测者,进而影响测量效果。

(3) 准备测验材料

在个体测验中,尤其是在最高作为的测验中,这一步骤显得格外重要。材料一般应放在离测验桌不远的地方,主试可以伸手拿到而不干扰受测者。当需要使用仪器时,要经常进行检查和校准。团体测验中,所有的测验本、答卷纸、铅笔和其他必需材料,都必须在测验前清点、检查和安排好。

(4) 熟悉测验的具体程序

对于个体测验,主试通常需要进行施测前训练,包括演示实践及实习等。对于团体测验,特别是欲测大量受测者时,准备工作中还应包括主试与监考的分工,使他们明确各自的任务。一般来说,主试宣读指示语,掌握时间和负责每个测试点的全面工作,监考则分发和收集测试材料,回答测量手册中所限定的问题和防止作弊。

(5) 确保舒适的测验环境

安排好测试地点,调整光线、通风、温度、噪声水平等物理条件。另外,为防止作弊,有时主试还有妥善安排座位的必要,如桌椅之间留出一定距离、隔位就座等。

2. 测验中主试的职责

在测验中,主试的主要职责是按照指示语的要求实施测验,在受测者询问指示语意义时,作进一步澄清,但注意不要作任何暗示。另外,在测验时,主试还要注意不要讲与测验无关的话,并能够对测验中的特殊情况做出灵活的解决。

一般来说,主试应做测试记录,记录下测试现场发生的任何细节,因为它们可能和结果评价、解释有关,这对那些不用录音录像设备记录的测验来说,是很有帮助的。此外,这些信息还可为今后修订测验提供一定依据。

测量实施过程中可能导致误差的各种影响因素

在测量实施过程中存在很多可能导致测量误差的因素。这些因素可能来自主试的操作不当,也可能来自受测者自身反应倾向的影响。相对来说,主试导致的误差较容易克服,只需严格按照测验手册的要求实施测验即可。以下主要介绍导致误差的各种因素和相应的解决办法。

1. 主试对测量结果的影响

测量结果往往会受到主试的各方面因素的影响:

(1) 主试的人格特点

主试的不同特点对测验的实施及测验的评分等各环节都有影响。有些主试可能自己就不大善于建立和处理人际关系,对他来说,在测验实施过程中与受测者建立协调关系较为困难,因而由他施测的受测者的测验结果可能就会受到影响;有些竞争性很强的主试,在测验时也往往苛求受测者;而有些主试过于宽容随和,在测验中给予过多的关心甚至评以高分,也会使测验出现偏差。

(2) 主试的期望

在有些情况下,实验者所获得的资料及实验结果会受其本身期望的影响,这种现象称为**罗森塔尔效应(Rosenthal effect)**。在心理测验中也同样存在这种效应的影响。例如,要求正在进行智力测验实习的研究生给测验中一些含糊、不清楚的答案计分。将评分的研究生随机分为两组,告诉其中一组他们所评分的答案是聪明的受测者回答的,而告诉另一组研究生,他们所评判的答案是由较笨的受测者回答的。结果发现,在对同一答案进行评分时,被告知答案由聪明受测者做出的这组研究生所评分数高于另一组。

2. 受测者特点对测量结果的影响

(1) 测验的技巧与练习因素

1) 测验的技巧。显然,如果某位受测者熟悉测验程序及题目形式,而另一位受测者是面对全然陌生的测验材料,这两者的测验结果是无法比较的。具有某种测验技巧的受测者,他们能够觉察正确答案与错误答案的细微差别,知道合理分配时间以及适应测验形式等。通过应用这些技巧,他们通常比那些与他们能力相当但是测验技巧较差的受测者获得更高的测验分数。因此,在测验标准化时,应尽量设法使每个受测者对测验材料的步骤和所需技巧有相同的熟悉程度。必要时,可以增加练习测验,使所有应试者同等程度地熟悉测验形式。

2) 练习效应。有不少研究发现,应试者参加相同或重复的测验,会由于练习效应而使测验成绩提高。练习因素所产生的影响可以归纳为以下几点:

- 教育背景较差和经验较少者,其受练习因素的影响较为显著;
- 着重速度的测验,练习效果较为明显;
- 重复实施相同的测验,受练习影响的程度要大于施测复本测验;
- 练习的影响仅限于第一次及第二次重测,第二次以后的影响微不足道。

(2) 焦虑和动机因素

1) 应试动机。受测者参加测验的动机不同,会影响其回答问题的态度、注意力、持久性以及反应速度等,从而影响测量结果。在测量成就、智力和能力倾向等内容时,如果受测者动机不强烈,就不会尽力回答,导致对受测者能力的低估。动机效应在测量态度、兴趣和人格等典型行为表现时也有影响。例如,受测者可能为给人留下好印象,就会考虑主试的期望或**社会赞许性**(social desirability,即题目本身的答案反映了一般社会价值倾向,应答者很容易表现出反应偏差,投其所好,按照社会所赞许的方式回答)行为,而不按照自己的实际情况回答。尤其是在测验与实际的选拔和录用有关时,受测者使自己的测验成绩更好或更符合录用的要求的倾向就更为明显。

2) 测验焦虑。**焦虑(anxiety)** 是一种不愉快的,表现为焦急、恐惧和紧张的情绪体验,它主要是由于对可能出现的结果的担心或对应付某一局面的能力的担心而造成。大多数人都在测验前和测验中感到焦虑,故又称**测验焦虑**或**考试焦虑(test anxiety)**。测验焦虑通常会影响到测验的结果。一般来说,适度的焦虑会使人的兴奋性提高,注意力增强,反应速度加快,从而对智力和学术性能力倾向有积极影响。过度的焦虑则会使工作能力降低,注意力分散,思维变得狭窄、刻板。毫无焦虑,则往往源于对测验的动机不高,因而成绩大多偏低。因此,在测量过程中,并不必担心应试者有适度的焦虑水平,但应注意消除可能造成应试者过于紧张的外在因素。

(3) 反应定势

反应定势也称为反应的方式或反应风格,简单地说,就是每个人回答问题的习惯方式。由于每个人回答问题的习惯不同,可能会使有相同能力的受测者获得不同的分数。影响测量结果的反应定势主要有以下几种:

1) 求"快"与求"精确"的反应定势。有些受测者反应特别谨慎,体现为求"精确"的反应定势;另外有些人则特别快而且粗心大意,这就是求"快"的反应定势。如果测验有时间限制,则这两种反应定势对测验成绩会有影响。为了避免这两种反应定势的出现,除非"反应速度"本身即为研究目标,否则应让受测者有充分的反应时间(90%以上的受测者可以答完所有试题),同时应该注明反应的时间,以减少"速度—准确"反应定势的影响。

2) 偏好正面叙述的反应定势。克伦巴赫发现,受测者在无法确定是非题的正确答案时,选"是"的人多于选"非"的人。有趣的是,有些编制者在编制是非题时,也有"是"多于"非"的倾向。这种定势又称为**肯定反应定势(positive response set)**。为避免肯定定势,测验题目编写时要注意使是非两种题目的比例大致相等。

3) 偏好特殊位置的反应定势。吉尔福特认为,受测者如果完全不知道选择题的正确答案,则不会以完全随机的方式来决定该选择哪一个选项,而有偏好某一个位置的选项的倾向,而有些测验编制者也存在偏好某个位置的反应定势。这些现象称为**位置定势(position set)**。例如,很少将正确答案安排在第一个选项或最后一个选项。所以,在安排选项时要做到正确选项随机分布。

4) 偏好较长选项的反应定势。有人发现受测者在无法确定正确答案时,有偏好选择较长选项的反应定势。只要在测题编制时,尽量使选项的长度一致就不难避免这类问题。

5) 猜测的反应定势。研究发现:有些受测者不愿猜测,即使事先告诉他要答完所有题目,也无法使他改变;相反,另外有些受测者即使告诉他答错要倒扣分,还是无法阻止其猜测行为。因此,如果不对猜测进行修正的话,那些敢于猜测的受测者将比谨慎的受测者更容易得高分。猜测的分数有时需要修正,修正的方法将在下面讨论。

猜测的校正

在客观题的测验中,需要解决的一个重要问题是:如何校正猜测因素对测量结果的影响。在客观题中,特别是对于是非题和选项数目较少的选择题,猜测会提高受测者的分数。当受测者确实不知道正确答案,而每个选项又具有同样的吸引力时,受测者凭猜测选择正确答案的机会是 $1/n$(n 是每题中选项的数目)。这样,对是非题而言,猜测就能获得50%的分数(因为 $n=2$);而四择一的选择题,其猜测正确的概率就为25%。显然大量的猜测就会对是非题和选择题的分数产生很大的影响,有必要测验结果进行校正。

1. 猜测修正的方法

常用的猜测修正公式为:

$$S = R - \frac{W}{n-1} \tag{5.1}$$

其中，S 是正确分数，R 为受测者答对的题目数，W 为受测者答错的题目数，n 为选项数目。

使用公式(5.1)时，必须分别算出答对及答错的题数，要特别注意不可将未答的题数归并到答错的题数中去。n 的大小视选项的数目确定。若为是非题，$n=2$，则 $S = R - \frac{W}{2-1} = R - W$；若为三择一选择题，则 $S = R - \frac{W}{2}$。

2. 猜测修正的优缺点

猜测修正的公式完全建立在"受测者如果不知道正确答案，则完全盲目猜测"的假设基础上，而实际生活中，很少符合这个假设，因此对此公式的应用存在很大分歧。

赞成使用猜测修正公式的人认为：

- 修正公式可避免降低测验的信度。因为如果强调倒扣分，受测者就不敢盲目猜测。
- 修正公式可以反映受测者真正的能力和水平。
- 使用修正公式对那些不能答完全部试题的受测者来说比较公平。

反对使用猜测修正公式的人则认为：

- 公式假设不成立，因为受测者答错试题，并非完全瞎猜。大多数情况下，均是先舍弃部分诱答，再就剩下的几个选项来猜测。
- 只要所有受测者能答完全部题目，或者是未答的题目数相同，则猜测修正无实质作用。此种情形下其相对分数(如 z 分数、T 分数或百分等级)完全相同，因为依据心理计量学原理，校正后的分数虽与校正前不同，但其相关系数为 1.0。为此，这两种分数对于决定分数的高低具有相同的作用。采用猜测修正，徒然增加计分的复杂性。
- 未采用猜测修正对信度并无重大影响。

综上所述，对于是否需要采用猜测修正并无定论。但是，如果是需要速度的测验，也就是说，有受测者答不完所有试题时，可以采用猜测修正。如不采用猜测修正，则在编制测题时要注意：

- 选项数目要多，4~5 项较合适；
- 题目数量加多；
- 时间要充裕；
- 经常以项目分析评鉴试题，并淘汰不好的试题。

5.2 实施测量计分的要领与误差控制

标准化测量要求对测验结果进行客观计分。检验客观与否，可以以两个或两个以上受过训练的合格评分者所评结果之间的一致性作为指标。一般情况下，受过训练的评分者之间的平均一致性达到 90% 以上，就认为计分是客观的。只有当计分客观时，才能够把分数的差异完全归因于受测者的差异。

计分标准化对于测验的编制者和使用者来说意义有所不同。对前者而言，计分标准化应该包括选择和设计合适的标准化计分程序，考虑分数的分配、权重的分配、猜测的处理,以及分数是由原始分数表示还是某种方式转换成其他形式。对后者而言,计分标准化则是要求完全按照测验手册的规定和标准答案评定分数。

计分的一般程序

1. 计分的基本步骤和要求

（1）记录反应

及时和清楚地记录受测者的反应。如果是纸笔类测验,受测者的答案将由受测者自己记录在答卷上。如果是口头回答、操作演示回答等,则需要主试进行记录。这种情况下,可以用录音和录像等记录方法,以避免记录时记忆的困难和记忆错误。

（2）检索标准答案

标准答案有时又称计分键。选择题测验的计分键是每一道题的正确答案的号码或编排字母;填充题的计分键是一系列正确答案以及所允许的变化;问答题的计分键为各种可接受的答案的要点;操作题的计分键则是指具有某种特点或能力的个体的典型反应。如果以上反应需要加权,权数也应在计分键中标明。

（3）反应和标准答案的比较

也就是将反应归类或赋予分数值。客观题的程序很清楚;但当评分者的判断可能成为影响分数的一个因素时(如问答题),就需要对评分的规则作详细的说明。评分时将个人的反应和评分说明书上所提供的样例进行比较,按最接近的答案样例给分。

2. 问答题计分

问答题的主要缺点就是评分不够客观,也就是说,问答题的计分经常受到评分者的情感、态度的影响。问答题中常见的误差有:宽容定势和晕轮效应。**宽容定势(leniency set)** 指主试的计分过于宽松,即使没有回答出题目所要求的答案,评分者也给予较高的分数;**晕轮效应(halo effect)** 指给予受测者某道题较高分数仅仅是由于受测者在另外一些试题上获得了高分,也就是说对受测者的一般印象影响到具体某个问题的评价。

为了使问答题的计分更加客观和可信,主试应该首先考虑采用何种计分程序,整体计分还是分析计分。**整体计分(global scoring)** 就是评分者根据总体印象给答案评一个总分。整体计分在实际中应用较为普遍。**分析计分(analytic scoring)** 是给问答题的不同部分分派不同的权数,按照各部分的要求对答案中所包括的信息和技能评分,最后将各部分的权重和得分组合起来得到该问答题的分数。分析计分往往有答题的详细标准,因此相对更为客观。

下面是对问答题计分的一般原则:

1) 与测量目标无关的回答不予计分,或单独给分数。评分应依据受测者对问题的回答是否充分和恰当,所有其他因素,诸如文风、答案长短和书写等,在计分时应尽量不予考虑。

2) 确定标准答案。问答题应具备一定的标准答案和评分标准。例如,可以列出最佳回答的样例、答案中必须包含的内容或应体现的特点或能力,以及如何根据回答内容进行评分的详细说明。

3) 评分时最好按题目顺序而不是按受测者顺序进行,即对所有受测者第一个问题答案计分完毕之后,再给下一题的答案计分。这样可使计分标准一致,亦可避免晕轮效应的影响。

4）最好在评阅时不知道受测者的名字,以减少个人偏见。

5）安排两个或两个以上的主试来给问答题计分,取其平均值作为受测者的分数。也可由一人在第一次评阅后,再作第二次审查,以确定评分是否偏颇。

3. 客观题计分

客观题的一个主要优点就是计分简单、客观。客观题的分数可由一个一般的工作人员利用计分套板和计分器很快地、准确地算出。客观题的计分由题目的形式决定。能力测验和成就测验中,通常是按正确答案给1分,不正确计0分来统计。例如,一个有50道选择题或是非题的测验,其分数的分布将是0～50分。在人格测验中,没有答案正确与否的区分,但每种反映特定倾向的选项都可以用一个数字或符号进行标定,最后统计受测者选择这种选项的次数。

重要概念和术语

指示语　　　　　测验焦虑　　　　　晕轮效应
罗森塔尔效应　　肯定反应定势　　　整体计分
社会赞许性　　　位置定势　　　　　分析计分
焦虑　　　　　　宽容定势

讨 论 题

1. 心理测量实施中最基本的要求是什么?你认为应从哪些方面考虑去保证这些要求得到满足?

2. 什么是指示语?它以什么方式影响测量结果?

3. 有的机构在选择测量环境时并不太在意,你觉得这很重要吗?是否一个测验在任何情况下都要保持测量环境一致?你认为在多大程度上考究测量环境最为适宜?如何做有关的成本—受益分析?

4. 主试在测量实施中扮演什么角色?其作用、意义、影响有哪些?

5. 讨论罗森塔尔效应。你曾经有过被别人考和考别人这样的经历吗?

6. 有哪些受测者特点会影响测验结果?比较它们的性质。克服它们的措施是什么?

7. 讨论各种反应定势。你曾见过哪些种类?你过去是如何设法避免它们的?请把你的策略和本章中的策略进行比较。

8. 你认为对受测者的猜测需要校正吗?如果需要,如何校正?你是否同意本章中提到的方法(公式(5.1))?你有更好的方法吗?

9. 如何保持问答题计分中的客观性?如何避免其中的各种主试偏差?有哪些原则可以遵循?

10. 什么是整体计分?比较整体计分和分析计分。如果要求你给某部门经理的工作考核报告评分,你将怎么做?

6

心理测量结果的解释

心理测量的解释不同于测量实施本身,它们是测量中两个相对独立的成分,即测量过程与结果评价是分离的。测量的解释是一个相当复杂的系统程序,它是以一系列复杂的统计工作为基础的,并在很大程度上依赖于专业人士的评价。在实务操作中,测量的实施和结果的解释是完全分开进行的,而且往往是由不同的人分别执行的。在本章中,将系统介绍对测量结果进行基本解释的原理、方法以及实用的操作技术。

6.1 测验结果解释的概念

为什么测量的实施与解释相分离

通过实施测量和对测量结果的计分,获得了测量的原始分数。**原始分数(raw score)** 是通过将受测者的反应与标准答案相比较而直接获得的,其本身并不具有多大的实用意义,而只是一个理论上的过渡值。例如,通过逻辑推理能力测验,得到某位受测者的原始成绩是 25 分。但是,这个成绩并不能使主试确定这名受测者的能力优秀与否。比如,25 分和 28 分的能力相差到底有多大?25 分是高于还是低于平均水平?换言之,我们并不了解原始分数的实际含义,它们相互之间也不能直接比较。

人事测量的目的在于评价和比较应试者各方面的素质和特点。因此,必须将测量得到的原始分数与一般人的分数进行比较,才能确定这个分数所代表的水平相对于一般人而言到底是平常还是优秀。也就是说,原始分数并不能提供一个易于理解、可直接使用的评价,而需要针对一定的标准进行比较,才能得到有用的评价。这个可供比较的分数标准,就是常模。

常模来自于测验总体的分数分布及其特征。原始分数通过与常模的比较(见第 1 章中给出的方法和公式),可以转换成等值的导出分数,叫做**标准分(standard score)**。这种分数是有意义的,可以进行相互比较,因为它是按照统计公式换算出来的,每一个标准分都对应到分数分布中反映分数高低的百分位。比如,IQ 就是一个标准分。IQ 为 100 分就意味着智力中等,也就是说,这个分数高于人群中 50% 的人;如果 IQ 为 115 分,就意味着比一般人(平均分)高出一个标准差,这个分数对应的百分等级约为 84%,也就是说这个分数高于人群中 84% 的人。

这种由测量的原始分数通过与常模的对照得到可供比较的导出分数的过程,就是测验分的解释形式之一,称为测量分数的**常模参照解释**(norm reference explanation)。测量分数的另一种解释方式是参照效标的分数解释,即**效标参照解释**(criterion reference explanation),它是依据外在效标作为标准来对应试者的分数进行解释。

常模参照解释与效标参照解释的区别在于:常模参照解释是将受测者的成绩与同类群体的其他人(常模样本)的成绩进行比较,而效标参照解释是将受测者成绩与外在效标(如二级技工的标准)进行比较。例如,实施一项机械技术考试之后,如果将受测者的成绩与其他人的成绩进行比较,可以知道该受测者的机械技术知识是优秀、一般,还是较差,这就是参照常模的分数解释;如果将应试者的成绩与机械师等级标准(外在效标)进行比较,就可以知道该应试者是否达到了某一级机械师的水平,这就是参照效标的分数解释。

6.2 常模与基于常模的解释

常模参照解释分数通常是将受测者的分数与某个参照团体的分数进行比较,并以该分数在这个团体中的相对等级或相对高低位置来描述受测者的素质或特点。这个用来比较的参照团体,称为**常模团体**(norm group)。由于常模团体往往是从测验总体中抽取出的一个样本,因此,将常模团体称为**常模样本**(norm sample)。常模样本的分数分布,就是解释测验分数的基础——常模。

如何选择常模样本

1. 常模样本的构成

常模样本通常是具有某种共同特征的个体所组成的一个群体,或是该群体的一个样本。例如,建立一个管理者管理技能测验,它的常模样本就是管理者。如果是区分高层管理者与中层管理者的管理技能测验,那么常模样本就分别是高层管理人员和中层管理人员。如果是一项专门用于考察应聘大学毕业生一般能力素质的测验,常模样本就是大学生。

因为有的测验可以适用于多个不同类型的群体,而受测者的分数需要与同类型的群体进行比较,所以有时一个测验可以有很多常模样本。例如,很多能力倾向测验都分别有中学生的常模、大学生的常模等,与不同的常模样本比较,同一分数得出的相对等级不同。因此在做常模参照分数的解释时,必须考虑常模样本的组成。

在编制测验时,常模的选择主要依赖于对测验将要施测的总体(测验适用的所有对象)的认识,常模样本必须是常模总体的一个有代表性的样本。确定常模样本的过程包括:确定一般总体、确定目标总体、确定常模样本三个步骤。例如,编制一项适用于大学生的一般能力倾向测验,其一般总体就是大学生;目标总体是测验计划实施的对象,如某些城市的部分大学的学生;而常模样本的选取必须根据总体的性质(如性别、年龄、专业、家庭背景等)选取能够反映总体性质的代表性样本。

对于测验的使用者,常模样本选择的意义在于确定一个合适的常模作为比较的标准。标准化测验通常提供许多原始分数与各种常模样本的比较转换表,解释分数时将受测者的分数与合适的常模比较。有了这种比较转换表,所有的计算、换算工作都已经事先完成,就可以把通过计分得到的原始分数直接在表中查出其意义,省去了解释人员的许多麻烦。

在最终确定常模样本的结构时,有许多可能的影响因素是需要考虑的。测验性质的不同,文化教育水平不同,性别的不同,都可能影响常模。例如,成就测验和能力倾向测验中,常模样本应包括目前的和潜在的竞争者;一般的能力测验的常模样本由同样年龄或同样教育水平的受测者构成;人格测验的常模样本通常是同年龄段的正常成年人,有时区分为正常男性或正常女性这两个团体。其他一些因素如职业、社会经济地位、种族等,也都可能作为定义常模样本的标准。

2. 常模样本的条件

(1) 常模样本的构成必须明确

一个测验可能有许多常模样本。例如,工作动机测验可以有不同性别的常模样本,不同职位层次(中层或高层管理人员)的常模样本,不同年龄段的常模样本。如果每个常模样本没有明确的界定,测验的使用者就无法确定将应试者的成绩放在哪个常模中进行比较。

在选取常模样本时,首先要保证常模样本的所有成员是同质的,可以相互比较。另外,要在测验手册中对常模样本进行明确的说明,包括常模样本的构成和特性等。如常模样本是某种特定行业或职位的人员时,应明确说明是哪种行业或职位、受测者工作经验、教育背景等相关资料。

(2) 常模样本必须是所测群体的代表性样本

常模样本应能够代表测验总体,常模样本的分数分布应尽量与总体分数分布相吻合。这就要求常模样本的构成与测验总体相同。因为只有这样,在基于少数特定数据预测、推论一般性时,才可能比较准确。如某项测验的总体是全国大学生,那么构成常模样本的大学生最好来自各个年级、各个地区、各类学校、各种学科,并且各种类型的大学生的比例最好与全国大学生的比例接近。

(3) 样本大小要适当

样本的大小要满足能够反映总体分数分布这一基本要求。从经济的角度出发,样本无需太大,只要能反映总体分数分布即可。常模大小(即取样大小)由以下三方面决定:

- 常模大小决定于总体的规模。总体规模小,如只有几十个人,则常模样本应包括所有成员。如果总体数目大,相应的样本也应较大,一般最低不应少于30个或100个。
- 常模大小决定于总体性质。如果总体只有单一性质,则任何数目的样本都能够反映总体性质。总体性质越复杂,越需要较大数量的样本。
- 常模大小决定于施测结果。根据统计学原理,样本的标准误是以样本数的平方根去除标准差。标准误越大,预测的可靠性越差。设 S 为标准差,n 为所抽样本数,$S_{\bar{x}}$ 为样本标准误,则可得:

$$S_{\bar{x}} = \frac{S}{\sqrt{n}} \tag{6.1}$$

移项可得:

$$n = \left(\frac{S}{S_{\bar{x}}}\right)^2 \tag{6.1'}$$

从公式(6.1)可以看到,样本数 n 越大,标准误 $S_{\bar{x}}$ 就越小,效果就越理想。假如从试测结果或从过去已有的研究中得到总体的标准差,同时希望提高样本的准确度,也就是说减小样本的标准误,则样本数目应随之扩大。例如,某群体标准误为4,若希望降到2,则样本数目应扩大4倍;若希望降到1,则样本数目应扩大16倍。

以上公式在 $\frac{n}{N} < 5\%$ 时起作用(N 为总体数目)。如果 $\frac{n}{N} > 5\%$,则 n 应有所降低,用 n' 表示有:

$$n' = \frac{n}{1 + \frac{n}{N}} \tag{6.2}$$

(4) 注意常模的时效性

由于常模总体可能会随时间而改变,所以还要对常模制定的时间加以考虑,也就是说,一个常模到底能在多长时间内有效。许多人在考虑常模的合适性时,往往忽略对常模时间性的要求。由于几年前所编制的常模可能并不适合于现在的要求,因此常模必须定期修订。在选择合适常模时,应注意选择较为新近的常模。

3. 取样的方法

取样(sampling)是指从目标人群中选择有代表性样本的过程。从统计角度看,取样的方法有随机抽样和非随机抽样两种。

在确定常模时,常用的随机取样方法有:

(1) 简单随机抽样

按照随机顺序表选择受测者作为样本;或者是将抽样范围中的每个人或者每个抽样单位编号,随机选择,以避免由于标记、姓名或者其他社会赞许性偏见造成抽样误差。在简单随机抽样中,每个人或抽样单位都有相同的机会被抽取作为常模中的一部分。

(2) 系统抽样

系统抽样的方法是这样的,假设总体数目为 N,若要选择 K 分之一的受测者作为样本,则可以把所有的人 N 分为 N/K 组,每个组选一个人,则刚好组成 $1/K$ 的样本。或者把所有的人从1到 N 按序编号,把所有编号是 K 的倍数的人抽取出来,即可组成所需样本。例如,某个总体为100人,若抽取二分之一,K 为2,样本数为50人;若抽取五分之一,K 是5,样本数是20。假设现在要抽取 $1/4$ 的人作为样本,则 $K = 4$,应抽取人数为 $N/K = 100/4 = 25$,则将总体分为25组,每组抽取1人即可;或者把所有人按1到100编号,凡是4的倍数的序号抽取出来即可。

需要注意的是,在进行系统抽样时,分组和从组中抽取,或者是编号,都必须是随机的。如果能够找到任何没有偏见的排列顺序,就可采取系统抽样方法。如果发现排列有某种内部循环规律存在,就不能如此进行。

(3) 分组抽样

在总体数目较大,无法编号,并且总体成员又具有多样性的情况下,可以先将群体分成若干小组,再从小组内随机抽样。例如,将全国大学生按地区分为许多小组,然后在各小组中选取一定比例的大学生作为受测者。当然,这里保证抽样可靠性的关键是选定和划分小组。如果这个过程无法或难以保证随机性,则最后抽取的样本的代表性会有损失。不过,这种损失也是相对的,在多数情况下是可以接受的。

(4) 分层抽样

在确定常模时,最常用的是**分层抽样(stratified sampling)**方法。它是先将目标群体的某一种变量(如年龄)分成若干层次(如不同年龄段:20—29岁,30—39岁,……),如R个层次,再从各层次中随机抽取若干个案,各层次的个案总和即为样本个案数目,即:

$$N = \sum_{i=1}^{R} N_i = N_1 + N_2 + \cdots + N_R$$

分层抽样能够避免简单随机抽样中样本集中于某种特性或缺少某种特性的现象;它使各层次差异显著,同层次保持一致,增加了样本的代表性。使用分层抽样方法获得的常模在解释测验分数时更为实用和有效。

常模的类型及解释

常用的常模有发展常模、百分位常模和标准分数常模。下面我们着重介绍百分位常模和标准分数常模。

1. 百分位常模

百分位常模包括百分等级、四分位数和十分位数。

(1) 百分等级

百分等级是应用最广的表示测验分数的方法。百分等级的概念很容易理解。它是指把一个总体的所有分数按大小顺序排列后,把所有分数按个数等分为100等份,这每一个等份对应的百分数就是这个分数分布**百分等级(percentile rank)**,与各个百分等级相对的分数值则叫百分位数。有了百分等级,对分数进行比较就十分方便直观,因为一个分数的百分等级实际上就是指在常模样本中低于这个分数的人数百分比。比如,如果一个原始分对应的百分等级为98,就表示在常模样本中有98%的人的得分比这个分数要低。这样一来,这个分数的水平高低的意义就可一目了然。换句话说,百分等级是以百分率的形式来表示一个人的相对等级,即将常模样本分成100等份时这个人所占的等级。

百分等级的计算关键在于确定在常模样本中分数低于某一特别分数的人数比例,这可以分两种情况:

一种情况是对没有分组资料的数据分布求百分等级,公式为:

$$PR = 100 - \frac{100 \times (R - 0.5)}{N} \tag{6.6}$$

其中,R为排名顺序,N为总人数。例如小明在30名同学中得第5名(考80分),则其百分等级为:

$$PR = 100 - \frac{100 \times (5 - 0.5)}{30} = 85$$

百分等级85的含义是,在同学中,得分低于小明的有85%。

另一种情况是对有分组资料的数据求百分等级。先来看表6.1所给出的分组资料。这是把所有分数按5分的组距进行分组的结果。

表 6.1 某测验分数分布的中点百分等级和标准分($N=250$)

分数间距	中点	f_p	c_f	PR	z	Z	Zn	T
74.5—79.5	77.5	3	247	99.5(100)	2.59	76	2.51	75
69.5—74.5	72.5	11	236	97.0(97)	2.03	70	1.83	68
64.5—69.5	67.5	18	218	91.5(92)	1.48	65	1.33	63
59.5—64.5	62.5	27	191	82.9(83)	0.92	59	0.91	59
54.5—59.5	57.5	40	142	66.4(64)	0.37	54	0.43	54
49.5—54.5	52.5	65	77	46.4(46)	−0.19	48	−0.16	48
44.5—49.5	47.5	38	39	24.7(25)	−0.74	43	−0.73	43
39.5—44.5	42.5	25	14	11.6(12)	−1.30	37	−1.25	37
34.5—39.5	37.5	13	1	3.5(4)	−1.84	31	−1.88	31
29.5—34.5	32.5	1	0	0.2(0)	−2.41	26	−2.88	21

对这类资料中任一个分数计算百分等级的公式如下：

$$PR = \frac{100}{N}\left[\frac{(x-l)f_p}{h} + c_f\right] \qquad (6.6')$$

其中，x 为任意原始分数，l 为该原始分数所在组的精确下限，f_p 为该分数所在组的次数，c_f 为 l 以下的累积次数，h 为组距。

例如，在表 6.1 中，欲求 72.5 这一分数的百分等级，可将相应数据代入公式：

$$PR = \frac{100}{250}\left[\frac{(72.5-69.5)\times 11}{5} + 236\right] = 94.04$$

（2）百分点或百分位数

在决定百分等级时，是求低于某一测验分数的人数比例，然而有时却想知道位于某一比例的分数是多少。例如，想挑选得分高的 15% 的受测者，就必须求出相当于 85 百分等级的测验分数。在分数量表上，相对于某一百分等级的分数点就叫**百分点**（percentile point）或**百分位数**。实际上，求百分点就好比是求百分等级的逆运算。

百分位的计算可根据内插法进行。例如计算表 6.1 中第 85 个百分点定在何处（对应的原始分数是多少）。首先确定 250 个个案的 85% 是多少，计算可得为 212.5；自下端向上计算，发现有 191 次在 59.5—64.5 这个分数间隔下限的下边。为达到 212.5 次，必须在该间距的 27 次中再找出 21.5 次。该组距为 5，则需加上 (5×21.5)/27 个单位，约 4 个百分点。将此数量与该间距的精确下限（59.5）相加即求得第 85 百分位数是 63.5。这一数值可自顶端以内插法核对。因此可知 63.5 以上的受测者将属于常模中分数较高的 15%。

在这里，只计算了上端 15% 的受测者的分数分段点，但实际工作中往往需要对许多有特定意义的百分点甚至所有百分点进行计算。例如在制定某种百分等级常模表时，就可能要计算百分点，这种表格并不是专门表示每个原始分数的百分等级，而是表示欲达到某个百分等级，如 90、80、70 等，需要的原始分数是多少。一般既可以由原始分数计算百分等级，也可由百分等级确定原始分数。通过这样的双向方式编制的原始分数与百分等级对照表，就是**百分等级常模**（percentile rank norm）。

当转换得到了百分点和百分等级后，不难发现，这时的分数是等值的，因为相邻两个百分点分数(或等级)之间的距离都是1%,因此它们可以直接比较大小。这就是所谓标准分的实际意义。

(3) 四分位数和十分位数。四分位数与十分位数和百分位数含义相似。百分位数将量表分成100等份。然而在许多情况下,并不需要如此精密的区分,只要分成少数的段落区间就足够了。四分法将数据分布分成四等份,实际上是第25,50,75的百分点分段,因而计算四分位与计算第25,50,75的百分点是相同的。同样,十分位的计算则与计算第10,20,…,90等百分点相同。

依照惯例,最低的1/4(第1~25的百分等级)为第一个四分位,最低的1/10则为第一个十分位,依此类推。

2. 标准分数常模

前面已经说过,标准分是一种有相等单位的分数。这里我们介绍由标准分如何构建常模。标准分数常模有好几种,每一种都是基于特定的根据平均数和标准差转换原始分数而计算标准分的方法。常见的标准分数有:z分数、Z分数、离差智商(IQ)、T分数、标准九分等。

(1) 线性转换的标准分数

z 分数(z score)为最典型的线性转换的标准分数,它是指以标准差为单位所表示的原始分数与平均数的差距。根据这个定义,可表示为下列公式:

$$z = \frac{x - M}{S} \tag{6.7}$$

其中,x为原始分数,M为平均分数,S为标准差。由此可见,z分数可以用来表示某一分数偏离平均数多少个标准差,偏离方向如何。

z分数具有以下几个性质:

- 它的平均数为零,标准差为1;
- z分数的绝对值表示这个原始分数与平均数的距离,正、负符号表示原始分数在平均数之上或之下;
- z分数的分布形状与原始分数相同,因为是按照线性关系将原始分数转换成标准分数的。假如原始分数的分布有偏斜,则z分数的分布也一样;如果原始分数按正态分布,则z分数的范围大致是$\pm 3.00S$,即正、负3个标准差的范围。
- 由于标准分数z是以间隔量表来表示的,所以可作一般的代数运算。

由于z分数中会出现小数点和负值,而且单位过大,所以通常又将z分数转换成Z量表分数,转换方法是:

$$Z = A + Bz \tag{6.8}$$

其中,Z为转换后的标准分数,A、B为常数。由于加上或乘以一个常数并不改变量表中的比较关系,所以Z分数与z分数是同质的。

如果令$A=100$,$B=10$,那么它的平均数为100,标准差为10:

$$Z = 100 + 10z$$

不难看出,IQ分数实质上就是一种Z分数,其平均分为100,标准差为15。

(2) 正态化的标准分数

线性转换的标准分数尽管具有不同的平均数和标准差,但仍与原分布的形状一致。

若原始分数为正态分布,则标准分数亦然。在正态情况下,标准分数还可转换成百分等级。这种转化可利用正态曲线的面积表。因为在正态分布中,标准分数(如 z 分数)与曲线下的面积(在任意两个分数点间的人数所占比例)有特殊的固定的数学关系。

当原始分数不呈正态分布时,也可以进行面积转化,而使分数转成为正态分布。由这种方式所得到的分数就叫正态化的标准分数。为了使分数正态化,必须有某种依据能假定所测特性的分数事实上应该是呈正态分布的。假如无法作此假定,强行使之成正态分布,只会扭曲分数分布。因此,只有当所得的分数趋近于正态而只是由于取样误差使其稍有偏异时,才可计算正态化的标准分数。这种情况在对大量而且异质的样本进行测验的标准化工作中常常发生。如,某个企业引入一项新技术,所有员工都学习掌握该技术。经过一段时间培训后,所有员工掌握新技术的水平呈正态分布,因为有的人掌握得好,有的人掌握得差,大多数人水平中等。但在测查时,由于安排从不同的部门抽取一定的员工进行抽查,得出的分数分布可能由于抽样原因而不呈正态分布。这就需要校正。这一正态化过程主要是先将原始分数转化为百分等级,再将百分等级转化为正态分布上相应的离均值,并可以表示为任何平均数和标准差,计算步骤如下:

1) 对原始分数按序由小到大排列,计算各分数占总样本量的累积百分比。

2) 在正态曲线面积表中,求相对于该百分比的 z 分数。对大于中数的分数(CP > 0.500)使用"较大部分的面积"一行的数据;对小于中数的分数(CP < 0.500)用"较小部分的面积"一行的数据。所得的 z 分数可将分布分成几部分,我们称此值为 z',以区分于由线性转换求得的 Z 分数。

3) 可以再次将分数转换成 T 分数量表,即平均数为 50,标准差为 10:

$$T = 50 + 10z' \tag{6.9}$$

4) 假如原始分布呈正态,正态化的标准分数与由线性转换所得的标准分数有相同的值。假如分布不呈正态,这两种分数的值则不同。

以表 6.1 的数据为例,分数 77.5 的百分等级为 99.4,其累积百分比则为 0.994,查表,0.994 面积以下的 z 分数值是 2.51,若再将 z 转换为 T 分数,则:

$$T = 50 + 10z = 75$$

T 分数(T score)一词最早是由麦克尔 1939 年提出以纪念推孟和桑代克的,不过当时仅用于 12 岁的儿童团体,是根据某一特殊常模样本而不是在一般意义上定义的。现在有人用 T 分数来表示任何正态化与非正态化的转化标准系统,只要其平均数为 50,标准差为 10 即可。

标准九(standard nine)即标准化九分制的简称,是另一较知名的标准分数系统,其量表是一个 9 级的分数量表。它以 5 为平均数,以 2 为标准差,广泛用于美国空军和某些教学情境中的分级。

标准九将原始分数依据百分等级区分成 9 个等级,最高分为 9 分,最低分为 1 分,5 分位于分布的中心。除 1 分和 9 分外,其余每个分数均包括半个标准差的范围。

在一个正态分布中,每一个标准九所包含的百分比为:

标准九	1	2	3	4	5	6	7	8	9
百分比(%)	4	7	12	17	20	17	12	7	4

在使用标准九时,只要将百分等级分布上最高 4% 的受测者给予 9 分,其次 7% 的受测者给予 8 分,依此类推即可。当将原始分数转换成标准九时,事实上是将其置于一等距量表水平上,即 8 分与 7 分、5 分与 4 分以及 3 分与 2 分间的差距均相等(以标准差为单位)。这种标准量表使我们可以比较受测者在不同类型测量上的相对地位的高低。

标准九的另外一个功能是可以给各种不同类型的资料予以加权,从而得到一个组合分数。例如,先后有三种测验,我们认为最后一种测验的重要性是前两种的 2 倍,若已知第一次测验的标准九分为 6,第二次为 4,第三次为 8,则组合分数为:

$$组合分数 = \frac{加权分数总和}{权重总和} = \frac{1 \times 6 + 1 \times 4 + 2 \times 8}{1 + 1 + 2} = 6.5$$

这个分数可以整体地代表受测者在三项测验上的总体水平。如果将所有受测者的组合分数计算出来,就可依据整体成绩来给受测者排定顺序。这也就是教学情境中分级的应用。然而,必须特别注意,组合分数并不是一种标准九分,故只能排定顺序。

其他常态化标准分数还有标准十分(卡特尔的 16 人格因素测验中使用)和标准二十分。前者平均数为 5,标准差为 1.5;后者平均数为 10,标准差为 3。

常模的表示方法

在现实应用中,为了使实际使用者更为方便,尤其是简化繁杂的计算手续,专业人士总是把大多数计算工作都事先完成。而今,计算机的应用已经使许多手工工作都电算化,可以自动换算并给出书面报告。不过,传统的方法仍是十分普遍的做法,并且更能使人了解测验解释的过程。一般来说,每个测量工具都编制有专用的对照图表,这样,一旦使用者计算出原始分数,就可以从这种对照图表上直接查到转换好的标准分。这种对照图表就是实用中表示常模的方法。

常模表示的方法主要有两种:转化表和剖析图

1. 转化表

最简单而且最基本的表示常模的方法就是转化表,也叫**常模表(norm table)**,它由原始分数表、相对应的导出分数表和对常模样本的具体描述这三个要素组成。测验的使用者利用转化表可以将原始分数转换为导出分数,或者是针对给出的导出分数找出相应的原始分数。实际上,表 6.1 就是原始分数转换成几种导出分数的转换表。

根据转化表解释测验时,必须注意:常模转换表总是特异性的,即一个转换表总是来自特定的常模样本的,因此只能适用于相同群体的成员比较。如果要与其他不同性质的团体进行比较,要用其他常模表。此外,这种转化表只能表示受测者在常模样本内的相对等级,若要依此做出某种结论或预测,需要进一步的信度和效度的依据。

2. 剖析图

剖析图是用图形表示测验分数的转换关系的一种模式图。从剖析图上可以很直观地看出受测者在测验及其各个子测验或维度上的分数以及相对的位置。例如,MMPI 测验的常模解释系统中就包含各分量表分数的剖析图。使用剖析图作解释,要求各个分测验所使用的常模样本必须相同,否则各分测验分数之间无法比较。

此外,要注意的一个问题是,使用剖析图容易夸大各个分测验间分数的差异。为避免这个问题,有些剖析图注明了多少距离代表两分数间差异显著,使用者可以依此很快地确定某对分数间是否存在差异。另一种方法是将受测者分数用一段范围表示,假如范围不重叠,表明分数间有显著差异存在。

6.3 效标与基于效标的解释

对于效标参照测验,如成就测验等,其分数解释过程不同于常模参照测验。效标参照测验关心的是应试者是否达到了某种标准或效标。参照效标的分数解释分为内容参照分数的解释及结果参照分数的解释两种类型。

内容参照分数的解释

内容参照分数(content referenced score)的测量目的是确定应试者对某个确定材料内容或技能的掌握和熟悉程度的分数。由于比较的对象不是其他人,而是掌握的内容多少,所以称为内容参照测验。成就测验就是典型的内容参照测验。例如,为了解新员工是否掌握培训班所授知识或岗前培训是否达到预定要求而进行的测验,就是内容参照测验。

在编制内容参照测验时,要首先确定待考察的内容或技能,再编制确定应试者掌握程度的测验量表。编制内容参照测验量表的关键是预先制定一个判断应试者是否已掌握某种内容或技能的熟练程度的标准。这种标准可以通过掌握分数和正确百分数来表示。在实际中,对后者的应用更为常见。

1. 掌握分数

最简单的掌握分数的标准是确定受测者通过或掌握的最低分数。在此分数之上,表明受测者对考核的内容已经掌握,反之,说明受测者没有达到应该掌握的水平。通常以80%~90%的人能通过的分数作为最低分数。

2. 正确百分数

正确百分数表明受测者在测验中答对题目的比例。计算公式如下:

$$正确百分数 = \frac{答对题目数}{题目总数} \times 100\% \tag{6.10}$$

编制测验时,首先确定达到掌握或熟练标准的百分数,然后可以通过将受测者的答对百分数与此标准进行比较来确定该应试者的水平。

结果参照分数的解释

结果参照分数(outcome referenced score)是将效标材料直接结合到测验结果的解释过程而进行评价的分数。预测性测验往往适合用结果参照分数进行解释。结果参照分数可以表示获得某个分数的应试者达到某种效标水平的可能性。例如,在高级管理技能测量中,它的结果的解释可以据一定管理业绩或成效为标准。对于测验所得到的某个分数,可以判定他达到某一水平的绩效的可能性有多大。

进行结果参照分数解释的常用表示方法是期望表。期望表说明了一个给定的原始分数或分数等级获得不同效标分数或等级的可能性有多大，这种可能性用人数百分比来表示，如表 6.2 所示。

表 6.2　期望表示例

原始分数	效标(%)								
	E		D		C		B		A
	0.0—1.9	2.0—2.9	3.0—3.9	4.0—4.9	5.0—5.9	6.0—6.9	7.0—7.9	8.0—8.9
75—79						100	100	67
70—74					100	100	82	36
65—69				100	94	50	33	11
60—64				100	85	48	22	4
55—59			100	88	63	31	4	
50—54		100	94	83	45	12	5	
45—49		100	87	61	24	5		
40—44	100	96	72	40	20	4		
35—39	100	85	46	15				
30—34	100							

从表中数据可以看出,该测验的效标分数为 10 分,共分为 A(优秀)、B(良好,又可分为 B^+ 和 B^-)、C(合格)、D(较差)、E(很差)五个等级。表中数据表示与每一原始分数相对应的达到某一等级效标的人数百分比。例如,原始分数为 65—69 的应试者中,有 94% 获得了 C 等级中 5.0—5.9 这一效标分数 C^+ 的水平,即获得 65—69 分原始分的受测者有 94% 的可能能够达到该效标水平。

重要概念和术语

原始分数　　　　　取样　　　　　　分层抽样
标准分　　　　　　百分等级　　　　常模表
常模参照解释　　　百分点　　　　　T 分数
效标参照解释　　　百分位数　　　　标准九
常模团体　　　　　百分等级常模　　内容参照分数
常模样本　　　　　z 分数　　　　结果参照分数

讨 论 题

1. 为什么测量的实施与结果的解释是相分离的?
2. 为什么没有经过标准化转化的原始分数不具有等值性,不能直接比较?
3. 百分位和百分等级是什么含义? 区别是什么?
4. 效标参照和常模参照的区别是什么?

5. 什么是常模？有哪些因素会影响常模的构成？样本的大小对常模有影响吗？为什么？

6. 什么是分层抽样？假定你要进行一个大型跨地区心理测量，应该怎样进行分层抽样？

8. 内容参照分数和结果参照分数有什么不同？它们的意义是什么？

心理测量的关键技术 1：信度

信度是标准化心理测量的基本要求之一。若测量工具的信度不理想，则测量结果就无法被认为能代表应试者的一致、稳定和真实的行为表现，就可能误导对应试者的评价。前面的章节里已经说明了信度的含义和重要性，本章将详细介绍如何检验和提高信度。

7.1 心理测量的可靠性——信度

信度的定义

信度主要是指测量结果的可靠性或一致性。由于接受测量时应试者的行为可能会由于各种原因而产生变动，偏离了其真实行为，这就会导致测量结果产生误差。测验结果的可靠性与测验结果受误差影响的程度密切相关。误差大，分数的可靠性就降低。信度便是说明测验的可靠性或一致性的指标。

我们不妨对照一个物理上的现象来理解信度的意义。如果用一个游标卡尺来测量一个钢管的外直径。每次测量时都难免会有一定的误差。首先，卡尺作为一种量具是有一定精度限制的，也就是说，量具本身有误差，这种误差是必然的，但却是有规律的。这种误差叫做**系统误差(systematic error)**。其次，每一次测量都可能有操作上的差异，或者由于不可预见的外界因素的影响，从而造成误差，这些误差也是难免的，但却是毫无规律的。这种误差叫做**随机误差(random error)**。一个心理测量工具也必然是有误差的，信度实际上就是对随机误差的一种度量。

信度的作用

信度高低的指标通常以相关系数表示，称为**信度系数(reliability coefficient)**。信度系数一般是同一样本所得的两组资料的相关，在理论上表示为实得分数与真实分数相关的平方：

$$r_{xx} = r_{xT}^2 = \frac{S_T^2}{S_X^2} \tag{7.1}$$

其中，$r_{xT} = \frac{S_T}{S_X}$ 有时也称为信度指数，它是真实分数标准差与实得分数标准差的比率。

另外，还可通过分析个人分数再测时的变化（误差）来考察信度。当然，两次测验的分数不可能完全一致,但是误差的大小与测验的信度有直接关系:两次测验分数的差异越大,信度就越低。在讨论这些信度指标的具体估计方法以前,我们先看一看信度如何应用的问题。

在心理测量中,对信度系数进行确定通常有以下两方面的作用:

1. 解释真实分数与实得分数的相关

信度可以解释为总的方差(即标准差的平方的缩略语)中有多少比例是由真实分数的方差决定的,即测量分数的变化中有多少是真正反映了受测者分数的变化的。例如,当 $r_{xx}=0.90$ 时,即可认为,实得分数中有90%的方差是来自真实分数的差别,仅有10%是来自测量的误差。在极端情况下,如果 $r_{xx}=1.00$,则表示完全没有测量误差,所有的变异(即分数的变化)均来自真实分数;若 $r_{xx}=0$,则所有的变异和差别都反映的是测量误差。应该注意的是,信度系数的分布是从0.00~1.00的正数范围,代表了从缺乏信度到完全可信的所有状况。同样,信度系数也表明了测量的误差比例是多少。由于信度是随情境改变的,可据此较为精确地说明某种测验,说明在某种特定条件下对某种特定样本所得的测量误差。

2. 说明可以接受的信度水准

信度究竟要多高才是可以接受的呢?一般说来,最理想情况为 $r_{xx}=1.00$,但实际上是达不到的。不过可以用已有的同类测验作为比较的标准。表7.1表示出几种类型的测量工具的信度系数。一般的能力与成就测验的信度系数在0.90以上;人格、兴趣等测验的信度系数通常在0.80~0.85之间。

表7.1 几种心理测验的信度系数

测验类型	信度		
	低	中	高
成套成就测验	0.66	0.92	0.98
学术能力测验	0.56	0.90	0.97
成套倾向性测验	0.26	0.88	0.96
客观人格测验	0.46	0.85	0.97
兴趣问卷	0.42	0.84	0.93
态度量表	0.47	0.79	0.98

一般来说,当 $r_{xx}<0.70$ 时,不能用测验对个人作评价,也不能在团体间作比较;当 $r_{xx}>0.70$ 时,可用于团体间比较;$r_{xx}>0.85$ 时,可用于鉴别个人情况。

通常要求信度系数至少与已出版或公开使用的相似内容的成熟测验一样高。另外,必须说明的是,由于信度是以测验所应用的情境为依据的,是某一特定条件下的一致性,因此,说某种测验较为可靠,那就意味着这个测验在很多情境下都被证实具有较高的信度。

7.2 如何评估心理测量的信度

针对不同的误差来源,信度可以有不同的确定方法。下面将主要介绍几种不同的信度类型和相应的评估方法:重测信度、复本信度、内部一致性信度、评分者信度。

重测信度

重测信度(test-retest reliability)又称为稳定性系数,它的计量方法是采用重测法:用同一测验,在不同时间对同一群体施测两次,这两次测验分数的相关系数(采用积差相关系数)即为重测系数。根据重测相关系数的高低,可以得知测验结果在经过一段时间之后的稳定程度。一个测验的重测信度越高,说明测量的结果越一致、越可靠。心理测量所测查的特质中,有相当一些内容都具有一定的稳定性,如人格、基本能力倾向等,因此,对于这些内容来说,测量工具的信度是十分重要的。

重测信度的概念是很容易理解和接受的。试想一个测验测量了一个人的智力,得到IQ为100分,即智力中等,第二天再测IQ却变成了150,一夜之间成为天才,若没有极特殊的原因,这种事绝对是小概率事件,不太可能发生的,自然也就不可信。

重测信度所考察的误差来源是时间的变化所带来的随机影响。如由气候、偶然的噪声或其他干扰,以及引起受测者本身身心状态变化的因素如疾病、疲劳、情绪波动、焦虑等原因造成的对测验结果的影响。重测信度代表测验成绩能够应用于不同时间的程度,信度越高,受测验环境中日常的随机因素的影响越小,测验就越稳定。

在评估一项测验的重测信度时,必须注意重测间隔的时间。间隔时间太短,受测者对测试题记忆犹新,必然会造成假性的高相关;而间隔时间太长,测验结果又会受应试者的身心特质改变的影响,使相关系数降低。重测间隔时间的长短,必须根据测验的性质和目的来确定。如果希望测验成绩能够预测较长时间的变化,则重测间隔的时间应该长一些。例如,对于人格测验,重测间隔在2周到6个月之间比较合适。

在进行重测信度的评估时,还应注意以下两个重要问题:

1)重测信度一般只反映由随机因素导致的变化,而不反映受测者行为的长久变化。例如,受测者智力的发展与能力的提高,不是重测信度考虑的因素。由于这些因素导致的重测相关系数的降低,不能说明测验的重测信度低。

2)不同行为受随机误差的影响不同。例如,手指敏捷性就比言语理解力更容易受疲劳、环境等因素的影响。因此必须分析测验的目的和了解测验所预测的行为。当测量的行为或特质较为稳定时,重测信度的解释才有效。

重测信度的前提假设是每个应试者对前一次测验的遗忘程度相同,而且在重测间隔期间没有学过与测验有关的其他材料,或者假设每人所学习的程度相同。这个假设在现实生活中不大容易完全满足。另外,有些解决问题型测验不宜采用重测信度,因为受测者一旦知道答案就不容易忘记,从而造成假性高相关。只有不大容易受重复影响的测验,如感觉-运动测验或人格测验,比较适合用重测法计算信度系数。

复本信度

复本信度(alternative-form reliability)又称等值性系数,它是以两个测验复本(功能等值但题目内容不同)来测量同一群体,然后求得应试者在这两个测验上得分的相关系数(积差相关)。复本信度的高低反映了这两个测验复本在内容上的等值性程度。两个等值的测验互为复本。

计算复本信度的主要目的在于考察两个测验复本的题目取样或内容取样是否等值。测验的复本信度低,说明必定有一项测验复本的取样有问题。复本信度考虑的就是这种内容取样误差的影响问题。

在实际工作中,为了避免施测顺序效应,常常是一半受测者先做其中一个复本,而另一半受测者先做另一个复本。

复本信度也可以考虑两个复本实施的时间间隔。在有些情况下,还利用不同的时间来施测两个等值的测验,这时所求得的是重测复本信度,或称稳定和等值系数。重测复本信度既考虑了测验时间上的稳定性,也考虑了不同题目样本(即复本)反应的一致性,因而是更为严格的信度考察方法,也是应用较为广泛的方法。

复本信度的主要优点在于:

- 能够避免重测信度的一些问题,如记忆效果、练习效应等;
- 适用于在进行长期追踪研究或调查某些干涉变量对测验成绩影响;
- 减少了辅导或作弊的可能性。

然而,它也存在其局限性:

- 如果测量的行为易受练习的影响,则复本信度只能减少而不能消除这种影响;
- 有些测验的性质会由于重复而发生改变,例如某些问题解决型的测验,如果掌握了解题原则,就有可能产生迁移,尤其当复本只是在题目具体内容上有改变时,这种正迁移的作用会很强;
- 有些测验很难找到合适的复本。

内部一致性信度

重测信度和复本信度分别注重考虑测验跨时间的一致性(稳定性)和跨形式的一致性(等值性),而**内部一致性信度(consistency reliability)**主要反映的是测验内部题目之间的关系,考察测验的各个题目是否测量了相同的内容或特质。内部一致性信度又分为分半信度和同质性信度。

1. 分半信度

分半信度(split-half reliability)是通过将测验分成两半,计算这两半测验之间的相关性而获得的信度系数。采用这种方法估计信度系数只需要一种测验形式,实施一次测验,因而较为简单。通常的方法是在测验实施后将测验分为等值的两半,并分别计算每位受测者在两半测验上的得分,再求出这两个分数的相关系数。这个相关系数就代表了两半测验内容取样的一致性程度,因而也称为内部一致性信度系数。

采用分半法计算分半信度,首先要解决的问题是如何将测验分成可比较的两部分。大部分测验的前半部分和后半部分是不可以比较的,因为这样两半的题目难度水平可能不同,而且准备状态、练习、疲劳和厌倦等因素的作用在测验开始部分和结束部分也有所不同。一般采用奇偶分半的方法,即将测验按奇数题和偶数题分成两半。在将测验分半时,还应认真处理那些前后有牵连的题目,例如一组题目都与某段材料或某个图画有关,那么整个这组题目应该分在同一半;如果将这组题目分成两半,有可能高估测验的信度。

计算分半信度系数仍可以采用常用的积差相关方法。但是,这种相关系数实际上只是半个测验的相关系数。例如 100 道题的测验,两半的分数实际上只是从 50 道题得到的。而在重测和复本信度中,分数是从所有 100 题中得到的。在其他条件相等的情况下,测验愈长,信度系数愈高。因此分半法经常会低估信度,必须进行修正。常用的修正公式是斯皮尔曼-布朗公式。斯皮尔曼-布朗公式可以估计增长或缩短一个测验对其信度系数的影响,用这个公式进行修正的前提条件为:两半测验的方差相等。

分半法中的斯皮尔曼-布朗修正公式为:

$$r_{xx} = \frac{2r_{hh}}{1 + r_{hh}} \tag{7.2}$$

其中,r_{hh} 为两半测验的相关系数,r_{xx} 为估计或修正后的信度。

当两半测验的方差不同时,应采用卢伦公式或弗拉纳根公式进行修正。

卢伦公式只要求将受测者在两半测验的分数之差的方差(S_d^2)和测验总分的方差(S_X^2)代入如下公式即可直接计算分半信度:

$$r_{xx} = 1 - \frac{S_d^2}{S_X^2} \tag{7.3}$$

弗拉纳根公式也可直接计算分半信度:

$$r_{xx} = 2\left(1 - \frac{S_a^2 + S_b^2}{S_X^2}\right) \tag{7.4}$$

S_a^2 与 S_b^2 为两个分测验分数的方差;S_X^2 为总分方差。

2. 同质性信度

同质性是指所有测验题目测量的只是单一特质或内容,表现为所有测验题目得分的一致性。例如,"1 + 1 = ?"和"2 + 2 = ?"这两个简单加法题可以说是高度同质性的。而"5 + 7 = ?"和上面的题目就有些不同质,因为涉及进位加法。

同质性是保证测验只测量单一特质的必要条件。如果同质性差,则测验可能混淆了不同的内容,其结果就无从判断究竟反映了受测者的什么特征。例如,在人格测验中,乐观情绪特质和外向特质是两个比较容易混淆的内容,这就要求测验设计时能找到相应题目把它们区分开来。又比如,在考察管理技能时,预测和决策、监督与控制等都是不太容易区分的,对题目设计的要求就相当高,否则就会把不同技能混淆起来,导致结论错误和用人失误。

同质性信度(homogeneity reliability) 就是指测验内部的各题目在多大程度上考察了同一内容。同质性信度低时,即使各个测试题看起来似乎是测量同一特质,但测验实际上是异质的,即测验测量了不止一种特质。同质性分析与项目分析中的内部一致性分析相类似。在某些情况下,同质性也可以作为效度的一种指标。

所有测验都应该保证只测量一种特质或内容;如果需要在一个测验中测量不同的内容,就应该将测验设计为几个分测验,每个分测验测量一种内容。例如,16PF 测验就是包含 16 个分量表的测验,每个分量表只对一种人格特质进行测量。

常用的同质性信度计算方法是库德-理查逊估计方法。计算公式有库德-理查逊 20 号公式(简称 KR20)和 21 号公式(简称 KR21)。下面是 KR20 公式:

$$r_{KR20} = \frac{n}{n-1}\left(1 - \frac{\sum_{i=1}^{n} p_i q_i}{S_X^2}\right) \quad (7.5)$$

其中，n 为测验题目数；p_i 为通过 i 题（即对 i 题做出正确反应）的人数比例；q_i 为未通过该题的人数比例；$p_i + q_i = 1$；$\sum_{i=1}^{n} p_i q_i$ 为所有题目答对与答错人数百分比乘积的总和。

由于在进行项目分析时，要求算出各个题目的难度 p，因此使用该公式非常简便。在各试题难度相同或接近的情况下，还可以采用计算更为简便的 21 号公式，但当试题难度相差悬殊时，采用 KR21 号公式有低估信度系数的可能。

$$r_{KR21} = \frac{n}{n-1}\left(1 - \frac{\sum pq}{S_X^2}\right) = \frac{nS_X^2 - \overline{X}(n-\overline{X})}{(n-1)S_X^2} = \frac{n}{n-1}\left[1 - \frac{\overline{X}(n-\overline{X})}{nS_X^2}\right] \quad (7.6)$$

其中，p 为试题难度；$q = 1 - p$；S_X^2 为测验总分的方差；$\overline{X}$ 为测验总分的平均数。

库德-理查逊公式计算出的信度实际上是所有可能的分半方法所求分半信度的平均数。但是库德-理查逊信度与分半信度不同，一般的分半信度建立在等值的两半测验基础之上，而库德-理查逊方法则不然。一般情况下，使用库德-理查逊方法估计的信度比分半信度要低。

同质性信度和分半信度虽然都是内部一致性信度，但两者之间存在差别。例如，假设有一项 50 题的测验，有 25 种题目，如第 1 题和第 2 题为词汇题，第 3 题和第 4 题为算术题，第 5 题和第 6 题为空间推理题，等等，如果分成奇偶两半，其得分的相关系数必然很高，但其同质性实际上是很低的，因为受测者在这 50 道题上的得分一致性不会很高。显而易见，使用库德-理查逊方法估计的信度要低于分半信度，后者可作为测验同质性的粗略指标。

库德-理查逊方法适用于二分法计分的项目，但有许多测验项目采用多重计分，如人格测验、态度量表等，受测者的反应常常分为"经常"、"有时"、"偶尔"、"从不"等各种等级，分数也因而是多级的。这种类型的测验，经常采用克伦巴赫 α 系数来表示内部一致性的高低：

$$\alpha = \frac{n}{n-1}\left(1 - \frac{\sum_{i=1}^{n} S_i^2}{S_X^2}\right) \quad (7.7)$$

其中，S_i^2 为每一项目的方差；S_X^2 为测验总分方差。

例如，某态度量表共 5 题，受测者在各题上得分的方差分别为 0.80、0.81、0.79、0.78、0.82，测验总分的方差为 15.00，因此测验的 α 系数为：

$$\alpha = \frac{5}{5-1}\left(1 - \frac{0.80 + 0.81 + 0.79 + 0.78 + 0.82}{15}\right) = 0.92$$

另外，也可以使用荷伊特信度或者因素分析的方法来计算项目间的一致性。

评分者信度

在有些测量情形中，评分者的评判也是误差的来源之一。如投射测验、创造力测验、无领导小组讨论、管理者情景模拟测验等,都依赖于评分者的判断,这种判断的主观性往往造成不同评分者的评分很不一致,因此也有必要考虑评分者信度。

评分者信度(raters reliability) 是指不同评分者对同样对象进行评定时的一致性。最简单的估计方法就是随机抽取若干份答卷,由两个独立的评分者打分,再求每份答卷两个评判分数的相关系数。

如果评分者在三人以上,而且又采用等级计分时,就需要用肯德尔和谐系数来求评分者信度。其公式为:

$$W = \frac{S}{\frac{1}{12}K^2(N^3-N)} = \frac{\sum_{i=1}^{N}R_i^2 - \frac{\left(\sum_{i=1}^{N}R_i\right)^2}{N}}{\frac{1}{12}K^2(N^3-N)} \tag{7.8}$$

其中,K 为评分者人数,N 为被评定的人数或答卷数;

$S = \sum_{i=1}^{N}R_i^2 - \frac{1}{N}\left(\sum_{i=1}^{N}R_i\right)^2$;$R_i$ 为每一个对象被评等级。

例如,有 4 名评分者,对 6 份答卷进行评分,所评等级如下:

评分者	答卷编号					
	一	二	三	四	五	六
甲	4	3	1	2	5	6
乙	5	3	2	1	4	6
丙	4	1	2	3	5	6
丁	6	4	1	2	3	5
R_i	19	11	6	8	17	23

可求得

$$\sum_{i=1}^{6}R_i = 19+11+6+8+17+23 = 84$$

$$\sum_{i=1}^{6}R_i^2 = 19^2+11^2+6^2+8^2+17^2+23^2 = 1400$$

$$S = 1400 - 84^2/6 = 224$$

$$W = \frac{224}{\frac{1}{12} \times 4^2 \times (6^3-6)} = 0.80$$

本节所讲的几种信度类型及其特点总结于表 7.2 和表 7.3 中以供参考:

表 7.2 信度估计方法及其与测验复本和施测次数的关系

所需次数	所需复本数	
	一	二
一	分半信度,同质性信度	复本信度(连续施测)
二	重测信度	复测复本信度

表 7.3　各种信度系统相应的误差来源

信度系数类型	误差方差来源
重测信度	时间取样
复本信度（连续施测）	内容取样
重测复本信度	时间取样和内容取样
分半信度	内容取样
同质性信度	内容的异质性
评分者信度	评分者间差异

一般情况下，间隔施测的复本信度（即重测复本信度）值最低；修正后的分半信度值最高。

7.3　影响信度的因素

测验的信度会受到各种因素的影响，因此在解释信度系数时要充分考虑这些因素，在编制测验和测验的施测过程中要力图避免这些影响因素。总的来说，对测验的信度造成影响的因素主要有：样本团体的性质；测验的长度和测验难度。

样本团体的性质

样本团体的性质对信度的影响主要有以下三个方面：

1. 样本团体的分数分布

任何以相关系数表示的信度系数都会受到样本团体分数分布的影响。分数分布越广，信度系数就相对越高，分数分布越窄，信度系数就会越低。举一个简单的例子。假设有 A、B 两项测验，其中 A 测验的样本团体的分数分布为 20~90 分，而 B 测验的样本团体的分数分布在 80~90 分之间。显然，在第二次重测时，相同的分数起伏对 A、B 这两项测验的影响不同。在测验 A 中，受测者的成绩波动 1、2 分，分数的相对位置的变化不大。而在测验 B 中，受测者的成绩波动 1、2 分就可能导致其分数的相对位置发生很大的变化。因此，测验 A 的重测信度必然高于测验 B。

2. 样本团体的异质性

信度系数还会受到样本团体异质性的影响。一般来说，取样团体的异质性越大，信度系数就相对越高。例如，有一项测验，分别施测于 A、B 两组受测者。其中 A 组受测者较为异质（如各年级的学生都有），其分数分布为 20~90 分，而 B 组受测者同质程度较高（都为二年级学生），其分数分布为 80~90 分。显然，由于 A 组受测者的分数分布比 B 组要广得多，按照上面所提到的分数分布与信度的关系，我们可以推知，测验以 A 组受测者为样本团体得到的信度，要比采用 B 组受测者得到的信度高。所以说，同质性样本团体的分数分布窄，得到的信度低，而异质性样本团体的分数分布广，得到的信度较高。

在现实情况中，对受测者团体的选择不可能完全理想。往往会因为团体过于同质或过于异质而出现信度被低估或高估的情况。这种情况下，可以采用下面的公式对求出的信度进行修正：

$$r'_{xx} = \frac{r_{xx}(S'_X/S_X)}{\sqrt{1 - r_{xx}^2(S'_X/S_X)^2}} \tag{7.9}$$

其中,r'_{xx}为估计的信度;r_{xx}为取样的信度;S_X为取样团体的标准差;S'_X为估计团体(取样的总体)的标准差。

3. 不同团体间能力水平的差异

测验所施测的团体的平均能力水平的不同也会对信度产生影响。例如,在斯坦福-比奈量表中,不同年龄组的信度从 0.83~0.98 不等。因为对于年幼的团体,他们的平均能力水平低,他们的分数基本上是凭猜测获得的,其靠猜测的测验结果总是不会很稳定的,所以信度值较低。这种情况导致的信度偏差,很难用一般的统计公式来校正,只能通过对各种年龄及能力水平的检验来确定。

测验的长度

信度还会受测验长度(即题目的多少)的影响。一般来说,测验越长,信度值越高。一方面,测验越长,题目取样或内容取样就越充分,结果就越可靠。举一个极端的例子,如果词汇量的测验中只包含一个试题,仅依据应试者对一个单词的记忆,来确定应试者的词汇量的大小,其结果必定是非常不可靠的。另一方面,较长的测验也不容易受到猜测的影响。猜对一个题目的概率很高,但如果测验足够长,猜对所有题目的概率就微乎其微了。

通过下面的斯皮尔曼-布朗公式,可以估计增长或缩短一个测验对其信度系数的影响有多大:

$$r_{nn} = \frac{nr_{tt}}{1 + (n-1)r_{tt}} \tag{7.10}$$

其中,r_{nn}为估计或修正后的信度;r_{tt}为实得的相关系数;n为测验增长或缩短的倍数。

在增加测验长度的时候要注意:只有所增加的题目和原题目在性质上相同时,才能达到提高信度的效果。

测验的难度

测验的难度也会对信度产生影响。如果一个测验的难度太低,测验分数会非常集中并聚在高分端,即出现天花板效应;如果难度太大,所有分数都集中在低分端,出现地板效应,都会使测量到的分数分布太窄,导致信度降低。

只有当测验的难度水平能够使测验分数分布范围最大时,测验的信度才会比较理想。一般来说,当所有受测者的平均分为测验总分的一半,并且分数从零分到满分分布时,测量的信度最高。从这里也可以看到测验的长度和难度会共同起作用。如果只增加测验长度,但没有控制难度,使测验分数不能充分散开,那么增加长度的努力也会变成徒劳。

重要概念和术语

系统误差　　　　　　　重测信度　　　　　　　分半信度

随机误差　　　　　　复本信度　　　　　　同质性信度
信度系数　　　　　　内部一致性信度　　　　评分者信度

讨 论 题

1. 什么是测量的系统误差和随机误差？它们和测量工具的信度有什么关系？
2. 重测信度和复本信度考察的内容有区别吗？
3. 什么是内部一致性信度？它的意义是什么？
4. 用分半法求信度为什么通常要进行修正？
5. 比较同质性信度和分半信度。
6. 样本团体的性质对测验的信度有什么影响？
7. 如何理解测验长度和难度对测验信度的影响？
8. 对不同内容测验的信度的要求一样吗？为什么？
9. 考查表7.3，它对于考虑人事工作中的测量有什么启发？对不同内容的测量在选取信度时有什么区别？
10. 如果一个部门的三个经理分别对其部门的几十位员工考核，你认为应当怎样检查三位评分者评定的可靠性？

8

心理测量的关键技术2:效度

通俗地说,测量的效度就是指测量的有效性,即能测量到所要测量目标的程度。人们有时容易对效度的概念产生误解,认为一项测验只有一个效度。其实不然,测验可能有多种效度的评估,这些效度的确定依赖于测验的具体目的和评估效度的方法。效度是评价测验好坏、选择测验的重要标准之一。通过对测验效度的分析,我们可以了解测验对所要测量的心理学变量的测量准确程度如何,以及对外在标准的预测能力。

一般说来,效度的作用比信度的作用更为重要。如果一个测验效度很低,无论它的信度有多高,这项测验都没有应用价值。这就好像用磅秤来测量身高,每次的测量值很一致,也就是说信度很高,但它并不代表身高,也就是说其测量值并不反映身高这一属性,效度很低,所以磅秤就不是身高的适宜的测量工具。较高的效度是一个良好的测验最重要的特性,是必要条件,也是选择和评鉴测验的重要依据。然而,效度好的测验往往它的信度也较高。

8.1 心理测量的有效性——效度

效度的理论定义

从测量理论角度讲,效度可以定义为:与测量目标有关的真实分数方差与总分方差的比率。"有关的真实分数方差"是由测验所要测量的目标变量所产生的方差。效度的定义用公式可以表示为:

$$r_{xy} = \frac{S_V^2}{S_X^2} \tag{8.1}$$

其中,r_{xy}为测验效度;S_V^2为有效方差;S_X^2为总方差。

效度定义也可以通过真分数的概念和方差(变异数)分析方法加以说明。我们知道,一组测验分数的总方差等于真实方差与误差方差之和:

$$S_X^2 = S_T^2 + S_E^2 \tag{8.2}$$

而真实方差还可分为两部分:有关的方差(由被测量对象的变化引起的变化)和无关的但稳定的方差(与被测对象无关但由于量具的原因而有规律地存在的度量值的变化),后者也就是所谓系统误差带来的方差:

$$S_T^2 = S_V^2 + S_I^2 \tag{8.3}$$

其中，S_V^2代表有关（有效）方差；S_T^2代表无关而稳定的方差。将公式（8.3）代入公式（8.2），可得：

$$S_X^2 = S_V^2 + S_I^2 + S_E^2 \tag{8.4}$$

因此可以说，一组测验分数之间的方差是由有效的方差、稳定但出自无关来源的方差和测量误差的方差三部分决定的。公式（8.4）也许看上去有些费解，但实际上意义很明了，即造成测验分数的变化的原因出自三大来源：测量对象本身的变化、量具的精度造成的系统误差以及量具使用中造成的随机误差。

信度和效度的关系

根据定义可知，信度和效度的差别在于所考虑的误差不同。信度考虑的是随机误差的影响；效度的误差则还包括系统误差。再次借用游标卡尺的例子，由于设计的原因，或者可能受到工具制作工艺、刻度刻画、金属材料的温度特性等因素的影响，卡尺对长度的反映会出现误差。这些必然现象主要是由于量具自身的原因造成的，而且具有稳定性，不管谁来使用、什么时候使用，都会发生同样规律的误差，因此是系统误差。这也正是效度要考虑的因素。作为一个好的量具，都有一个确定的系统误差的说明，表明该量具的精度范围，这样使用者就可以知道该量具的精确、可靠程度。测量物体是如此，测量人就更是如此了。而另一方面，每一次使用卡尺、不同的人使用卡尺，造成的误差也会不同，这种误差主要是随机误差，是偶然性的，不稳定的，它是信度要考察的内容。

根据公式（8.4），不难发现，当测验的误差方差（S_E^2）减小时（亦即测验更稳定可靠时），潜在的有效方差（S_V^2）比例有可能增加，但是其余的系统误差方差可能大，也可能小，所以说误差方差低（即信度高）并不保证效度就一定高；但效度高的话，信度必然要高。可以这样说，信度是效度的必要条件。

效度的性质

需要注意的是，"测验的效度"是简便的说法，实际上效度指的是"测验结果的效度"，是指测验结果的准确性程度，而并不是指测验本身。另外应注意的一个问题是：效度是连续性的，效度高低只是程度上的差别，它不是"全有"或"全无"的变量。因此，我们应避免评价某测验结果为"有效"或"无效"，而应区分为效度较高或较低。

效度同时也是针对测量目标而言的，反映了测验结果对测量目标的体现程度。例如，一个数学测验可能对学生的数学成绩的预测效度较高，但对学生的整体智力的预测效度就没有那么好了，而对学生的性格则可能根本没有什么预测效度。因此，在评价和使用某项测验时，应该根据所要施用的用途，有针对性地考察其效度。另外，效度不是直接测量得到的，而是从已有的证据推理而得的。

8.2 如何评估心理测量的效度

根据评估效度方法的不同，效度可以分为内容效度、构想效度和效标关联效度三类。下面对这三类效度及其评估方法分别加以介绍。

内容效度

1. 内容效度的定义

内容效度(content validity)是检查测验内容是否是所欲测量的行为领域的代表性取样的指标。例如,成就测验往往采用内容效度的评估方法。

在实际工作中,编制的测验不可能包含所要测量的行为领域的全部可能的材料或情境,只能选择有代表性的样本,通过观察受测者对所选择题目的反应,来推测他的总体行为表现。因此,取样的恰当性就是影响测量效果的一个重要因素。如果所选择的题目偏重于某部分内容,或是过难或过易,就会使测验难以对目标行为或特点进行准确和全面的测量。

内容效度分析时要注意两方面的问题:

1)应避免将测验取样的行为领域过于泛化。如逻辑推理测验可以考察应试者的逻辑推理能力,但不能认为这个测验也能测量应试者的阅读能力或其他类型的推理能力。

2)要注意测验分数中无关因素的影响,如一个测量受测者运算能力或机械能力的测验,可能会受到言语理解能力或操作及反应速度的影响。

2. 内容效度的评估方法

内容效度的确定一般没有可用的数量化指标,只能靠推理和判断来进行评估。较好的内容效度依赖于两个条件:

- 测验内容范围明确;
- 测验内容的取样有代表性。

因此,要保证良好的内容效度,应该从编制测验开始,就谨慎地选择合适的测验题目。

确定内容效度的方法通常是由专家根据测验题目和假设的内容范围作系统的比较判断。如果专家们认为测验题目恰当地代表了所测内容,则测验具有内容效度。这种方法的主要问题是缺乏一种数量化指标来描述内容效度的高低;不同判断者的判断可能不一致;如果测验内容范围缺乏明确性,会使效度的判断过程发生困难。

为了使内容效度的确定过程更为客观,可以依次采用如下步骤:

- 确定总体范围,即描述有关的知识与技能及所用材料的来源;
- 编制双向细目表,确定内容和技能各自所占的比例,并由测验编制者确定各题所测的是何种内容与技能;
- 制定评定量表来测量测验的整个效度及其他特点,如测验包括的内容、技能、材料的重要程度、题目对内容的适用性等。由每位评判者在评定量表上做出判断,总结获得测验内容效度的证据。

内容效度的确定还可采用经验的方法,例如,对于成就测验可以检查不同年级的受测者的总分和每题分数变化的情况。一般而言,如果随着年级增高,受测者的分数和每个题目的通过率也随着升高,就可以推测该测验基本测量了学校的教学内容和目标,这也是测验的内容效度的证据之一。

除了描述性评估方法外,内容效度的确定也可采用一些统计分析方法。如计算两个评分者之间评定的一致性,即考虑评分者信度。虽然它所代表的是判断信度,但由于来自两个独立的评判者,因此符合程度越高越能反映测验的内容效度。克伦巴赫还提出,内容效度可以由两个独立的但取自同样内容范围的测验得分的相关(即复本信度)来作数量上的估计。若两者相关高,就有证据表明它们具有内容效度;若相关低,这两者中至少有一者缺乏内容效度。

3. 内容效度的应用

内容效度最适合于评估教育和职业成就测验。在这种应用中,通过对内容效度的评价可以回答以下两个问题:(1)该测验是否是应考察的某种技能和知识的代表性样本;(2)测验的成绩是否不受无关因素的影响。其中,内容效度对效标参照测验尤为重要,因为在效标参照测验中,受测者的表现往往以测验内容来解释。效标参照测验应用的基本条件是具备足够的内容效度。

内容效度也适合于某些用于选拔和分类的人事测验。这些测验中,测验内容是实际工作的一个样本,应包含实际工作所需要的技能和知识。在这种情况下,应该通过内容效度的分析来确定测验是否的确测量了实际工作中所需要的知识和技能。

内容效度的评估一般不适用于能力倾向测验和人格测验。能力倾向和人格测验不太要求与所取样的行为领域的内在相似性,其测验题目的选择更多地受某种假设的指导,这种假设的正确与否最后由测验的其他效度形式来确定。此外,能力倾向和人格测验与成就测验不同,它们不是建立在某种教学课程或工作知识与技能的基础上。在对相同题目作反应时,每个受测者使用的方法和心理过程是很不相同的,同一测验对不同的受测者来说测量的是不同的心理过程。在这种情况下,不可能从检查测验的内容来确定测验测量的功能。

效标关联效度

效标关联效度(criterion-related validity),也称**效标效度**(criterion validity),它反映的是测验分数与外在标准(效标)的相关程度,即测验分数对个体的效标行为表现进行预测的有效性程度。

效标是考察测验效用的外在参照标准。例如一个机械能力倾向测验,其效度的标准(效标)可以是某人成为机械师后的工作表现;对于一个管理能力测验而言,其效标可以是某人将来管理工作的绩效。效标关联效度往往用于预测性测验。在这种测验中,根据测验分数做出的预测一般用于甄选决策,所以,只有当证明测验分数确实能够预测所欲研究的行为时,这种决策才可能正确。

1. 预测效度和同时效度

效标效度主要考虑测验分数与效标间的关系。因此效标效度也可以定义为测验分数与效标间的相关程度。效标的测量材料可以在与测验实施大致相同的时间获得,也可以在测验实施很长时间后获得。根据效标材料收集的时间不同,可以将效标效度进一步区分为预测效度和同时效度。

预测效度(predictive validity)的效标资料往往是测量结束后隔一段时间才获得,它反映的是由测验分数对任一段时间间隔后受测者行为表现的预测程度。预测效度适用于那些对人员进行选拔、分类和安置的人事测验,这些测验需要对受测者未来的工作绩效进行可靠的预测。

预测效度的评估通常用追踪法来进行,通过长期观察,积累材料,以衡量测验结果对未来表现的预测能力。例如,可以对受测者进行长期观察,获得他们隔一段时间后的工作绩效的资料,看测验分数是否正确预测了他们的工作绩效的高低。

同时效度(concurrent validity) 的效标材料可以和测验分数同时搜集。有时,同时效度可以替代预测效度。因为当测验施测于已存在有效效标材料的团体中时,就不必经过一段时间后再作比较。例如,大学生的测验成绩可以与其在学校的功课成绩相比较,选拔测验的得分也可以与受测者在现在工作中的绩效作比较。因为同时效度的评估不需要长期追踪,所以应用比较普遍。

同时效度和预测效度的差异的根源不是收集效标的时间,而是在于测验目的的不同。前者多用于诊断现在的状态,后者多预测未来的结果。这种差异可以用两种不同的询问方式说明:

(1)"某人成功了吗?"、"某人患病了吗?"
(2)"某人会成功吗?"、"某人会患病吗?"

第一类问题属于具有同时效度性质的测验要求回答的问题,而第二类问题则属于具有预测效度性质的测验要求回答的问题,针对的是未来会发生的情形。

2. 效标和效标测量

效标是衡量测验有效性的参照标准,是一种可以直接、独立测量的行为。换句话说,要测量效标,就必须把效标行为转化为某种可以操作的测量指标,以便进行比较。这种可操作的测量指标就称为效标测量。因此,效标的概念可以细分为**观念效标(conceptual criterion**,即效标的实质概念内容)和**效标测量(criterion measurement**,即效标的具体度量方法)。例如,对于筛选销售人员的销售技巧测验而言,其观念效标是"销售工作的成功",而效标测量往往用"年销售量"来表示。

效标测量的一个重要特性是客观性。首先要避免偏见的影响,尤其当效标测量是等级评定时,可能会受评定者印象或成见的影响。其次,应防止效标污染。**效标污染(criterion contamination)** 是指由于评定者知道测验分数而影响个人的效标成绩的情形。为避免效标受到污染,应该注意不让评定者看到测验分数,等效标评定材料收集完毕后再公布分数。这样可以保证效标测量结果与测验分数间的独立性。比如,一方面要评价管理者的管理技能,另一方面要评价管理者的管理业绩以作为效标。但往往在效标评价时,由于评价者知道被评价者的管理技能评分,因而影响对业绩的评定。因此,最好将这两种评价分开操作。

3. 常用的效标

由于每个测验的用途不同,因而会有不同的观念效标。常用的效标有以下几种:

(1)学术成就

这种指标常作为智力测验的效标,其逻辑假定是:智力高(以高 IQ 分数为标志)的人,其学术成就也应当越大。相应的常见的效标测量有:在校成绩、学历、标准成就测验分数、教师对学生智力的评定、工作中的研究成果以及有关的奖励和荣誉等。这些指标也属于对学术能力倾向测量的精确描述,因此,也可以作为某些多重能力倾向测验和人格测验的效标。

（2）特殊训练成绩

能力倾向测验常用的效标是受测者在将来某种特殊训练中所取得的成绩。例如机械能力倾向测验的效标可以是在工厂技术培训中的成绩。以特殊训练成绩作效标,其测量值往往采用完成训练后的某种成就测验的成绩、正式安排工作的等级、指导教师的评定等指标。

（3）实际工作表现

在许多情况下,比较令人满意的效标测量是实际工作表现,这种效标可用于起选拔作用的一般智力测验、人格测验及能力倾向测验等。

（4）团体对照

采用团体对比法确定测验有效性的方法是：用两个在效标表现上有差别的团体,比较他们在预测源分数上的差别。例如,一个音乐倾向测验的效度,可以由比较音乐学院学生的分数与一般大学生的分数而获得。这种对照团体几乎可以在任何效标基础上选择,例如学校成绩、评定或工作表现,也可以使用现行的类别,如不同的级别、岗位、部门之间的对照。团体对比法在人格测验中也很常用,例如对社交特质的测验效度,就可以比较推销员或行政官员的测验成绩和工程技术人员的成绩之间的差别。各种职业团体的比较常可作为兴趣测验的效标,而有些态度量表经常也以不同政治、宗教、地理的团体对比来确定效度。

（5）等级评定

有时也可以采用其他人对应试者的效标行为的评定作为效标测量。这种评定往往由应试者的老师、同学、上级或同事等观察者做出。这种评定不局限于对应试者某种成就（如工作绩效）的评定,也可以包括观察者根据测验所欲测量的心理特质在被评定者身上的表现而做出的一种个人判断。例如,对应试者的支配性、领导能力、诚实性、独创性或智力等进行评定。评定可以作为任何测验的效标,尤其适合人格测验,因为人格测验的客观效标很难找到。虽然这种评定是主观的,但只要在严格控制条件下,它仍不失为效标材料的有效来源。

（6）先前有效的测验

一个新测验和先前有效测验的相关也经常作为效度的证据。这种效度叫做**相容效度（congruent validity）**。当新测验只是现有有效测验的简式时,后者的成绩完全可以作为一种效标测量。同样,纸笔测验可以用效度已知的操作测验成绩作效标测量；团体测验可用个体测验作为效标。必须指出,只有当新测验比先前公认的有效测验更简单、更省时、更经济时,才能用后者作为效标。

构想效度

测验的构想效度（construct validity）是指测验能够测量到理论上的构想或特质的程度。所谓构想通常指一些抽象的、假设性的概念或特质,如智力、创造力、言语流畅性、焦虑等。这些构想往往无法直接观察,但是每个构想都有其心理上的理论基础,都可以通过各种可观察的材料加以确定。例如,言语流畅性可以通过语速、语句间的逻辑性、口误的数量等可观察的指标进行确定。构想效度关注的问题是:测验是否能正确反映理论构想的特性。

1. 确定构想效度的步骤

一般而言,要确定一个测验的构想效度,包括三个基本步骤:
- 建立理论框架,以解释受测者在测验上的表现;
- 依据理论框架,推演出各种有关测验成绩的假设;
- 以逻辑和实证的方法来验证假设,根据这些累积材料决定这种理论是否能恰当地解释现有材料;如果不能做出恰当解释,则应该修正上述假设,直到能做出恰当的解释为止。

构想效度的确定过程可以用一个简单的例子来说明。例如,某人对研究创造力这个构想感兴趣,他假设或认为那些具有创造力的个体与那些不具备创造力的个体有某些不同,因此可以建立一个理论(或一理论体系)来说明那些有创造力的个体(或具有创造力构想的个体)的行为与其他人的不同,从而使人们能够通过观察个体的行为和根据某种理论分类来辨别具有创造力的个体。如果希望编制一个测验来测量创造力,那么,这个创造力测验必须具有构想效度,即测验分数与根据创造力的心理学理论观察受测者行为所做出的判断相关。如果这种关系不成立,则该创造力测验缺乏构想效度的支持。如果关系不太大,可能有多种原因,例如,测验可能没有真正测量创造力,或者说关于创造力的理论是错误的。如果测验分数与根据理论做出的判断相关很高,表明测验具有构想效度。

由此可见,确定构想效度没有简单的逻辑分析或统计分析,而是从各种来源中逐渐累积资料以确定测验的构想效度。

2. 常见的确定构想效度的指标

确定构想效度的一般方法可以分为:
- 测验内部的方法,如测验内容效度、内部一致性等指标;
- 测验间的方法,如相容效度、因素分析、会聚效度和区分效度等指标;
- 效标效度的研究,如发展变化等指标;
- 实验和观察方法,检验是否有构想效度。

常用的指标有:

(1) 发展变化

智力测验中最常用的标准是年龄差异。通常是考察实际年龄来观察测验分数是否逐年增加。在儿童期,一般认为能力是逐年增强的,因此如果测验有效,测验分数应该反映这种变化。所以,验证智力测验的构想效度时,可以检查不同发展水平儿童的表现。在工作中,人们的经验会随时间而积累,所以,如果要考察某项技能的效标,可以假定该技能在一定时间范围内是随从事该项工作的年限的增加而增加的。

(2) 相容效度

测量相同特质或构想的测验,彼此之间应该有高相关。因此一个新测验与相似的旧测验之间的相关,可以作为衡量新测验所测量的相同行为的程度标准。这种相关系数有时又称作相容效度。与效标效度不同,这类相关较高,但不很高。如果一个新测验与现有的有效测验的相关很高,而且不是更简便或易于实施,那么就没有必要编制这个测验。

(3) 因素分析

因素分析(factor analysis)是分析行为资料内部关系、结构特性的一种统计技术,比较适合于对构想效度的研究。通过因素分析可以找出测验中所包含的特质。卡特尔就是通过因素分析的方法从一系列形容词中归纳出16种共同因素,最终按照这16种特质构造成16因素人格测验的。

采用因素分析材料的构想效度分析过程可以这样进行:首先,对测验的所有项目进行因素分析统计,抽取出一些能够解释测验结果的大部分变异的共同因子,这些共同因子可以用来对测验的组成进行描述,然后比较由这些共同因子描述的测验组成是否与测量目标(某种特质或能力)的理论构想一致。

(4) 内部一致性

有些测验,尤其是人格测验,多以内部一致性作为构想效度的指标,这是因为如果测验的所有题目被验证为具有很高的内部一致性,说明它们都是关于同一内容的,吻合于同一种构想。具体计算方法将在第9章有关"项目分析"的内容中介绍。

(5) 会聚效度和区分效度

1960年肯贝尔指出,要确定一个测验的构想效度,则该测验不仅应与测量相同特质或构想等理论上有关的变量有高的相关,也应与测量不同特质或构想等理论上无关的变量有低的相关,前者称为**会聚效度(convergent validity)**,后者称为**区分效度(discriminate validity)**。这就是肯贝尔和菲斯克(D. W. Fiske)1959年提出的构想效度的一种考验方法。例如,一个数学推理能力测验与数学课成绩的相关就是会聚效度;而该测验与阅读理解能力测验的相关显著低,就是区分效度。因为在测验设计时,已将阅读能力作为数学推理能力的无关因素来考虑。区分效度特别适合于人格测验,因为人格测验比较容易受到各种无关变量的影响。

8.3 影响效度的因素

影响效度的因素有很多,有分别由测验本身、样本团体、效标、信度带来的各种影响因素。信度对效度的影响已在8.1中具体介绍,现将前三种影响因素分别加以介绍。

测验的因素

一个测验的效度高低,很大程度上取决于该测验受无关因素影响的程度。受无关因素影响越小,则效度越高。由测验本身带来的影响因素有测验题目的质量、测验实施中的干扰、测验的长度、受测者的因素等。

1. 测验题目的质量

题目的指导语不明确、试题的表达不清晰、试题太难或太容易、题目中出现额外的线索、诱答设计不合理、题目过少、试题的安排和组织不恰当、试题不符合测验目的等因素,都会影响测验的效度,使效度降低。

2. 实施测验时的干扰因素

测验的环境太差、受测者不遵从指导语或者计分错误,都会使测验的效度降低。对于效标效度,效标获取的时间与测验时间相隔越长,测验结果与效标的关系受无关因素的影响就越大,所求得的效度必定越低。很显然,这些因素使得测量分数反映的不单是测量内容,而且是无关因素的干扰。细心的读者会注意到,这些因素同样也会影响信度,因为它们会使测量结果波动不定。

3. 受测者的影响因素

受测者反应定势、测验动机、情绪和身心状态都会对测验的结果造成影响,所以这些也将会影响测验效度。

4. 测验的长度

一般来说,增加测验的长度通常可以提高测验的信度,而效度系数能否达到最大值也受信度的影响,因此,增加测验的题目往往也能提高测验的效度。不过,效度增加的前提是这些增加的题目必须与测量的目标相关。

测验长度对效度的影响可以用下面的公式来表示:

$$r_{(nx)y} = \frac{nr_{xy}}{\sqrt{n(1 - r_{xx} + nr_{xx})}} \tag{8.5}$$

其中,$r_{(nx)y}$是测验增长到原来的n倍后,测验(X)与效标(Y)的相关系数(即增长后的效度系数);n为测验增长的倍数;r_{xy}为原测验的效度系数,r_{xx}为原测验的信度系数。根据公式可以推知,要达到满意的效度水平,测验题目需要增加几倍。

样本团体的性质

对效度的计算往往是通过对样本团体的分数进行各种分析而得到的,所以样本团体的性质也会对测验的效度产生影响。这种影响体现在三个方面。

(1) 同一测验对不同的团体所测量的功能可能是不同的

例如,同一项算术测验,对于能力较差的受测者可能测量的是数学推理能力,但对于能力强的受测者,可能测量的只不过是对以前所学内容的回忆能力和计算能力。在评价效度时,我们要力求使样本团体的性质与所要测量的团体的性质尽量相似,这样所求得的测验效度才会较高。

(2) 对于同一个测验,样本团体的性质不同,效度也会有较大的差别

样本团体的性质包括年龄、性别、教育水平、智力水平、动机水平和职业等有关特性。同一测验对不同性质的团体可能有不同的预测能力,因此将这些对测验的效度产生影响的因素称为干涉变量。例如,对出租汽车司机实施能力倾向测验后发现,测验成绩与司机的工作成绩的相关仅达0.20,这是相当低的预测效度。但是,当把对开车有兴趣的司机抽出来单独计算效度时,却发现效度是0.60。这说明该测验虽然对所有司机的工作成绩没有预测能力,但对于"有工作兴趣的司机"这一亚团体却有较好的绩效预测力。在这个例子中,兴趣就是一个干涉变量。

在进行效度分析时,必须将影响效度大小的干涉变量找出来。美国测量学家吉谢利(E. E. Chiselli)提出一种确定干涉变量的方法,其步骤如下:

- 用回归方程求得每个人的预测效标分数,将其与实际效标分数相比较,可以得到差数 D,如 D 的绝对值很大,说明测验中可能存在干涉变量。
- 根据样本团体的构成分析,选择不同的对照组,分别计算效度,从而找出干涉变量。
- 根据干涉变量将欲测团体分为高预测性和低预测性两个亚团体,从高预测性团体获得的测验的效度较高。

（3）样本团体的异质性对效度也会有影响

用相关系数表示的效度系数会受到样本团体的分数分布的影响。如果其他条件相等,那么样本越同质,效度越低。反之,效度越高。

效标的性质

在采用效标关联效度时,效标的性质如何,会影响对测验效度的评价。一般来说,如果其他条件相同,所测量的行为或心理特质与效标行为或特质越相似,效度系数就越高。比如,假设我们要建立一项管理能力测验,现在要为这个测验选定效标。也许有人会考虑采用下列效标来源:学历、升入现职位的速度(年限)、近三年管理工作的业绩、同行的评价、上司的评价等。显然,这些效标与测验内容的同质性并不相同,将测验分数与它们求相关时,得到的效度值大小也就不同。

另外,效标与测验分数之间的关系是否线性也是一个很重要的影响因素。因为,皮尔逊积差相关的前提假设是,两个变量的关系是线性的均匀分布。如果测验分数与效标之间的关系是非线性的,采用皮尔逊积差相关将会低估相关的程度,造成效度的低估。

重要概念和术语

内容效度　　　　效标污染　　　　效标关联效度
构想效度　　　　效标效度　　　　相容效度
预测效度　　　　因素分析　　　　同时效度
会聚效度　　　　观念效标　　　　区分效度
效标测量

讨 论 题

1. 信度和效度是什么关系?
2. 内容效度能用量化方法测量或表示吗?确保内容效度的确定过程更为客观的方法是什么?
3. 内容效度适用于能力倾向测验和人格测验吗?为什么?
4. 什么叫效标污染?它对现实中的人事评价如绩效考核的启示是什么?
5. 主观评价能否用来做效标?为什么?

6. 什么是构想效度？对人事测量的启示是什么？
7. 考察测验内部一致性的方法有哪些？比较它们的功能。
8. 是否有些因素会同时影响信度和效度？为什么？
9. 为什么增加测验的题目能提高测验的效度？
10. 你认为，若要考核一个管理人员的能力，可能的效标有哪些？为什么？

9 心理测量的关键技术3：项目分析

项目分析是指根据测试结果对组成测验的各个题目(项目)进行分析,从而评价题目好坏、对题目进行筛选的程序和方法。掌握项目分析的概念和方法,能够帮助测验使用者评价现有的各种测验。

项目分析可以分为定性分析和定量分析,定性分析主要考虑内容效度,即题目表达的恰当性和有效性等方面;而定量分析主要考察题目难度和鉴别度是否适当。由于测验的信度、效度最终都依赖于题目的上述性质,所以通过项目分析,对测验题目进行选择和修改,还可以提高测验的信度和效度。

9.1 测量的难度分析

难度,通俗地说就是指题目的难易程度。对能力测验来说,难度就是指测验题目是难还是容易,这种测验往往有一个反映难度水平的指标。对于非能力测验(如人格测验),难度是指测验题目的"通俗性",即测验题目是否容易被人看懂和回答,往往以取自相同总体的样本中,能在答案范围内回答该题的人数指标来表示。**难度分析(difficulty analysis)**,就是对题目的难度进行估计以确定适宜的难度。由于非能力测验的难度分析相对简单,而且往往可以通过测验编制者的经验来把握,所以下面不对非能力测验的难度分析作具体介绍,而主要介绍能力测验的难度分析。

通过率

难度的指标通常以通过率表示,即以答对或通过该题的人数百分比来表示:

$$P = \frac{R}{N} \times 100\% \qquad (9.1)$$

其中,P 为试题难度;N 为全体受测者人数;R 为答对或通过该题的人数。

以通过率表示难度时,通过人数越多(即 P 值越大),题目越容易,难度越低;P 值越小,题目越难。所以有些人也将 P 值称为易度。

1. 难度的计算

若试题为二分法反应—计分项目(即答对计 1 分,答错计 0 分),P 值可以直接采用公式(9.1)计算。

当受测者人数较多时,则可以根据测验总成绩将受测者分成三组:分数最高的27%

受测者为高分组（N_H），分数最低的 27% 的受测者为低分组（N_L），中间 46% 的受测者为中间组。分别计算高分组和低分组的通过率，再求试题的难度。

$$P = \frac{P_H + P_L}{2}$$

或

$$P = \frac{1}{2}\left(\frac{R_H}{N_H} + \frac{R_L}{N_L}\right) \tag{9.2}$$

其中，P 代表难度，P_H 和 P_L 分别代表高分组和低分组通过率；R_H 和 R_L 分别代表高分组和低分组通过该题的人数；N_H 和 N_L 从分别代表高分组和低分组的人数。

例如：在 100 名受测者中，选为高分组和低分组的受测者各有 27 人，其中高分组有 20 人答对第一题，低分组有 10 人答对第一题，则第一题的难度为：

$$P = \frac{1}{2}\left(\frac{20}{27} + \frac{10}{27}\right) = \frac{0.74 + 0.37}{2} = 0.56$$

由于在下面将谈到鉴别度分析时，仍需用到高分组和低分组的百分比，所以这个求项目难度的方法较为常用。

2. 选择题的难度修正

在采用多项选择题的测验中，由于猜测的因素，受测者的得分可能会比受测者的真实得分要高。并且，选项的数目越小，机遇的作用越大，受测者的能力被夸大的可能性就越大，就越不能真正反映测验的难度。为了平衡选项数目对难度的影响，吉尔福德提出了一个难度的校正公式：

$$CP = \frac{KP - 1}{K - 1} \tag{9.3}$$

其中，CP 为校正后的通过率，P 为实际得到的通过率，K 为选项的数目。

假定某题有 75% 的受测者通过，如果该题有 5 个选项，则校正后通过率实为

$$CP = \frac{5 \times 0.75 - 1}{5 - 1} = 0.69$$

同样可以得知，在 4 个选项时，$CP = 0.67$；是非题时（2 个选项），$CP = 0.50$。当测验汇总试题的选项数目不同时，使用这个公式计算测验的难度较为适合。

等距量表的难度指标

以通过率作为难度指标，实际上是以顺序量表来表示难度，即它仅仅能指出题目难度的顺序或相对难度的高低。例如有 3 个试题，第 1、2、3 题通过的人数分别为全体受测者的 60%、40%、20%，可以判定三个项目中，第 1 题最容易，第 3 题最难。但是虽然它们的相差数值相同（20%），却无法确定题目 1 与 2 之间的难度差别是否等于题目 2 和 3 之间的难度差别。在需要比较题目差异的情况下，就需要计算等距量表的难度指标。

如果受测者的得分呈正态分布，则可以根据正态曲线表，将试题的难度转换成具有相等单位的等距量表，即分数。例如，在正态分布情形下，平均数之上或之下一个标准差的距离约占全体人数的 34%。因此，如果在一个测验中，某题 A 通过率为 84%（$P = 0.84$），从图 9.1 中可以知道该题的难度为 -1σ；如果某题 B 通过人数只有 16%，则这个题目的难度为 $+1\sigma$；如果某题 C 刚好有 50% 的受测者通过，那该题的难度为 0。显然，较难的题目难度为正值，简单的题目为负值。根据正态曲线表，可以查出任何通过率值

相对的 σ 值。

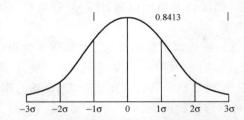

图 9.1 正态分布曲线下题目通过率和难度的关系

以分数表示难度,也有不便之处,主要是有小数点和正负符号,使结果不易处理。因此通常需要转换成另一种单位的等距量表,其中较为常用的是美国教育测验服务机构采用的难度指标:

$$\Delta = 13 + 4X \tag{9.4}$$

其中,Δ 为正态化等距难度值;13 为平均数,4 为标准差的单位,X 为正态化 Z 分数值。

例如,上例中,题 A 的通过率为 0.84,X 值为 -1σ,则 $\Delta = 13 + 4(-1) = 9$;题 B 的难度值为 0.16,X 为 $+1\sigma$,$\Delta = 13 + 4(+1) = 17$;题 C,$\Delta = 13$。如果一个题目几乎所有受测者都通过(99.8%),则其 X 值为 -3σ,$\Delta = 1$;如果某题答对的人数极少(0.13%),则 X 值为 $+3\sigma$,$\Delta = 25$。因此,Δ 量表是以 25 为上限,1 为下限的等距量表,Δ 值越大,则难度越高,Δ 值越小,难度越低。

对大多数测验而言,只要算出 P 值即可,但如果要作精确的统计分析,则需要计算出具有等距性质的 Δ 值。

测验难度的确定

1. 题目难度水平的确定

题目难度水平究竟多高合适,依赖于测验的目的、性质和题目形式。

(1) 从测验的目的考虑

许多测验都希望能准确测量个体间的差异。如果在某题上,受测者全答对或全答错,则该题无法提供个体差异的信息,即不能把不同的人区别开来。P 值越接近于 0 或接近于 1,越无法区分受测者间能力的差异。相反,P 值越接近于 0.50,区别力越高。

为了使测验具有更大的区别力,应选择难度在 0.50 左右的试题比较合适。但是在实际工作中并非如此简单。如果难度都是 0.50,则试题间的相关将有偏高趋势。举一个极端例子,假定某测验各试题间相关均为 1.00,题目难度均为 0.50,那么有可能使 50% 的受测者答对所有题目得满分,另外 50% 的受测者无法通过任何试题,而全部得 0 分。这样仍起不到最大限度区分所有受测者的效果。所以在选择题目时,最好使试题的平均难度接近 0.50,而各题难度在 0.50 ± 0.20 之间。

(2) 从测验的作用考虑

对于选拔用的人事测验,应该尽量使难度值接近录取率。比如,测验若是要辨别或选择少量最优秀的应试者,测验就应该有比较高的难度,P 值应该较小。如果录取率为 5%,那么题目难度最好也确定为 5%,使得恰好能使 5% 的优秀人选通过;假如测验是要筛除出少数较差的受测者,则题目 P 值应该高,使得只有少数应试者不能通过。

（3）从题目的形式考虑

对于选择题而言,P 值一般应大于概率水平。P 值等于概率,说明应试者可纯粹凭猜测回答。P 值比概率还小,说明题目有严重质量问题,即受测者即使靠猜,或者说不用猜,都能答出题目。公式(9.3)是选择题难度修正公式,真正的难度为 0.50 时最合适(CP=1/2),那么公式(9.3)可以移项转换成：

$$P = \frac{K+1}{2K} \tag{9.5}$$

它表示对于具有某种选项数(K)的题目,其较为理想的应得难度值。

对于是非题而言,其难度值应该为 0.75 最为合适 $\left(P = \frac{2+1}{2 \times 2} = 0.75\right)$;而对于四择一题目,其难度值约为 0.63 时最为合适 $\left(P = \frac{4+1}{2 \times 4} = 0.63\right)$。

2. 测验难度水平的确定

整个测验的难度取决于组成测验的各个试题的难度。整个测验难度水平的确定,需要根据测验分数的分布做出。由于个体的心理特性基本上是呈正态分布的,因此如果受测者样本具有代表性,则测验结果也应符合正态分布的模型。

如果所获得的分数分布不是正态的,而是如图 9.2 所示的 A 或 B 的情形,得分多数偏高或偏低,则为偏态分布。偏态分布又有"正偏态分布"和"负偏态分布"两种。A 为正偏态分布,即大多数得分集中在低分端,说明编制的测验对于所研究的样本团体来说偏难,因此应该增加足够数量的较容易的题目。B 为负偏态分布,即大多数得分集中在高分端,说明测验过易,应该增加足够数量的有较高难度的题目。

当然,也不是所有测验都要求测验分数呈正态分布。有些效标参照测验,出现偏态分布是允许的。

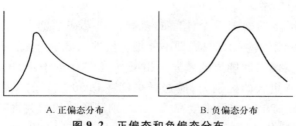

图 9.2　正偏态和负偏态分布

9.2　测量的项目鉴别度分析

项目鉴别度(item discrimination) 是指测验项目对于所测查的心理特性的鉴别能力

和区分程度。鉴别度分析可以从项目效度和内部一致性两方面入手。

项目效度分析

项目效度分析(item validity analysis)主要以效标为依据,考察受测者在每个试题上的反应与其在效标上表现的相关程度,即每个试题所测查的行为是否反映了受测者在效标上的表现。在评价试题在测量个体的能力和人格特征方面的效度时,必须选择衡量这些特征的外在标准,这个标准即效标。例如,如果测验是预测受测者在工作中的表现,则可以选择工作表现指标(例如上级和同事的评价等)作为效标。通常,鉴别度分析的指标有相关系数和鉴别度指数两种。

1. 相关系数

这里的相关系数指项目通过率与效标成绩的相关系数。相关越高,表明项目越具有区分的功能。这一相关系数的计算方法有很多,根据不同的情况采用不同的计算方法。下面列举了通常的几种情况和常用公式:

1) 通常情况下,项目的分数以二分法计分,如答对计 1 分,答错计 0 分,而效标成绩可能是连续的分数。求此二者之间的相关,应采用点二列相关系数:

$$r_{pb} = \frac{\overline{X}_p - \overline{X}_q}{S_t} \sqrt{pq} \tag{9.6}$$

其中,$\overline{X}_p$ 代表通过该题的受测者的平均效标成绩,$\overline{X}_q$ 代表未通过该题的受测者的平均效标成绩。p 代表通过该题的人数百分比,q 代表未通过该题的人数百分比;S_t 代表全体受测者的效标成绩的标准差。

2) 如果假定受测者在试题上的反应也是正态分布,只是由于人为方法分成通过或未通过两种情形,则可以采用二列相关公式:

$$r_b = \frac{(\overline{X}_p - \overline{X}_q)}{S_t} \frac{pq}{y} \tag{9.7}$$

其中,y 是正态分布下答对百分比(p)所在位置的曲线的纵轴值。

3) 在有些情况下,对没有通过某题受测者的效标成绩不感兴趣时,则可用总人数的结果进行计算,公式(9.6)或(9.7)都可以转换成:

$$r_{pb} = \frac{(\overline{X}_p - \overline{X}_t)}{S_t} \sqrt{\frac{p}{q}} \tag{9.8}$$

$$r_b = \frac{(\overline{X}_p - \overline{X}_t)}{S_t} \cdot \frac{p}{q} \tag{9.9}$$

其中,$\overline{X}_t$ 为所有受测者的平均效标成绩。

4) 当题目与效标均是人为二分的项目时,可以得到四个分数类别:即题目和效标均通过的 A 类;题目通过、效标不通过的 B 类;题目不通过、效标通过的 C 类,以及题目和效标均不通过的 D 类。计算这种相关常采用皮尔逊余弦 π 公式,所得相关为四分相关系数(r_t):

$$r_t = \cos\left(\frac{180°}{1 + \sqrt{AD/BC}}\right) \tag{9.10}$$

其中,A、B、C、D 分别代表每类包含的次数。查三角函数表,可得余弦相关系数。

5) 此外,当两个变量都是二分变量(非人为二分变量)时,亦可计算 Φ 相关系数:

$$\Phi = \frac{AD - BC}{\sqrt{(A+B)(C+D)(A+C)(B+D)}} \quad (9.11)$$

事实上,用来表示项目效度系数的方法至少有50种,虽然方法不同,但所得结果基本上是一致的。至于采用何种方法计算最佳,以方便为选择的标准。

题目效度系数越高,对预测效标越有用。效度系数高于0.20的题目一般可以保留;当效度系数接近于零或负数,则应该作重大修改或删除。

2. 鉴别度指数

鉴别度指数(discrimination index) 是比较效标得分高和得分低的两组受测者在项目通过率上的差值:

$$D = P_H - P_L$$

当效标成绩是连续变量时,可从分数分布的两端各选择27%的受测者组成高、低分组,再分别计算两组每道题目上的通过率,二者之差就是各题目的鉴别度指数 D。

D 值是鉴别题目测量效标有效性的指标,D 值越高,题目越有效。当 $D=1.00$ 时,高分组全部通过,低分组全部失败。当 $D=0$ 时,则高分组和低分组通过的人数相同。在一般情况下,D 值很难等于1.00,而且也没有必要甚至不能追求等于1.00,因为这种情况往往只是题目分数呈现绝对的双峰分布时才会出现。这时,各题目的同质性也会过高。所以,一般情况下,只要所得 D 值大于0.30时,题目就可以接受了。

鉴别度指数 D 与前面提到的项目分析指标 r_b、r_{pb}、r_t、Φ,虽然单位、计算公式和数值不同,但其结果和结论却有很高的正相关,因此 D 可作为上述系数的简便替代方法。目前采用的项目分析法,常用鉴别度指数为依据。

另外,鉴别度 D 值和难度值 P 也不是相互独立的指标。当 P 值为1.00或0时,则高分组和低分组通过的百分比完全相同,因此 D 值必然为0;而 P 值为0.50时,则可能是高分组全部通过,低分组全部失败,D 值可能达到1.0。因此难度 P 值处于中等水平时,D 值可以达到最大。

3. 高、低分组的划分

在题目难度和鉴别度分析中,多次提到要划分高分组和低分组。一般情况下,这一分组是根据效标成绩或总成绩将受测者排队,从高分端取27%的受测者组成高分组,从低分端取27%的受测者作为低分组,其余的46%受测者可以不作分析。当效标分数分布是正态分布时,这种划分标准很合适。但是,当分数分布较正态分布平坦时,高、低分组各占比率应该有所调整,一般来说应该高于27%,大约33%较为合适。一般高、低分组各占比率在25%～33%之间都可以。如果比率太小,则所选出来的两组过于极端,更容易有明显区别,故可能是人为夸大了题目的区分力。当样本团体过小时,划分的比例可以适当提高,甚至用50%的标准,即把上下两半受测者作为高分组和低分组都是可以的。

内部一致性分析

1. 项目和总分的相关

有时在进行项目分析时,难以找到合适的效标,这时可以采用测验的总分代替效标,考察每个试题和总分的一致性,即叫做**项目-总分分析**(**item-total correlation analysis**)。这种分析反映的是测验各项目所测查内容的一致性,而不能反映题目对效标的有效性。

内部一致性的计算方法与项目效度相同,只不过是用总分替代外在效标成绩。第一种方法是求试题得分的相关程度,仍然可以采用前述的点二列相关和二列相关系数,以表示内部一致性高低。第二种方法是比较总分高低两组在每道题上通过率的差异,求得鉴别度指数高低。D 值越大,即表示该题越能对总分高低不同的受测者做出区别。

把项目和总分相关作为项目鉴别度的指标需要满足一个条件,那就是要求每个项目的方差都相同,或者是测验项目较多,各题所贡献的方差比例都较小。因为,在计算项目与总分的相关时,有一个局部和总体的相关问题。在总分方差中实际包含有各个试题的方差,这本身就有可能造成某种相关。如果各个题目对总体方差的贡献差异显著,会造成某些题目与总分高度相关,一些题目相关却很低的情况,而这种相关差异是由题目方差不同造成的。

如果不具备上面的条件,最好是计算每题与所有其他项目合成分数之间的相关。这个合成分数可以采用公式(9.12)进行估计:

$$r_{pq} = \frac{r_{tp}S_t - S_p}{\sqrt{S_t^2 + S_p^2 - 2r_{tp}S_tS_p}} \tag{9.12}$$

其中,r_{pq} 为某一项目与所有其他项目合成分数的相关;S_t 为总分的标准差;r_{tp} 为某一项目与测验总分的相关;S_p 为项目的标准差。

项目效度与内部一致性的比较

项目效度和内部一致性分析虽然步骤相同,但意义却有差别。在筛选试题时,一定要了解这两种分析方法的意义和性质,这样才能正确地筛选题目,使测验达到预期效果。

项目效度代表题目与外在效标的关系,内部一致性则更多地代表题目与总分的关系。有较高的内部一致性的题目,并不一定与外在效标有很高相关。同样,部分具有很高项目效度的题目,与测验总分的相关并不理想。例如,某项能力倾向测验由 80 道逻辑推理题和 20 道数量分析题组成。如果以内部一致性作指标,则由于逻辑题在总分中所占比重较大,结果显然是逻辑题与总分的相关要高。但是,如果这项能力倾向测验既想考察应试者的逻辑推理能力,又需要考察其数量分析能力,那么只选择内部一致性高的题目,就会造成所选题目全是逻辑题,改变了测验的初衷。因此,项目效度和内部一致性有时候是有矛盾的,我们在进行分析时一定要全面地考虑问题。

那么,究竟选择何种鉴别度指标作为选择题目的依据更为合适呢?一般根据测验的目的确定。如果测验是预测性测验,则应该多采用项目效度较高的试题,这样,各个试题对预测外在效标都有较大的贡献;如果测验要求同质,即希望各个试题都测量同一特质,则应该选择内部一致性较高的题目。有时这两种方法也结合使用。如果所测量的心理变量很复杂,不是单纯的一种特质时,则往往采用分测验或分量表的方法,即各个分测验分别测量不同的内容,要求各个分测验与外在效标有较高的相关,但各个分测验之间彼此的相关较低,同时分测验内部各个试题彼此的相关要求较高。这种方法能够保证每个分测验是在测量某一特质,而这个特质与效标有关,而且是与其他特质不同的。换句话说,当测验所预测的效标具有多重特质时,则宜选取项目效度高的试题(而不必追求总体内部一致性);反之,如果测验相当单纯(如仅测词汇量),而且也没有适当的外在效标,则宜选择内部一致性较高的题目。

鉴别度的标准

鉴别度的值具有相对性,采用不同的计算方法或不同的分组标准所得到的鉴别度的值是不同的。另外,鉴别度还与受测团体的同质程度有关;所测团体同质性越强,鉴别度就越小。但若施测于较为异质的团体,则鉴别度就有可能提高。

由于鉴别度的相对性,很难确定一个筛选项目的绝对标准。因为除了考虑采用哪种区分度指标,以及样本大小和特性外,还要考虑测验的目的、性质和功能。就成就测验而言,一般要求项目和总分的相关达到 0.20 以上,而鉴别度指数希望达到 0.15~0.20 以上。一般心理测验,D 值在 0.30 以上就可以接受了。美国测量专家伊贝尔(L. Ebel)提出了鉴别度指数的大致标准作为参考(见表 9.1)。

表 9.1 试题鉴别度指数与质量评价

鉴别度指数(D)	试题评价
0.40 以上	很好
0.30—0.39	良好,最好修改
0.20—0.29	可以,必须修改
0.19 以下	差,必须淘汰

9.3 测量的诱答分析

对于包含选择题的测验,还需要进行各个题目的诱答分析。诱答就是指题目中除正确选项外的其他错误选项。测验题目的诱答设计得如何,直接关系到测验题目的好坏、测验的难度、鉴别力以及测验的信度和效度。**诱答分析(distracter analysis)** 是指系统考察测试题目的诱答项,以诊断题目是否符合测量学要求的过程,主要目的在于避免猜测的影响,使题目真正反映应试者的真实情况。

好诱答的标准

诱答分析通常针对能力测验。对于能力测验而言,其测验目的无非是对能力强和能力弱的受测者进行区别。这就要求测验题目对于那些能力强、掌握正确知识的受测者来说有更大把握选择到正确答案,而那些能力差、没有掌握充分知识的受测者往往选择错误答案。另外,对于一个完美的诱答设计,应该使不知道正确答案的受测者对题目各个选项进行随机选择。例如,对于一个四择一的选择题,每个项目被不知道答案的受测者选择的概率都应该是 25%。

然而,在现实中很难使诱答的设计达到完美。总是有一些选项相对于其他选项来说更容易被排除。有些受测者虽然没有掌握解题的完全知识,但他们能够凭借部分知识排除不可能的选项,使得猜测正确的概率变大。这就是以选择题为形式的测验所很难避免的猜测问题。而这种猜测的存在使得测验的鉴别度降低,直接影响测验的信度和效度。

如何尽量减少猜测的影响,使每个题目真正反映受测者的能力,就是诱答分析所要解决的问题。

对于以选择题为形式的人格测验来说,并没有"诱答"之说。但是,对各个选项的分析也是必要的。在人格测验,尤其是在自陈量表的人格测验中,选项的设计要力求避免社会赞许倾向。如果测验中出现社会赞许倾向高的选项,具有不同人格特点的受测者都会倾向于选择这个选项,测验就无法达到测量个体差异、反映个体真实情况的目的。因此,在人格测验中,选项设计不好,同样会导致测验的鉴别力和效度的降低。

对于人格测验中的选项分析,并没有什么既定的方法。一般来说,可以通过统计选择各个选项的人数百分数来估计,如果某个选项总是被大多数受测者选取,这个选项就有可能存在问题。在人格测验中,要力求使每个选项被选择的比例大体相同,或遵从某种合乎构想的分布规律(如正态分布),使不同人格特点的受测者选择不同的选项。

至于以是非题为形式的测验,可以将是非题看成只有两个选项的选择题,同样可以进行诱答分析。

诱答分析的方法

首先,以一项能力测验中的一个题目为例分析:

例:适合关系式,$|x-a| \leq b (b>0)$ 的点的集合是:

A. $-a \leq x \leq a$ B. $a-b \leq x \leq a+b$

C. $-b \leq x \leq b$ D. $x \geq a+b$

答案:B。

选择每个选项的人数百分比为:

A. 12.5%　　　B. 47.9%　　　C. 12.5%　　　D. 27.1%

对题目的诱答是否合适,可以先用一种简单的方法进行大致估计。这种方法是观测该题目的鉴别度指数 D 值。如果 D 值为正,往往意味着高分组倾向于选择正确答案,而低分组倾向于选择诱答;D 值的大小表明了这种倾向性的程度。如果 D 值为负,则意味着高分组倾向于选择诱答,表明这个题目的诱答设计不合理,需要修改。但是,这样粗略的估计无法告诉我们到底哪个诱答设计不合理,还需要通过进一步的精确分析。

进行诱答分析的最一般的方法,就是分别计算每个选项被作为正确答案选择的次数。如上例所示,计算每个选项被选择的人数和百分比。理想的诱答设计应该做到选择每个诱答选项的百分比相同,这个理想百分比值为:

每个诱答被选择的理想百分比 = 答错的百分比/诱答数目

在上例中应为17.3%。其中 A、C 选项的百分比低于该标准,D 选项的百分比高于该标准。这说明这三个诱答的设计不很合理。A、C 选项相对来说较容易被有经验的猜测者排除,因为题目上的关系式包含了 a、b 这两个变量,而诱答选项 A、C 选项中却只出现了其中的一个变量,一定不是正确答案。由于 A、C 选项很容易被排除,使得选项 B、D 选项被选择的概率提高,受测者猜测正确的可能性也就增大了;这样的诱答设计无疑会使没有掌握正确知识的受测者猜对答案,致使测验的鉴别力降低。这样的题目就应该重新设计诱答。

在设计诱答时,要注意避免两种情况:第一,不要出现过于容易被排除的诱答,这会使不知道正确答案的受测者猜测正确的概率提高;第二,不要出现过于似真的选项,即欺骗性诱答。如果受测者掌握了题目所要考察的全部知识仍很难对正确答案与某一诱答进行区分,那么该诱答就是**欺骗性诱答**(deceiving distracter)。欺骗性诱答的出现使题目实际考察了目标之外的能力,使测验的效度降低。

9.4 其他类型的项目分析及要点

速度测验的项目分析

有些测验考察的是受测者解决问题的速度。这样的测验叫**速度测验**(speed-based test)。速度测验往往有很多题目,一般很少有受测者能够在限定时间内完成所有的题目。大多数能力测验都限定了完成时间,不是所有受测者都能在限定时间内完成所有项目。虽然这些测验不是速度测验。但速度也是影响成绩的一个重要因素。

速度测验的项目分析不能直接采用上面提到的各种方法。因为往往只有一部分受测者回答了测验较靠后的题目。由于能够做后面题目的受测者的能力往往比其他受测者要高,以现有的难度的计算公式来计算项目的难度,可能会出现低估项目难度的情况。另外,由于有部分的受测者并没有完成最后的测试题,因此也没有办法计算项目的鉴别度。因此,通常的项目分析的方法不能用于速度测验。

对于速度测验的项目分析,有人提出两种方法来分析。第一种方法是对于那些不能被所有受测者完成的题目只分析完成该题目的受测者的成绩。例如,一项速度测验共有100道题,试测的100名受测者中只有80名完成了该测验的第78题,其中回答正确的受测者为72名。那么按上面的方法计算,该测验的第78题的难度指数为:72/80=0.9。但这种方法也有不足之处。首先,如果假定能够完成第78题的受测者的能力通常较高,那么这部分受测者在该题上的通过率必定较高,这就造成了对该题难度的低估。其次,采用这种方法,越处于测验后部的题目其数据样本越小,统计出的难度指数就越不稳定。另外,由于各个题目所采用的样本不同,无法进行前后各题目之间的难度比较。

第二种方法是延长测试时间,使所有受测者都能完成所有题目,然后对所有受测者的成绩进行分析。这种方法适用于那些不以速度作为测试目的,但速度影响测试结果的难度测验。但如果测量目标中包含速度因素,这种方法就不适合了。总之,对于速度测验的项目分析尚没有完善的解决办法。

解题速度快慢也是能力大小一种表现,所以有些能力测验中往往包含速度因素,不是所有受测者都能完成全部题目。对于这种能力测验的项目分析,要注意以下两点:第一,将试题按估计的难度由易到难的顺序排列,这样即使延长时间让能力差的受测者完成后面题目,他们也往往会回答错误;第二,在测试时,不妨适当延长答题时间,尽量让所有受测者完成全部题目。

效标参照测验的项目分析

前面所谈到的项目分析方法通常只适用于常模参照的测验,而对效标参照测验并不适合,如成就测验。在考察培训效果时,往往会用到成就测验。例如,公司举办了一个培训班,对刚进入企业的新员工进行培训。培训结束后,人事经理想要了解培训班的效果如何时,往往会对经过培训的人员进行一次测试,看员工是否比培训前有所进步。这时,会遇到一个问题,这次测试的题目是否能够真正体现对培训效果的考察。如果测试的题目测试了不属于培训内容的能力,这项测验就不成功。这种情况下,即便该测验能够对能力高低的员工进行很好的区分,也不能采纳,因为这项测验内容没有很好地反映它的效标——培训任务,这就是效标参照测验与常模参照测验的区别。

对效标参照测验的项目分析不能采用上述方法。因为效标参照测验的难度完全取决于效标的难度。另外,对于效标参照测验,鉴别度不能说明问题。例如,当培训内容十分简单时,测验的题目也必定简单,这种情况下可能所有的受测者都能答对题目,即试题的鉴别度为0。但是,我们不能由此得出该题不好的结论,因为试题实际上的确考察了培训内容,能够帮助人事经理了解培训效果。

那么,如何对效标参照测验进行项目分析呢?有人用对前后两次施测结果进行比较的方法来确定测验题目的好坏。例如,在培训之前,对所有人员施测该测验,在培训结束之后再次施测,如果某一题目在培训后的平均得分高于培训前,则说明该题目反映了培训的内容和效果,是一个好的试题。这种方法应用较普遍,但也存在一些问题。首先,前后两次施测需要花费较多精力和时间;其次,存在重复测验引起练习效应的问题;另外,如果培训后的成绩等于或低于培训前,不能说明该试题不好,有可能是教师的教学效果不佳。

有些研究者用"教育敏感性"指标来进行分析。**教育敏感性(education sensitivity)** 是指一种教育培训项目能否产生特定效果的可能性程度。选取两组受测者(人数相同),一组进行培训,另一组不参加培训。培训结束后,对两组受测者施测待分析的测验。依据以下公式,计算每个题目的"教育敏感性"指数:

$$S = \frac{R_H - R_L}{N} \tag{9.13}$$

其中,R_H为受培训受测者中答对该题的人数;R_L为未培训的受测者中答对该题的人数;N为总人数。

用这种方法进行项目分析要注意两组受测者的匹配问题。所选取的两组受测者必须在能力、知识背景等方面没有差别,要保证两组受测者的各方面尽量相同。

重要概念和术语

难度分析	鉴别度指数	欺骗性诱答
项目鉴别度	项目—总分分析	速度测验
项目效度分析	诱答分析	教育敏感性

讨 论 题

1. 为什么题目难度在0.50比较合适?为什么所有题目的难度都在0.50并不合适?

2. 在为人事测验设计考题时,难度上应有什么考虑?和一般的测验有什么区别?
3. 题目的鉴别度指标是否越高越好?为什么?
4. 为什么划分高分组和低分组时,取33%比27%的受测者更稳妥?
5. 项目效度分析和内部一致性分析有什么异同?
6. 诱答分析是否只用于能力测验?其他测验是否需要诱答分析?为什么?
7. 诱答和欺骗性诱答是一回事吗?为什么?如何看待欺骗性诱答?
8. 对于速度测验,怎样做项目分析?你有什么建议?
9. 鉴别度分析是否适合于效标参照测验?为什么?

10 人事测量在现实中的应用

第1~9章系统介绍了心理测量的各个过程和相关的原理、方法。在开始接触具体的工具之前,本章帮助读者把思路整理一下,把各种现实工作中需要的人事测量、有关的要素浏览一下,并通过一些实例来说明人事测量的运作,以使读者了解理论是如何在实践中起作用的。

10.1 现实工作中的人事测量

人事测量的原因

为什么要组织进行人事测量?如果把人当作一种资源、一种资本、一种需要并且能够增值的资本,那么必须知道什么样的资源能够在什么样的条件下被使用,而且需要了解这些资源是否存在升值的空间。也就是说,如果人力资源作为一种资本也可以运作,那就必须对它有所了解。所以许多发达国家的大企业,都会在不同程度上以一定的方式采用各种类型的人事测量工具,对人力资源进行评价。

具体来说,人事测量有许多实际用途。一般人可能会认为人事测量更多地用于招聘,但实际上,正像我们前面曾提到的,它有更广泛的用途,如图10.1所示。

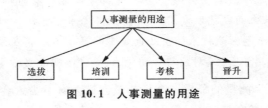

图10.1 人事测量的用途

1. 选拔

根据企业经营目标所要求的人力资源规格、规模、质量来招聘人力,并安置到预先规定的岗位从事所要求的工作,以实现期望的绩效。在这个过程中,考察评价应聘者是否满足岗位需要,是最关键的环节。人事测量在其中扮演着重要的角色。在传统的招聘过程中,组织往往只是查看履历表、申请表,加之面试中一些简单的非结构化的问题,便做出判断。

这样的过程可能存在一些缺陷。例如，没有根据岗位要求对应聘者进行客观的评价，对不同应聘者之间的评价也不具有可比性，同时也给"任人唯亲"等做法提供了机会，使组织蒙受损失。

通常来说，在科学的人事招聘中，往往要有履历审核、初步面试、纸笔测试和结构化面试等若干步骤。一般在履历审核时就已经开始实施人事测量了，许多企业组织在设计申请表时，就巧妙地把一些问题安插在个人履历和工作志愿陈述中去，从中了解应聘者的某些素质和特征。

一些有经验的西方大企业如壳牌公司、宝洁公司等，设计有相当复杂的应聘申请表，从中获取有关应聘者的素质信息，包括个人爱好、个性特点、主要才干、突出经历、知识与技能特长等。有的企业如英国太古（Swire）公司甚至还从应聘者的填表字迹中推测其个性特点。这些信息为企业做第一次筛选提供了重要依据。由于应聘申请表的设计科学合理，使企业能较容易地对应聘者进行基本评价，大大提高了初步筛选的效率。

初步面试对许多企业来说并不是必然的步骤，但的确有不少企业会安排这一环节，这可以使进入下一轮纸笔测试的应聘者人数再减少一些，因为纸笔测试的成本一般比较大，把不能满足组织基本要求的应聘者尽早剔除，可以降低招聘成本。一般来说，初步面试只是简单的见面考察，涉及一些简单的问题，对应聘者在应聘表上所填写的信息做必要的确认，也对应聘者形成一个基本印象。此时也是组织审查应聘者的某些必要资料如学位证书、有关证件和证明、推荐信的时候。

纸笔测试是根据应聘岗位来安排的，岗位不同，则内容不同。例如，有些流水线上的岗位要考察工作技能、气质，包括协调性、灵活性和耐力等，有些管理岗位则要考察决策能力、沟通技巧和个性特征等。测评内容不同，使用的人事测量工具也就不同。在实际运作时，要根据不同类型的岗位安排不同的检测内容和程序，甚至时间、地点和现场布置也会有所区别。

在西方，许多企业在招聘员工特别是管理和技术人才时，都要安排纸笔测试。通常来说，能力、工作动机、职业兴趣和个性特点是最常考察的几大类内容。例如，壳牌公司专门考察应聘者的成就取向、才能（特别是分析、预测、决策能力）和社会交往技巧。在国内，采用纸笔测试技术的企业也越来越多。不少企业采用北京大学心理学系研制的"通用人事测量系统"对应聘者的能力、个性和职业兴趣等方面进行考察。

在招聘中，使用人事测量的最后一个环节是面试。有不少人会以为面试并不是一种"测量"，其实面试确是当今最流行、最常用的"测量"。最后的面试往往是结构化的，招聘人员精心设计测试问题，以希望能考察到关于应聘者真实素质的信息。面试同时也往往是对前一阶段所了解到的有关应聘者信息的再检验和确认。比如，有时纸笔测验得到的结果很难解释，或很容易有高社会赞许性，或可能有相互矛盾的表象，这时就需要通过面试加以澄清。通常面试是招聘考核最后做决定的时候，所以这一过程中的表现往往也被看做是最重要的。

以上介绍的招聘的几个步骤，是按照难易和成本大小来排布的，这样做既能使整个招聘成本最小化,又能充分满足组织招聘的要求。

2. 培训

即使有预先的招聘筛选,由于人力资源供应市场的限制,一时招聘进来的人不一定完全符合企业目标对人力资源的需要,或者由于企业自身发展,原有人力资源已不再适应现实企业目标的要求,故需考核现有人力资源状况,针对人力资源现状与企业目标要求之间的差距进行培训,以满足企业要求。

有一些企业并没有做培训需求诊断和计划的意识。当它们意识到应当在培训中给予投入,只是同意一些个人的培训申请,或者在培训市场搜寻一些信息,来完成预算。但更恰当的方法,应当是对企业的人力资源的现状进行诊断和评价,然后根据员工的条件和企业的发展需要,制定双方都收益最大的方案,这样,个人得到开发,企业得到人力资源的提升,进而是绩效的提升,使企业的投资得到最大的效用。

3. 考核

广义地说,考核也是一种人事测量。组织中的考核不仅要考核绩效,而且要考核员工的表现,包括对组织的投入和工作的敬业程度等。以上这些都是要对人进行考察和评价,也都需要用到人事测量的技术,从而使考核可信、有效、公正且客观。

组织往往会因为很多原因需要对员工进行考核。除了绩效考核以外,企业经营环境与目标的变化,往往也是企业重新审视、考察人力资源的原因。企业需要随时检测自己的人力资源,使其能与企业的目标相匹配。这应当成为企业的一种自觉的意识。

北京制陶厂在与著名的日本企业TOTO公司合资后,经营战略、市场目标、产品定位都发生了根本的变化,管理方式也相应发生了变化,这时对人力资源的要求自然也发生了变化,以适应企业的需求。于是合资双方对企业现有的员工进行了广泛的评价,使用一系列人事测量工具,包括对流水线工人的气质、动作技能、基本文化素质的考察、对管理者的能力、个性等方面的考察。这一系列评价为企业合资顺利调整管理奠定了重要基础。

4. 晋升

当考虑晋升时,针对原有岗位、职务招聘测试的内容可能不适用于新拟担任的职位,需要根据新拟晋升的职位进行测评,确保人与工作的匹配。事实上,对候选人的晋升考核,就好比是前面提到的招聘考核,其原理是一样的。当然,晋升一般会更注重择优,而一般招聘则可能有择优和淘劣两种不同的策略。

在一些企业中,当晋升决策是针对内部候选人时,常常只根据候选人过去的业绩。以为过去业绩好,在新职位上也会成功,这是有失偏颇的。过去的业绩只是候选人在过去职位上完成的,其好的业绩只是表明其符合过去职位的任职要求,但并不表示对其新职位也能胜任。因此,在考察内部人选是否符合晋升职位时,过去业绩固然值得考察,但更重要的是看其是否具备拟聘职位所要求的任职条件。也应当起用人事测量工具对内部候选人进行系统评价。

人力资源的概念

1. 什么是人力资源

人力资源（human resources）是指人所具备的能按一定要求（质、量、速度、耐用性等）完成一定工作的各种躯体的和心理的素质或准备，包括个体的能力、技能、个性、动机、兴趣、价值取向、沟通风格及知识等，以及由个体的人构成工作团队乃至整个组织时所产生的整体特性和效力。这是一个直观的、操作化的定义。

从定义可以发现，人事测量实际上就是要针对人力资源的各个内容进行分别的评价，并对它们的组合效用进行综合评估。分别的评价就是单独测量能力、个性、动机等水平或特性；而综合评价就是不同方面的素质组合在一起形成的整体特性进行评价。也就是说，人事测量包括对各个工具的独立的使用和对各种工具采集到的各方面资料的整合分析。尤其是这后一方面的工作，要比前一方面更复杂。单独素质的测量可以采用现成工具直接实施。**综合评价（integrated assessment）**是以岗位对人事的各方面要求为依据，也就是说，是以人—事匹配为原则，进行全面系统的评价。

2. 人—事匹配

社会中有许多工作岗位。每一个工作岗位都对任职者的各方面素质有一定的要求。只有当任职者具备所有这些要求的素质时，才能胜任这项工作，获得合格的绩效。这种人和岗位的对应关系就是**人—事匹配（people-job matching）**关系。

由于存在人—事匹配关系，就要求在人事招聘和安置中，为特定工作寻找合适的人，这也就是我们常说的"按岗找人"，使人与岗位匹配，做到恰当的人做恰当的事。表10.1就是一个对岗位所要求的人才素质的说明。

表 10.1　岗位人力资源要求示例

		知识	技能	能力	人格	动机	交际模式
岗位1	工作1	A1	A1	C1	A1	A1	A1
		B2	B2		B2	B2	
					C3		
	工作2	B1	A2	A1	B1	C2	B2
		C3	C3	B2	C3		
		D4		C3			
	工作3	B2	A1	B1	A2	B2	C1
		C4	C3	C2	C3	C3	
		E5					
岗位2	……						

表10.1实际就是一个典型的人—事对应表，它反映了一个岗位所规定的各项工作所要求的各项素质的内容和水平。表中"知识"、"技能"、"能力"等是指具体素质内容；空格表示某工作对此项内容不要求；字母"A"、"B"……表示要求哪一类具体内容；数字"1"、"2"……表示要求达到什么水平。按照表10.1所提供的对岗位1的描述，可以对相

应的内容进行单项测查,并综合所有单项测查结果给出整合的评价。从这里可以看到,人—事匹配是人事测量的原则,岗位描述(通常由职务分析完成)则是人事测量的依据。

关键事件法(critical event method),是指通过要求任职者回忆过去工作中的一些重大事件,评价正确应付、处理该事件的行为、方法,由此诊断当事人素质的要求,从而建立岗位素质要求说明的方法。

测评流程

人事测量的程序依据其测量目的的不同而有所不同。例如,在人才选拔过程中运用人事测量需要涉及确定测量内容、方式和录用标准等方面,但对于以诊断、评价为目的的人事测量,其测量内容往往是事先确定的,对测量结果也不一定要设定能否接受的标准。一般情况下,人事测量的程序大致如下(见图10.2)。

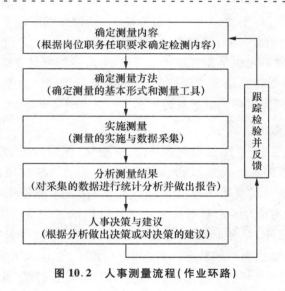

图10.2　人事测量流程(作业环路)

1. 确定测量内容

根据不同的测量目的确定具体的测量内容是人事测量的第一步。在选拔过程中,这一步最为关键。错误的测量内容将导致甄选决策的失败。测量内容应根据所选拔岗位的任职素质要求(通常可以工作分析、职务说明为依据),针对不同职务、不同岗位、不同企业特征及某些特殊需要来确定。

对于以选拔为目的的人事测量,另有一个重要的程序是确定选拔的标准,即确定什么样的应试者可以被企业录用。这种标准的确定可以分两步进行,首先,在确定测量内容的同时确定大致标准,如选用外向者、职业兴趣为经营取向者等;其次,制定精细的标准,它可以是一个绝对的标准(如某一个分数线),通常这种情况是企业采取了

"淘劣"策略,即达不到这一基本标准的人决不录用。它也可以是在测量结果出来后,根据组织所需人数或筛选比例确定具体、细致的标准,如某项技能分数百分位达到90%以上者录用等。这种情况通常是企业采取了"择优"策略,即从应聘者里选拔相对较好的人选。

对于以诊断、评价等为目的的人事测量,确定测量内容就相对简单。可以根据诊断、评价的内容确定测量内容。例如,要想了解员工偏好哪种工作,可以对员工的职业兴趣进行测量;要想确定是否要对管理人员的沟通技能进行培训,可以测量他们的沟通技能,为培训计划提供依据。

2. 确定测量的基本形式和测量工具

测量的形式和工具依测量内容的不同而不同。例如,需要对应聘营销人员的口头表达、情绪控制能力等方面进行测查,就不宜采用一般的纸笔测验,而最好采用情境模拟测验,如小组讨论测验。如果应聘者的动机对工作绩效高低有决定性影响,但考虑到一般自陈量表(即基于自我评价的问卷)的动机测验题目表面效度过高,或应聘者容易表现出较高的社会赞许性,故可能不适合于在招聘考核中采用时,就可以采用隐蔽性比较高的投射测验(如主题统觉测验)来对应试者的动机进行评定。

测量形式和工具的确定也是非常重要的一步,不恰当的测量方法会使测量结果不能满足测量目的,甚至会导致收集到虚假信息,误导决策的制定。在本书的"实务篇"中具体列举了许多根据不同要求对测量工具进行选择和组合的实例。

3. 测量的实施与数据采集

在测量的实施过程中,要注意做到客观化、标准化,保证收集到的测量结果能够公平、真实地反映应试者的状况。要做到客观和标准,就要严格按照测验的实施要求进行测量,防止个人情感对测量结果的"污染"。并且,在收集测量资料的同时要注意将实施测量过程中相关的信息及可能对决策产生影响的细节记录下来,作为决策的辅助材料,如在考察范围之外,但有重大意义的应试者的特殊表现(如特殊的个人经历或特长),以及对测量结果造成影响的特殊因素(如考场的干扰、应试者突然患病)等。

通常,要求测量的现场环境要空气通畅、新鲜,照明充足,温度、湿度适宜,干净整洁,安静,没有外界干扰,每个受测者的桌椅应尽可能舒适,并有足够的空间,尤其避免多个受测者同时应试时相互影响、干扰。如果安排的测量内容较多,不同内容之间应安排适度的休息,条件允许时可提供饮用水。总之,要尽量排除无关因素的干扰,使受测者在一个比较舒适的环境中接受测量,以保证受测者的正常发挥。在以后介绍的每一项测量都会涉及具体的测验环境的安排或要求。

4. 分析测量结果

对测量结果的分析通常包括对测量结果的计分、统计和解释。对于心理测验来说,它的计分和统计方法往往是预先建立的,使用者只需按照测验说明进行操作即可。对于已经计算机化操作的测量就更为简单了,在测验完成之后统计结果也立即完成并可打印出报告。

然而,对结果的解释就比较复杂了。对单一测量结果的解释可以参照常模或效标进行解释。但很多情况下,人事测量包括多个一同实施的测验,需要将多个不同测验的结果进行综合而做出整体的解释,这需要分析者对各项测验有充分的了解和足够的经验。对单一测验结果的解释已在本篇第 6 章中具体介绍,对测验组合的解释请参考"实务篇"。

5. 根据分析做出决策或对决策的建议

决策与测量的目的联系紧密,以选拔为目的的测量,其决策内容为候选人名单;以安置为目的的测量,其决策内容为岗位与应聘者的匹配;以评价为目的的测量,其决策内容为应试者素质的评价;以诊断为目的的测量,其决策内容为应试者的问题和特长或应试团体的状况和管理问题;以预测为目的的测量,其决策内容为应试者未来的绩效和工作表现。

在进行决策的过程中要注意:测量结果只是决策信息的一部分,在参考测量结果的同时,也要考虑其他的因素。另外,在进行人事选拔时,测量结果往往只给出参考性建议,实际的决策需要有关部门通盘考虑而做出。

运用人事测量,是出于人事管理科学化的目的,反过来,对待人事测量,也需要抱以科学的态度。既要尊重科学,追求客观性,推动人事测量在实际工作中的运用,又要合理地看待人事测量的可靠性和有效性,不宜过分夸大它的精度和适用范围。实际上,就像所有物理学的度量衡如秤、尺、量筒等精度都有一定限度和误差一样,人事测量这种针对人(人的行为及其内在品质)的度量也存在精度上的限制和误差的。拒不采用有效的客观的人事测量辅佐人事管理是不科学的,盲目使用甚至滥用人事测量,乃至造成对受测者和组织的损害,也是不科学和不道德的。

6. 跟踪检验并反馈

在多数情况下,还需要对测量结果及聘用结果进行跟踪,主要是根据工作绩效对测量结果和聘用进行检验,这就为前面的工作提供了重要的反馈,为测量取得经验性资料,为测量进一步校正以达到更大的精确度提供依据。可以说,到这一阶段,才真正完成了一个人事测量的作业环路。

10.2　人事测评的工具和方法

各类测评内容和相应的工具

表 10.2 给出了一个基本框架,指出人事测评可能会有哪些内容。实际上,除了表中的内容以外,还有职业兴趣、价值取向、工作压力和工作满意度等常见的测量内容,而且还有专门针对团队和整个组织的测量。

1. 知识

知识(knowledge)是指以概念及其关系的方式存储和积累下来的经验系统。这里主要指与岗位工作相对应的知识。岗位工作知识是从事工作的最基本的基础之一,因此也可以看成是岗位的最基本的素质要求。为此,许多组织都对各类岗位制订一定的知识标准,并进行相应的测验,考察其知识掌握的情况。

表 10.2　一些常见的人事测量的内容

知识	技能	能力	情绪	需求、动机	人格	特殊管理能力
财会	打字	感知力	理解	生理需要	内、外向	沟通能力
外语	设备操作	注意力	表达	安全需要	敏锐	管理变革
法律	驾驶	记忆力	控制	归属需要	情绪稳定	团队指导
管理	电器维修	判断	调节	尊重需要	谦逊	计划
计算机	书法	推理		独立需要	严谨	组织协调
		概括		自我实现需要	责任心	指挥控制
		想象		成就动机	敢冒风险	预测
		表达		权力动机	理智	决策
		空间认知		亲和动机	随和	管理方式风格
		数量分析		风险意识	现实	资源利用
					坦率	有效管理信息
					安详自信	时间分配
					保守	
					自主果断	
					自律	
					心气平和	
					面子意识	

从事医药销售的人员应当掌握基本的医药知识。北大维信公司是新加坡维信集团与北京大学合资的一个高科技生物制药企业,以研制、经营降血脂的药物为主业,它要求自己的所有员工都要掌握与企业产品有关的最基本的医药、保健常识。这一措施无疑对企业内部建立共同语言、加强沟通与认同、缩短与客户的距离,起了重要作用。

2. 技能

技能(skill)是以动作活动的方式固定下来的经验系统。这里是指岗位工作所要求的具体的操作活动,如汽车驾驶、车床操作、打字和电脑操作等。

打字是一项很不简单的技术,打字不仅要求快,还要求准确,所以要求手眼之间、手指之间的高度协调和高速运动。由于往往要听打,还需要把动作和听觉信息迅速地整合起来。所以,一般在招聘秘书时,都要考察打字技能,最好的办法就是现场考打字,包括听打和看打,检查速度和出错率。

3. 智力因素

智力是指一般能力,又可以分解许多方面,如:

1) **感知力**:对视听信息、颜色、方位、空间与时间特性的把握等。从事某些生产或特殊经营行业的操作人员,如炼钢工人、彩色印刷工人,往往要求对颜色十分敏感。

2) **注意(attention)力**:心理能量的指向性集中,具有稳定性、敏感性和持久性等特性。某些特殊的工作对注意力的要求很高,如驾驶、产品质量检测、仪表监测、打字和校对等。

3）**记忆(memory)力**：迅速获取并巩固大量信息的能力。一般来说，行政、人事、市场分析和警察等工作要求有较好的记忆力。

4）言语能力：理解、加工、处理和表达语言信息的能力。诸如行政、文秘、管理、律师、社工、公关和行销等工作，对言语能力有很高的要求。

5）思维能力：指进行抽象、概括、逻辑分析与综合、推理、想象等过程的能力。这是人们进行创造性活动以及决策的重要基础。创作、策划、市场分析和经营管理等都要求有相当程度的思维能力。

有关智力的测验有不少都相当成熟，因为这毕竟是最早开始研究的测量工具。目前比较流行的有韦氏智力测验、DAT测验、MACO测验。韦氏智力测验是由美国心理学教授韦克斯勒开发的，测量言语理解、一般常识、算术概念、概念类比、注意广度（短时记忆容量）、词汇等六个方面。这个测验是一个标准的智力测验，给予具体的智商分数。但它并不多用于人事测量，因为在人事测量中，我们并不想给人打上一个聪明或愚笨的标签，而是更关心一个人的能力结构是否与岗位要求相匹配。

DAT测验是一个比较成熟的能力性向测验，它是以美国和加拿大职业分类及相关能力要求标准为基础的。所谓**能力性向(aptitude)**就是指一个人的能力结构各方面的组合特征，它使其具有特定的才干、胜任特定的工作。在这个测验里，我们更关心能力的各种结构，各方面所达到的水平，相互的搭配。MACO测验是多相能力与职业意向咨询测验，是以DAT测验为依据。在中国开发的多相能力测验，它从语言理解、语言推理、数学推理、抽象推理、空间推理、机械推理等六个方面探测各结构上的能力水平，从而为人找到相适合的职业。

4. 非智力因素

1）**情绪(emotion)**：人对态度的体验与控制，通常伴随有躯体反应。对某些工作特别是管理类工作，情绪的理解与控制、情绪稳定性是十分重要的。最近日益受到关注的新概念"情商(EQ)"主要就是指情绪的理解与控制。情商被认为对管理与营销人员有特殊意义。

2）动机：由需要引起的行为驱力。主要的工作动机包括成就动机、权力动机和亲和动机，这是著名心理学家麦克里兰提出来的。这三个方面常常是企业选拔管理者的考察内容。在本书工具篇里将具体看到这三个方面怎样被用于区别中层和高层管理人员。

3）**气质(temperament)**：指(由高级神经系统活动特性所决定的)行为活动的能量和时间特性，例如爆发性、灵活性、耐久性和强度等。显然，气质不同，所适宜的工作不同。有的工作，比如流水线上的工人，要求有很好的耐力，能在整个工作日里都保持高度的认真细心，即耐久性和稳定性很好。气质测量多采用**划销测验(deleting test)**，即在规定时间里按要求以一定规律划销测验纸上指定的内容，分析不同时间、不同任务要求下作业的成绩(作业量和正确率)，以此判定气质特征。

内田—克里佩林测验是一项很简便但很有效的气质测量工具。测验方式是，给受测者呈现一个若干行数字表，要求受测者对相邻两个数字求和，并把结果的个位数写在两个数字之间的下方。如下表中的第 2 行数字就是计算的结果。每分钟做一行数字,时间一到就要立即换行。依次做 15 分钟(15 行),然后休息 5 分钟,再做 15 分钟(15 行)。测验完成后,把受测者每一行所做的最后一个数字的位置用连线连起来,就可以看到受测者在不同时间里的作业量,同时统计每行的错误率。再从折线的规律看,有的人随时间延长,作业量下降,说明很容易疲劳;有的人作业成绩始终很高,说明作业强度大,耐力好;有的人休息后成绩迅速上升,说明容易恢复;有的人作业量甚至能随时间而有一定上升,说明有学习效果发生。

1	3 8 7 6 9 5 3 7 1 8 4 9 6 3 5 7 2 8 4 9 3 9 0 9 8 4 3 1 5 3 5 4 8 0 8 9 2 3 5 9 8 2 9 0 2 3 2 2 9 9 7 2 7
2	……

4)个性:指固化、稳定的思维方式和行为习惯,体现个人化的特性。有研究认为,特定行业要求从业人员有特定的个性模式。最容易理解的就是营销工作和研究工作。这是两个对比鲜明的行当。前者要求更外向、灵活、关注外部变化,而后者则更注重稳重、关注内在观念。事实上,行政、经营、生产、技术这四类工作之间的确存在着人格模式的差异。较成熟的个性测验有 16PF 测验、DISC 个性测验、MBTI,在组织管理中有不同的用途。

管理者的个性是近来人们十分关注的问题。过去曾认为管理者的个性对于工作绩效并不重要,但近来随着管理模式的变迁,管理的职能中越来越强调个人化的关怀、以人为本,管理工作也越来越需要考虑社会心理系统。这一切使得管理者的工作绩效的定义发生了变化,管理者的人际取向越来越重要,管理者必须更加注重社交、沟通技巧,加强亲和意识。事实上,在强调团队合作、自我管理团队的情况下,那些过于严厉的、难与人交往合作的管理者,很难取得下属的拥戴,其领导效果自然可想而知。

5. 综合素质

在现实工作中,我们会经常遇到具体的工作能力上的素质,它们本身并不是某种单纯性的素质,而是由多种素质综合而成,故称为**综合素质(synthesized quality)**。它们在现实工作中很难被分解,它们只是对应于具体的工作要求,而不是一种理论上的单一素质。例如,高层管理者常常需要具备一些综合管理能力,包括计划、组织、预测和沟通等。此外,他们还需要对多方面管理业务的整体运作能力,包括对人、财、物、信息等多方面的控制和把握。由于这些素质具有复杂的构造成分,使相应的测量、评价有很大的难度。

把管理者的综合素质进行分解是使许多大企业在甄别、培养管理者时感到颇费脑筋的事。不过还是有一些公司做出了有特色的尝试。例如,壳牌公司认定自己的管理者应当在才能、成就动机、人际关系三大方面具备特定素质。瑞士的 Holderbank 公司则认为未来的管理者应在才干、个性和动机等方面具备一定的素质。这些例子都体现了不同企业组织对管理者素质的不同定位。这也表明,究竟管理者应当具备什么样的素质有一定的相对性,而不是绝对的,它受企业组织的文化、特殊历史、行业特性、经营战略以及最高决策层的意志等许多因素的影响。

企业人才测评的技术组合

虽然有很多人事测量的工具,但实际应用时,正像岗位本身对素质的要求是多元的,工具也很少是单独使用的,而往往是组合在一起使用,以满足实际人事测评的需要。现实中的组合有三种形式:

1. 针对人事业务目的的组合

针对不同的人事业务目的,如招聘、选拔、培训,组合不同的测量工具。招聘通常可能采取淘劣策略,也可能采取择优策略,取决于特定职位和人才市场的供应。而一般选拔晋升都是采取择优策略的。策略不同,测量的内容、工具的选择就可能不同。至于培训,既不必考虑择优或淘劣,也不必过于求全面。

2. 针对岗位与职务的组合

要评价的岗位、职务不同,评价的内容也就会不同,选择的测量工具也就会有所不同;或者即使工具相同,设定的标准也可能不同。很显然,针对管理者的测量不会相同于针对普通员工的测量;针对商场售货员的测量不会相同于针对流水线生产员工的测量;针对销售人员的测量不会相同于针对财会人员的测量。

3. 针对企业文化的组合

由于许多企业都有自己独特的历史,形成了自己独特的企业文化,因此对素质的看法和侧重有所不同,这就造成不同企业即使针对同一个层次的同一个职位的评价,也可能会设定相当不同的内容和标准。例如,壳牌公司和 Holderbank 公司的用人就不尽相同。不仅如此,壳牌公司在不同地域经营业务时,还根据当地的文化进行标准的调整,使用人标准充分融合企业文化和当地文化。

测量的管理

如何对人事测量进行管理是人事测量工作另一个重要的作业环节。简单地说,必须严肃、慎重地对待人事测量,不可滥用人事测量,还要对人事测量的结果采取必要的安全措施。

1. 目的管理

要进行人事测量,首先必须澄清目的,目的不清的人事测量,有滥用测量的嫌疑。如果目的不清,还会使人事测量面临一系列后果:

- 无法确定要测量的具体内容;
- 无法确定要测量的合适对象;
- 无法确定适宜的测量工具;
- 无法确定测量结果的评价标准;
- 无法合理、有效利用测量的结果,造成浪费。

这些严重后果,会使整个的后续工作都陷入混乱。

2. 技术管理

在有条件的情况下,人力资源部门应当拥有、掌握一定范围、规模的人事测量技术和工具,或至少熟知有关技术并了解获得相应工具的渠道。也就是说,在需要的时候,有关人员能够自己实施人事测量,或知道如何获得专业人士或机构的支持和服务。

从事人力资源管理工作的专职人员应当熟悉人事测量的基本原理和方法,在需要的时候能够实施或配合专业人员实施人事测量,能够了解人事测量的程序的各个环节,能够知道如何解释人事测量的结果或明了专业人士给出的解释。

企业在获得有关人事测量技术和培训有关人员方面,值得做出必要的投资。这样的做法使用有限的投入,降低人事招聘、安置、晋升的风险,换取的回报是巨大的。有企业估计,这里的投入-产出比在几十甚至上百倍。

3. 现场管理

人事测量严肃性的一个最外在的体现,就是实施测量的组织安排,包括现场环境的布置,预先的通知、协调,测验材料的印刷,答题工具(如铅笔、橡皮、计算器、草稿纸等)的准备,指导语的形式(现场念、录音、板书等)。所有这些要素、环节都要悉心安排,不能疏忽,否则就会引起测量结果的误差,使结果难以解释。

在一般情况下,人事测量都要在规定的场合,在有人事部门或专业人士在场的情况下完成。通常,测量题目、材料是不允许带回家完成的。主要原因之一是,在指定的场合进行,可以保证所有人接受的测量的环境都尽可能一致,而带回家去做或在其他不可控制的场合去做,对测量环境就无从可知和把握,对可能引起的误差无法解释。

4. 安全管理

人事测量作业必须遵循安全原则。这是一个非常重要的原则,因为它可能涉及保密性、劳资关系和企业稳定。

保密性问题涉及两个方面。一方面是测量工具本身必须保密,不能外传、流失,否则可能使测量失效。虽然多数测量工具并不存在答案的唯一性问题(知识、能力测验除外),但测量工具的结构、测量的意图、计分方法一旦公开,往往会影响工具的使用。因此,所有测量材料,在结束测量时,必须如数回收。一般测量材料是不能外借、带离测量现场的。要防止非法复制测量材料。这不仅是保证测量工具的有效性,而且也是对测量工具的知识产权的保护。因为,任何一个测量工具的开发都是经过大量时间、精力、财力的投入完成的。因此,从事人事测量的人员都应自觉遵守知识产权保护的原则,遵守人事测量行业的道德。

另一方面,保密性涉及为受测者保守个人隐私。在组织需要的特定前提下,测量结果只能在有限的范围内发布,如专业机构、人事部门、上级主管等。事实上,如果员工事先知道或预感测量的结果没有妥当的保密措施,他们会产生抵触情绪,或者在测量中故意掩饰。而且,如果不能确保测量结果的安全,保障员工的隐私,还可能引起员工关系恶化,使组织陷入不稳定局面。

当然,有些情况下,测量结果是公开的,比如在团队建设中,为了促进成员之间的相互了解,某些个性测量的结果可以互相传递,从而增加大家彼此之间的熟悉,有利于解除误解,增进沟通,促进人际谅解和合作。

5. 应用管理

人事测量的结果可以有很多用途。为人事招聘、选拔、安置提供依据已经是为人熟知的了。人事测量还可以为组织普查现有人力资源、培养队伍、预测未来可能的发展等提供依据。

早在20世纪30年代,美国电话电报公司(AT&T)便运用评价中心技术对自己的一批管理人员进行了各种情境模拟测验。测验结果及据此做出的个人预测被密封起来,多年以后开启,发现当年的预言约70%都应验了。这反映了人事测量有相当不错的预测未来管理队伍人力资源的功能。

运用人事测量,可以分析个人整体素质的结构,预测个人发展前景。因此,应建立个人测评档案,所有的测量的结果都是重要的资料,它为个人职业生涯规划提供了重要的依据。不仅如此,它也为预测个体的组织价值、为个体安排适宜的工作环境并开发潜能提供依据。

测评的使用价值

尽管这里用10章的篇幅说明了人事测量的科学性和实用性,还是有人会对人事测量的价值感到疑惑。在此不妨举一个科学测算的例子。假定某企业现在要招聘一批人,企业预先设定好了选人的标准,假设应聘人群有40%达标,但事先并不知道谁是达标者。那么,如果要从中选出20%的人,靠随机的方法把握只有8%。但如果有一个哪怕只有0.50效度系数的测验,那么把握就可达到69%,如果靠0.70效度系数的测验,把握可达82%,已经是相当理想了。可见测验的效用之大(见图10.3)。基于这样的事实,谁会拒绝使用人事测量呢?

在图10.3中,椭圆的形状实际上反映了测量结果与真实结果之间的拟合关系,即效度。效度越大,椭圆越扁,越接近斜线,犯B类和C类错误的可能性越小,测量越准确,决策越可靠。需要注意的是,测量标准设定的最佳点是经过椭圆的中心,这时选择正确比率最大。但是,一般而言更关心A的比率尽可能大、C的比率尽可能小(而不很关心B的比率如何),那么,即使效度不很高的情况下,提高测量(录用、考核)标准,也可以达到提高A的比率、降低C的比率的作用。

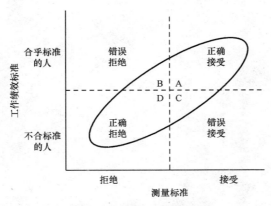

图10.3 测量工具的作用

基本正确比率:(A+B)/(A+B+C+D);选择正确比率:(A+D)/(A+B+C+D)
正确决策比率:A/(A+C);正确聘用比率:A/(A+D)

重要概念和术语

人力资源　　　　　技能　　　　　　气质
综合评价　　　　　注意　　　　　　划销测验
人—事匹配　　　　记忆　　　　　　综合素质
关键事件法　　　　能力性向
知识　　　　　　　情绪

讨　论　题

1．什么是人力资源？

2．人力资源是否是一种可以经营的资本？

3．人事测量和人力资源的关系是什么？

4．综合评价的含义是什么？如果你要对本单位某个岗位的应聘者进行综合评价，你的依据是什么？

5．用关键事件法的结果可以替代整个岗位的素质要求的说明吗？为什么？

6．个性对于管理者的绩效是否有意义？

7．如何理解测量工具组合的概念？相关的原则有哪些？

8．讨论企业组织是否应获得一定的人事测量技术。

9．讨论人事测量的使用价值。

10．你能否根据前10章的学习，设计一个测量"外向性"个性维度的测验？说明你的思路、程序、方法。

工具篇

　　随着现代企业中人才竞争的加剧，人力资源的合理配置和利用越来越需要可靠的人事测量方法。心理测量经过百年的稳步发展，现已成为最有效、最客观的人事测量手段。全球约有四分之三以上的大公司在人员甄选、安置和培训方面使用人事测量手段，而且越来越多的小公司也正加入到这一行列中来。国际上的测量工具通常是由专业的研究机构或心理测验公司开发的，用于评定个人的能力结构、个性特征、动机需求水平和职业偏好等，并提供其潜力及适宜发展方向的指导，还可对团队绩效和健康状况进行诊断。

　　为了使读者全面了解上述内容的人事测量，我们在本篇介绍组织行为与人力资源评价系统，它近50多种各类心理与人事测量组成，分为四大类：基本测验、基本调查、基于情境的测验、面向高绩效的管理人事测量。这些工具可为企事业各层次、各系列人员和团队提供素质诊断，基本满足了实际需要。读者可以通过了解这一系统来把握人事测量的整体框架和面貌。

11

基本测验 1：个性品质测验

个性反映了一个人（心理学上惯称之"个体"）的行为方式和思维特点，因此和人的某些方面的工作绩效有关。近来，越来越多的研究表明，个性也和管理者的领导风格、工作绩效有关。从业界的实际作业情况来看，许多发达工业国家在人事招聘、管理者选拔中都采用个性测验，这也表明人们普遍认为个性对于人事任用有特殊意义。本章我们重点介绍四种有特色的个性测验：卡特尔 16 因素人格测验、DISC 个性测验、管理者人格测验、控制源取向测验。

11.1 卡特尔 16 因素人格测验

1. 测验目的与功能

（1）目的

人格是稳定的、习惯化的思维方式和行为风格，它贯穿于人的整个心理，是人的独特性的整体写照。人格对于管理者来说是很重要的，它渗透到管理者的所有行为活动中，影响管理者的活动方式、风格和绩效。大量研究和实践表明：某些人格类型和管理活动有着特定的关系，它们对团体的贡献不同，所适宜的管理环境也不同。利用成熟的人格测验方法对管理者或应聘人员的人格类型进行诊断，可为人事安置、调整和合理利用人力资源提供建议。这正是 16PF 测验的使用目的所在，其可广泛用于人员的选拔和评定。

（2）功能

从 16 个相对独立的人格因素（维度，又称维量）对人进行描绘，可以了解受测者在环境适应、专业成就和心理健康等方面的表现。16PF 测验可广泛应用于心理咨询、人员选拔和职业指导的各个环节，为人事决策和人事诊断提供个人心理素质的参考依据。在人事管理中，它能够预测受测者的工作稳定性、工作效率和压力承受能力等。

2. 测验的特点

16PF 测验英文全称是 Catell 16 Personality Factor Test，是美国伊利诺州立大学人格及能力研究所卡特尔教授编制的。卡特尔根据自己的人格特质理论，运用因素分析方法编制了这一测验。卡特尔认为：人的行为之所以具有一致性和规律性就是因为每一个人都具有根源特质。为了测量这些根源特质，他首先从各种字典和有关心理学、精神病学的文献中找出约4500个用来描述人类行为的词汇,从中选定171项特质名称,让大学生应用这些名称对同学进行行为评定,因素分析后最终得到16种人格特质。卡特尔认为这16种特质代表着人格组织的基本构成。

该测验是自陈量表,优点是高度结构化,实施简便,计分、解释都比较客观、容易。但有以下缺点:

- 受测者常因情境的改变而做出不同的反应,测验的信度不如智力测验等认知性测验;
- 由于人格特质难于定义,个体行为总是受到情境与人格的交互作用的影响;
- 受测者对问卷的回答不一定能反映其真实情况;
- 反应定势和印象管理倾向会影响测验结果。印象管理倾向是指受测者有意或无意地改变其在测验上的反应,而塑造出一种内心中希望出现的形象,这种形象并不能代表受测者的真实情况。

3. 适用对象

16PF测验是评估16岁以上个体人格特征的最普遍使用的工具之一,广泛适用于各类人员,对受测者的职业、级别、年龄、性别、文化等方面均无限制。

4. 测验的构成

卡特尔采用系统观察法、科学实验法以及因素分析统计法,经过二三十年的研究,确定出16种人格特质,并据此编制了测验量表。16种人格因素是各自独立的,每一种因素与其他因素的相关极小。这些因素的不同组合构成了一个人不同于其他人的独特个性。这些因素的名称和符号如下:

A—乐群性	F—活泼性	L—怀疑性	Q_1—变革性
B—敏锐性	G—规范性	M—想象性	Q_2—独立性
C—稳定性	H—交际性	N—隐秘性	Q_3—自律性
E—影响性	I—情感性	O—自虑性	Q_4—紧张性

测验由187道题组成。每一人格因素由10~13个测验题组成的分量表来测量,共有16个分量表。16种因素的测验题混合排列。每一测验题有三个备选答案。

5. 测验的施测过程

测验不限定时间。受测者做题时应以对问题的第一印象尽快回答,无须过多斟酌。一般用30~45分钟可以完成。测验有两种实施方式:纸笔作答和计算机施测。

(1) 纸笔作答

施测过程如下:

1) 依据预定的参试人数选择好适宜的测验地点,布置考场。考场环境应安静整洁、无干扰、采光照明良好。

2) 准备好测验所用的如下材料:测验题本、专用答题纸、铅笔、橡皮,保证每位受测者有以上完整的测验材料及用品。通常还有一些备用铅笔。

3) 安排受测者入场,并宣布测验注意事项,指导语如下:

请大家注意,为了不影响测试,请大家把手机关闭或调成震动。请大家查看一下是否都拿到了测验题本和专用答题纸(测验主持人展示题本和答题纸)各一份。首先请大家在答题纸上填写姓名等背景信息。在题本中有测验题目和答题说明供您阅读,答题时请在答题纸上相应的题号后将选择的选项标记出来。请您注意:不要在测验题本上做任何标记,测验结束后请您把测验题本和答题纸一并交还给我们。

  本测验包括一些有关个人兴趣与态度的问题。每个人都有各自的看法,对问题的回答自然不同,因而无所谓正确或错误。

  下面请大家翻开测验题本第一页,看一看答题说明和例题,如果有疑问请大家及时提出,我们现在给予解答。(停顿,主持人解答疑问。)

  如果大家没有任何问题,请开始回答问题。

4)作答时,要求受测者注意下列五点:

- 每一题目只能选择一个答案。
- 请不要费时斟酌。应当顺其自然地依您个人的反应选答。一般说来,问题都略嫌简短而不能包含所有有关的因素或条件。例如,有一题是有关球赛的问题,您对于观看排球赛或篮球赛的爱好可能不同,您的回答应就一般球赛而言。
- 除非在万不得已的情形下,尽量避免选择中性答案,如"介于A与C之间",或"不确定"这样的答案。
- 请不要遗漏,务必回答所有的问题。有些问题似乎不符合于您,有些问题又似乎涉及隐私,但本测验的目的,在于研究比较青年和成人的兴趣和态度,希望您真实作答。
- 有些题目您可能从未思考过,或者感到不太容易回答,对于这样的题目,同样要求您做出一种倾向性的判断。

5)检查受测者完成了所有题目后,收回题本和答题纸,测验结束。

(2)计算机施测

计算机施测在计算机平台上以人—机对话形式进行的测验,具体步骤如下:

1)启动16PF测验专用软件。
2)按照屏幕提示,输入所需要的信息,以及受试者的背景信息。
3)屏幕呈现答题指导,让受测者看屏幕,学会如何看题并作反应,选择符合的选项。
4)受测者答题。
5)答题结束后,出具计算机计算及报告结果,包括各个人格维度上的初步测评结果、转换后的标准分、人格因素剖面图、次元人格因素估算和应用估算分数。

6. 测验的样题(含指导语)

指导语:

  下面是测验题。请阅读各个问题,选出符合你情况的选项。每一道题后附有三个备选答案;如果你选答"A"则在答题纸上相应的题号后涂黑"①",选答"B"则涂黑"②";选答"C"则涂黑"③"。

样题：

（1）我喜欢看团体球赛。
    A．是的   B．偶然的   C．不是的

（2）我所喜欢的人大都是
    A．拘谨缄默的   B．介乎A与C之间   C．善于交际的

（3）金钱不能带来快乐。
    A．是的   B．介于A与C之间   C．不是的

7．维度定义

16PF测验中的16种人格因素的定义见表11.1：

表 11.1　16 种人格因素的定义

1. **因素 A**　　**乐群性**：表示热情对待他人的水平。
　　高分特征：　对他人的关注程度高于平均水平，并且很容易与他人交往，对他人热情。
　　平均分特征：对他人的关注与感兴趣的程度处于平均水平。
　　低分特征：　对工作任务、客观事物或活动所倾注的关注水平要高于对他人的关心程度。

2. **因素 B**　　**敏锐性**：刺激寻求与表达的自发性程度。
　　高分特征：　有很高的自发表达水平，思维活动非常迅速，但同时也表明，在言行之前并不总是深思熟虑。
　　平均分特征：表达的自然流露程度和多数人一样，在进行决策时，会进行认真思考。
　　低分特征：　在决策之前会进行非常仔细的思考，这种深入思考的能力表明能够比大多数人更全面地思考问题，达到更深刻的理解。

3. **因素 C**　　**稳定性**：对日常生活要求的应付水平的知觉。
　　高分特征：　感到能够控制生活的现实需要，并且能够比大多数人更沉着、冷静地应付这些生活要求。
　　平均分特征：觉得和大多数人一样能平静应付生活中的变化。
　　低分特征：　觉得自己受到生活变化的影响很大，难以像大多数人一样沉着地应付这些生活要求。

4. **因素 E**　　**影响性**：力图影响他人的倾向性水平。
　　高分特征：　喜欢去影响他人。
　　平均分特征：并不将自己的观点、看法强加于他人。倾向于向他人表达自己的观点，但同时也让他人表达其自己的观点。当不同的观点有正确性时，愿意接受它。
　　低分特征：　不经常表达自己对事物的看法和观点，并倾向于让他人处于领导地位。

5. **因素 F**　　**活泼性**：寻找娱乐的倾向和表达的自发性水平。
　　高分特征：　通常较为活泼和任性，具有高于平均水平的自发性。
　　平均分特征：能量水平、言行的自发性处于平均水平。
　　低分特征：　是一个认真的人，喜欢全面地思考问题。认为别人会将其看成是一位严肃对待生活的人。

6. **因素 G**　　**规范性**：崇尚并遵从行为的社会化标准和外在强制性规则的程度。
　　高分特征：　崇尚社会强制性标准和规则，并愿意遵从它们。
　　平均分特征：倾向于接受外来强制性标准和规则，但并不僵硬地去遵从它们。有时更倾向于灵活地运用规则，而不是逐字逐句地去遵从。
　　低分特征：　不喜欢遵从严格的规则和外在强制性指导，较之多数人更少地遵从书本原则。

(续表)

7. 因素 H　　　**交际性**：在社会情境中感觉轻松的程度。
   高分特征：　在社会情境中比大多数人都表现自如，较之其他人更少感受到来自他人的威胁。
   平均分特征：像大多数人一样，在社会情境中感到较为轻松。
   低分特征：　在社会情境中，尤其是在周围的人都不熟悉的情况下，会感到有些害羞和不舒服。可能自我意识较强，不喜欢被他人关注。

8. 因素 I　　　**情感性**：个体的主观情感影响对事物判断的程度。
   高分特征：　对事物的判断较容易受自己的情感和价值观影响。对某个决策的判断更多地基于它看起来是否正确，而不是对它进行冷静的逻辑分析。因此，在对事物进行评价时，更关注自己的品位、价值观和感觉。
   平均分特征：在需要判断和决策时，倾向于注意事实以及它们的实用意义，同时也意识到有关问题的情绪性后果与价值。实际上，判断时倾向于在主观与客观之间取平衡。
   低分特征：　在进行决策和判断时，倾向于注重逻辑性与客观性。

9. 因素 L　　　**怀疑性**：喜欢探究他人表面言行举止之后的动机倾向水平。
   高分特征：　有一种自然倾向，认为他人的言行背后隐藏着某种动机，而不是将他人的言行按其表面意义理解。
   平均分特征：倾向于认为他人是值得信任的和真诚的。可能会对值得怀疑的目的较为警觉，但当完全了解他人之后，会乐于接受他们。
   低分特征：　通常乐于信任他人的所说所做是真诚的，并对他人给予无怀疑的信任。

10. 因素 M　　　**想象性**：个体在关注外在环境因素与关注内在思维过程两者之间寻求平衡的水平。
    高分特征：　勤于思考，并不拘泥事件本身的细节信息，而倾向于思索有限事实之外的东西。
    平均分特征：在关注某一事件时，既关注事件的事实和细节，又会从更广阔的思路去考虑。
    低分特征：　是一个现实主义和脚踏实地的人，更倾向于直接去做某件事情，而不是花时间去论证其可行性。

11. 因素 N　　　**隐秘性**：将个人信息私人化的倾向水平。
    高分特征：　不愿轻易透露个人信息，似乎是一位爱保守个人秘密的人。
    平均分特征：对多数人都较为公开地展示自我。
    低分特征：　喜欢待人公开、直率。较之大多数人来说，更乐于解释有关自己的各种信息。

12. 因素 O　　　**自虑性**：自我批判的程度。
    高分特征：　觉得自己有很大的困惑，或者觉得自己比别人活得更艰难。自我批判意识较强，对现实中的失误倾向于承担过多的个人责任。
    平均分特征：对自己的长处和缺陷似乎有较现实的认识，能为自己的失误承担责任，能够从这些失误中吸取教训。
    低分特征：　和大多数人相比，很少自我怀疑。

13. 因素 Q_1　　**变革性**：对新观念与经验的开放性水平。
    高分特征：　对新观念与经验有强烈的兴趣，似乎对变革有很高的开放性。
    平均分特征：对新观念与经验的开放程度一般；和绝大多数人一样，按照既定方法行事，又对新观念与经验有一定的兴趣。
    低分特征：　强调按既定方法行事的重要性。和大多数人相比，很少倾向于冒险尝试新的做法与观念。

14. 因素 Q_2　　**独立性**：融合于周围群体及参与集体活动的倾向性水平。
    高分特征：　倾向于独立解决问题和做出自己的选择和决定。
    平均分特征：力求在融合于群体及独立于群体这两个极端中寻找平衡。
    低分特征：　希望成为组织中的一员，并热爱组织活动。

（续表）

15. 因素 Q_3　　　自律性：认为以清晰的个人标准及良好的组织性对行为进行规划的重要性程度。
　　高分特征：　　通过对事情的事先计划和准备来对事物进行控制。有十分清晰的个人标准，并认为以此来规划自己的行为很重要。
　　平均分特征：　对事情进行事先计划和组织的倾向同于多数人。
　　低分特征：　　不像多数人一样去对事情进行控制和进行事先的计划和组织。更乐于任由事情变化，并可以容忍某种程度上的无组织性。

16. 因素 Q_4　　　紧张性：在和他人的交往中的不稳定性、不耐心以及由此所表现的躯体紧张水平。
　　高分特征：　　和绝大多数人相比，体验到高度的紧张，经常感受到不满和厌烦。
　　平均分特征：　通常所体验到的躯体紧张水平和大多数人差不多。
　　低分特征：　　和大多数人相比，躯体紧张水平较低，很少感到对别人不耐烦和不满。

8. 报告样例

（1）16PF 测验结果包含内容
- 16 种人格因素各个分量表的原始分；
- 转换后的标准分，能明确描述 16 种基本人格特征；
- 个人的人格轮廓剖面图；
- 依据有关量表的标准分推算的双重个性因素的估算分，包括适应—焦虑型、内向—外向型、感情用事—安详机警型、怯懦—果断型四个分数，可用于描述综合性双重人格特征；
- 依据有关量表的标准分推算的综合个性应用评价分，包括情绪心理状态健康者的人格因素、专注职业而有成就者的个性因素、富于发明创造能力者的人格因素、在新环境中有成长力的人格因素、事务管理能力较强者的人格因素这五项人格因素的应用估算分数，可用于心理咨询、就业指导以及人员选拔中对受测者素质特征的评价。

（2）结果解释中的注意事项

对于 16 种人格因素的分数不要孤立地解释，因为不同人格特征是组合在一起共同对人的行为方式起作用的。因此在评定一个人的个性特征时，一方面可以凭有关因素分数高低而予以评估，但同时必须参考受测者其他人格因素的状况进行全面考察。

（3）关于人格测验评估数据的筛选和解释的建议
- 首先调查受测者的总体生活情境和问题，了解与评估特别相关的一些细节；
- 如果有必要的话，像注意其年龄和性别一样，要注意受测者的社会文化和民族背景，以及其目前所处的特殊情境；
- 尽量使用更为客观的技术和数据；
- 确保所获得的是与特定的情境和评估目的相关的正确的信息，而不是更多的信息；
- 在结果解释和行为预测中避免过多的考虑，在预测那些很少见的行为时要特别小心；
- 如果可能，与心理测评的专家一起复核测验结果和解释，并且注意对双方一致认可或有不同意见的地方做记录；
- 测验结果的写作要以阅读报告的人可理解的方式行文，以清晰的书面方式写出来，可供传阅交流。

（4）报告样例

16PF 测验结果报告

姓名：＊＊＊　性别：女　年龄：28　测验日期：1998年5月12日

关于人格的初步测评结果															
A	B	C	E	F	G	H	I	L	M	N	O	Q_1	Q_2	Q_3	Q_4
16	11	17	16	21	9	18	14	8	14	12	6	15	8	7	8

16种人格因素剖面图

低分者特征	标准分 1 2 3 4 5 6 7 8 9 10	高分者特征
1. 缄默、孤独	＊	乐群、外向
2. 迟钝、学识浅薄	＊	智慧、富有才识
3. 情绪激动	＊	情绪稳定
4. 谦虚、顺从	＊	好强、固执
5. 严肃、谨慎	＊	轻松、兴奋
6. 权宜、敷衍	＊	有恒、负责
7. 畏缩、退却	＊	冒险、敢为
8. 理智、着重实际	＊	敏感、感情用事
9. 信赖、随和	＊	怀疑、刚愎
10. 现实、合乎成规	＊	幻想、狂放不羁
11. 坦白直率、天真	＊	精明能干、世故
12. 安详沉着、自信	＊	忧虑抑郁、烦恼
13. 保守、服膺传统	＊	自由、批评激进
14. 依赖、随群附众	＊	自主、当机立断
15. 矛盾冲突、不明大体	＊	知彼知己，自律谨严
16. 心气平和	＊	紧张、困扰

（注：＊号的位置标明了所得标准分数）

双重个性因素估算

适应	—	焦虑型	[1—10]:7
内向	—	外向型	[1—10]:10
感情用事	—	安详机警型	[1—10]:5
怯懦	—	果断型	[1—10]:6

（注：方括号内左右两端的值为上下限。低分者为维量左端特征，高分者为右端特征。）

16种个性因素测验应用估算

情绪心理状态健康者的人格因素	[1－5.5－－－－－－－10]:7.750
专注职业而有成就者的人格因素	[1－5.5(6.9)－－－－－10]:4.800
富于发明创造能力者的人格因素	[1－－－－－－－－－10]:5.330
在新环境中有成长力者的人格因素	[1－5.5(6.7)－－－－－10]:3.500
事务管理能力较强者的人格因素	[1－－－－－－－－－10]:4.167

（注：方括号内左右两端的值为上下限，中间为平均分，圆括号内为临界值。得分越高越好。）

人格综合特征描述：

性格开朗活泼，待人热忱友善，属外向型；为人处世直爽、自然，不会刻意揣摩和计算利弊得失；对于自己无把握的事显得优柔寡断，容易随群附众，缺乏主见，但在自己所熟悉的领域则十分自信，坚持己见；决策不果断，缺乏闯劲，对目标的专注程度和责任心有待提高。

心理健康状况良好,对竞争和压力有一定的心理适应性,能保持平和稳定的心态;在新环境中的成长能力较低,在新环境中需注意加强应变的灵活性,注意观察和分析新旧角色之间的差别,应根据环境变化和角色要求的不同及时调整自己的情绪状态和立场观点,尽快进入新角色。

有一定创造能力,可以从事需要发挥个人自主性的工作,比如研究、设计策划等工作,适于从事能够发挥个人才华的工作;事务管理能力一般,不善于处理琐碎繁杂的事务或关系,难以做有条不紊的、细致的安排;不苛求于做出卓越的成就,对职业的专注程度不够,容易满足,应培养进取、负责的精神,不断提高对自我的要求。

9. 注意事项

1) 使受测者真实作答。测验为自陈量表,难以控制和防止受测者的掩饰行为和倾向性作答行为,同时情境因素对受测者的影响也难以控制。为此在测验之前主试应注意向受测者做解释,尽量达成双方的信任关系,排除其顾虑和猜疑,尽可能达到一般的平和心态,同时请受测者注意在自我评述中按照自己最平常的情况作答,最大程度地反映真实状况。

2) 注意甄别受测者的无效反应。如果受测者在内容相互对抗的项目上回答相同,或受测者在绝大多数的项目上的回答选项相同,那么有可能受测者没有认真地按自己的情况答题,是在敷衍了事或故意作假。这样的答题无效。

3) 注意考察受测者是否有社会赞许倾向,特别在用于对应聘者的筛选测验中。应聘者在高动机驱使下,会对题目有所猜测,有意或无意地改变其在测验上的反应,而塑造出一种会受到社会赞许或迎合职位需要的形象,这种形象并不能代表应聘者的真实情况。对于此类人员,在结果解释中要标注出来,这也代表其行为特征之一;同时应补充使用其他的评估技术,比如面试、情景模拟测验等,或在其他测验中对相应的考评要素反复考察和评定。

4) 如果需要,在测验中可加入测谎量表,作为监控手段。实际上,16PF 测验本身就有一个检测受测者掩饰倾向的维度,即第 11 个因素 N,它可以反映受测者是否诚实而不加掩饰地报告出自己的真实想法。

11.2 DISC 个性测验

1. 测验目的与功能

(1) 目的

人格与管理活动的关系十分密切。在西方发达国家,几乎所有的企业都使用人格测验作为管理者甄选、录用、安置的依据。人格特性在一定程度上决定了个体适合什么样的工作及可能取得的绩效,因此可以通过诊断一个人的人格特征或类型,来部分地确定其管理性工作成功的可能性。心理学家们也很早就开始对有关人格的各种问题进行研究,且几乎所有的心理学家都同意,人格会对行为表现产生影响。研究证明,人格会影响到职业选择、工作满意度、压力感、领导行为和工作绩效的某些方面。对组织来说,它将选择那些能与组织"人格"相融合的个体进入组织,并最终由此形成组织的独特特征。因此,在进行员工甄选时采用对人格特征的分析是很有必要的。

DISC 个性测验就是一种人格测验,其所考察的维度与管理绩效相联系,为企业的人事甄选、录用、岗位安置提供了良好的测评手段。

(2) 功能

DISC 个性测验着重从以下四个与管理绩效有关的人格特质对人进行描绘,即支配性(D)、影响性(I)、稳定性(S)和服从性(C),从而了解受测者的管理、领导素质以及情绪稳定性等。

管理行为作为一种工作情境下的特殊行为,它会受到人格特征的影响。具有不同人格特征的个体在同样的工作情境下会表现出不同的管理行为,个体往往会在工作中形成自己的管理风格。DISC 个性测验就是把个体安排在这样一种管理情境中,描述个体的优势、在工作中应注意的事项以及一些个体倾向等,例如,如何影响他人、对团队的贡献是什么、什么时候处于应激状态。它能使个体更加清楚地了解自己的个性特征,企业也可以有针对性地考察应聘个体是否具有对企业、对职位来说十分关键的人格特征,以此作为筛选人员的标准之一。

2. 测验的特点

现在,中国的绝大部分企业都还没有一套客观选拔管理人员的标准,尤其是对管理人员人格方面的分析更为薄弱。在一些用人事测验选拔管理人员的企业中,人格测验项目通常采用 MMPI、16PF 测验等人格测验。但 MMPI 是一个临床量表,它是用来鉴别那些患有精神病或神经症的人,用它来测量管理者是不适宜的;16PF 测验是为测量普通人的完整人格构架而设计的,不能很好地通过测验结果来预测受测者的管理绩效。DISC 个性测验与这两者相比,具有以下特点:

- 适合一般、正常的个体;
- 与管理绩效相关,能很好地描述受测者的个性特征(优势、劣势等),并能预测其领导特征和情绪稳定性等;
- 测验时间短,简单易行;
- 有比较完善的解释体系。

3. 适用对象

1) 大、中学生。大、中学生往往面临升学、就业的选择,大多数学生在高中甚至大学阶段并不确定自己的人生抉择,不能正确地判断和了解自己。他们可能受一些外界的、偶然的、性格的因素影响,而做出盲目且不适合自己发展的选择。DISC 个性测验有助于他们科学地了解自己,从而做出正确的职业选择。

2) 社会上的一般人员。成年人往往对自己的性格特点也不是十分了解,他们通常对个性测验比较感兴趣,知道自己性格上的优势、缺点有助于更好地进行工作。

3) 管理人员。从企业用人角度来说,对管理人员进行 DISC 个性测验,目的就在于在工作情境中了解其优势、在工作中应注意的事项以及一些个性特征等,从而选择一些更易与企业形象、企业文化相融合的个体,形成企业独特的氛围。

4. 测验的构成

DISC 个性测验由 24 组描述个性特质的形容词构成,每组包含四个形容词,这些形容词是根据支配性(D)、影响性(I)、稳定性(S)和服从性(C)四个测量维度以及一些干扰维度来选择的,要求受测者根据自己的第一感觉,从中选择一个最适合自己和最不适合自己的形容词。

5. 测验的施测过程

DISC 个性测验不限定时间,整个测验大约需要 10 分钟。纸笔作答或计算机施测均可,可以集体施测,具体过程如下:

1) 依据预定的参试人数选择好适宜的测验地点,布置考场。考场环境应安静整洁,无干扰,采光照明良好。

2) 准备测验所用的如下材料:问卷、铅笔、橡皮,保证每位受测者有以上完整的测验材料及用品。

3) 安排受测者入场,并宣布测验注意事项。

4) 检查受测者完成了所有题目后,回收问卷,测验结束。

6. 测验的样题(含指导语)

指导语:

请在以下每一组词中选择一个最接近于你(最适合描述你)和一个最不接近于你(最不适合描述你)的词,用"√"标在后面相应的括号中。这不是好坏的评价,不是应该如何,而是对自己的客观描述。24 组词是相互独立的,每一组都要回答,不要有遗漏。谢谢合作。

样题:

	最接近	最不接近
温柔	[ ]	[ ]
说服力	[ ]	[ ]
谦卑	[ ]	[ ]
独创性	[ ]	[ ]

7. 维度定义

DISC 个性测验主要从以下四个维度对个体进行描绘:

服从性(C)
一般描述:准确的、有分析力的、谨慎的、谦恭的、圆滑的、善于发现事实的、高标准的、成熟的、有耐心的、严谨的。

对团队的贡献	压力下的倾向
• 保持高标准	• 悲观的
• 有责任心,稳健可靠	• 挑剔的
• 善于下定义、分类、获得信息并检验	• 紧张的、大惊小怪的
• 客观的,"现实的锚"	• 过分批评
• 综合性的问题解决者	

（续表）

服从性(C)

理想环境	可能的缺陷
• 需要批判性的思维 • 技术或专业领域 • 小团体的亲密关系 • 相似的工作环境 • 私人办公室或工作环境	• 受批评时采取防御措施 • 常陷入细节之中 • 对环境过分热衷 • 似乎有点冷漠和疏远

高 C 的情绪特征：害怕

稳定性(S)

一般描述：友善的、亲切的、好的倾听者、有耐心的、放松的、热忱的、稳定的、可靠的、团队合作者、善解人意的、稳健的。

对团队的贡献	压力下的倾向
• 可靠的团队合作者 • 为某一领导者或某一原因而工作 • 有耐心和同情心 • 逻辑性的思维 • 服务取向	• 非感情表露者 • 漠不关心 • 犹豫不决 • 固执的

理想环境	可能的缺陷
• 稳定的、可预测的环境 • 变化较慢的环境 • 长期的团队合作关系 • 人们之间较少冲突 • 不受规则的限制	• 倾向于避免争论 • 在确定优先权时遇到困难 • 不喜欢非正当的变化

高 S 的情绪特征：非情绪化的

支配性(D)

一般描述：爱冒险的、有竞争力的、大胆的、果断的、直接的、创新的、坚持不懈的、问题解决者、任务取向的、自我激励者。

对团队的贡献	压力下的倾向
• 基层组织者 • 前瞻性的 • 以挑战为导向 • 发起运动 • 有创新精神	• 高要求的 • 紧张的 • 有野心的、好侵略的 • 自负的

理想环境	可能的缺陷
• 不受控制、监督和琐碎事困扰 • 革新的、以未来为导向的环境 • 表达思想和观点的论坛或集会 • 非日常工作 • 带有挑战性和机遇的工作	• 过度使用地位 • 制定的标准太高 • 缺乏圆滑和变通 • 承担高速、过多的责任

高 D 的情绪特征：愤怒

(续表)

影响性（I）	
一般描述：有魅力的、自信的、有说服力的、热情的、鼓舞人心的、乐观的、令人信服的、受欢迎的、好交际的、可信赖的。	
对团队的贡献 • 乐观、热情 • 创造性地解决问题 • 激励其他人为组织目标而奋斗 • 团队合作者 • 通过协商缓解冲突	压力下的倾向 • 自我提高 • 过分乐观 • 过多的言语 • 不现实的
理想环境 • 人们之间密切联系 • 不受控制和琐碎事的困扰 • 有活动的自由 • 有传播思想的论坛或集会 • 有相互联系的民主监督者	可能的缺陷 • 不注意细节 • 在评价人方面不现实 • 不加区分地相信人 • 情境下的倾听者
高I的情绪特征：乐观	

8. 报告样例

DISC 个性测验结果报告

编号：001	姓名：＊＊＊	性别：男	年龄：33
支配性 D = 42.2	影响性 I = 73.6	稳定性 S = 58.3	服从性 C = 77.6

人格类型：C-4

C-4 类型综合特征：

（1）优势
- 注重质量，是高质量的促进者和支持者；
- 对保持高标准能很好地把握分寸，有轻重缓急的判断能力；
- 易于被组织、管理，欣赏团队中有相同质量意识的个体；
- 对社会和工作环境的改变比较敏感。

（2）需要注意的事项
- 应更多地接受他人的思想和观念；
- 要设置比较现实的目标；
- 不要过分计较他人的评论。

（3）个人倾向
- 目标：乐观；
- 通过什么标准判断他人：自尊和成就；
- 通过什么影响他人：较好的人际关系策略；
- 对团队的贡献：创造好的工作环境；
- 经常并过度使用：老练、机智和圆滑，但有些情境可能并不必要如此；
- 处于应激状态时：太温和，讨好人；
- 害怕：为了取得好的关系而放弃质量。

附图

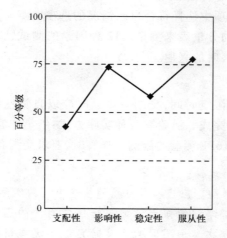

11.3 管理人员人格测验

1. 测验目的与功能

（1）目的

不同的人格类型的个体对团体的贡献不同，所适宜的管理环境也不同。管理人员人格测验针对与管理绩效密切相关的维量，对管理者或应聘人员的人格类型进行诊断，可以为人力资源的选用和配置提供参考性建议。

（2）功能

管理人员人格测验从12个与管理绩效有关的人格特点对人进行描绘，了解受测者在行为风格、思维和处事方式方面的特点，并且能够预测受测者的组织管理潜力，对其适宜的发展方向和组织环境提出建议。这个测验适合于对管理人员的选拔和职业指导，为人事决策和人事诊断提供参考依据。

2. 测验的特点

管理人员人格测验是根据"大五"人格模型中五种人格维度即正性情绪倾向、负性情绪倾向、乐群性、责任心和广纳性，及经大量研究证明与管理绩效有关的七项人格维度（内控性、自控性、自信心、A型人格、成就动机、权力动机和面子倾向）构建成的一项个性测验。其中，"面子倾向"是分析个体的人情取向、面子观念对管理行为的影响的维量，体现了中国人的人格特点。

测验是自陈量表，其优缺点与16PF测验相同。

3. 适用对象

管理人员人格测验适用于对管理人员的评估，以及对管理岗位候选人员的甄选，也可广泛适用于各种岗位，对受测者的职业、年龄、性别、文化等方面均无限制。

4. 测验的构成

管理人员人格测验针对12个人格维度进行考察，它们分别是正性情绪倾向、负性情绪倾向、乐群性、责任心、广纳性、内控性、自控性、自信心、A型人格、成就动机、权力动机、面子倾向。

测验题目以三选一的选择题形式出现,主要是要求受测者对自我行为和思维方式进行描述、评价,并在三个选项中选择符合自己情况的选项。测验共有145题,每一人格因素由10～15道题目组成的分量表来测量。12种因素的测试题采取按序轮流排列,以便于计分,并保持受试者作答时的兴趣。

5. 测验的施测过程

管理人员人格测验不限定时间,受测者做题时应以自觉性的反应回答,无需过多斟酌,一般40分钟左右可以完成。测验有两种实施方式:纸笔作答和计算机施测。可以集体施测,具体施测过程同16PF测验的施测。作答时,要求受测者注意下列五点:

- 每一题目只能选择一个答案。
- 请不要费时斟酌。应当顺其自然地依您个人的实际情况选答。

一般说来,问题都略嫌简短而不能包含所有有关的因素或条件。例如,有一题是有关竞赛的问题,您在参加不同的竞赛时可能情况有所不同,您的回答应就一般竞赛而言,针对大多数的情况来作答。

- 除非在万不得已情形下,尽量避免如"介于1和3之间,"或"不一定"这样的中性答案。
- 请不要遗漏,务必对每一个问题作答。有些问题似乎不符合于您,但希望您尽量回答。为保证能对您的人格特点进行客观、准确的分析,请您务必真实作答。
- 有些题目您可能从未思考过,或者感到不太容易回答,对于这样的题目,同样要求您做出一种倾向性的判断,即选择最合适您的答案。

6. 测验的样题(含指导语)

指导语:

本测验包括一些有关个人兴趣与态度等方面的问题。每个人对这些问题会有不同的看法,回答也就自然会有所不同。因而对问题如何回答,并没有"对"与"不对"之分,只是表明您对这些问题的态度。请您尽量表达您个人的真实意见。

每一个问题都有三种可选择的回答。请您从中选出最适合于您的答案,并在答题纸上相应题号后把与您的回答相对应的数字圆圈涂黑。

例如,若您对某题选择答案1,则在答题纸上把该题号后的①涂黑。

请您根据自己的实际情况回答。对每个问题不要过多考虑,请尽快回答。

每个问题都要回答,不要有遗漏。对每个问题只能选择一种回答。

样题:

1. 在开会时,如果我的意见与领导不同,我往往:
(1)保留自己的意见,一般不与之争论
(2)依情况而定
(3)当场表明立场

2. 如果让我组织一个社团活动,我认为:
(1)需要有经验的人给予很多协助
(2)自己有能力办得有声有色

（3）依情况而定
3. 我更喜欢：
（1）一边吃饭一边看文件
（2）介于(1)和(3)之间
（3）一次专心致志干一件事情

7. 维度定义

12种人格因素的定义如下：

1）正性情绪倾向：倾向于体验正性情绪，对自己感觉良好，也称为正性影响力。

高分个体：

- 较社会化、亲切、友好；
- 在工作上，更容易体验到正性情绪，对工作感到满意；
- 更乐于和同事交往，通常在组织中和其周围的人群相处很好；
- 通常在需要高社会交往的工作岗位上绩效较好，例如，销售部门或客户联络部门。

低分个体：

- 较少体验到正性倾向；
- 与他人的社会交往较少。

2）负性情绪倾向：倾向于体验到负性情绪，用负性的眼光看待自我和周围世界的人格特质，也称为负性影响力。

高分个体：

- 更倾向于体验负性情绪和感觉到时间、环境的压力；
- 更倾向于在工作上体验到负性情绪，感到压力；
- 对自己和绩效要求更为严格，这种倾向使他们趋向于去提高自己的绩效；
- 往往通过唱反调和指出议题的反面效果来使团体决策更为谨慎自制；
- 他们可能在那些需要批判性思考和评估的位置，例如质量监测部门，有较好的绩效。

低分个体：

- 较少感受到环境中的压力；
- 有较强的耐受力，能承担风险较大、容易受挫的工作；
- 有时可能会过度乐观。

3）广纳性：个体有独创性，广泛接受各种刺激，有广泛兴趣，愿意冒险。它的对立面是思维狭隘，小心谨慎。在组织中广纳性往往被解释为有创造力和革新性。

高分个体：

- 对变化性大、需要创新性或较为冒险的工作较为适宜；
- 往往具有高广纳性。

低分个体：

- 相对较为保守和谨慎；
- 倾向于依赖过去的经验和规则，不愿积极创新，不希望承担改革的风险。

4）责任心：个体表现为认真、审慎和坚忍的倾向。在许多组织环境中，责任心都是十分重要的。

高分个体:
- 有组织性和自律性;
- 在大多数组织的大多数工作中,责任心都可预示较高的绩效。

低分个体:
- 可能缺乏方向性和自律性;
- 可能耐心不足,计划性和条理性较差;
- 倾向于采取较为灵活的办事方法。

5) 乐群性:与他人相处融洽的倾向。乐群性是一个用来区分个体是否善于与人相处的人格特质。

高分个体:
- 通常受人喜爱,善于照顾他人,对他人亲善;
- 通常易于相处,是好的团队合作者;
- 在需要与他人发展良好关系的岗位上,其特性是一项宝贵资源。

低分个体:
- 往往不招人喜爱,对人不信任,没有同情心,不合作并且粗鲁;
- 或许在那些需要体现对抗性的职位上,例如,作为追债员或训练员,会有一些优势。

6) 内控性:人们相信命运、运气或一些外部力量对他们周围所发生的事情起决定性作用,反映了人们关于自己对周围环境或身边所发生的事情到底有多大控制力的看法。

高分个体:
- 相信自己能影响周围的世界并控制自己的生活;
- 认为自己的行为会影响自己的经历;
- 如果他们取得好的成绩,趋向于将成绩的取得归结于自己的素质,例如他们的能力或努力;
- 更容易被激励,而且不需要过多的直接指导,因为他们更相信他们的工作努力会带来好的结果,例如,他们努力工作会使工资增加,受到奖励,获得工作安全感,得到提升。

低分个体:
- 认为自己对环境的影响很小,并对自己所经历的大事也没有什么控制力;
- 倾向于相信外部力量决定他们的命运,他们认为自己的努力与自己将要经历的事情的关系不大;
- 倾向于将自己的成功归结于外部力量,例如运气、有权势的人的作用;或将原因归结于组织,认为仅仅是因为任务简单而已。

7) 自控性:人们试图控制自己在他人面前的行为方式的倾向。

高分个体:
- 希望他们的行为会为生活所接受,并且他们会调解自己的行为以求和社会赞许线索相适应;
- 力求根据所处的环境表现出恰当的行为,更倾向于根据所处的环境调整自己的行为;
- 很善于处理他人对自己的印象;

- 在那些需要与各种人打交道的职位（例如,销售或咨询）上,可能会有更好的绩效;
- 因为他们会调解自己的行为以适合所处的群体,当组织需要有人与那些对组织提供支持的外部团体交涉时,他们往往能担当重任。

低分个体:
- 对暗示可接受行为的线索并不敏感;
- 对表现与情境相符合的行为并不在意,例如,他们可能在一个有领导参加的会议上表现出不耐烦,或告诉顾客对自己有竞争力的商品的优点;
- 往往由自己的态度、信念、情感和原则所引导,并不关心他人对其行为的看法;
- 更倾向于认为他们所想的是真实的或正确的,并且不太关心其他人对他们的反应;
- 可能在需要组织成员给予开诚布公、诚实的反馈的职位上更为适合（尤其是当反馈是负面的时候）,并且他们可以在决策群体中扮演唱反调的角色。

8）自信心:人们为自己和自己的能力感到自豪的倾向。了解自信心有助于在管理中对行为的理解。自信心会影响人们对活动和工作的选择。

高分个体:
- 认为自己通常较能干,是能应付大多数情境的有价值的人;
- 更倾向于选择有挑战性的工作和职业;
- 在工作时会为自己设置更高的目标,并且更喜欢去处理那些较困难的工作;
- 对工作动机和工作满意度有正面的影响。

低分个体:
- 往往对自己的自我价值提出质疑,怀疑自己的能力,担心自己是否能在不同的努力中取得成功;
- 不论他们如何怀疑自己的努力,他们的能力与高自信性的个体没有什么区别。

9）A型人格:指具有竞争好胜及时间紧迫感的人格特征,也称为竞争型人格;与其相反的特征称为B型人格。

A型人格个体:
- 有强烈的成就动机和竞争意识,并有强烈的紧迫感;
- 往往有强烈的成就需求、竞争意识、紧迫感,较为急躁和有敌意;
- 有一种要在较短时间做大量工作的要求;
- 往往较难相处,A型管理者比B型管理者更容易与其属下和同事发生冲突;
- 不适合做那些需要大量人际间交流的工作;
- 他们常常因为不耐烦而打断别人并帮他们续上后半句话;
- 不是好的团队合作者,更适合于单独工作;
- 他们急于看到结果,容易在长时段的项目中受到挫折。

B型人格个体:
- 倾向于温和、宽容、放松;
- 倾向于采取慢节奏,较为轻松随意的工作方式;
- 适合于随意性较大,压力较小的工作。

10）成就动机：喜欢接受挑战性的任务、希望达到个人的高目标的倾向。企业家和管理者通常有较高的成就动机。

高分个体：
- 希望接受挑战性任务，并且喜欢将个人目标定得较高；
- 喜欢对所发生的事情负责，例如，为他们自己设定明确的目标，并愿意为事情的后果负责，而且他们希望得到反馈；
- 他们通常倾向于从事能满足他们强烈的成就需要的工作；
- 常有很强的目标方向性，并趋向于选择中等水平的风险。

低分个体：
- 追求个人高目标的愿望不强；
- 倾向于容忍自己的失败；
- 喜欢较为轻松、没有压力的生活。

11）权力动机：希望控制或影响他人的行为、情绪的倾向。

高分个体：
- 有想对他人进行情绪、行为上的控制和影响的强烈愿望；
- 倾向于处在那些需要表现对他人的影响力的职位上，例如，在管理职务和领导位置；
- 作为领导通常比那些低权力动机的个体做得更好；
- 通常不宜让两名有强烈权力动机的个体处在同一情境中，这样他们都希望体现其影响力，容易导致冲突。

低分个体：
- 对他人的依赖性较强，希望在他人的指导下工作；
- 对他人的工作有较强的认同感，是一名较好的合作者；
- 满足于自己的现状，不愿和他人产生权力之争。

12）面子倾向：看重面子问题，一方面维护自己的面子，另一方面能顾及情面为他人留面子，不做自认为使自己或他人丢面子的事情。

高分个体：
- 力求受到他人的重视、赞赏、推崇，希望能在别人心目中占重要地位及留下美好印象，从而在内心产生荣耀、光彩、神气、得意等愉快感觉；
- 当他们知觉到不受他人尊重、在竞争中失败、暴露自己的缺点、失态、不受欢迎等，会在内心中产生难堪、困窘、尴尬、羞耻等不快感觉；
- 为了防止丢面子或为了追求有面子的事，会表现出一些并非表里如一、名副其实的言行，目的是操纵留给他人的印象。

低分个体：
- 对人际关系、他人感受的敏感性较低；
- 相对较为坦率，但可能会由于直接表达自己的观点而伤害他人；
- 不在意他人对自己的评价，倾向于表现其真实感受。

8. 报告样例

1）管理人员人格测验各量表的结果有如下几方面：

- 12种人格因素各个分量表的原始分；
- 转换后的标准分，根据标准分能明确描述12种基本人格特征；
- 从受测者在各人格因素上标准分的直方图，可直观地看到受测者在这12个方面的高低分布；
- 针对受测者的测验结果，对受测者在这12种人格特质上的特点加以描述，并对其可能的管理风格、适应的管理环境及将来的管理绩效进行预测。

2）结果解释中的注意事项：有些维度的专业定义和日常生活中的理解并不完全相同，注意避免望文生义。

3）关于人格测验评估数据的筛选和解释的建议，同16PF测验。

4）报告样例

管理人员人格测验结果报告

姓名：***　性别：男　年龄：27　测验日期：2008年8月20日

各人格维度所得标准分及高低分区域

人格维度	标准分	高分区域	低分区域
正性情绪倾向	85.50	*	
负性情绪倾向	13.00		*
广纳性	88.20	*	
乐群性	76.10		
责任心	96.10	*	
内控性	55.60		
自控性	80.40	*	
自信心	89.30	*	
A型人格	59.40		
成就动机	98.10	*	
权力动机	36.50		
面子倾向	30.00		

注：没有标出高低分区域的，属于中等得分。

人格特征综合描述：

该受测者正性情绪明显，对生活乐观，对竞争和压力有一定的心理适应性，能保持平和稳定的心态；自信心较强，相信自己的能力；自控性较强，能较好地处理自己在他人面前的印象；有很高的成就动机，希望能做出卓越成就，对职业的专注程度较高，积极进取，不断提高对自我的要求；有很强的责任心，办事认真、审慎，对有组织性和原则性的事务管理能力较强，善于处理琐碎繁杂的事务或关系，能够做到有条不紊的、细致的安排，适于从事需要耐心和审慎的工作；广纳性较强，有较强的开创精神，容易接受新事物，有一定创造能力，可以从事需要发挥个人自主性的工作，比如研究工作、设计策划、编辑等工作。

附图

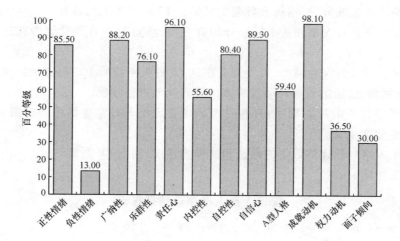

9. 注意事项

1）使受测者真实作答。
2）注意甄别受测者的无效反应。
3）注意考察受测者是否有社会赞许倾向,特别在用于对应聘者的筛选测验中。
4）如果需要,在本测验中可加入测谎量表,作为监控手段。
以上详细内容可参看 11.1 中的第 9 部分"注意事项"。

11.4 控制源取向测验

1. 测验目的与功能

（1）目的

控制源（locus of control）这一概念来自心理学家罗特（Rotter）的社会学习理论,指的是一种假设的内心状态,是对个人性格特点和（或）行为、与其所经历的后果之间的关系所形成的一种概括化了的期望,是人们从实际生活际遇中积累起来的、有关发生在自身生活里的各种因果关系的一种抽象概括。简单地说,就是指人们对自己的行为结果受来自何方力量控制的归因。

控制源取向也是一种人格特点,它与人的很多行为有关,是影响个体心理健康水平的一个调节变量。已有研究指出,心理控制源与某些人格、动机、态度、行为等变量有关,如自我效能、工作内在动机、工作压力感、工作满意度、组织承诺、离职意向、工作绩效。

（2）功能

控制源取向可以解释为何有的人会积极、乐观、主动地去应对困境,而有的人则为一系列的消极情绪所左右。

根据控制源取向的分类,如果认为自己的行为不受自己控制,而是某种外部力量控制的结果,如运气、社会关系、他人或其他因素,自己是无能为力的,则是外控性的人;如果认为自己的行为和行为的结果受自己所控制,则是内控性的人。外控的人往往听天由命,认为"是福不是祸,是祸躲不过";认为自己所得到的结果主要是由外部力量决定的;

往往更倾向于凡事为自己开脱责任。而内控的人由于认为自己是自己的行为的主宰,所以往往更倾向对自己的行为负责,而不是向外界推诿责任。大量研究证实,外控与焦虑、抑郁情绪有关,外控性强的人更难应付紧张的生活环境;而内控性的人往往更易成为领导者,更被委以重任,更倾向于负责任并取得成功。在组织中,人们了解自身的控制源取向,有助于更好地理解自己的归因方式,并在今后的生活和工作中加以调整;而企业测评员工或应聘者的控制源取向,也可以作为人事决策和人事诊断的参考依据。内控也被普遍证明为企业家精神(创业精神)中的一个重要品质。

2. 测验的特点

控制源取向测验来自国外,经过修订后在国内使用。它的测验时间短,简单易行;高度结构化,计分、解释都比较简易、客观;适合一般、正常的个体,中国版的修订在任职群体中进行,因而也适合企业环境的实测。

3. 适用对象

大、中学生以及社会上的一般人员、员工和管理者都适合参加这个测验。这有助于人们了解自身的控制源取向,能够了解这是一种归因上的倾向性,有助于更为全面、客观地分析生活、学习、工作中可能遇到的各种问题,更为积极地看待事情的结果,包括升学、就业、择业、更换工作、加薪、晋升、解雇、纠纷等等。

4. 测验的构成

控制源取向测验由29道题组成,包括23道有效题和6道干扰题。每道有效题都有两个选项,包括一个内控性陈述、一个外控性陈述。得分越高表明外控性越强,而内控性越弱。干扰题的两个选项则与内外控无关。罗特(1966)在大学生样本中报告的内部一致性信度为0.70。王垒(1991)在中国大学生样本中进行修订后保留19个有效项。而童佳瑾和王垒(2006)在中国在职员工样本中修订了该量表,得到21个有效项。

5. 测验的施测过程

控制源取向测验不限定时间,整个测验大概需要10分钟。纸笔作答,也可计算机上实测。可以集体施测,具体过程同其他人格类测验。

6. 测验的样题(含指导语)

指导语:

本问卷了解的是不同的人如何受到社会上发生的事物的影响。下面的每一个项目都有两个句子分别代表不同的选择,分别是A和B。请从中选择那个您真正相信(或者相比之下更相信)的句子,而不是您认为应该选择,或者您喜欢选择的。问卷反映的只是个人的观点,因此无所谓答案的对错。其中的某些项目您可能会觉得两个句子都可信或者都不可信。在这种情况下,请务必选择一个相比之下您更相信的句子。另外,请您对每一个项目都要独立作答,而不要受到前面所做选择的影响。

请记住,选择那个您更相信的句子,只能选A或者B,每个题目都要选择,不要遗漏。

样题：
（1）A:子女出问题是因为父母惩罚过度。
　　　B:现今多数孩子的问题是父母过分溺爱。请选择：　　A　B

7. 报告样例

受测者的回答经过分析后,得到的结果以百分等级表示。控制源取向百分等级是指有百分之多少的人的外控性特征程度在受测者之下。值得注意的是,由原始分可以划分典型的"外控性"和"内控性"个体,也有一些个体得分处于中间部分,表现为控制源倾向不典型,因而描述为较偏向于某一类型。

报告样例如下：

控制源取向测验结果报告

控制源取向百分等级:71.8

控制源倾向不典型,较偏向于外控性。

外控性个体:倾向于认为只能听天由命,"是福不是祸,是祸躲不过";认为自己所得到的结果主要是由外部力量决定的,如运气、社会关系、他人或其他因素,自己是无能为力的;往往更倾向于凡事为自己开脱责任。大量研究证实,外控性与焦虑、抑郁情绪有关,外控性的人更难应付紧张的生活环境。

12

基本测验 2：职业适应性测验

职业适应性测验主要从个体的需求、动机、兴趣等方面考察人与工作之间的匹配关系。这一类测验了解个体的生活目的或追求和愿望，反映个体对工作的期望，因此对于选拔人员、激励设计等方面很有参考价值。本章主要介绍动机测验和需求测验。

12.1 生活特性问卷

1. 测验目的与功能

（1）目的

生活特性问卷是为评定个体的动机水平而编制的。测验从权力动机、成就动机、亲和动机、风险动机四个方面描述受测者的动机模式和强弱程度。

（2）功能

动机是行为的内在原因，主要指发动一定的行为满足某种需要的意愿，它由需求而产生，为行为提供能量，具有目标指向性。

在个体层次上，上述四种动机的定位、组合模式，与个人工作绩效和职业匹配程度关系紧密。个人不同的动机需求模式决定了他们对自己在组织中的责任、职权和利益三者的认识、具体相互关系的构造，特别是决定了对这三者的运用方式。使用动机测量工具可揭示个体的动机模式特征，评估动机与职业的匹配度，有助于个人了解自我，估计工作满意度，做出适当的自我设计和调整。而对组织来说，该测验有助于预测员工的行为表现、稳定性，为有效地控制、管理人员和选拔合格应聘者提供重要的信息。

在团体层次上，使用动机测量工具可帮助管理者了解和控制组织成员的动机结构、水平，并进行有效的激励，以提高组织绩效和员工满意度。

2. 测验的特点

生活特性问卷从近代激励理论关于员工行为动机的基本概念出发，以风险动机、权力动机、亲和动机和成就动机为维度构建而成。这些维度与人们的工作绩效以及参与管理活动中的效能是有必然联系的。其中成就动机和工作绩效之间有高相关，高成就动机有利于实现高度的个人绩效，但不一定是出色的经理人；而亲和动机和权力动机与管理绩效有密切的关系，高权力动机是管理效能的一项必要条件，同时要求亲和动机不能过高。测验在设计构成上有高度的目标指向性，通过揭示个体的动机水平和需求模式，有效地预测其未来的工作表现和绩效,以及个体自身的工作满意度。生活特性问卷是评定应聘人员与应聘职位匹配度、揭示职员动机模式、实行有效激励政策的必备适用工具。

3. 适用对象

可广泛适用于各行业、各层次人员,特别是面临择业、改行或求职的人,用于评估其动机与职业的匹配程度。

4. 测验的构成

生活特性问卷测试的是风险动机、权力动机、亲和动机、成就动机四种动机。每种动机选定 11～15 道题目加以测试。每道题目陈述一个观点,受测者根据其对此观点的同意程度用七点量表(相当于 7 分制)评分,如"完全赞同"评"7"分,"完全不赞同"评"1"分。题目随机排列而编成生活特性问卷。问卷由 51 道题目组成。

5. 测验的施测过程

测验不限定时间,要求受测者凭直觉作答,不用过多考虑。一般在 20 分钟左右可以完成该测验。

测验的实施可以是纸笔或计算机作答。可集体施测,具体过程如下:

1)依据预定的参试人数选择好适宜的测验地点,布置考场。考场环境应安静整洁、无干扰,采光照明良好。

2)准备好测验所用的如下材料:问卷、铅笔、橡皮,保证每位受测者有以上完整的测验材料及用品。

3)安排受测者入场,并宣布测验注意事项。

4)检查受测者完成了所有题目后,回收问卷,测验结束。

6. 测验的样题(含指导语)

指导语:

这是一份关于个人观点的问卷调查,请根据你对每一个问题的看法用 1—7 的分值表示你的同意或不同意的程度(1 代表"完全不赞同",7 代表"完全赞同")。请将你的回答填在相应问题前的横线上。答案无对错之分,请不要顾虑。每个问题都要回答,不要遗漏。谢谢合作。

样题:

```
1——2——3——4——5——6——7
完全不  非常不  稍有不  无所谓  稍有  比较  完全
赞同    赞同    赞同           赞同  赞同  赞同
```

____6____ 我喜欢对他人的工作做指导。

如果你的选择是 6,表明这种描述比较符合你的真实情况,你比较赞成这种做法。

7. 维度定义

1)风险动机:指决策时敢于冒险,敢于使用新思路、新方法,不惧怕失败的动机。

高风险动机的人可能过于莽撞,对可能的危险和损害估计不足,缺乏足够的大局意识和责任感,缺乏对失败的应变策略;低风险意识的人则过于保守、审慎,优柔寡断,谨小慎微,缺乏决断。

2）权力动机：指人们力图获得、巩固和运用权力的一种内在需要，是一种试图控制、指挥、利用他人行为，想成为组织的领导的动机。

高权力动机的人往往有许多积极有利的特征，例如，善于左右形势大局，果断自信，试图说服人；但权力动机过高的人也可能会成为组织中的危险人物，他们可能只顾及个人权力，在极端情况下会不择手段，不顾组织的利益，甚至危害组织。总的来说，权力动机是有价值的，一定水平的权力动机是企业管理者实现统率力的行为根源，但同时在组织中要控制权力动机的无限扩张。

3）亲和动机：指人对于建立、维护、发展或恢复与他人或群体的积极情感关系的愿望。其结果是引导人们相互和睦、关心，形成良好的人际氛围。

亲和动机强的人能很容易地与他人沟通、交流，并且促进团队中积极的社会交往；他们富有同情心，容易接纳他人，能够减少冲突，避免竞争，有利于合作气氛。亲和型的领导受下属的接受和拥护，团队合作密切。但亲和动机过于强烈时可能有副作用，如回避矛盾、害怕被拒绝，过于求同，忽视个性，甚至息事宁人，放弃原则。

4）成就动机：指人们发挥能力获取成功的内在需要，是一种克服障碍、完成艰巨任务、达到较高目标的需要，是对成功的渴望。它意味着人们希望从事有意义的活动，并在活动中获得完满的结果。

由于成就动机具有行为驱动作用，在智力水平和其他条件相当的情况下，高成就动机的人获得的成功更大、绩效更突出。但成就动机过高也有逆反现象：人们在目标设置中降低难度，倾向于回避失败，结果是动机的行为驱动力减退，工作任务未必尽善尽美。而且，害怕失败就害怕尝试多种可能性，无形中放弃、丧失很多机会。

8．报告样例

生活特性问卷结果报告

姓名：***　性别：男　年龄：30

风险动机	权力动机	亲和动机	成就动机
32.6	71.7	75.6	77.2

结果解释：

- 风险动机

受测者的得分属中等水平，说明一定程度上肯于创新，做事大体上比较果断，能冒一定程度的风险，对可能的失败有所准备；适合担任组织的决策者。

- 权力动机

受测者的得分属于中等水平，说明在一定程度上试图去影响他人，有时喜欢领导、指挥他人，出谋划策，竞争意识中等，比较自信，一定条件下能承担责任；适合担任组织的领导。

- 亲和动机

受测者的得分较高，说明看重友情，易于和他人沟通、交流，有同情心，容易接纳他人，有利于团队的合作气氛，但可能回避矛盾，过于求同，甚至息事宁人；应注意不要放弃原则，才能做好评价他人的工作或监督工作；如果是管理者，常受到下属的接受和拥护;适合担当团队的组织者和社交性职务。
- 成就动机

受测者的得分较高,说明喜欢面对困难和考验,认为难以完成的任务更能培养自己的能力,更能体现自己的价值;非常想发挥自己的潜力,做出卓越的成就;适合当经理和企业家。

附图

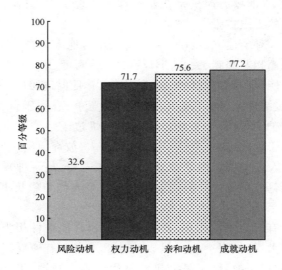

9. 注意事项

1) 这里用"生活特性"代替"动机",是因为动机一词既敏感,又不易被一般人理解,可能造成受测者较多的猜测。为了回避这种情况,做了这种替换,因为没有必要让受测者产生顾虑。

2) 不同职位(岗位)要求从业者的适宜的动机状态各有不同,表现在各种动机的重要程度不同,每一项动机的适宜水平不同,因此,不能统一地设定动机水平优劣的分数标准。

3) 针对不同类型的工作对动机或动机组合及水平的需要不同,考察具体职位的动机要求,确定动机水平的标准与具体职位的对应关系。表 12.1 反映了不同动机水平的组成对管理效果的影响。此外,一般来说,高层管理者权力动机要比较高,成就动机中等适度偏高,亲和动机中等;中层管理者成就动机应比较高,权力动机应中等适度偏高;职位越低的管理者,权力动机水平应当逐渐降低,亲和动机水平应逐渐升高。

表 12.1 不同动机配置与领导结果

权力动机	成就动机	亲和动机	领导结果
较高	较高	适度	最有利于整个组织的领导
低	较高	高	乡愿型主管,对个人有利,对组织不利
较高	高	低	个人成功,组成不利(无团队精神)
低	高	较高	无法统率团体
高	低	较高	可能偏袒私人
较高	低	高	把组织当成社交场所
太低	—	—	无法统率下属
—	太低	—	无法完成机构的任务
—	—	太低	无法与人交往的孤独者

12.2 需求测试

1. 测验目的与功能

（1）目的

需求测试测查受测者对生理需要、安全需要、归属和爱的需要、自尊的需要和自我实现的需要等各大类生活需要的程度，可全面了解个体的需求状况和需求的主次形态，并可定性、定量分析组织中成员总体需求分布模式以及各种需求的强弱程度。

（2）功能

需求是动机的基本来源，动机的产生原因就是需求的满足。需求是决定行为目标的根本原因。在团体层次上，通过对组织全体员工实施需求测试，可揭示各层次员工的需求结构，根据这个结构可了解团体中需要的分布、形态。这是安排组织激励、调度员工士气的基本环节。需求测试和价值取向评估相互对照使用，可为组织人事工作、动机激励、企业文化建设提供依据。

2. 测验的特点

需求测试的设计和建构参照了马斯洛的需求层次理论所提出的五种层次的需求形式，其中生理、安全需要、爱与归属的需要为较低层次的需求，主要靠外在的事物来满足；而自尊的需要、自我实现的需要为高层次需求，是自己内在的满足。通过测验可把握受测者的主要需求方向，帮助他们全面了解自我的状态，做出良好的职业设计和规划，同时可相应地安排不同的激励政策，引导提高各级员工的动机水平，提高工作满意度，增强忠诚度和稳定性。

3. 适用对象

需求测试可广泛适用于任何希望了解自我状态的个体和各行业、各层次人员。同时，它适用于对组织全体在职人员的集体施测，可了解各级员工的需求构成，为实施有效激励措施提供建议和依据。

4. 测验的构成

需求测试根据马斯洛的需求五层次理论编制，每种需求选定10～16道题目加以测试。每道题目陈述一个观点，受测者根据其对此观点的同意程度进行七点评分，如"完全赞同"评"7"分，"完全不赞同"评"1"分。题目随机排列而编成需求测试问卷。测验由67道题目组成。

5. 测验的施测过程

测验不限时间，要求受测者凭直觉作答，不用过多考虑。一般测验时间约为30分钟。测验实施采用纸笔或计算机作答，可集体施测。具体过程可参照"生活特性问卷"相关内容。

6. 测验的样题（含指导语）

指导语：

这是一份关于个人观点的测验调查，请根据你对每一个问题的看法用1—7的分值表示你同意或不同意的程度(1代表"完全不赞同",7代表"完全赞同")。请将你的回答填在相应问题前的横线上。答案无对错之分,请不要顾虑。每个问题都要回答,不要遗漏。谢谢合作。

样题:

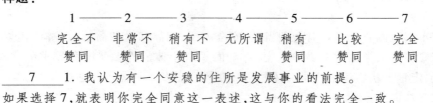

___7___ 1. 我认为有一个安稳的住所是发展事业的前提。

如果选择7,就表明你完全同意这一表述,这与你的看法完全一致。

7. 维度定义

1) 生理需要:指各种用于满足生存的基本物质需要,如饮食、睡眠、营养等。

2) 安全需要:指对安全、稳定、依赖的需要,希望免受恐吓、焦躁和混乱的折磨,有稳定的工作等。

3) 归属和爱的需要:指对爱、情感、友谊、归属和社会交往的需要,希望拥有朋友、爱人和亲人。如果得不到满足,个体会感到孤独。

4) 自尊的需要:指对于自己的稳定的、牢固不变的、较高的评价的需要或欲望,对于自尊、自重和来自他人的尊重的需要或欲望。

5) 自我实现的需要:指个体充分发挥自己的潜能、实现人生价值的需要。也就是说一个人生下来具有什么样的潜能,他(她)就希望成为什么样的人。

8. 报告样例

需求测试结果报告

姓名:***	性别:女	年龄:25		
生理需要	安全需要	归属和爱的需要	自尊的需要	自我实现的需要
53.5	80.3	74.8	45.7	65.4

结果解释:

- 生理需要

受测者得分属中等水平,说明希望得到适当的物质待遇和工作条件,在择业中有所考虑但并不十分苛求,只要达到一般水平即可。

- 安全需要

受测者得分属较高的水平,说明认为生活中会有种种变故和潜在危险,担心自己的人身安全、身体健康,害怕失业,希望有稳定的工作、安全的生活工作环境。

- 归属和爱的需要

受测者得分属中等水平,说明对友情和他人的关心重视程度一般,虽希望融入一个团体,希望与同事和上级有良好的人际关系,但并不十分在意。

- 自尊的需要

受测者得分偏低,说明不特别在意他人对自己的评价,有自己相对独立的观念和方式,也不太在乎自己的身份地位究竟如何。
- 自我实现的需要

受测者得分属中等水平,说明对发挥自己的才干、提高自己的能力的愿望并不十分迫切。

附图

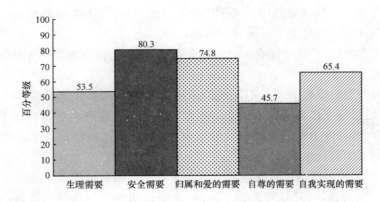

9. 注意事项

本测验的题目设计是假定受测者愿意并能够直率地表达自己内心的真正想法。一般来说,它用于了解受测者的需要层次,以便企业为其制定最合适于其本人需要的激励措施。在这种情况下,一般受测者会理解测验的用意,从而坦率作答。但也不排除受测者有可能出于某些复杂的原因掩饰自己真实的想法。

由于本测验题目的这一设计特点,一般它适用于企业的激励设计、员工民意调查,而不太适合于选拔。

12.3 职业兴趣测验

1. 测验目的与功能

(1) 目的

兴趣是重要的心理特征之一,是个体力求认识某种事物或从事某种活动的心理倾向,表现为个体对某种事物、某项活动的选择性态度或积极的情绪反应。

兴趣是多种多样的,不同的人兴趣不同;同一个人也有多种不同的兴趣。其中职业兴趣是职业的多样性、复杂性与就业人员自身个性的多样性相对应下反映出的一种特殊的心理特点。

职业兴趣上的个体差异是相当大的,也是十分明显的。因为,一方面,现代社会职业越来越分化,活动的要求和规范越来越复杂,各种职业间的差异也越来越明显,所以对个体的吸引力和要求也就迥然不同;另一方面,个体自身的生理、心理、教育、社会经济地位、环境背景不同,所乐于选择的职业类型、所倾向于从事的活动类型和方式,也就十分不同。

由以上可知,职业兴趣反映了职业(工作活动)特点和个体特点之间的匹配关系,是人们职业选择的重要依据和指南。职业兴趣测验正是用于了解这两方面特点之间的匹配关系,从而为实现"恰当的人从事恰当的工作"提供可靠的科学依据。

(2) 功能

1) 从个人择业方面来说,职业兴趣测验帮助人们明确自己的主观性向,从而能得到最适宜的活动情境并给予最大的能力投入。

它通过直接或间接地了解人们对不同的职业或不同的操作对象(如人或事物或观念)的偏好,甄别人们究竟更倾向于和更适合于何种职业,使人各适其位,各尽其职,发挥特长,取得对工作最佳、对个人最满意的效果。

2) 职业兴趣测验不但对就业人员的择业有指导意义,而且对管理人员的选拔和安置也起着举足轻重的作用。

检测不同类型的管理活动与不同人的兴趣倾向之间是否存在恰当而合理的匹配关系,能为成功的管理工作提供基础保证。企业管理人员兴趣测验不但有利于发挥管理人员自身的才干,而且能为整个团队创造健康有益的氛围,从而保证整个工作的效益和提高全体成员的工作满意感。

3) 职业兴趣测验还可以在结合能力鉴定的基础上甄别可能取得最大效益和成功的活动(职业)。也就是说,只有考虑到了兴趣,才能说明能力与成功的关系。能力是取得成功的必要条件,但它还不是充分条件。并不是每一个有能力的人都能够成为成功者。绝大部分成功者都是那些既具备一定的能力,又对所从事的工作真正感兴趣的人。满足感本身就是激励人们去努力工作的一种动力。因此,"兴趣加能力"是确保取得成功的重要条件。

2. 测验的特点

社会中的不同职业形成一定的群类,它们对人具有一些相对固定的要求。同样,社会中的人也有各种各样的兴趣,它们也形成一定群类。当人的兴趣和社会中的职业相吻合时,也就是人们选择了恰当的职业道路时,开辟事业、取得成就就有了正确的方向。

在20世纪20年代,西方就开始了职业兴趣测量的大量研究。1921年首先在美国出现最早的职业兴趣测验——"坎培尔职业兴趣测验"(Campell Interest Inventory),它从人与职业相匹配的角度将人的职业兴趣分为三类:"D、P、T"(data,people,tool),即"对数字、符号等工作的兴趣"、"对人及社会性工作的兴趣"、"对机械、工具操作等工作的兴趣"。此后,随着对职业兴趣研究的深入,针对不同的使用对象产生了很多著名的测验,如:SVIB、SCII、KOIS、VPI等,并且所有这些测验都有很多版本问世。

所有的职业兴趣测验都有一个基本的理论依据,即霍兰德在研究职业兴趣的共同性和差异性之中找到的六个测查维度:操作取向(realistic)、研究取向(investigative)、艺术取向(artistic)、社交取向(social)、经营取向(enterprising)、事务取向(conventional)。这6个方面的英文字头合起来就是 RIASEC。其理论来源主要基于下面的几个假设:

- 大部分的人可被归于六种人格类型(RIASEC)的一种;
- 现实社会中存在六种工作环境(RIASEC);
- 人们倾向于寻找和选择那种有利于他们技术、能力的发挥,能充分表达他们的态度,实现他们的价值,并使自己能扮演满意角色的环境;
- 一个人的行为是他(她)本人个性和环境特征相互作用的结果;

- 个体类型和环境类型的一致性(congruence)、和谐度的程度可由一个六角形模型来解释和评估;
- 个体内部或环境内部自己的相容性程度也可以用一个六角形模型来决定;
- 个体或者环境的区分度可由职业的编码、所绘的结果剖面图以及两者共同来解释。

但是,所有这些测验都难以直接在中国引用,原因是它们:
- 或是过于冗长、复杂,不好操作;或是表面效度太高,隐蔽性差;
- 都是国外测验,有些内容(如某种职业)不符合中国实情;
- 都是针对一般人的职业兴趣,主要用于择业,而缺乏专门针对管理人员的各种特点,不适合于管理人员。

中国版职业兴趣测验设计有如下特点:
- 汲取了国外以往测验的优点和其职业兴趣的理论框架,根据中国人以及中国职业的特点设计,符合中国的国情;
- 题目的设计具有隐蔽性,尽量避免了受测者对职业产生优劣感评价,降低了社会赞许性;
- 各维度的题目合并混排,降低了测验题目维度属性的可猜测性,适合各类人员测评的需要;
- 针对管理人员而言,可区分管理人员与非管理人员的兴趣模式,特别是不同类型管理工作所需要的职业兴趣模式。

3. 适用对象

职业兴趣测验适用范围很广,它包括:
- 大、中学生。大、中学生往往面临升学、就业的选择,大多数学生在高中甚至大学阶段并不十分肯定自己的人生抉择,不能正确地判断和了解自己。他们可能受一些外界的、偶然的、性格的因素影响,而做出盲目且不适合自己发展的选择。家长们望子成龙,往往忽视孩子的兴趣,为孩子报考或选择一些当今社会上时髦的职业,导致一些大、中学生失去可能是自己最合适、最理想的专业选择和职业前途。职业兴趣测验为职业选择提供科学可靠的测评数据,有助于他们恰当地选择职业。
- 社会上的一般人员。对于那些正处于最初择业阶段的人,即使是成年人,也不一定能真正认识到自己的兴趣。这是由于他们局限于一种或有限的几种职业,不一定能全面了解各种职业的情况,往往只是从日常接触到的有限的知识经验来判断他们的兴趣。因此科学制定的职业兴趣测验对人们的职业选择有十分重要的应用价值。
- 管理人员。从企业用人角度来说,对管理人员进行职业兴趣方面的检测,目的就在于确定不同类型的管理活动与不同人的兴趣倾向之间是否存在恰当而合理的匹配关系,从而为成功的管理工作提供基础保证。众所周知,生产管理、技术管理、经营管理、行政管理等各种不同类型的管理具有不同的活动特征,对人的特性的要求不尽相同;另一方面,个体对不同的对象——人、物、事件、过程的兴趣也不尽相同。因此检测这两者之间的匹配性是选拔、安置管理人员不可或缺的。

4. 测验的构成

职业兴趣测验根据中国职业自身的特点,采取艺术取向、事务取向、经营取向、研究取向、操作取向、社交取向6种职业偏好作为测量维度。6种兴趣维度共设计60道题目，包括活动、工作、技能3个方面。

5. 测验的施测过程

职业兴趣测验不限定时间，大约需要10分钟的时间来完成。测验有两种实施方式：纸笔作答和计算机施测。具体施测过程可参照"生活特性问卷"的相关内容。

6. 测验的样题（含指导语）

指导语：

本测验用于帮助了解你对职业的偏好，从而提供求职的咨询。每一个题目都给出一种活动或一种技能或一种职业，请用5分制描述你是否喜欢该项活动，或是否擅长或希望学习该种技能，或是否乐于选择该种职业。请将你的回答填在相应题目前的横线上。

你的回答没有正误之分，请不必顾虑。每个题目都要回答，不要遗漏。谢谢合作。

```
            1…………2…………3…………4…………5
          非常不    稍有不    无所谓    稍有     非常
          喜欢      喜欢                喜欢     喜欢
```

样题：

```
策划企业活动            1…………2…………3…………4…………5
参加联谊活动            1…………2…………3…………4…………5
学习美术                1…………2…………3…………4…………5
从事科学研究活动        1…………2…………3…………4…………5
家用电器维修            1…………2…………3…………4…………5
登记考勤                1…………2…………3…………4…………5
```

7. 维度定义

1）艺术取向：喜欢艺术性工作，如音乐、舞蹈、歌唱等。这种取向类型的人往往具有某些艺术技能，喜欢创造性的工作，富于想象力。这类人通常喜欢同观念而不是事务打交道。他们较开放、好想象、独立、有创造性。

2）事务取向：喜欢传统性的工作，如记账、秘书、办事员，以及测算等。这种人有很好的数字和计算能力，喜欢室内工作，乐于整理、安排事务。他们往往喜欢同文字、数字打交道，比较顺从、务实、细心、节俭、做事利索、很有条理、有耐性。

3）经营取向：喜欢诸如推销、服务、管理类型的工作。这类人通常具有领导才能和口才，对金钱和权力感兴趣，喜欢影响、控制别人。这种人喜欢同人和观念而不是事务打交道。他们热爱交际、爱冒险、精力充沛、乐观、和蔼、细心、抱负心强。

4）研究取向：喜欢各种研究性工作，如科学研究人员、医师、产品检查员等。这类人通常具有较高的数学和科学研究能力，喜欢独立工作，喜欢解决问题；喜欢同观念而不是同人或事务打交道。他们逻辑性强、好奇、聪明、仔细、独立、安详、俭朴。

5) 技能取向:喜欢现实性的、实在的工作,如机械维修、木匠活、烹饪、电气技术等。这类人通常具有机械技能和体力,喜欢户外工作,乐于使用各种工具和机器设备。这种人喜欢同事务而不是同人打交道。他们真诚、谦逊、敏感、务实、朴素、节俭、腼腆。

6) 社交取向:喜欢社会交往性工作,如教师、咨询顾问、护士等。这类人通常喜欢周围有别人存在,对别人的事很有兴趣,乐于帮助别人解决难题。这种人喜欢与人而不是与事务打交道。他们往往助人为乐、有责任心、热情、善于合作、富于理想、友好、善良、慷慨、耐心。

中外几十年来的大量研究表明,可以用以上六个方面来对每一个人的职业兴趣进行测量和说明。例如:一个人可能是研究取向的兴趣类型,或者是艺术取向的兴趣类型。

有时候,还可能需要用两个甚至三个方面来同时说明一个人的职业兴趣类型。例如:一个人可能既是经营取向的,又是社交取向的,或者还可能有一些艺术取向。

职业兴趣测验从以上六个维度测评一个人对这些活动、工作的兴趣,并加以综合,诊断出一个人最突出的职业兴趣以及各方面职业兴趣强弱的对比特征。

8. 报告样例

职业兴趣测验结果报告

编号:1　姓名:＊＊＊　性别:男　年龄:33

经营型	社交型	艺术型	研究型	技能型	事务型
69	65	46	68	61	30

各类职业兴趣强度排序:

经营	69	研究	68
社交	65	技能	61
艺术	46	事务	30

各类兴趣强度测验为百分制;平均分为50分。70分以上为很高,30分以下为很低。

主要职业兴趣类型的解释:"兴趣分散"。

测验结果表明,您对很多方面的职业都有几乎相同程度的兴趣水平,呈现天花板似的结果。也就是说,您的兴趣分布比较广泛,同时对许多方面都很投入。这样就可能会分散您的心理资源,如果调节不当,有可能会妨碍您在这些方面的潜在成就。

造成这样的结果,可能的确是出于心理能量丰富,资源充沛,精力旺盛;或者也可能出于资质聪颖,对许多不同方面的学习、技能、活动都能驾轻就熟而并不感到任何困难;或者也可能是出于热情,缺乏理性的思考和抉择。一般来说,最理想的还是将对不同方面的兴趣区分出不同水平的层次,形成有主有次、有重有轻的格局,这样能更经济而科学地分配有限的心理资源,从而确保在工作、生活最重要的方面的心理投入。

附图

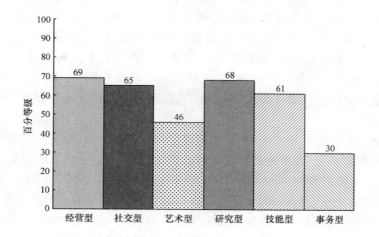

12.4 道德成熟度测验

1．测验目的与功能

（1）目的

道德成熟度测验通过考察管理人员对管理两难情境的判断决策，以及所依据的判断标准，确定管理人员道德判断的思维模式以及该模式所反映的道德发展水平。

（2）功能

随着全球一体化经济环境的形成和诚信经济的出现，企业人员的道德水平逐渐成为人力资源管理领域探讨的重要内容。已有研究表明，通常企业管理者的道德水平高于普通员工的道德水平；而道德水平较高的个体，其工作绩效较高、离职意向较低，同时出现较多的组织公民行为。因此，对企业人员进行道德水平判断，在一定程度上可以对其工作绩效和离职倾向等进行考察和预测，有利于企业的人才甄选和评价。

2．测验的特点

科尔伯格（Kohlberg）在20世纪中叶对道德理论进行了全面总结，提出了较全面的道德发展阶段模型，包括三个水平六个阶段。其中前习俗水平包括阶段1他律道德（服从和惩罚），阶段2自我中心、工具性目的和交换；习俗水平包括阶段3相互性的人际期望、人际关系与人际协调，阶段4法律和规则、社会制度和良心；后习俗水平或原则水平包括阶段5社会契约或福利和个人的权利，阶段6普遍性的伦理原则。

基于科尔伯克的理论所编制的道德成熟度测验，属于情境类的测验，这有助于受测者放松掩饰，表现出真实的反应。测验中道德阶段的判断并不看具体的决策结果，而是看决策过程中所看重的因素以及最主要的影响决策的因素。

3．适用对象

本测验广泛适用于各行业、各层次人员。同时，它适用于对组织全体在职人员的集体施测，可了解各级员工的道德发展阶段的状况，这为人员的安置、选拔提供了参考依据。

4. 测验的构成

测验由 6 个情境构成,每个情境下包含 1 个决策、11 个决策因素的重要性评价,并要求选出决策中最主要考虑的两个因素。测验从科尔伯格的道德发展六阶段对管理人员的道德判断进行描述。每个测试情境下的 11 个决策因素分别对应以上六个阶段。

5. 测验的施测过程

道德成熟度测验不限定时间,整个测验需要 30 分钟左右。测验有两种实施方式:纸笔作答和计算机施测。可以集体施测,具体过程同其他测验。

6. 测验的样题(含指导语)

指导语:

本问卷的目的是探察企业人员在面对某些工作上的难题时是如何进行决策判断的。调查问卷中是一些涉及决策判断的情境。这些情境通常会让人觉得比较难以处理。我们希望知道如果您面对这种情境会做出怎样的决策,请在您的选择后面划"√"。

每个情境下面列有一些管理者进行决策时可能会考虑的问题,请您用 1 到 5 分评价您认为每个问题对于您做出相应的决策有多重要,即您在进行决策时在多大程度上考虑了该问题(1 代表"非常不重要",2 代表"比较不重要",3 代表"一般重要",4 代表"比较重要",5 代表"非常重要")。最后请从这些问题中选择您认为对于您做出决策最重要的两个问题,写出它们的编号。

作答没有对错之分,请您放心如实地回答,不要过多考虑,请按第一印象作答。

样题:

情境 1:严明辉在一家废料处理公司工作,现在正负责为一家化工厂处理一批工业废料,任务是在限定日期之前把这些废料运输到一个指定的倾倒地区填埋。该项目已经经过环保局的批准。严明辉最近听到消息说有人向环保局反映这批废料中可能含有一种特殊的有毒物质,这种物质用通常的方法是无法检测出来的。环保局正在考虑组建一个专门的小组使用特殊的仪器重新对这批废料进行检验。

公司的老板让严明辉赶在环保局重新检查之前倾倒这些废料。因为如果废料被环保局禁止倾倒,按照公司与化工厂的协议,公司将进行赔偿,这样会损失一大笔钱。并且由于严明辉是这个项目的项目经理,他将承担主要的责任。严明辉知道如果现在就处理掉这些废料,即使以后发现里面含有有毒物质,公司也不会受到处罚,因为已经经过了环保局的批准。

问题:如果您是严明辉,您会赶在环保局进行调查之前将这些废料倾倒掉吗:

会_____ 不会_____ 不能决定_____

为了做出上面的决定,您认为考虑并回答下列问题能有多大帮助,也就是说考虑下面的问题对于您做出上面的决策会有多重要:

重要性(非常不重要 1 2 3 4 5 非常重要)

_____ 1. 公司领导已经做了决策,员工是否应当遵从领导的指示?

_____ 2. 如果项目不能顺利完成,自己的职业前途是否将暗淡?

_____ 3. 倾倒废料是否会给当地居民的生活环境造成危害？
_____ 4. 按时完成项目是否可以让自己有很好的业绩？
_____ 5. 废料已经做过相关的检测，环保局已经批准了，这样倾倒是否是合法的？
_____ 6. 公司利益与公众利益冲突时，大部分人是否都会选择公司利益？
_____ 7. 废料处理公司的工作是否应该遵照法律进行？
_____ 8. 社会主义企业是否应该追求社会与经济效益的统一，而不是单纯考虑经济效益？
_____ 9. 如果查出含有有毒物质，自己是否会承担主要责任？
_____ 10. 自己人生、工作的目标是否应该是完全为了他人的幸福和健康，而不是自己的前途？
_____ 11. 完成这个项目是否会给自己带来丰厚的报酬？

请从上面这些问题中选出您进行决策时最主要考虑的两个问题，写出它们的编号：_____

7. 维度定义

道德成熟度测验主要从以下六个阶段对个体进行道德发展阶段的判断和描绘：

1）阶段一：处于本阶段的管理者以自我为中心，道德判断的原则是避免受到惩罚和对自己不利的后果，服从和依赖权威。

2）阶段二：处于本阶段的管理者以个人的收益为行为的准则，行为的目的是为了满足自己的需要和利益，与别人交往关系建立在工具性的交换之上。

3）阶段三：处于本阶段的管理者行为的依据是满足人际期望，维持人际关系，维护狭隘的公司利益。

4）阶段四：处于本阶段的管理者行为主要遵从法规和制度，倾向于照章办事和履行职业职责。

5）阶段五：处于本阶段的管理者行为主要遵照社会普遍认可的原则，考虑社会大众的福利。

6）阶段六：处于本阶段的管理者行为主要遵从自己内化的原则，而非外部的规定和制度，愿意为了自己的理想和原则而努力。

8. 报告样例

道德成熟度测验结果报告

受测者处于道德发展的阶段三

解释：

处于本阶段的管理者行为的依据是满足人际期望，维持人际关系，维护狭隘的公司利益。这样的管理者倾向于遵从公司和领导的期望，关照亲朋好友的利益，讲情面，在意自己在其他人心中的印象，愿意维持人际的和谐；一切以公司利益为出发点，只关心如何提高公司的绩效，降低成本和开支，而不管对社会大众和其他企业的影响，忽视公众利益；认为企业经营应以利润为出发点，为了企业的利益可以在竞争中采用多种手段。

建议：

企业对此阶段的管理者需要防止其为了维护人际关系和对上级、同事的不当行为不予过问，放任下属的不当行为。应让其认识到企业对社会所负担的责任，提醒其注意企业长期健康发展的重要性，防止短期行为。

13

基本测验3：能力测验

13.1 多项能力与职业意向咨询

1. 测验目的与功能

（1）目的

能力是直接影响活动效率，使活动、任务得以顺利完成的个性心理特征。我们通常所说的一个人解决问题速度快、任务完成得质量高、活动的效果巩固等，都是指这个人的能力强。能力总是和人的活动联系在一起，是在具体活动中体现出来的。

能力和人的职业工作活动是密不可分的。每一类职业活动都要求特定的能力组合。具备一种能力组合，就能很好地胜任某种职业工作。多项能力与职业意向咨询从与职业活动有关的六个维度对人进行测评，能显示出个体的相对能力强弱，并给出个体适宜的职业排序，从而为职业咨询提供信息。

（2）功能

多项能力与职业意向咨询选取了和社会的大多数职业活动有着密切关系的六个维度进行测评。结果显示为个体在各项能力上的相对强弱，并给出适宜的职业排序，从而为职业咨询、分类和人员安置提供了科学可靠的信息。

2. 测验的特点

能力倾向测验（aptitude test）一般指测量从事某种职业或活动的潜在能力的评估工具。能力倾向不是特殊训练的结果，它存在于某种特定的训练与学习之前。可以把能力倾向测验分为三类：一般能力倾向测验、特殊能力倾向测验和多因素能力倾向测验。其中一般能力倾向测验现在专指智力测验，而狭义的能力倾向测验专指后两者。

随着社会经济技术的高度发展，职业咨询和分类的要求已转向将工作人员与工作岗位相匹配，将他们安置到最适于他们才能的岗位上，而不是停留在选拔最优秀的工作人员方面。多因素能力倾向测验被广泛用来测量个体在不同领域内的技能和知识，从而为职业咨询、分类和人员安置提供最有效的信息。

多项能力与职业意向咨询测验就是一种多因素能力倾向测验，它建立在可靠的心理学原理基础之上。从心理学角度说，一个人的职业选择应当是以基本能力（能力的结构与水平）及职业兴趣和性格为依据的。兴趣决定了择业的方向以及人在该方向上乐于付出的努力程度；能力，尤其是能力的不同方面的水平，则决定了一个人是否符合特定职业的要求以及是否能取得成功的可能性。

可以从许多不同的角度对能力进行分类。比如，按一般和特殊性，可以分为一般能力和特殊能力。一般能力指通常所说的记忆力、注意力、想象力等，也就是人们常说的"智力"。特殊能力指音乐能力、绘画能力。按能力的时间表现，可以分为"造诣"和"潜能"。造诣是人已经取得的能力成就。潜能则是指人们尚未发展、发挥出来的能力。

然而，并不是所有方面的能力都和社会中现存的各类职业活动有关。国内外大量研究表明，语言理解和组织能力、概念类比能力、数学能力、抽象推理能力、空间推理能力、机械推理能力这六个方面，与社会的大多数职业活动有着密切的关系。这六个方面既包括了用语言形式进行的能力测试，也包括了用图形和表象进行的操作测试，涉及各类不同特性的作业形式，因而能更好地反映出与多样的职业相对应的能力需求。

多项能力与职业意向咨询测验具有以下特点：

- 测验的结果不是一个总分或智商，而是一组不同能力倾向的分数。它提供了一种智能剖面图，显示了个体在以上六项能力上的强弱分布。

- 根据剖面图上的强弱分布，给出适宜的职业排序，并指出最适宜的职业（即能力足以胜任并使能力得以充分发挥的职业）应具备的教育水平和关键能力，从而为职业咨询提供依据。

- 可在计算机上进行，也可以纸笔方式作答，能很方便地进行团体施测。

尤其要强调的是，这个测验并不是要给人贴一个分数标签（如 IQ），而是对能力结构的剖析，这有利于肯定受测者的社会价值。一个人可以在此一方面能力弱，但可以在彼一方面能力强，即使各方面都不是很强，综合起来仍可以在社会上找到自己的位置，胜任某一类工作。这符合人尽其才的理念。比如，一个人的音乐才能可能不如贝多芬，电磁学方面的知识可能不如爱迪生，但他的音乐才能可能好过爱迪生，电磁学方面的知识可能好过贝多芬。只要很好地利用自己各方面的能力，总能实现其价值。五个手指不一般齐，但都有各自的用途，而且合作起来更可以干大事。可见，分化能力的测验具有更大的使用价值。

3. 适用对象

多项能力与职业意向咨询的适用对象包括：

- 大、中学生。针对大、中学生而言，多项能力与职业意向咨询可以帮助他们了解自己各项能力的优劣，从而为升学、报考志愿提供咨询和帮助。

- 社会上的一般人员。对于那些正处于最初择业阶段的人，即使是成年人，也不一定了解自己能胜任哪些职业，因此多项能力与职业意向咨询可为他们正确地选择职业提供科学可靠的测评数据。

特别需要注意：这个测验不适用于中高层管理人员。对于中高层管理者，他们的职位要求的是另一类能力，而这里所考察的基本的能力倾向和他们的管理绩效并没有太大的关系。如果拿这套测验去测查中高层管理者，很有可能他们的分数会很低，但这绝不意味着他们能力差，而是他们已不适应这一类测验。这就好比：如果现在让一些老教授去参加高考，十有八九他们会落榜，因为他们已不再适应那种方式的考试。这和管理者不适应这里的能力倾向测验的道理是一样的。

4．测验的构成

多项能力与职业意向咨询选取了和社会的大多数职业活动有着密切关系的六个维度进行测评，其中语言理解和组织能力有 20 道题目，概念类比有 50 道题目，数学能力有 40 道题目，抽象推理有 45 道题目，空间推理有 60 道题目，机械推理有 70 道题目。

5．测验的施测过程

多项能力与职业意向咨询测验共有六个分测验，每一部分测验都有严格的限制时间，具体为：

语言理解：8 分钟　　　抽象推理：25 分钟
概念类比：22 分钟　　空间推理：25 分钟
数学能力：22 分钟　　机械推理：22 分钟

再加上测验各部分之间衔接的时间，整个测验大约需要两个半小时。

测验有两种实施方式：纸笔作答和计算机施测。具体施测过程如下：

1）依据预定的参试人数选择好适宜的测验地点，布置考场。考场环境应安静整洁，无干扰，采光照明良好。

2）准备好测验所用的如下材料：测验题本、专用答题纸、铅笔、橡皮，保证每位受测者有以上完整的测验材料及用品。

3）安排受测者入场，并宣布测验注意事项，指导语如下：

"请大家注意，为了不影响测试，请大家把手机关闭或调成震动。

请大家查看一下是否都拿到了能力测验题本和专用的答题纸（测验主持人展示题本和答题纸）各一份。首先请大家在答题纸上填写姓名等背景信息。在题本中有测验题目和答题说明供您阅读，答题时请在答题纸上相应的题号后将选择的选项标记出来。请您注意：不要在测验题本上做任何标记，测验结束后请您把测验题本和答题纸一并交还给我们。

本测验分六个部分，每一部分测验都要统一开始、统一结束。如果您做完指定部分的题后时间有富余，请不要继续往后做下一部分的题目，也不要往回翻看前一部分的题目，请您在座位上等候，您可以检查当前部分所做的题目或休息一下。

下面请大家翻开测验题本前两页，看一看总指导语、第一部分的答题说明和例题，如果有疑问请大家及时提出，我们现在给予解答。（停顿，主持人答疑。）

如果大家没有任何问题，请翻开下一页开始做题。"

4）计时，注意监督受测者不能提前翻看或做后一部分的题目。

5）第二部分测验指导语：

"请大家翻看下一页，阅读第二部分测验的答题说明和例题，如果有疑问请大家及时提出，我们现在给予解答。（停顿，主持人答疑。）

如果没有问题，请开始做题。请大家注意不要再回头做第一部分的题目。"

6）计时，注意监督受测者不能提前翻看或做后一部分的题目，或倒回前一部分。

7）余下部分测验依此类推。

8）测验时间到，回收题本和答题纸，测验结束。

6. 测验的指导语及样题

总指导语：

本测验包括六个部分：语言能力测验、概念类比测验、数学能力测验、抽象推理测验、空间推理测验、机械推理测验。这些测验是进行职业选择的重要依据。

每项测验都有规定的时间。每项测验开始之前，有一段时间阅读该项测验的说明、例题，以熟悉测验方式。每项测验由测验主持人发出指令后才可开始。每项测验若在规定的时间内提前完成，不可自行开始下一项测验，须等测验主持人的指令。若提前完成一项测验，可以检查该项测验，但不得检查、修改该项测验之前的其他测验答案。

答案必须填在答题纸上相应的地方。请用铅笔答题。不要在本手册上作任何草稿、记号。

样题：

（1）语言能力测验

本测验考查语言表达能力。共有20个句子，每个句子被分为1、2、3、4、5五个部分，但不是按正常语序排列的。请找出理顺句子的最佳方案，并在答题纸相应的地方填出理顺后的各部分的相应序号的顺序。如：

1. 经济的／人们／维持／希望／繁荣
   1 2 3 4 5

句子理顺后应为：

人们／希望／维持／经济的／繁荣

故正确答案应为：2 4 3 1 5，应在答题纸相应的地方填"2 4 3 1 5"。

测验时间共8分钟。请尽量做到又快又对。如没有把握，可以猜测。回答正确得分，答错不倒扣分。

答案请填在专用的答题纸上，不要在本测验手册上作任何记号、草稿。

（2）概念类比测验

本测验考查语言推理能力。共有50个未完成的句子，每句有5个供选择填空的答案，请从中选出你认为最合适的一对词（第一个词填入句首，第二个词填入句末），使句子合理且完整。如：

_____对于水就好比吃对于_____

1. 连续——动力
2. 脚——敌人
3. 喝——食物
4. 女孩——工业
5. 喝——敌人

正确答案为：3，故应在答题纸相应的地方填"3"。

本部分测验限定时间为22分钟。回答正确得分；答错不倒扣分。

（3）数学能力测验

本测验考察数学常识、运算能力。测验共包括40道数学题。每个题目后有5个参考答案,其中只有一个正确。请找出正确的答案,并将答案的编号填入答题纸。

你的答案中的分数必须化为最简形式,如:在 2/4 和 1/2 中,后者为正确答案。

你所有的演算都应心算进行。不得使用笔和草稿纸。

测验共 22 分钟。请尽量做得又快又对。不要在一道题上耽搁太久。如不能肯定答案,不妨尽量猜一个。回答正确得分;答错不倒扣分。

(4) 抽象推理测验

本测验考查抽象推理能力。你将在每个题的图中看到两行图案或图形。第一行包括四个"问题图",第二行包括五个"答案图"。四个问题图组成一个系列,从左向右具有一定的规律。请找出这个规律,并从答案图中选出一个图,它恰好符合问题图的规律,成为该系列的下一个图形(第五个图形)。例如,下一个例题的正确答案为"5"。

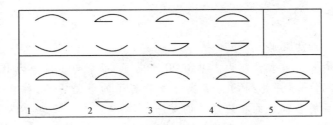

记住:要从答案图中选择,而且只选择一个图形。

你有 25 分钟的时间。请尽量做得又快又对。如不能肯定一个答案,不妨猜一个。答错不倒扣分。

(5) 空间推理测验

本测验考查空间想象、推理能力。测验由 60 个纸样子组成。每个纸样子都可以折叠成一个几何构形。

在每一个纸样子的右边,有四个几何构形。请确定哪一个几何构形可以由所给出的纸样子折叠而成。图示的纸样都是几何构形的表面。例如,下一个例题中答案为"3"。

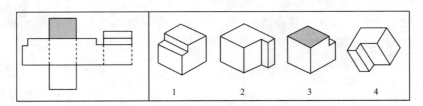

记住:你所见到的纸样的表面永远是叠成以后的几何形体的外表面。仔细观察纸样,确定哪个几何形体可以由它叠成。不仅要注意形状大小,还要注意各面的颜色(是否有灰影)。四个供选择的几何形体中,有且只有一个正确答案。

你有 25 分钟时间。请尽可能做得又快又对。如果不能肯定答案,不妨猜一个。答错不倒扣分。

(6) 机械推理测验

本测验考查机械推理能力,测验由关于机械原理一般常识方面的问题组成,共有 70 个题目。每个题目都有 1、2、3 三个选择；如果题中只有两种情况，那么当你认为 1、2 两种情况相同或均可或都不对时，就回答 3。注意：只能有一个最佳选择。例如，下面的例题中，正确答案是"2"。

两个工人抬重物，谁更费力？
（若同样费力，答3）

测验共 22 分钟。请仔细阅读并理解每一个问题，尽量答得又快又对。回答正确得分，答错不倒扣分。

7. 维度定义

多项能力与职业意向咨询各维度的具体定义如下：

1）语言理解和组织能力：考察对语言表达的基本理解，对语法规则、语义、语言习惯的熟练掌握程度。

2）概念类比能力：考察对概念关系的理解，对逻辑的理解和进行类比的能力。

3）数学运算能力：考察对数的关系的理解和掌握，对各种运算规则的熟练运用和对各种数学现象的敏感力。

4）抽象推理能力：考察对事物变换所反映出的内在规律的敏感性和对事物的抽象、概括的逻辑分析能力。

5）空间推理能力：考察对图形进行表象加工、旋转的能力，尤其是考察人们通常所指的空间认知和形象思维的能力。

6）机械推理能力：考察人们对一般自然常识、物理现象的认识水平，考察人对基本的物理规律和机械规则的敏感性和掌握程度。

8. 报告样例

多项能力与职业意向咨询报告结果

姓名：＊＊＊　性别：女　年龄：18　学历：高中

各项能力评价结果：见附图。

各能力测验结果为百分制；平均分为 55 分，40—70 分之间均属中等，71—90 分为优秀，91—100 分为极其优秀。

适宜职业排序结果：

1. 技艺和手工艺　　　　　2. 医药及相关类
3. 技术　　　　　　　　　4. 农业和资源保护
5. 机器操纵和机动车驾驶　6. 经营和陈列
7. 工程和应用科学　　　　8. 办公事务

9. 医学,生物学,农业科学　　10. 视觉和表演艺术
11. 教育与人类福利　　　　　12. 商业——管理
13. 数学和自然科学　　　　　14. 商业,分析
15. 商业收购与推销　　　　　16. 个人性和保护性服务
17. 服务员,助理工,装货员　　18. 文学,法律
19. 社会科学　　　　　　　　＊体育运动和娱乐

注:1—19 排列了从最适宜到最不适宜你的职业;

＊代表的职业和能力的关系不明显,排在最后供参考。

结果解释:
- 所谓适宜的职业,是指能力足以胜任并且使能力得以充分发挥的职业。
- 所谓不适宜的职业,是指难以胜任的职业,或虽足以胜任但大材小用,造成能力浪费的职业。
- 职业类别:技艺和手工艺。
- 学习专业:化学,物理,天文地理,地质,数学,统计学,测量,制图,计算机,工程,电子,印刷,木工,焊接,机械,烹饪,卫生保健,美容,育儿,缝纫。
- 教育水平:高中毕业,某些职业要求职业学校技术培训。
- 关键能力:数学能力,抽象推理,空间推理,机械推理。
- 具体职业:招贴画家,宝石匠,家具师,电学家,机械师,模具制造师,仪器修理员,女服制作工,调音师,放映员,砖瓦工,木匠,管工,铁匠,焊接装配工,装订工,玻璃工,镜片磨工,屠宰员。

附图

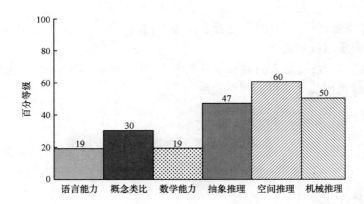

9. 注意事项

多项能力与职业意向咨询可用于测查大、中学生和社会上一般人员的能力素质水平,不适合于管理人员的招聘和选拔。在测验使用上,这一点非常重要。

多项能力与职业兴趣的结果可相互参照,因为能力加兴趣才是职业成功的重要保证。个体要根据自身特点进行协调,以使能力和兴趣有最大程度的重合。

13.2 数量分析能力测验

1. 测验目的与功能

（1）目的

国外的大量材料证实,对于管理人员而言,在能力倾向测验中获取高分并不足以证明其优秀的管理潜质;但是具备一定的数量分析能力是高素质的企业管理人员所必需的,也是现代企业对未来管理者的基本要求之一。数量分析能力测验是对受测者对数量图表等信息的敏锐感和分析能力,以及数量分析能力进行测查评定。

（2）功能

数量分析能力测验的测查不需要任何特别的专业知识背景,测查内容和范围包括：
- 对数值、图表的敏感性;
- 快速的综合分析能力;
- 一定的快速数字估算能力。

2. 测验的特点

在美国,MBA 学位是获取公司中层以上管理职位的重要条件之一,而获取 MBA 学位的前提条件是通过 GMAT 测验。GMAT 是全美工商管理硕士入学标准化考试,该考试始于 20 世纪 70 年代,是由美国教育测验服务社(EST)开发施测并为北美各大学所承认的性向测验,其信度和效度久经考验。测验内容主要由三部分构成:数量分析、逻辑推理、阅读理解。数量分析能力测验借鉴了 GMAT 对应部分的题型。

数量分析能力测验具有以下特点：
- 难度测验,有考试时间的限制;
- 题型为单项选择题,每题有且只有一个正确答案;
- 测验由若干图表分析题构成,要求受测者通过对图表显示内容的分析,对每道题做出正确选择;
- 适用于有一定学历水平的人员。

3. 适用对象

数量分析能力测验适于在中层管理人员选拔中作为能力考核的工具,适用于大学本科或以上学历或相当学力的受测者。

4. 测验的构成

数量分析能力测验包括 5 组图表分析题,每组图表分析题内包含 1~3 个图表和与图表有关的 2~6 道单项选择题,共计 25 道题。所有项目均为五择一的多重选择形式。鼓励受测者对不能完成的题目进行随机猜测,测验不进行倒扣分。

5. 测验的施测过程

测验严格限定时间,测验时间为 30 分钟。纸笔或计算机作答均可。具体施测过程如下：

1）依据预定的参试人数选择好适宜的测验地点,布置考场。考场环境应安静整洁,无干扰,采光照明良好。

2)准备好测验所用的如下材料:测验题本、专用答题纸、铅笔、橡皮,保证每位受测者有以上完整的测验材料及用品。

3)安排受测者入场,并宣布测验注意事项。

4)计时,注意监督受测者。

5)测验时间到,回收题本和答题纸,测验结束。

6. 测验的样题(含指导语)

指导语:

请您迅速阅读题目前的图表,找出关键信息,然后对所提问题作答。有些题目的备选项并不包含准确答案,请您通过估算找出最接近的答案。

样题:

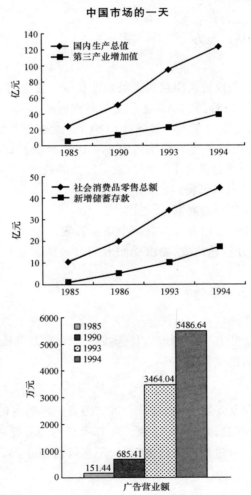

1)1994年中国市场每天第三产业的增加值大约为当天国内生产总值的百分之多少?

  A. 20% B. 40% C. 30% D. 25% E. 45%

2）1994年的第三产业增加值大约比1985年的国内生产总值多出百分之多少？
   A. 50%   B. 60%   C. 70%   D. 80%   E. 90%
3）1994年平均每天的广告营业额是每天第三产业的增加值的百分之多少？
   A. 10%   B. 5%   C. 1.4%   D. 1.2%   E. 12%

7. 报告样例

数量分析能力测验结果报告

姓名：＊＊＊   性别：女   年龄：25   学历：本科

测验的目的与功能：

具备一定的数量分析能力是高素质的企业管理人员所必需的，也是现代企业对未来管理者的基本要求之一。管理人员数量分析测验测查内容和范围包括：

- 对数值、图表的敏感性；
- 快速的综合分析能力；
- 一定的快速数字估算能力。

测验结果：

原始分	百分等级	评价
4	2.5	很差

13.3　管理人员逻辑推理测验

1. 测验目的与功能

（1）目的

测查受测者思维的准确、敏锐程度，逻辑推理的严密性和连贯性。

（2）功能

对管理人员来说，分析问题、解决问题的能力十分重要。本测验可以帮助企业选拔具有很强的语言分析能力，能迅速深入地加工信息，找到问题关键，并善于分析语言文字表达的信息，能基于事实而非主观臆断做出判断的优秀管理人才。

2. 测验的特点

本测验具有以下特点：

- 难度测验，有考试时间的限制。
- 题型为单项选择题，每题有且只有一个正确答案。
- 测验由若干逻辑推理题构成，其中每道逻辑推理题内或者包含一段对前提假设的描述，要求受测者根据假设推出合理的结论；或者提供一段对某一事件的结论，要求受测者在各选项中找出使结论成立的前提假设。
- 为使受测者熟悉测验题型，正式测验前安排有练习时间。
- 适用于有一定学历水平的人员。

3. 适用对象

本测验适于在中层管理人员选拔中作为能力考核的工具,适用于大学本科或以上学历或相当学力的应试人员。

4. 测验的构成

测验包括若干组逻辑推理题,每组逻辑推理题内包含一段描述性文字及1~5道单项选择题,每道选择题含有五个选项,所有题目均为五择一的多重选择形式,共23道选择题。鼓励受测者对不能完成的题目进行随机猜测,测验不进行倒扣分。

5. 测验的施测过程

测验严格限定时间,测验时间为30分钟。采用纸笔或计算机作答。具体施测过程如下:

1)依据预定的参试人数选择好适宜的测验地点,布置考场。考场环境应安静整洁,无干扰,采光照明良好。

2)准备好测验所用的如下材料:测验题本、专用答题纸、铅笔、橡皮,保证每位受测者有以上完整的测验材料及用品。

3)安排受测者入场,并宣布测验注意事项。

4)计时,注意监督受测者。

5)测验时间到,回收题本和答题纸,测验结束。

6. 测验的样题(含指导语)

指导语:

回答以下各题之前,请您仔细阅读所给的材料,它们包括几句话或一个段落,找出句中包含的逻辑关系,并选出答案。有的问题可能不止一个答案,请您找出最佳答案。请不要假定与材料不符、不可能或多余的条件。

样题:

1. 去年的通货膨胀率是1.2%,今年是4%。我们可以做出结论,通货膨胀处于上升趋势,明年将继续升高。

以下说法中,哪一句削弱了上述的结论?

(A)人们从经济数据中,抽取了一个有代表性的样本,用以计算通货膨胀率,而没有用所有获得的数据来计算。

(B)去年石油价格下降,导致通货膨胀率暂时下降,因而低于目前稳定的4%。

(C)部分工人的工资增加了,这直接导致通货膨胀率上升至4%或更高。工资上涨还会使通货膨胀率继续上涨。

(D)去年1.2%的通货膨胀率是持续10年的低水平。

(E)政府的干预不能显著影响通货膨胀率。

7. 报告样例

管理人员逻辑推理测验结果报告

姓名:*** 性别:女 年龄:25 学历:本科

测验的目的与功能：

对管理人员来说，分析问题、解决问题的能力十分重要。逻辑推理测验可以帮助企业选拔具有很强的分析能力，能迅速深入地加工信息，找到问题关键，并善于分析语言文字表达的信息，能基于事实而非主观臆断做出判断的优秀管理人才。逻辑推理测验主要测查受测者思维的准确、敏锐程度，逻辑推理的严密性和连贯性。

测验结果：

原始分	百分等级	评价
8	25.5	一般

13.4 敏感性与沟通能力测验

1. 测验目的与功能

（1）目的

敏感性和沟通能力测验是为鉴别有潜力的营销人才，以及选拔和培训营销人员而编制的。现今社会竞争的加剧提高了对高素质人才的需求，特别是对营销、管理等人才的需求。如何选拔和培训成功的营销人员成为企业人力资源开发工作中的重要内容。本测验便是一种考察营销技能的测量工具，可帮助从事营销行业的人员了解自身的能力水平及其在该职业上成功和适应的可能性。

（2）功能

敏感性与沟通能力测验通过考察受测者对特定问题或现象的分析、处理的深度和把握问题实质的敏锐程度，以及在面对营销情境下的应对方略，了解受测者在沟通中把握人际信息的敏感性及其对事物的洞察、预见和分析能力；同时可以了解其沟通策略模式，预测其在推销中说服、影响、感染他人并且达成协商成果的能力。基于对受测者在开放式沟通倾向、操纵式沟通倾向以及营销意识、营销常识四方面的量化分析，可全面评估其沟通技巧和有效程度，为其有针对性地修正和提高人际沟通技巧提供依据。

2. 测验的特点

敏感性与沟通能力测验分两部分：敏感性测验与沟通能力测验。敏感性测验测查受测者对人际事物的洞察、分析和预见能力，特别是在认识和把握问题的实质并进行分析处理时敏锐地捕捉人际信息、利用人际关系有效地解决问题的能力；沟通能力测验侧重于对受测者在营销情境中运用人际沟通技巧和策略方面的考察。

结合上述考察目的，测验从出现在生活或工作中的难题、任务等事件出发，设计成一些情境性案例，并提供四种见解或处理方式作为备选答案供选择，需要受测者作为问题的解决者，对所述情况加以分析、评述，从备择答案中选择其认为最适宜的做法。这种出题形式灵活有趣，能够吸引受测者兴趣，可充分调动其思维活动，体现真实水平，同时也有相应的难度可区分出个体间的水平差异。

3. 适用对象

敏感性与沟通能力测验适用于营销人员以及需要了解自身在人际沟通方面的能力

水平、了解是否适宜于从事侧重人际互动活动的工作的个体,同时适用于作为企业在招聘中对应聘人员的能力、素质进行全面考核的工具之一,并可应用于企业在职员工的素质测查,为其能力和职业发展提供指导信息。

具体适用对象为:营销人员、面临职业选择的毕业生和其他人员、企业应聘人员、企业在职人员。

4. 测验的构成

敏感性与沟通能力测验的题目多数采用设定特定情境下的具体问题的形式,提供的备选答案是针对上述问题的不同见解或处理办法,受测者需按题中指定的身份进行角色扮演,选择出自己认为最恰当的选项。

测验由90道题组成,分为敏感性测验和沟通能力测验两部分,每一部分各有45道题,每个问题有四个答案供选择。测验有以下维度:

- 敏感性;
- 沟通行为倾向:开放式沟通倾向、操纵式沟通倾向、非沟通倾向(营销意识);
- 营销常识。

5. 测验的施测过程

敏感性与沟通能力测验分两部分,第一部分敏感性测验,第二部分沟通能力测验,每一部分限时30分钟。两部分测验可合成一套完成,先完成敏感性部分(30分钟),再做沟通能力测验(30分钟),中间可安排休息时间(5分钟),总测验时间约为65分钟左右。两个部分的测验也可单独作为独立的测验使用。

采用纸笔或计算机作答,可集体施测。具体过程如下:

1)依据预定的参试人数选择好适宜的测验地点,布置考场。考场环境应安静整洁,无干扰,采光照明良好。

2)准备好测验所用的如下材料:测验题本、专用答题纸、铅笔、橡皮,保证每位受测者有以上完整的测验材料及用品。

3)安排受测者入场,并宣布测验注意事项,指导语如下:

请大家注意,现在我们即将进行一项测验。我们希望通过这次机会对您的情况有一个客观的了解,请大家在做题时按自己的真实看法回答,不必有顾虑,同时测验中不要相互交流意见,请独立完成。为了不影响考试,请大家把手机关闭或调成震动。

请大家查看一下是否都拿到了测验题本和专用答题纸(测验主持人展示题本和答题纸)各一份。首先请大家在答题纸上填写姓名等背景信息,在测验正式开始之前请大家不要翻看测验题本当中的题目。在题本中有测验题目和答题说明供您阅读,答题时请在答题纸上相应的题号后将选择的选项标记出来,请您注意:不要在测验题本上做任何标记。测验结束后请您把测验题本和答题纸一并交还给我们。

本测验分两部分,第一部分敏感性测验,第二部分沟通能力测验。每一部分限时30分钟完成,每一部分测验都要统一开始、统一结束。如果您做完第一部分的题后时间有富余,请不要继续往后做下一部分的题目,也不要往后翻看题目。请您在座位上等候,您可以看看已做过的题目或休息一下。

下面请大家翻开测验题本第一页,看一看第一部分的答题说明和例题。如果有疑问请大家及时提出,我们现在给予解答。(停顿,主持人答疑。)

如果大家没有任何问题,请翻开下一页开始做题。现在测验正式开始,您将有30分钟时间来完成第一部分测验。

4)计时30分钟,注意监督受测者不能提前翻看或做后一部分的题目。

5)第二部分测验指导语:

请大家翻看下一页,阅读第二部分测验的答题说明和例题。如果有疑问请大家及时提出,我们现在给予解答。(停顿,主持人答疑。)如果没有问题,请开始做题。与第一部分一样您将有30分钟时间来完成第二部分测验。请大家注意不要再回头做第一部分的题目。

6)计时30分钟。30分钟后回收答题纸和测验题本,清点数量无误后,宣布测验结束。

6. 测验样题

(1)敏感性测验部分

样题:

你是某儿童团体的辅导员。有一个儿童,不服从你的领导和忠告,因而破坏了这个团体的良好风气。在这种情况之下,你应该怎么办?

① 把这个儿童转到其他社团。
② 与社团中其他儿童商讨这一问题。
③ 和这个儿童商讨这个问题。
④ 把这件事告诉他的父母。

在以上提供的四个答案中,如果你认为③是最适当的答案,就在专用的答题纸该题号后涂黑③。

请注意:每个题目只选**一个**答案。

(2)沟通能力测验部分

样题:

你是一位服装推销员,你已经花了半个小时拿了好几套衣服给一顾客看,然后他突然说"我想看看别的商店再作决定",在这种情况之下,你应该怎么办?

① 使他知道你对买卖做不成感到失望。
② 问他现在是否想买,假如真的想买,再多拿几套给他看。
③ 告诉他不必到别的店去看,因为你们店里的货品都是最好的。
④ 告诉他你非常高兴他多看几家商店,详细考虑后再来购买。

在以上四个答案中,如果你认为④是最适当的答案,就在专用的答题纸上涂黑相应题号后的④。

请注意:每题中只选**一个**你认为最适当的答案。

7. 维度定义

1)敏感性(S)。这是对人际事物的洞察、预见和分析能力。敏感性高的人善于从纷繁复杂的事物中看到内在的逻辑联系,敏感地把握问题所在的关键人际信息,合理地通过角色扮演有效地解决问题,特别是人际关系问题。高敏感性是具备良好人际沟通能力的前提。

2）沟通行为倾向。沟通倾向的适当与否代表一种能力,指从事营销活动的人员在与营销对象进行沟通中采取有效方式和策略的能力。这种能力多表现为营销情境中人际沟通的策略性、技巧性,不同个体因多种因素影响形成不同的行为模式和策略倾向,我们称为沟通行为倾向,区分为开放式沟通倾向、操纵式沟通倾向和非沟通倾向,定义如下：

- 开放式沟通倾向(K)。在沟通中非常讲究策略,善于接纳别人的观点,能很好地理解别人的立场,能有技巧地向他人提出建设性意见,温和而有说服力地说服他人;不生硬或过分地表露自己的想法,能在个人和他人的价值观之间进行很好的平衡,善于在不同意见之间周旋,往往能获得协调的、双方欣然接受而满意的结果。

- 操纵式沟通倾向(C)。在沟通中策略性不强,以自我为中心,往往表现出对别人立场、观点的不理解,而只从自己的立场出发刻意推销自己,可能十分健谈,但比较生硬,不善营造良好的沟通气氛,不能为自己在不同意见间的周旋留下足够空间;由于明显地表露自己的推销意图,使他人有被操纵感,往往不能达到有效的沟通目的。

- 非沟通倾向/营销意识(F)。在沟通中缺乏营造良好沟通气氛的意识,对各种有关营销的机遇敏感性不高,不会主动积极地寻找和把握交流沟通的机会,对问题的处理缺乏人际沟通取向的考虑,而往往采取非沟通途径的做法。

开放式沟通倾向是有效沟通模式,是正性的,在测验中该分数作为正面评价的指标;操纵式沟通倾向和非沟通倾向则对达到沟通目的有负性影响,这两项分数作为参考分从负面给予描述。

3）营销常识(I)。营销常识是关于营销实务各类活动的一般原则、方法及某些普遍观念。营销常识是指导营销人员应付各种营销情境、实现高绩效的必要知识储备,与个体的教育背景和业务经验有关。

8. 报告样例

敏感性与沟通能力测验结果报告

姓名:＊＊＊　性别:女　年龄:25

敏感性	开放式沟通倾向	操纵式沟通倾向	营销意识	营销常识
92	97	-7	-4	92

结果解释：

受测者在正性维度（得分为正,绝对值越高越好）上都有较高的得分,在负性维度（得分为负分,绝对值越小越好）有较低得分。综合而言,受测者有较好的人际敏感性,能有效地与人交流和沟通,掌握综合性的基本营销常识,有清晰的营销意识,在人际沟通中不造作,方法比较得当,能有针对性地说服他人,取得较好的营销效果。

附图

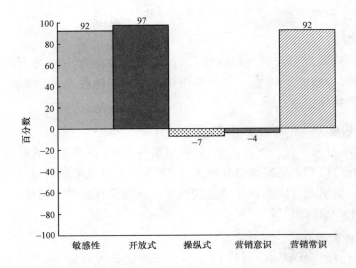

9. 注意事项

（1）敏感性和沟通能力两部分测验可作为一整套测验使用，也可以作为独立测验分别使用。但由于人际敏感性是具备高超人际沟通能力的前提，能得到两个分数可对受测者的发展潜能和绩效做综合预测，建议两部分测验都要做。

（2）人际敏感性是较有普遍性的心理品质之一，除营销人员之外，很多行业也需要强调从业者的人际适应力、人际敏感度，这时应考虑使用敏感性测验。

（3）测验的测评结果可为营销人员下一步的培训提供建议，用于有的放矢地设计培训课程，获得良好的培训效果。

（4）营销意识的强弱由维度非沟通倾向（F）的分值大小而定，同时参考开放式与操纵式绝对分值的差额。一般上述差额越大，F值越小，沟通有效性越大，营销意识越强。

13.5 销售技能测验

1. 测验目的与功能

（1）目的

销售人员拥有许多特定的人格和行为技能，以应对独特的销售要求，如面对频繁被拒绝、自主工作等。中文版的销售技能测验（李林，王垒，2007）考察了一些突出的销售技能，发现，它们对于销售业绩有较好的预测作用。

（2）功能

通过对销售人员的销售技能的考察，有助于个人了解自己与高绩效的销售人员的差距，也可为企业的人员甄选、培训、晋升等提供参考。

2. 测验的特点

销售技能测验从销售人员的个性和行为技能出发，搜集高、低销售业绩的销售人员的相对表现，设计成一对对的描述，要求受测者从中挑选出较符合自己的描述。这种迫选法要求每组两个描述在偏好和区分力上获得很好的匹配,且有相同程度的社会赞许性,但是其中一个描述所对应的销售业绩会更好些。

3. 适用对象

销售技能测验适用于营销人员,适用于作为企业在招聘中对营销类应聘人员的能力、素质进行全面考核的工具之一,并可应用于企业在职销售人员的素质测查,为其能力和职业发展提供指导信息。

4. 测验的构成

测验共有36对关于行为方式的描述,以迫选的方式,要求受测者从每一对描述中选择一个其认为有效销售员更应该符合的描述,或者对于销售员获得成功相对更重要的行为方式或品质。结果总分按照百分位分数表示。该测验有较好的信度,对销售业绩的回归预测力远好于一般能力/履历/评价中心分数。

5. 测验的施测过程

测验不限定时间,整个测验需要15分钟左右。测验有两种实施方式:纸笔作答和计算机施测。可以集体施测,具体过程同其他测验。

6. 测验的样题(含指导语)

指导语:

下面是36对关于行为方式的描述,请从每一对描述中选择一个您认为优秀销售员更应该具备,或者说对于销售员获得成功相对更重要的行为方式或品质。请在选项后面画钩。看清问题就尽快回答,不要漏选。多谢!请注意:必须二选一;如果两个都选算错。

样题:

1. ① 性格开朗,热情,爱笑,给人感觉是"自来熟"。
   ② 遇到紧急意外的事时,不会焦急、慌乱,能保持情绪稳定,从容解决问题。

7. 维度定义

1) 坚韧性:包括耐性、挫折耐受力和压力耐受力。

- 耐性指能否对项目工作持之以恒,坚持长期地专注和投入,而不是急于求成、半途而废;
- 挫折耐受力指在面对挫折、不友好的对待、无礼的要求、不合理的批评指责等种种负面情景时,能否以积极的心态应对,依然保持工作的热情,而不是抱怨、退缩、消沉;
- 压力耐受力指是否敢于面对工作中的困难和挑战,能否承受巨大的工作压力,将压力转化为工作动力。

2) 进取精神:包括自信心、成就动机和上进心。

- 自信心指是否对自己的能力和发展潜力报有充分的信心,相信自己能够克服工作中的各种困难,凭借自己的努力一定可以获取销售工作的成功;
- 成就动机指是否有强烈的获取成功、证明自身价值的内在动力,是否不甘平庸、不满足于现状,是否渴望在竞争中获胜;

● 上进心指是否具有主动上进的意识,能否积极主动地把握工作中学习进步的机遇,是否能够努力开拓新的客户和项目,主动探索如何将工作做得更出色,而不是被动地等待上级的指派、安排,满足于完成既有的工作,不求有功,但求无过。

3) 情绪智力:包括情绪的洞察力、感染力和自我调控能力。

● 情绪调控能力指能否有效调控个人的情绪,始终保持良好的情绪状态,在遇到突发和意外的事情时,也能保持情绪的稳定,而不慌乱;

● 情绪的洞察力指在人际交往中能否快速准确掌握对方的个性特征、兴趣爱好等个人特点,能够准确体察到对方潜藏的真实目的和心态;

● 情绪感染力指能否以个人的积极情绪来感染和调动其他人的情绪,转化其他人的心态,激发其对工作或销售项目的兴趣和热情。

4) 人际能力:包括乐群和人际吸引力、团队和合作意识、人际关系的敏感性。

● 乐群和人际吸引力指是否外向,是否乐于在他人和群体面前展示自己,而不是喜欢独处和安静;是否具有人际的亲和力,从而使其他人愿意和自己交往,是否能够轻松自如地和陌生人交往并快速建立起个人间的联系;

● 团队和合作意识指能否融入工作团队中,明确自己在团队中的位置,和其他成员进行有效地协同工作,而不是以自我为中心;

● 人际关系的敏感性指是否能够体察到并灵活应对和巧妙利用群体中复杂的人际关系。

5) 适应力:包括独立工作能力和角色转换能力。

● 独立工作能力指能否独立面对工作中的困难、产生工作的想法和解决工作中的问题,从而推动工作的进展;

● 角色转换能力指能够根据所处环境和交往对象的变化,灵活调整个人的角色身份定位和行为模式。

6) 责任心:包括细致认真和责任感。

● 细致认真指考虑问题能否做到面面俱到,工作安排能否做到条理清晰、细致周全、不出纰漏,还是粗枝大叶、马马虎虎;

● 责任感指是否有将工作做到最好的责任意识,即使在没有人监督、要求的情况下,是否依然能够主动和高标准地完成工作任务,而不是应付差事。

8. 报告样例

销售技能测验结果报告

姓名:＊＊＊　性别:女　年龄:25

坚韧性	进取精神	情绪智力	人际能力	适应力	责任心
0.92	0.90	0.75	0.70	0.85	1.00

总分(百分位):26.5。

评级:低。

结果解释:

受测者在"责任心"、"坚韧性"、"进取精神"三个维度上有较高的得分,说明受测者在这三个方面掌握了较好的销售技能,表现出得体的销售行为;特别地,这三个方面突出反映了销售行为中的动力特色,反映了受测者认真而不懈的品质。此外,受测者的"适应力"也比较好,表明在各种不同的环境中能较好地适应,反映出自身的实际才能。相对而言,受测者在"情绪智力"维度上表现一般,在"人际能力"方面也属于中等水平。这意味着,虽然受测者自身有很好的进取意识和成就动机,乐于把事情做好,但在人际交往和情绪调控方面还需要进一步提高。

附图

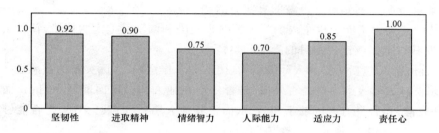

13.6 情绪智力测验

1. 测验目的与功能

(1) 目的

情绪智力测验考察的是自我情绪评价(self emotion appraisal)、他人情绪评价(others' emotion appraisal)、情绪调节(regulation of emotion)、情绪利用(uses of emotion)。

(2) 功能

心理学家萨洛维(Salovey)和梅耶尔(Mayer)指出,情绪智力是一种处理情绪的能力,它属于社会智力,是一种监控自己和他人的情感和情绪并加以区分,同时还利用情绪信息来指导自己的思维和行动的能力。

国外有研究表明,情绪智力与生活满意度有关。而国内也已有研究表明,情绪智力与孤独感、抑郁、压力感、负性情绪等呈负相关,与正性情绪、观点采择等呈正相关;同时,情绪智力与"大五"人格也存在一定的相关关系:情绪智力与神经质呈中等程度的负相关,与宜人性、开放性和责任心呈中等程度的正相关。

现代企业也越来越重视情绪对个体行为的影响,包括对个体的工作绩效、工作满意度、组织承诺、离职意向等工作结果的影响。

2. 测验的特点

情绪智力测验是一个简短的情绪智力问卷,具有心理测量的适宜性和实际可用性,易被理解,适合于领导和管理的研究与测量。

3. 适用对象

情绪智力测验广泛适用于各行业、各层次人员。同时,它适用于对组织全体在职人员或团队全体成员的集体施测,可了解各员工的情绪智力的状况,这为人员的安置、选拔、团队建设等提供了参考依据。

4. 测验的构成

国内中文版的情绪智力测验(施俊琦,王垒,2007)共 16 个题目,包括自我情绪评价、他人情绪评价、情绪利用和情绪调节这四个维度。测验要求受测者根据实际情况,用 1~5 评价各个关于情绪状态的描述。最后每个维度的得分在 1—5 之间。

5. 测验的施测过程

该测验不限定时间,整个测验大概需要 10 分钟。测验有两种实施方式:纸笔作答和计算机施测。可以集体施测,具体过程可参见"生活特性问卷"相关内容。

6. 测验的样题(含指导语)

指导语:

下面是一些关于你自己的状态的描述,无所谓对错。请仔细阅读,然后依照自己的实际情况在 5 点量表上进行评价。1 表示"非常不符合",5 表示"非常符合"。

样题:

1 当我愤怒时,我通常能在很短的时间内冷静下来。　1　2　3　4　5

7. 报告样例

情绪智力测验结果报告

姓名:＊＊＊　　性别:男　　年龄:32

自我情绪评价	他人情绪评价	情绪调节	情绪利用
4.5	5.0	3.6	4.0

结果解释:

受测者在"他人情绪评价"和"自我情绪评价"上有较高的得分,说明受测者有较强的情绪识别、理解、评价能力,能正确解读他人和自己的情绪感受,也能很容易地表达自身情绪。受测者在"情绪利用"维度上也有较好的得分,表明受测者能在一定程度上恰当地运用。受测者在"情绪调节"维度上的得分中等,表明受测者控制自身情绪(脾气)的能力一般,有时可能出现失控现象。

14

基本调查

调查和测验不同,目的主要是了解某种特征或态度或行为倾向的普遍性或程度(强度)或影响性。由于它一般不强调针对个体作相互的比较,不侧重对个体在群体中所处的位置进行判别,它通常并不需要很高的精度。而且,调查所针对的行为或态度或心理特征往往是经常改变的。从这个意义上讲,调查的内容并不一定是对象的素质。不过,正因为调查往往针对那些易变的内容,它往往成为组织行为监控的重要手段。

14.1 个体行为评估

工作感觉评定

1. 调查的目的与功能

（1）目的

测查员工对现任工作的满意度,为组织了解员工的工作态度,预测其工作效率和稳定性提供信息。

（2）功能

工作满足感是"员工对于自己工作的一般性意见"。工作满足感可影响员工的工作绩效,比如影响生产率、旷工、离职行为的发生。通过调查员工的工作感觉,可以了解员工对工作的满意状态,从一个侧面反映了组织内部的管理和分工的合理和有效程度,为管理效能诊断和组织发展、变革提供重要信息。

2. 调查的特点

人类行为的方式并非完全直接地反映其所处的环境的真实情形,而是反映当事人对此种外在环境所知觉到的情形。换句话说,员工对于环境的知觉,才是其行为的真正直接基础。因此,个体知觉是决定工作满意度的极其重要的因素。

由于以上原因,直接询问员工感受的问卷调查法是最为有效的测量工具。企业管理层有必要花时间去了解每个员工对于工作的知觉情形,然后尽可能设法消除员工的知觉偏差,实现员工工作满意度和离职、旷工现象的有效改善。

3. 适用对象

工作感觉评定调查广泛适用于各行业、各层次人员,特别适于对需要进行管理诊断、团队建设,以及处于组织变革、发展阶段的特定单位和部门的全体人员进行集体测查。

4. 调查问卷的构成

工作感觉评定调查由18个题目构成(更复杂一些的调查可能由40~50个问题构成),每个题目都是对现任工作看法的描述,包括行为、认知和感情三方面。

5. 调查的施测过程

调查约需5分钟,具体过程如下:

1)依据预定的被调查人数选择好适宜的调查地点,并布置,其环境应安静整洁,无干扰,采光照明良好。

2)准备好调查所用的如下材料:调查问卷、铅笔、橡皮,保证每位被调查者有以上完整的调查材料及用品。

3)安排被调查人员入场,并宣布调查注意事项。

4)检查被调查者完成了所有题目后,回收调查材料,调查结束。

6. 调查的样题(含指导语)

指导语:

"每个人都对自己的工作有一定的感受或评价。请阅读下面每一个问题,并在题目右边的选择中圈出您的感受或意见。请尽快回答,不要遗漏。

1=完全同意;2=同意;3=没意见;4=不同意;5=极不同意。"

样题:

(1) 我的工作经常会有足够的趣味,不会令人厌烦。   1 2 3 4 5
(2) 我相当满意我目前的工作。   1 2 3 4 5

7. 调查结果的使用建议

通过工作感觉调查可了解员工整体的和个体的工作满意水平。如果希望进一步影响和改善员工工作满意度,可依据调查结果,结合本单位或部门的实际情况,从决定工作满意度的因素中分析筛选出关键的要点。决定工作满意度的因素分布在以下几个层面上:

(1) 个体层面

1)背景特征。从员工的人事档案中考察年资、婚姻状况、以往的工作更换频率等信息,对稳定因素低的员工予以特别考虑。

2)能力。透过能力与工作的搭配度,能力直接影响员工的工作满意度。

第一,有效的甄选程序应能提高能力与工作搭配的程度。而有效的甄选来自于细致全面的工作规范和工作说明,以及精确的调查评估和面试筛选。

第二,管理层做升迁与调职决定时,应考虑入围人选的能力能否符合新职的要求。

第三,在搭配能力与工作时,也可以将工作加以微调,以迁就员工的能力。如在工作单位中将每个人的具体任务重新调配。

第四,对于新进员工或在职员工,应视实际需要适时加以训练,使其技能可以跟上工作的要求。

3)性格。性格特征与工作满意度有相关关系,拥有正面性格特征——如快乐、讨人喜欢、乐善好施的人,工作满意度会比较高。了解员工的性格,可以减少工作职位聘错对象的情形,从而减少离职及提高员工满意度。

在人才选拔中,首先筛选出较能胜任某些工作的某种性格特征,选用能够评估这些性格特征的测量工具,然后依次作为甄选人才的依据。如喜欢接受纪律或规则指导、乐于听命行事、依赖性重,而且权威主义倾向高的人较适合担任行政机构的工作,较不适合做研究人员或创造性工作。

4)学习。条件学习与行为塑造是两项重要的工具,提供了矫正员工行为的指导。通过确认和奖励那些与绩效有关的行为,可使这些行为得到强化而更多地出现。经理人最好采用强化的方式,而舍弃惩罚手段,因为行为受到惩罚之后往往只能短暂压抑,并且会有副作用,如士气低落。

5)价值观。如果员工的价值观符合组织的价值文化,员工的绩效和满足感可能较高。价值观属于自我中心型的员工,通常会与组织格格不入,其绩效与满足感有较低的倾向。

(2)工作相关层面

1)对心智有挑战性的工作内涵。员工往往喜欢那种能给他们机会发挥自身才华的工作,以及能够提供各种任务、较大自由度和回馈(知道自己干得有多出色)的工作。这些特性使工作的内涵充满对心智的挑战。没有挑战性的工作会令人厌烦,但挑战性太大又会造成挫折感和失败感。在挑战性适中的情况下,员工会感到快乐与满足。

2)公平的待遇。员工希望薪资制度与升迁政策能够公正明确,并且能够符合他们的期望。薪资如果能够依据工作要求、个人才能水平,以及社会行情来制定,就更容易使员工感到合理、满意。

3)支持性的工作环境。员工重视的工作环境包括个人的舒适感及执行工作的便利性。员工喜欢的物理环境须无危险性与不舒服感。此外大多数员工喜欢工作的地点离家近一点,工作设备要清洁、充足、现代化。

4)支持性的同事。从工作中,人们所得到的不仅仅有金钱的酬劳或具体的成就事迹。对大多数人而言,工作同时填补了他们的社交需要,同事间是否相处融洽,其直属上司是否了解他、友善地对待他、奖励他的良好表现、倾听他的意见,以及表示对他的好感,都会影响员工的满意度。

结合个体层面和工作层面的以上因素,对如何提高员工绩效与工作满意度的要点归纳如下:

- 确认个体的差异。各个员工有不同的需求,因此不要假定他们都是一样的,而应多花时间去了解各个员工所重视的东西。这将有助于使薪酬、工作时制及工作设计符合员工要求。
- 使用目标与回馈。应给予员工明确而困难的目标,并适时提供回馈,使他们知道目标的达成度。
- 让员工参与对他们有影响的决策。可以让员工参与的决策包括:工作目标的设定、福利项目的选择、工作时制的选择等。这可以提高员工的生产力,增加他们对工作目标的认同感,也提高他们的士气与工作满足感。
- 使薪酬与绩效结合。报酬应该随着绩效而调整。更重要的是,必须让员工感到两者之间有明确的联结关系。

- 检查制度的公平性。报酬应当让员工感到公平。简单地说,这意味着经验、能力、努力以及其他明显的付出,应能解释绩效上的差异,然后才能够解释薪资、工作调派以及其他明显的待遇上的差异。

（3）团体层面

在下列条件下团体成员可能会有较高的工作满意度:

- 团体的任务需要其成员们用到各种高层次的技能;
- 团体的任务由一组完整而有意义的工作组成;
- 执行团体任务时,各项工作的成果对组织内外的人们有着显著的影响;
- 团体的任务可以提供给成员们工作自主权,让他们自己可以决定该如何去执行;
- 执行团体任务中的各项工作时,会定期产生各种可靠的资讯回馈,显示出团体绩效的实际情况;
- 组织内部或团体内沟通的不确定性越低,员工的满意度就会越高。沟通上的扭曲、含糊以及不一致性,都会增加不确定性,因此对员工满足感会有负面影响;
- 环状与交错型沟通通路最为民主,往往有最高的工作满意感。选择使用正确的沟通通路、澄清术语、使用反馈,可以提高沟通的效果。

（4）组织层面

1）组织结构。科层(官僚)结构高度复杂化与正式化,决策采用中央集权,这倾向于降低员工的工作满足感。高度垂直分化往往使低层员工产生疏离感,因为垂直沟通变得困难,会产生被指使的感觉。另一方面,高层管理人员,则因薪酬地位随着职位升高而增加,连带地提高其工作满足感。

专业分工的程度也倾向于和工作满足感成负相关,特别是那种被分割得极细的工作。

对于重视工作自主权和自我实现的人而言,庞大的组织规模加上高度的集权,会降低他们的工作满足感。组织越庞大,越不容易让员工看到自己的贡献在最终的产品或服务中所占的分量。

2）人力资源政策与实务。组织的甄选工作决定组织雇用了哪些员工。如果计划、实施得当,不但能够找到有才能的人,而且可以使人才和工作有极佳的搭配,有利于促成高工作满意度。

训练与发展计划影响行为方式。最明显的是,训练可以直接改善员工的技能,使其胜任工作。工作能力提高之后,也提升了员工从事更高层次工作的潜力。训练可同时提高员工的自我效能,提高员工对于胜任工作的信心,使他们更乐于承接工作任务,并且付出更多的努力。

3）绩效考核与激励的反应。绩效评估的一项主要目的,在于正确地评估员工的绩效贡献,作为分配薪酬的基础。如果评估准则选用不当,或无法正确地评估出员工实际绩效,则员工所得的报酬就没有激励和补偿的效果,会导致许多负面的结果,如降低努力程度,旷职率增加,甚至使员工离职。不充分或不适当的评估反馈,也同样会降低工作满足感。

如果薪酬制度满足以下三个条件:第一,员工认为报酬相当公平;第二,报酬与绩效的关系密切;第三,报酬符合员工要求,则可使员工工作不满意的可能性降至最低,增加员工对企业的认同感,减少员工的退缩行为。员工福利如员工医疗服务,其最大作用在于减少旷职率及提高工作满足感。

4) 组织文化。当员工个人需求与组织的文化相调和的时候,员工的满足感会达到最高。例如,当员工有高度的成就需求,并且又喜欢拥有所做工作的自主性时,而组织文化的特色恰好是结构化程度低、上司的监视督导宽松,并且能够按照绩效的高低付酬,则员工会有较高的工作满足感。工作满足感通常依员工对组织文化的知觉情形而异。

5) 工作压力。许多外在环境、组织内部因素及个人本身的因素,都会促使员工感到压力。这些因素若出现得越频繁,强度越高,则员工感受到的压力就越大。工作所衍生的紧张与压力会减少员工对工作的满足感。尽管一般情况下中低程度的压力有利于提高工作绩效,但是员工还是不喜欢工作压力。

价值取向评估

1. 调查的目的与功能

(1) 目的

测查员工在社会、理论、唯美和经济—政治四种价值取向的相对强度。可由此鉴别职业志向,评定工作动机。

(2) 功能

价值取向对个人的兴趣、态度、观念、行为具有极大的支配性,更有恒久性和概括性。一定水平的价值取向和兴趣强度是实施动机激励、培养人员素质、加强组织机体内部势能的基础条件之一。通过价值观评定,一方面企业管理者可了解自己的价值取向,并把自己的价值取向正确而合理地用到企业的日常管理活动中去;另一方面,可揭示员工价值取向构成模式,为培养员工多元化兴趣(包括理论探讨、经营管理、审美活动、社会交往)、建设和发展企业文化提供依据。

2. 调查的特点

价值观是一种基本信念,它带有判断的色彩,代表了一个人对于什么是好、什么是对,以及什么会令人喜爱的意见。基于价值观影响个体态度和行为的以上逻辑思路,调查采用问卷形式,让受试者评定对代表不同价值追求的多种活动的好恶情况,依据受测者的好恶程度来确定价值观的强度排序,从而可揭示个人的价值观体系。

3. 适用对象

价值取向评估广泛适用于各行业、各层次人员,特别适于对需要进行管理诊断、团队建设,以及处于组织变革、发展阶段的特定单位和部门的全体人员进行集体测查。

4. 调查问卷的构成

价值取向评估包含四种价值取向:理论取向、经济—政治取向、唯美取向、社会取向。每个维度有20道题目,共有80道题目。受测者判断每个条目的陈述是否符合自己的实际情况。

5. 调查的施测过程

调查约需20分钟,具体过程如下:

1）依据预定的被调查人数选择好适宜的调查地点,并布置,其环境应安静整洁,无干扰,采光照明良好。

2）准备好调查所用的如下材料:调查问卷、铅笔、橡皮,保证每位被调查者有以上完整的调查材料及用品。

3）安排被调查者入场,并宣布调查注意事项。

4）检查被调查者完成了所有题目后,回收调查材料,调查结束。

6．调查的样题（含指导语）

指导语：

人的兴趣爱好是有所不同的。请阅读下面的每一个陈述或情形,并判断是否符合你自己的情况。请在您的选择后画"√"。请尽快回答,不要遗漏。

样题：

1. 喜欢结识新朋友。　　　　　　　　　　是＿＿＿＿　否＿＿＿＿

2. 喜欢和别人在一起。　　　　　　　　　是＿＿＿＿　否＿＿＿＿

7．维度定义

不同价值取向的人有不同的追求：

1）理论取向。重视事情的真理,爱好科学实际,一般不拘于人情,重理轻利、重理轻欲；往往有很强的能力、超群的智慧和真才实学；追求逻辑和理性,强调经由批判而理性的方法发掘真理。

2）经济—政治取向。注重功利,追求实用性,讲究经济效益,强调权力的取得与影响力,认为人生的物质享受比精神享受更重要。其对财富的热心追求,一是为了自尊,二是为了生活上的享受,一心向往幸福、舒适的生活。

3）唯美取向。追求艺术美感,强调形式与和谐性,做事总想尽善尽美；比较讲究事物的和谐美、人际的和谐美和自然的和谐美；追求丰富多彩的生活,追求美的世界。

4）社会取向。重视人际关系,讲究博爱、平等和公平；追求真正的友谊、忠诚的爱心,希望和平,强调人群中的爱。自己能够诚诚恳恳、乐于助人、体谅他人。喜欢民主和睦的集体。

8．调查结果的使用建议

价值观强烈地影响个体的态度,因此了解人的价值体系,对了解其态度大有帮助,可以看出每个人对于自由、快乐、自尊心、诚实、服从、公平等价值追求目标的相对重视程度,反映了个体的差异。

参照以上信息,在人员选拔和安置等人事决策中可提高决策的品质,提高个体需求与工作或组织环境的匹配性,为实现良好的工作绩效创造条件。

全体员工的价值观测查结果也很有价值。它可揭示团队或组织中员工的价值追求层次,为有针对性地丰富和建设企业文化,提高员工对组织的认同和忠诚度,实现更好的团队绩效提供依据。

14.2 领导行为评估

沟通方式评定

1. 调查的目的与功能

（1）目的

调查管理者是否了解正确的上下沟通的知识、概念和技能。

（2）功能

沟通方式评定可反映管理层对正确的人际沟通的基本概念和技能的掌握程度,考察是否能够正确处理组织中的人际关系。沟通技巧不同于人际圆滑或世故。良好的组织沟通技能是现代管理者的必备素质之一,它将影响组织运作的效率和部门协调、团队士气等。对于机构庞大、作业区分散、部门运作环节紧密的企业,应注重管理层在组织沟通方式方面的评定,从而能够有的放矢地进行规范化训练和培养。

2. 调查的特点

在团队或组织管理当中沟通无处不在,有效的沟通是团队绩效得以实现的基础。而沟通的类型形形色色,其中涉及的许多技巧和知识是确保沟通得以有效、准确传递资讯所必须具有的。沟通方式评定调查选取涵盖面最大的向上、向下和横向沟通三个层面的一些具体情景,这些情景或者比较尴尬,难于应付,或者存在着潜在的利益冲突,都有一定的难度,以此考察被调查者是否有正确的处理意见,从而反映其掌握沟通技能、概念的程度和综合应用有效沟通原则的水平。

3. 适用对象

沟通方式评定适用于管理人员,特别是中层管理者。

4. 调查的构成

沟通方式评定包括12个问题,每个问题提供一些情境问题,备选答案有A、B、C三个,是针对所述问题的三种处理方式,要求受调查者从中选出他认为最合适的处理方式。

5. 调查的施测过程

调查约需15分钟,具体过程如下:

1）依据预定的被调查人数选择好适宜的调查地点,布置考场。考场环境应安静整洁,无干扰,采光照明良好。

2）准备好调查所用的如下材料:调查问卷、铅笔、橡皮,保证每位被调查者有以上完整的调查材料及用品。

3）安排被调查者入场,并宣布调查注意事项。

4）检查被调查者完成了所有题目后,回收调查材料,调查结束。

6. 调查的样题（含指导语）

指导语：

每个人都有独特的与人沟通、交流的方式。阅读下面的情境问题,选择出您认为最合适的处理方式,圈出相应的字母。尽快回答,不要遗漏。

样题:

你的上司的上司邀你共进午餐,回到办公室后,你发现你的上司颇好奇,此时你会:

A. 告诉他详细内容。

B. 不透露蛛丝马迹。

C. 粗略描述,淡化内容的重要性。

7. 调查结果的使用建议

通过测查中层管理人员的沟通方式,可了解该层次人员的沟通技能水平,在一定程度上可预测团队绩效,同时为监控和提高中层管理绩效提供线索,为设计合理的培训和发展计划提供建议。

沟通在团体或组织中有四项主要功能,参照和比较特定组织在实现这四项功能上的表现,可作为进一步考察组织管理者的沟通效能水平的一个思路。这四项功能是:

1) 控制。以沟通来控制成员的行为。组织有职权等级和正式的指令流程,是员工所必须遵循的,作为管理人员应按规定合理使用职权,对员工予以监督和指导。另外,非正式的沟通也会控制行为,比如为了维护团体成员自己的利益,在团体内部会自发地形成有利于每一位成员个体利益的团体规范,通过团体内部的信息沟通使成员的行为被团体掌握。管理者无法介入这种沟通。

2) 激励。沟通也是激励员工的手段,可以向员工澄清什么事情是他们该做的,以及他们做得有多好,并且进一步告诉他们如何改善工作绩效。从目标设定理论和强化理论的要求来看,这是必要的激励手段,只有通过沟通来实现。

3) 情感表达。对各层次员工而言,他们的工作团体往往是他们跟别人建立社交互动关系的主要来源。在团队中,成员们互相沟通,与别人分享彼此的挫折感与满足感。因此沟通成为"表达感情"与满足社交需要的工具。管理者应善于运用这种沟通功能,创造和维护良好的员工间、上下级间感情沟通的气氛。

4) 资讯沟通。当个人或团体需要作决策时,或者组织中各团体或团体中各成员间通过运作来完成任务时,通过沟通才能得到必要的信息,以分析、选择和执行各种方案。管理者需注意监督沟通中信息的保真程度,克服沟通障碍。

如何有效地克服沟通中的障碍和偏差,有以下建议:

- 利用反馈。向信息接受者询问有关信息内容的相关问题,或由信息接受者以他(她)的话把讯息重复一遍,可看出对方是否已了解了该信息,从而避免误解和错误。
- 简化语言。信息传送者应慎选字眼,简化语言,使之能够被接受者完全"了解"。
- 主动倾听。主动倾听需要全神贯注地听,主动地搜寻对方话中的意义。
- 控制情绪。情绪可以大大扭曲信息的意义,不论是接受还是表达,这种扭曲都无法避免,因此,要注意管理和保持情绪状态处于平静。

冲突应付方式评定

1. 调查的目的与功能

（1）目的

调查人们在各种冲突情境中解决问题的方法,从而反映出其应付冲突的方式和风格。

（2）功能

冲突处理方式可分为两个向度:合作性和肯定性。按程度不同可组合构成五种类型:竞争、统合、退避、顺应、妥协(参看图14.1)。每个人都有自己潜在惯用的冲突处理方法。通过该调查,受测者可以确定自己的冲突处理风格,从而有效地指导和修正自己的行为。

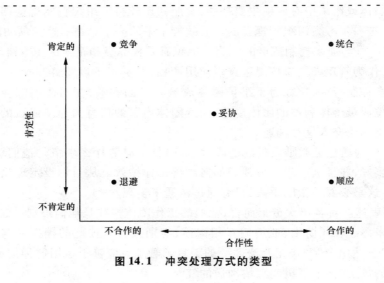

图 14.1　冲突处理方式的类型

2. 调查的特点

冲突应付方式调查采用自评式问卷形式,选取代表三大类冲突处理风格,即非抗争型(退避与顺应)、解决问题型(统合与妥协)和抗争型(竞争)的典型行为方式和态度建构而成,有很大的概括性。

3. 适用对象

冲突应付方式评定适用于管理人员,特别是中层管理者。

4. 调查的构成

冲突应付方式评定包括30个题目,每个题目是一个陈述句,要求被调查者评定句中所述情况与自己的符合程度,在题目后"1—7"中圈出相应的分数。分数意义如下:"1" = 总是如此,"7" = 从不如此;其他分数表示中间的程度,分数越小越符合你;分数越大越不符合你。

5．调查的施测过程

调查需 5~8 分钟,具体过程如下:

1）依据预定的被调查人数选择好适宜的调查地点,布置考场。考场环境应安静整洁,无干扰,采光照明良好。

2）准备好调查所用的如下材料:调查问卷、铅笔、橡皮,保证每位被调查者有以上完整的调查材料及用品。

3）安排被调查者入场,并宣布调查注意事项。

4）检查被调查者完成了所有题目后,回收调查材料,调查结束。

6．调查的样题(含指导语)

指导语:

每个人都有自己应付冲突的方式、风格。阅读下面的题目,用 1—7 分的等级来评定它对您的符合程度;

"1" = 总是如此,"7" = 从不如此;其他分数表示中间的程度,分数越小越符合您;分数越大越不符合您。

样题:

（1）我和上司出现分歧时,我会以折中的方式解决。　　1 2 3 4 5 6 7

（2）当上司退让一些时,我也会退让一些。　　　　　　1 2 3 4 5 6 7

7．维度与类型定义

1）合作性:指某一方试图满足对方需求的程度。

2）肯定性:指某方试图满足自己需求的程度。

3）竞争(肯定的—不合作的):当一个人只顾追求自己的目标和获取利益,而不顾虑冲突对方的影响时,此行为为竞争或支配。

4）统合(肯定的—合作的):当冲突的双方都希望满足对方的需求时,便会合作而寻求两者皆有利的结果。在统合的情况下,双方都着眼于问题的解决,澄清彼此的异同,而不是顺应对方的观点。参与者会考虑所有的解决方案,彼此观念的异同点也会越来越清楚。解决方案对双方都有利。

5）退避(不肯定的—不合作的):指一个人承认冲突的存在,却采取退缩或压抑的方式。漠不关心的态度或希望逃避外显的争论都会导致退缩行为。与他人保持距离、划清界限、固守领域,也算是退缩行为。如果无法采取退缩行为,就会压抑自己和他人的不同之处。当团体成员要与他人互动时,由于工作上的相互依赖,采取压抑要比退缩造成的影响小。

6）顺应(不肯定的—合作的):当一个人希望满足对方时,可能会将对方的利益摆在自己的利益之上。为了维持彼此的关系,某一方愿意自我牺牲。

7）妥协(中等肯定—中等合作):当冲突双方必须放弃某些东西时,则会因为分享利益而导致妥协的结果。在妥协时没有明显的赢家和输家,因为对冲突的利益结果予以了定量分配,或是不分配利益,一方给予另一方替代物。妥协的特征是双方都必须付出某些代价,同时也都有一定获益。

8. 调查结果的使用建议

通过冲突应付方式调查可了解每个人解决冲突时的惯用处理风格,采用的处理方式不同也表明个体在团体或组织中适宜扮演的角色不同。比如:

- 竞争或控制型的个体,常利用职权支配他人,为了赢得胜利,会加强自己的权力基础,不适合掌握集权;
- 采取统合方式的个体强调坦诚、信任、真诚以及自然的关系,是有建设意义的双赢解决方法,适于担任处理人事关系的领导。

作为管理者应了解各种冲突处理方式的特点,适合于处理各种情景的冲突,如缺乏这方面的知识,应注意学习和补充。五种冲突解决方式的最适合使用情景如表14.1所述。

表 14.1 五种冲突处理取向的适用时机

冲突处理取向	适用情景
竞争	• 特别需要快速、有决断的行动时 • 在重要的争议上,需要介入不寻常的行动时 • 与组织的利益休戚相关,而且确定自己正确无疑时 • 反对因采取非竞争性行为而获益的人时
统合	• 当双方的考虑都很重要又无法妥协、需要整合性的解决办法时 • 当目的是要学习时 • 想要合并不同的观点时 • 想要合并双方的考虑达成共识,以取得承诺时 • 想要让关系免受干扰,以利解决问题时
退避	• 问题很琐碎,又有其他重要问题迫近时 • 当觉察到需要无法满足时 • 当潜在的关系破裂的害处超过问题解决后的获益时 • 想要冷静下来重新考虑时 • 当新获得的信息取代了刚才的决定时 • 当另有他人能够更有效地解决冲突时 • 当争议离题,或有引发其他争议的征兆时
顺应	• 当发现自己是错的时候——让自己有较好的立场,要学习或体现自己是讲理的时候 • 当争论的主题对他人更重要时——满足他人,保持合作 • 当为了寻求建立社会性信用时 • 当技不如人或有所损失时,使损失降至最低 • 当和谐与稳定是特别重要之时 • 让下属从错误中学习成长之时
妥协	• 当目标很重要,但不值得更努力争取时 • 当实力相当的对手承诺各自独占目标时 • 复杂的争论暂获解决之时 • 在时间压力下达到权宜之计时 • 在统合与竞争都失败时

工作习惯评定

1. 调查的目的与功能

（1）目的

测查管理者的官僚倾向，即是否能接受或偏好严格的制度和规范化模式。一般来说，偏好过强或过低均不适宜。

（2）功能

工作习惯评定可评估个人对工作稳定性的需要，了解对制度化工作模式的态度和对企业制度的接受或习惯程度。官僚倾向反映在管理者的行为和领导风格中，表现为行为的规范性、制度的严谨性、处事的灵活性的程度。缺乏制度意识和过于官僚化都是不可取的。对于正在不断发展、规模不断扩大的企业尤其应监督官僚倾向的动态变化，保持企业活性和效率不因制度化、规范化、习惯化而丧失。

2. 调查的特点

本评定以科层结构的概念为基础，围绕科层结构的以下特征来构建，概括了大多数机械式组织结构模式的特征，也反映了高度复杂化和正式化的典型特征：

- 分工细密。每个人的工作都设计成简单、例行性程度高而且定义清楚的任务，一人负责一摊，不能互相替代。
- 职权层级清楚严谨。结构由多层的职位阶层构成，低职位受到次高职位的监督控制，资讯网络流向有限（大多数往下沟通），很少由低层次人员参与决策。
- 高度正式化。为确保工作品质的整齐性及管制员工的在职行为，制定了许多规定与处理流程，供员工依循。
- 不讲人情。交易或各种事情的处理均一板一眼，不讲人情，以避免个人好恶及性格的影响。
- 凭资格与贡献论聘用与升迁。甄选及升迁的决定，均应依照个人的技术资格、能力及在职绩效。

3. 适用对象

工作习惯评定适用于管理人员，也可对同一单位或部门的全体人员适用。

4. 调查的构成

工作习惯评定调查包括 20 个题目，每个题是一个陈述句，要求被调查者针对句中所述情况与自己的符合程度，在题目后相应的横线上画圈。

5. 调查的施测过程

调查约需 10 分钟，具体过程如下：

1）依据预定的被调查人数选择好适宜的调查地点，布置考场。考场环境应安静整洁，无干扰，采光照明良好。

2）准备好调查所用的如下材料：调查问卷、铅笔、橡皮，保证每位被调查者有以上完整的调查材料及用品。

3）安排被调查者入场，并宣布调查注意事项。

4）检查被调查者完成了所有题目后,回收调查材料,调查结束。

6. 调查的样题(含指导语)

指导语:

每个人都对环境和工作方式有自己的态度,形成一定习惯。请判断下列情况是否与您相符合,并在题目后面相应的横线上画圈。请尽快回答,不要遗漏。

样题:

	基本肯定	基本否定
（1）我重视工作的稳定性。	____	____
（2）我喜欢有制度的公司。	____	____

7. 调查结果的使用建议

通过调查的结果可了解员工对组织结构复杂化和正式化程度的接受、适应程度,一方面可反映员工的潜在创造力和企业活性,另一方面也可作为企业了解其组织结构状态与组织发展现状、组织目标吻合程度的一个手段。

组织结构替员工澄清诸如"我该做什么?"、"我该如何去做我的工作?"、"我的上司是谁?"等问题,组织结构上的特征在很大程度上决定了员工工作模式灵活性和自主程度。同时员工对工作模式的偏好是有差异的,有的喜欢做固定工作,按既有的程序模式工作,缺乏变通意识;而有的人则喜欢拥有工作自主权和尽情发挥创意。通过对某部门或单位的全体员工使用本调查,可获得员工工作方式取向的具体信息,为调整组织结构和人员调配提供建议。

组织结构的形成和发展有两种模式。一是权变模式,指组织结构随情境因素(企业经营策略、组织规模、技术例行性程度、外界环境的不确定性)的变化而变化。另一种是非权变模式,指组织的掌权者为了谋私利或者维持组织的稳定性,会选择一种能维持或提高他(她)对组织控制的结构设计。这种组织的内部权力结构很少会起变化,组织结构相当稳定。对于特定企业,如果能确定其组织结构产生于何种模式,对分析和预测员工绩效和组织发展有很大帮助。

变革意识评估

1. 调查的目的与功能

（1）目的

变革意识评估调查管理者对事物变化的敏感性、接纳性,以及对待事物的灵活性和创新意识。

（2）功能

变革意识评估调查考察变通性,尤其是打破现状而求变化的变革意识。变革意识是组织能否长期生存的根基,需要做经常、持久的工作来加以强化。

2. 调查的特点

通过考察被调查者对事物看法的广度和所持态度的固执程度来了解其变通性。

3. 适用对象

变革意识评估适用于企业员工、管理人员,特别是中层以上管理者。

4. 调查的构成

变革意识评估调查包括 20 道题,每道题是一个陈述句,要求被调查者针对句中所述情况与自己的符合程度,在题目后"1—6"中圈出相应的分数。分数意义如下:1 = 非常同意;2 = 比较同意;3 = 稍许同意;4 = 不太同意;5 = 很不同意;6 = 极不同意。

5. 调查的施测过程

调查约需 10 分钟,具体过程如下:

1)依据预定的被调查人数选择好适宜的调查地点,布置考场。考场环境应安静整洁,无干扰,采光照明良好。

2)准备好调查所用的如下材料:调查问卷、铅笔、橡皮,保证每位被调查者有以上完整的调查材料及用品。

3)安排被调查者入场,并宣布调查注意事项。

4)检查被调查者完成了所有题目后,回收调查材料,调查结束。

6. 调查的样题(含指导语)

指导语:

每个人对自己的工作和环境有不同希望,请阅读下列陈述,用 1—6 的等级评定每个陈述对您的适宜程度,在后面圈出您的选择。

样题:

(1)大多数人并不知道什么才是对其有益的。　　　　1　2　3　4　5　6
(2)人生中的大事就是去做自己认为重要的事。　　　1　2　3　4　5　6

7. 调查结果的使用建议

变革意识是企业管理者获得创造性能力的前提。有变革意识,才能敏感于别人未注意到的情况和细节,才能不断地发现人们的需要和每个人的潜在能力,才能从平凡的事例中透视出缺陷和问题,巧妙地利用这些发现推进组织管理的技巧和艺术。员工特别是管理人员的变革意识的强弱,可在一定程度上预测企业的组织气氛和发展创新的活力。

培养适宜开发变革意识和创造性的组织氛围,应在以下五个方面创立充分条件:

1)保持良好的开放式沟通。创造组织机构中开放式的意见沟通气氛,使部门与部门之间、部门与个人之间、个人与个人之间的意见公开,信息资料公开。组织成员之间,或上下级之间自由地交换意见和讨论意见,是开发变革意识的重要条件。

2)创造良好的团结合作气氛。组织机构中人员的行动、思想、意见、知识的相互支援和合作是创造性组织氛围的特征之一。

3)从事开发创造活动的人员与操作人员适度分离。把有能力的创造性人才与其他区分开来,使他们从烦琐的日常事务中解脱出来,能够专心致志地从事创造性思维和活动。

4)容许创造性研究人员有一定的弹性时间。创造性活动往往寻求在自由、不经意之中产生突破,刻板的常规和过于严格的约束不利于创造性活动。

5)切忌过早下结论和批评。任何创新意识,总有一个逐步发展完善的过程,它的有效性只有通过实验和实践才能逐步加以证实。任何改变现状的思想都可能过早地遭到拒绝、批评、讥讽。作为领导者必须具备远见,努力缓冲来自各个方面的压力,维护员工的创新精神。

14.3 团体行为评估

团队健康度测试

1. 调查的目的与功能

(1) 目的

团队健康度测试帮助人们了解自己团体的现状。

(2) 功能

一个团队默契而优秀的配合,是创造卓越成效的关键。团队健康度测试从共同领导、团队工作技能、团队气氛、团队凝聚力、成员贡献水平等五个方面来描述团队现状,从而指导人们更有效地进行团队建设和团队学习。

2. 调查的特点

团队健康度测试以配合默契的优秀团队在上述五个方面的表现为标准,被调查团队的状态越接近这一标准,可以说越健康,预测团队绩效会越好。

3. 适用对象

团队健康度测试适用于同一单位或部门的全体人员。

4. 调查的构成

团队健康度测试通过以下五方面来评价团队健康度:成员共同领导的程度;团队工作技能;团队氛围;凝聚力;团队成员的贡献水平。

测试由25道题构成,每个维度下有5道题,每道题是一个陈述句,被调查者用1—4分评定各个陈述符合其所在团队的程度。各分数意义如下:1=不适合;2=偶尔适合;3=基本适合;4=完全适合。

5. 调查的施测过程

调查约需10分钟,具体过程如下:

1)依据预定的被调查人数选择好适宜的调查地点,布置考场。考场环境应安静整洁,无干扰,采光照明良好。

2)准备好调查所用的如下材料:调查问卷、铅笔、橡皮,保证每位被调查者有以上完整的调查材料及用品。

3)安排被调查者入场,并宣布调查注意事项。

4)检查被调查者完成了所有题目后,回收调查材料,调查结束。

6. 调查的样题(含指导语)

指导语:
请用1—4分评定下列陈述是否符合你所在的团队。请尽快回答,不要遗漏。
1＝不适合;2＝偶尔适合;3＝基本适合;4＝完全适合。
样题:
(1)每个人都有同等发言权并得到同等重视。　　　　　
(2)团队的目标、要求明确,并达成一致。　　　　　

7. 维度定义
1)成员共同领导的程度:指一个团体的每一个成员都可以并有义务分享一份领导责任,一个团队是大家共同来领导的。如果一个团队是独裁的,那它的健康程度就低。
2)团队工作技能:指成员在一起工作相处的技巧。
3)团队氛围:指团队成员共处的情绪和谐度和信任感。
4)团队凝聚力:指团队成员对目标的一致性。
5)团队成员的贡献水平:指团队成员为实践自己的责任所付出的努力和成就程度。

8. 调查结果的使用建议
每一个维度的最高分为20分,得分越高越好。如果一个团队在这样五方面都很出色,那它就会是一个优秀的团队,也必定是一个高绩效的团队。比较所在团队不同方面的得分,就可以粗略地了解自己团队的长短。

如果让所在团队的每一个成员都完成这一评定,就可得到:
1)团队成员对团队的总体(平均化)的评价;
2)可比较总体评价和每一个团队成员的评价,了解每一个人与其他人的看法的差距。

团体绩效评定

1. 调查的目的与功能
(1)目的
团体绩效评定评估团体在完成任务的团队成员互动过程中协调、配合的气氛,团体内部的凝聚力、团体工作技巧以及成员与领导互动模式的有效性。
(2)功能
通过揭示团队成员互动运作机制的有效程度,评估团队绩效,据此结果可有的放矢地进行团队建设,有效提高成员士气,形成和保持良好的团队绩效水平。

2. 调查的特点
团体绩效评定以普遍的高绩效团体在互动运作和配合中出现的典型行为表现、活动状态和气氛特征为标准,通过自评问卷的形式了解具体某个团队的运作状况与标准的接近程度,以此来评估该团体的绩效水平。

3. 适用对象
团体绩效评定适用于同一单位或部门的全体成员。

4. 调查的构成

评定由20条关于团体工作运作的描述构成。要求被调查者依据自己所在团队的实际情况对每一题目做"基本否定"或"基本肯定"的判断。

5. 调查的施测过程

调查约需10分钟,具体过程如下:

1)依据预定的被调查人数选择好适宜的调查地点,布置考场。考场环境应安静整洁,无干扰,采光照明良好。

2)准备好测验所用的如下材料:调查问卷、铅笔、橡皮,保证每位被调查者有以上完整的调查材料及用品。

3)安排被调查者入场,并宣布调查注意事项。

4)检查被调查者完成了所有题目后,回收调查材料,调查结束。

6. 调查的样题(含指导语)

指导语:

请从以下各方面评定您所在的工作团体。请在每一题目后给出您的评定结果:在相应的横线上画圈,请尽快回答,不要遗漏。

样题:

	基本肯定	基本否定
(1)气氛显得轻松愉快。	_____	_____
(2)大部分的措施普遍得到同意。	_____	_____

7. 调查结果的使用建议

通过调查可获得有关团体绩效水平的信息,如希望进一步讨论影响团体绩效的因素,可参考以下思路:

1)团体所面临的外部条件会影响团体的绩效,如组织策略、职权结构、甄选程序、薪酬制度等,这些因素决定了外在条件对该团体的支持程度。

2)团体潜在的绩效水准绝大部分决定于成员的素质。通过评价成员所具备的与工作相关的能力可大致预测该团体部分绩效,但团队大小、执行任务的类型、团队领导者的作风、团体内部的冲突等因素,也会影响团体绩效。

3)高度不确定性任务需要处理更多的资讯,更依赖团队的配合。如果团体沟通不良、领导不佳、内部冲突迭起,会影响团队绩效。

4)团体凝聚力在不同团体规范的作用下对团体绩效的影响不同。越是团结的团体,其成员越重视团体的目标。如果团体的规范要求成员追求工作的品质和目标,并强调与团体外其他人员之间的合作关系时,高凝聚力的团体会有高绩效。但团体的规范鼓励成员浑水摸鱼、得过且过,那么凝聚力越大,绩效反而会越低落。

15

基于情境的测验

15.1 公文筐测验

什么是公文筐测验

1. 公文筐测验的由来

随着现代经济的高速发展,各类组织对人才的需求也不断提高。因此,综合甄别、评价高层次人才已成为现代组织管理的重要任务。公文筐测验,又叫文件筐测验,是测评管理人员的重要工具,它为中、高层管理人员的选拔、考核、培训提供了一项具有较高信度和效度的测评手段,为企业的高层人力资源计划和组织设计提供了科学可靠的信息。

公文筐测验是一种情境模拟测验,是对实际工作中管理人员掌握和分析资料、处理各种信息,以及做出决策的工作活动的一种抽象和集中。测验在假定情境下实施。该情境模拟一个公司所发生的实际业务、管理环境,提供给受测人员的信息包括涉及财务、人事备忘录、市场信息、政府的法令公文、客户关系等十几份甚至更多的材料。这些材料通常是放在公文筐中的,公文筐测验因此而得名。测验要求受测人员以管理者的身份,模拟真实工作中的想法,在规定条件下(通常是较紧迫困难的条件,如时间与信息有限,独立无援,信息陌生等),对各类公文材料进行处理,形成公文处理报告。通过观察受测者在规定条件下处理过程中的行为表现和书面作答,评估其计划、组织、预测、决策和沟通能力。

2. 公文筐测验与评价中心技术

在目前的管理人员评价中,测查管理能力的最有效方法是评价中心技术。尤其在选用管理人员时,评价其是否具备较好的管理能力,这种方法最为常用。有研究表明,评价中心技术的预测效度在现有各种方法中是最高的。而公文筐测验是评价中心技术的主要工具之一。

评价中心技术是把受评人置于一系列模拟的工作情境中,由企业内部的高级管理人员和外部的心理学家组成评价小组,采用多种评价手段,观察和评价受评人在这些模拟工作活动中的心理与行为,以考察受评人的各项能力或预测其潜能,了解受评者是否胜任某项拟委任的工作以及工作成就的前景,同时,还可以了解其欠缺之处,以确定重点培训的内容和方式。

评价中心技术的主要评价手段包括:诊断性面谈、投射测验、纸笔测验、小组问题解决、无领导小组讨论、角色扮演法以及公文筐测验。其中每一个测验都为总体能力评估提供了唯一的、重要的信息。评价中心技术中最常用、最具特色的是进行情境模拟测验。

公文筐测验是评价中心技术中最主要的活动之一（它在评价中心技术中使用频率最高，达95%），也是对管理人员潜在能力最主要的测定方法。在国外曾成功地选拔和提升了一大批优秀的管理人员，有着相当高的预测效度和实证效度。

3. 公文筐测验的优点

公文筐测验把受测者置于模拟的工作情境中去完成一系列工作，与通常的纸笔测验相比，显得生动而不呆板，较能反映受测者的真实能力水平。与其他情境模拟测验如小组讨论相比，它提供给受测者的背景信息、测验材料（文件材料及问题）和受测者的作业（答题）都是以书面形式完成、实现的。这既是考虑了受测者在日常工作中接触和处理大量文件的需要，又使测验便于操作和控制。

在设计和选择题目前，要先做工作分析，以确定所要评估的维度。公文筐测验的优点在于：

- 具有灵活性，可以因不同的工作特性和所要评估的能力而设计题目；
- 作为一种情境模拟测验，它可以对个体的行为做直接的观察；
- 由于把人置于模拟的工作情境中去完成一系列工作，为每一个受测者都提供了条件和机会相等的情境；
- 它能预测一种潜能，这种潜能可使人在管理上获得成功；
- 由于公文筐测验能从多个维度上评定一个人的管理能力，它不仅能挑选出有潜力的管理人才，还能训练他们的管理与合作能力，使选拔过程成为培训过程的开始；
- 在实践中，公文筐测验除用作评价、选拔管理人员外，还可用于培训，用于提高管理人员的管理技巧、解决人际冲突和组织内各部门间的摩擦的技巧，以及为人力资源计划和组织设计提供信息。

4. 公文筐测验的取材

在测验材料的设计上，主要围绕管理者的能力取材。管理者（这里特指组织领导者）的管理能力主要来自三个方面：自身素质基础、社会实践体验、所掌握的有关知识。管理能力的水平和发展取决于以上三个方面的交互作用和整合的结果，故管理能力是复合性能力。如以偏重知识性的、经验性的或智力性的具体能力为主要测评内容，则难以保证较好的评价效果。

管理者的有关知识，特别是有关的管理技术知识和业务性知识，虽然对现实管理能力有较大影响，但不作为公文筐测验的主要测评内容。其主要理由是：

- 管理者的知识水平可以通过其他简便有效的办法来评价；
- 知识水平在一定程度上易于通过培训、锻炼等形式提高；
- 知识欠缺的弊端一般可以通过其有效的管理活动弥补。

管理活动与人的认知思维活动一样复杂，因此，在目前科学发展水平的条件下，有现实意义的是对管理者应具备的基本能力水平进行结构化的测评，它可以为管理人才的评价提供比较有效的客观依据，并加深我们对管理能力本身的认识。

公文筐测验的实施

1. 测验目的与功能

（1）目的

公文筐测验主要是考察高层管理者综合性管理技能，尤其是考察总经理一级管理者的胜任能力。

（2）功能

针对高层管理者的胜任要求，公文筐测验考察计划、授权、预测、决策、沟通等方面的管理能力，特别是考察综合各类业务信息、审时度势、全面把握、处变不惊、运筹自如的素质。

2. 测验的特点

- 情境性强：完全模拟现实中真实发生的经营、管理情境，对实际操作有高度似真性，因而预测效度高；
- 综合性强：测验材料涉及经营、市场、人事、客户及公共关系、政策法规、财务等企业组织的各方面事务，考察计划、授权、预测、决策、沟通等多方面的能力，从而能够对高层管理者进行全面评价。

3. 适用对象

公文筐测验考察的能力定位于管理者从事管理活动时正确处理普遍性的管理问题、有效地履行主要管理职能（包括计划、组织、预测、决策、沟通等）所具备的能力。它需要受测人员具有对多方面管理业务的整体运作能力，包括对人、财、物、信息等多方面的控制和把握。因此，公文筐测验的适用对象为具有较高学历的人（大专以上）或企业的中、高层管理者（部门经理以上），它可以为企业有针对性地选拔中、高层管理人员或考核现有管理人员。

4. 测验的构成

测验由测验材料和答题册两部分组成，纸笔方式作答。

1）测验材料，即提供给受测者的资料、信息，是以各种形式出现的，包括信函、备忘录、投诉信、财务报表、市场动态分析报告、政府公函、账单等。测验中所用的材料共有十几份，每份材料上均标有材料编号。材料是随机排放在公文筐中的，受测者在测验的各个部分都要用到这些材料。

2）答题册，供受测者对材料写处理意见或回答指定问题，是受测者唯一能在其上写答案的地方。评分时只对答题册上的内容进行计分。答题册包含总指导语和各分测验的指导语。它提供了完成测验所需的全部指导信息，完成各部分分测验所需的指导语在各部分开始时给出。

5. 测验的施测过程

公文筐测验有四个分测验，每一分测验都有严格的时间控制。其中：

测验 1——计划：40 分钟

测验 2——预测：25 分钟

测验 3——决策：25 分钟

测验 4——沟通：25 分钟

总计时间为 115 分钟。加上主试讲解主指导语和各部分指导语的时间，整个公文筐测验大约需要两个小时。

整个测验的过程都用录像机记录下来。可以集体施测。考虑到录像的效果，一组以不超过 10 人为宜。如能单独安排在模拟经理室里进行测验，效果更好。具体过程如下：

1）依据预定的参试人数选择好适宜的测验地点，布置模拟工作室。模拟工作室环境应安静整洁，无干扰，采光照明良好。由于要处理大量公文，桌面要足够大。如有多人参加,相互之间距离要远一些,以免相互干扰。

2)准备好测验所用的如下材料:测验材料、答题册、铅笔、橡皮,保证每位受测者有以上完整的测验材料及用品。允许受测者自带计算器。通常还会备一些草稿纸、备用铅笔和削笔刀。

3)安排受测者入场,并宣布测验注意事项,指导语如下:

请大家注意,为了不影响测试,请大家把手机关闭或调成震动。

请大家查看一下是否都拿到了测验材料和答题册(测验主持人展示)各一份。首先请大家在答题册的封面填写姓名等背景信息。在测验没有开始之前,请不要翻看测验材料。本测验分四个部分,每一部分都要用到这些测验材料。请您注意:不要在测验材料上做任何标记,请在答题册上回答问题。测验结束后请您把测验材料和答题册(包括用过的草稿纸)一并交还给我们。

请大家翻开答题册第一页,这是一个公文筐测验,……(总指导语略)。

如果有疑问请大家提出,我们现在给予解答。(停顿,主持人答疑。)

如果大家没有任何问题,我们来看测验1——计划,这个测验要求您……(测验1的指导语略)。如果有疑问请大家提出,我们现在给予解答。(停顿,主持人答疑。)

如果没有任何问题,请翻开下一页开始做题。

4)计时,注意监督受测者不能提前翻看或做后一部分的题目。

5)第二部分测验指导语:

我们来看测验2——预测,这个测验要求您……(测验2的指导语略)。如果有疑问请大家提出,我们现在给予解答。(停顿,主持人答疑。)

如果没有问题,请开始做题。请大家注意不要再回头做第一部分的题目。

6)计时,注意监督受测者不能提前翻看或做后一部分的题目。

7)余下部分的测验依此类推。

8)测验时间到,回收测验材料和答题册,以及草稿纸等其他辅助测验用具,测验结束。

6. 测试的样题(含指导语)

总指导语:

这是一个公文筐测验,它模拟实际的管理情境,请你处理商业信函、文件和管理人员常用的信息。

这个模拟的具体假设情境是:

你是瑞克有限公司的市场营销部经理。你叫"王海峰"。

今天的日期是:××××年2月8日,星期三。

现在的时间是:上午7点45分。

你刚刚来到办公室,正独自坐在办公桌前。今天早些时候,公司国际业务部总裁打电话通知你"公司的总经理已经辞职离开了公司"。

这里为你准备了你今天需要处理的全部材料,放在专用的塑料文件袋里。

在测验中你需要使用以下工具:一本答题册、文件袋内的材料、铅笔、计算器。

请不要在公文筐(袋)中的材料上写任何东西;请在本答题册上回答问题。我们只对答题册上的作答进行计分;笔记或其他个人用纸上的回答将不予考虑。

本测验要求你完成四个部分的内容,每一部分都有时间限制:

测验1——计划:40分钟

测验2——预测:25分钟

测验3——决策:25分钟

测验4——沟通:25分钟

考试主持人将在适当的时间提醒你开始和结束每一个部分。

完成各部分测验所需的指导语在各部分开始时给出。

测验1:计划

指导语:

这个测验要求你首先就"公文筐"中的材料所给出的工作做计划,请你用任何你认为合理的方式对这些材料进行分类。

在这一部分中你需完成以下三个内容:

1)根据材料的主要内容对材料进行分类,并对每个类别进行命名。

2)确定材料或事件的优先级。你必须根据材料的重要性和紧迫性,用下列表示优先级的字母确定材料处理上的优先顺序。优先级和字母的对应关系如下:

H = 优先(材料极其重要,需立即处理)

M = 中等(材料不急不缓,可稍后处理)

L = 靠后(材料是平常的,可搁置一段时间)

3)列出行动提纲。请对每一份材料写出处理意见,并指出它参考了公文筐中的哪些材料(请用材料右上角的编号来代表每一份材料)。

请把答案写在随后的四页纸上,我们只对这四页上的内容作评估。

你有40分钟的时间来完成这项任务。

请记住你现在的身份和今天的具体日期是:

瑞克有限公司市场营销部经理;××××年2月8日

若现在有疑问请立即向考试主持人询问,然后等待翻页和开始做测验的指令。

测验2:预测

指导语:

这个测验要求你运用文件袋内提供的有关信息,针对给定的两个问题分别做出预测。两个问题单独计分,分值相同。

对每一个问题你必须:

1. 做出全面的预测(要求作简单解释)。

2. 列出你预测所依据的主要因素或假设。

3. 列出实现预测所需的实施方案。

你的答案应写在随后的两页纸上,我们只对这两页纸上的内容作评估。

你有25分钟时间来完成这两个问题。

若现在有疑问请向考试主持人询问,然后等待翻页和开始做测验的指令。

测验3：决策

指导语：

这个测验要求你运用文件袋内提供的有关信息,针对给定的两个问题作决策。每个问题单独计分,分值相同。

对每一个问题你必须：

1. 列出可供参考的备选方案,并综合考虑其优劣性。
2. 综合文件袋内的其他材料信息,列出影响你决策的主要因素。
3. 最终选择一种方案作为你的决策,并说明理由。

你的答案应写在随后的两页纸上,我们只对这两页纸上的内容作评估。

你有25分钟的时间来完成这两个问题。

若现在有疑问请向考试主持人询问,然后等待翻页和开始做测验的指令。

测验4：沟通

指导语：

这个测验要求你针对总经理的辞职起草一份备忘录,列出你计划要采取的行动。它将作为今天晚上会议发言的底稿。

请把备忘录写在随后的两页纸上。我们只对这两页纸上的内容作评估。

我们将依据以下几点来评估你的备忘录：

1. 范围,即备忘录参考了文件袋中的哪些材料信息。
2. 结构,要求文章结构严谨,内容简明扼要。
3. 语言风格,要求行文流畅,有严密的逻辑性。

你有25分钟的时间来完成这项测验。

若现在有疑问,请立即向考试主持人询问,并等待翻页和开始做测验的指令。

测验材料样例：

关于增加人事干部编制名额的请示

总经理：

经董事会批准,今后总公司、分公司两级的干部培训工作由人事部门负责。但是,在公司最初确定人事部门人员编制时没有培训工作这项任务。为了做好这项工作,需要给人事部门增加必要的编制名额,建议给人事部增加3人,每个分公司增加1~2人。

关于人事部增加的3个编制名额,请总经理审批;关于给分公司增加的编制名额,请批转各分公司从现有名额中调剂解决。

以上请示当否,请批示。

人事部

×××× 年1月

7. 维度定义

公文筐测验所要测评的能力定位于管理者从事管理活动时正确处理普遍性的管理问题,有效地履行主要管理职能所具备的能力。考察受测者对多方面管理业务的整体运

作能力,包括对人、财、物、信息等多方面的控制、把握。具体来说,要考察以下五个维度:

(1) 工作条理性

理论分值区间:0—15 分。

设计一定的任务情境和角色情境,要求受测者判断所给材料的优先级。

得分高的受测者能有条不紊地处理各种公文和信息材料,能根据信息的性质和轻重缓急对信息进行准确的分类,能注意到不同信息间的关系,有效地利用人、财、物、信息资源,并有计划地安排工作。

(2) 计划能力

理论分值区间:0—30 分。

得分高的受测者能非常有效地提出处理工作的切实可行的方案,主要表现在能系统地事先安排和分配工作,识别问题及注意不同信息间的关系,根据信息的不同性质和紧迫性对工作的细节、策略、方法做出合理的规划。

评价计划时,在某种程度上要关注受测者对其行为未来后果的考虑。例如,解决问题时是否考虑时间、成本、顾客关系或资源。计划也包括为避免预期的问题所采取的步骤,以及出现这些问题时,他们对问题的操作步骤与方法。

(3) 预测能力

理论分值区间:0—16 分。

得分高的受测者能全面系统地考虑环境中各种不同相关因素,对各种因素做出恰当的分析,并做出合乎逻辑的预测,同时对预测能提出行之有效的实施方案。

该维度包括考察三部分内容:预测的质量、所依据的因素、可行性分析。

评价预测时,要考察受测者为了做出预测而利用公文筐内材料的程度,即是否综合各种因素做出分析。

(4) 决策能力

理论分值区间:0—17 分。

该维度得分高的受测者对复杂的问题能进行审慎的剖析,能灵活地搜索各种解决问题的途径,并做出合理的评估,对各种方案的结果有着清醒的判断,从而提出高质量的决策意见。

该维度包括考察三部分内容:决策的质量、实施的方案、影响因素。

评价决策时,要细察决策背后的理性成分,考察受测者是否考虑了短期和长期的后果,是否考虑了各种备选方案的优缺点。假如采取某种行动方案,要说明为什么采取这一方案。

(5) 沟通能力

理论分值区间:0—25 分。

要求受测者设计公文,撰写文件或报告,用书面形式有效地表达自己的思想和意见。根据评估内容,考察受测者的思路清晰度、意见连贯性、措辞恰当性及文体相应性。

得分高的文章要求语言非常流畅,文体风格与情境相适应,能根据不同信息的重要性来分别处理,结构性很强,考虑问题很全面,能提出有针对性的论点,表现出熟悉业务的各个领域。

8. 报告样例

公文筐测验结果分析

考号:101	姓名:※※※	性别:男	年龄:42	
工作条理性 64.8	计划能力 86.4	预测能力 40.4	决策能力 96.6	沟通能力 70.5

结果解释:

- 工作条理性:

工作非常有条理,能分清事务的主次,并能据此安排自己的工作步骤,使工作按一定的次序进行,表现出一定的计划性。

- 计划能力:

对工作的处理得当,分析能力较强,能提出有效的处理意见,主要表现在能根据事物的轻重缓急对工作的细节、策略、方法做出较为合理的规划。

- 预测能力:

能提出较有针对性的预测,对事件的洞察力较好,有时考虑问题稍显片面,不能综合考虑各种影响因素,但对问题尚有一定的预测能力,对预测的实施充满信心。

- 决策能力:

对复杂的问题能进行审慎的剖析,能灵活地搜索各种解决问题的途径,并做出合理的评估,对各种方案的结果做出清醒的判断,从而提出高质量的决策意见。

- 沟通能力:

书面表达方面,语言较流畅,谈起问题来很有针对性,能提出有力的论据,结构性较强,表现出较为熟悉业务的各个领域,并能通盘考虑问题。

附图

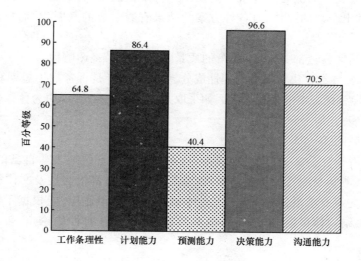

9. 注意事项

1）公文筐测验的适用对象为中、高级管理人员，它可以帮助企业选拔优秀的管理人才或考核现有管理人员。由于它的测验时间比较长，因此，常作为选拔和考核的最后一环使用。

2）公文筐测验从以下两个角度对管理人员进行测查，一为技能角度，主要考察管理者的计划、预测、决策和沟通能力；另一为业务角度，公文筐的材料涉及财务、人事、行政、市场等多方面业务，它要求管理者具有对多方面管理业务的整体运作能力，包括对人、财、物流程的控制等。

3）公文筐测验对评分者的要求较高，它要求评分者了解测验的内核，通晓每份材料之间的内部联系，对每个可能的答案了如指掌。评分前要对评分者进行系统的培训，以保证测评结果的客观和公正。

15.2 无领导小组讨论

什么是无领导小组讨论

1. 无领导小组讨论由来

无领导小组讨论是指由一组受测者组成一个临时工作小组，讨论给定的问题，并做出决策。由于这个小组是临时拼凑的，并不指定谁是负责人，目的就在于考察受测者的表现，尤其是看谁会从中脱颖而出，成为自发的领导者。

在评价中心技术中，用于评估和选拔管理人员的情境模拟测试有两种：(1) 小组作业(group exercises)：参与者处于这样一种情境，任务的圆满完成需要参与者们的密切协作；(2) 个人作业(individual exercises)：测验要求参与者独立完成任务。无领导小组讨论属于前者，是评价中心中常用的一种技术，也是一种对受测者进行集体测试的方法。它是通过给一定数目的受测者（一般5～7人为宜）一个与工作相关的问题，让他们进行一定时间长度的讨论，来检测受测者各个方面的能力，以及个性特点和行为风格，以评价受测者之间的优劣。

在无领导小组讨论中，或者不给受测者指定特别的角色（不定角色的无领导小组讨论），或者只是给每个受测者指定一个彼此平等的角色（定角色的无领导小组讨论），但这两种类型都不指定谁是领导，也并不指定每个受测者应该坐在哪个位置，而是让所有应聘者自行安排、自行组织，评价者只是安排受测者的讨论题目，通过观察每个受测者的表现，给受测者的各个要素评分，从而对受测者的能力、素质水平做出判断。

2. 测验的优缺点

无领导小组讨论作为一种有效的测评工具，和其他测评工具比较起来，具有以下几个方面的优点：

- 能检测出笔试和单一面试所不能检测出的能力或者素质；
- 能观察到受测者之间的相互作用；
- 能依据受测者的行为特征来对其进行更加全面、合理的评价；
- 能够涉及受测者的多种能力要素和个性特质；

- 能使受测者在相对无意之中暴露自己各个方面的特点；
- 能使受测者有平等的发挥机会从而很快地表现出个体上的差异；
- 能节省时间、并且能对竞争同一岗位的受测者的表现进行同时比较(横向对比)；
- 应用范围广,能应用于非技术领域、技术领域、管理领域和其他专业领域等。

无领导小组讨论也有以下几个方面的缺点(或施测上的困难)：
- 对测试题目的要求较高；
- 对主试的评分技术要求较高,主试应该接受专门的培训；
- 对受测者的评价易受主试各个方面的影响(如偏见和误解),从而导致主试对受测者评价结果的不一致；
- 受测者有做戏、表演或者伪装的可能性；
- 指定角色的随意性,可能导致受测者之间地位的不平等；
- 受测者的经验可以影响其能力的真正表现。

3. 讨论题的编制步骤

编制无领导小组讨论的讨论题通常有以下六个步骤：

(1) 工作调查

进行有关的工作分析,了解拟任岗位所需人员应该具备的特点、技能。根据岗位的这些特点和技能来进行有关试题的收集和编制。

(2) 案例收集

收集拟任岗位的相关案例,所收集的相关案例应该能充分地代表拟任岗位的特点,并且能够让受测者处理时有一定的难度。

(3) 案例筛选

对收集到的所有原始案例进行甄别、筛选,选出难度适中、内容合适、典型性和现实性均较好的案例。

(4) 编制讨论题

对所筛选出的案例进行加工和整理,使其符合无领导小组讨论的要求。主要包括剔除那些不宜公开讨论的部分或者过于琐碎的细节。相应的,应该根据所要考察的目的,补充所需要的内容,尤其是要设定一些与岗位工作相关而又符合讨论特点的情况或者问题,使其真正具备科学性、实用性、可评性、易评性等特点,成为既凝练又典型的讨论题。

(5) 讨论题的检验

讨论题编制完成以后,可以对相关的一组人(不是受测者)进行试测,来检查该讨论题的优劣,检查此讨论题能否达到预期的目的。

(6) 讨论题的修正

检验完后,对于那些效果好的讨论题便可以直接使用,而对于那些不好的讨论题则要进行修正,直至其达到预期的效果。

4. 讨论题的要求

一般而言,对讨论的题目有以下五个方面的要求：

(1) 讨论题的数量

对于每一组受测者而言，至少应有两个讨论题，以留作备用。因为若只有唯一一个讨论题目，有可能受测者们对此题目比较陌生，或过于熟悉，致使讨论不够充分，就不能通过分析问题、讨论问题、争辩问题达到测试受测者各个方面素质的目的。所以，应该多备一份题目，以备主试视测试的情况临时改换。

另外，在组与组之间，题目尽量不要相同，以免由于讨论题泄密造成评价效果上的不良影响。

(2) 讨论题内容

所用的讨论题，在内容上应与拟任岗位相适应，是一个独立的、高度逼真的与实际工作有关的问题，即要求讨论题的现实性和典型性都要好，以达到最大程度的情境模拟。这不但能够检测受测者对本职岗位的了解状况，而且能够检测受测者从事拟任岗位的胜任度和适合度。当然，也不排除有时目的仅在于考察一般领导能力而出一些和具体岗位无关的问题。

(3) 讨论题难度

讨论题一定要一题多义、一题多解，有适当的难度。无领导小组讨论这种测试方式，重在"讨论"。通过讨论，来观察和评价受测者的各项能力素质。这种讨论的目的不在于阐明、捍卫某种观点、思想的孰是孰非，而在于过程。

为了能让受测者依据其所学所能而讨论、争辩起来，论题的结论不能过于简单，更不可以显而易见，形成"天花板效应"。也就是说，在每个案例的分析与判断中，均应有几种可供选择的方案和答案，每一方案和答案均有利有弊，让受测者的主观能动性得以充分发挥，讨论之中仁者见仁、智者见智。另一方面，编制的题目也不能过于困难，使受测者们无法讨论下去，造成"地板效应"。所以，讨论题一定要难度适中，以促使受测者必须经过周密分析和仔细推敲，才能理出头绪，才能进行争辩，才能说服别人，也才能最终使能力强者崭露头角，从而从"无领导"状态下产生出能操纵讨论的真正"领导者"，才能使不同受测者的不同水平和特点真正自然而然地表现出来。

(4) 讨论题立意

所用的讨论题，在立意方面，一定要高，也就是说编制的题目要从大处着眼，内涵要深刻；另一方面，讨论题的内容一定要具体，即编制的题目要从小处入手，具体、实在、不空谈，一定要避免那些玄妙、抽象、言之无物的争辩，避免给评价带来不便。

(5) 角色平等

对于那些适用于角色分工的讨论题，讨论题本身对角色的分工在地位上一定要平等，而不能造成受测者之间有等级或者优劣的感觉。只有受测者的地位平等了，受测者才能有发挥自己才能和潜能的同样机会，受测者之间才能有可比性。

5. 讨论题的形式

无领导小组讨论的讨论题一般都是智能性的题目，从形式上来分，可以分为以下五种：

(1) 开放式问题

所谓开放式问题，是指其答案的范围可以很广、很宽。主要考察受测者思考问题时是否全面、是否有针对性、思路是否清晰、是否有新的观点和见解。例如:你认为什么样的领导是好领导?关于此问题,受测者可以从很多方面如领导的人格魅力、领导的才能、领导的亲和取向、领导的管理取向等方面来回答,可以列出很多优良品质。开放式问题对于评价者来说,容易出题,但是不容易对受测者进行评价,因为此类问题不太容易引起受测者之间的争辩,所考察受测者的能力范围较为有限。

（2）两难问题

所谓两难问题,是让受测者在两种互有利弊的答案中选择其中的一种。主要考察受测者分析能力、语言表达能力以及说服力等。例如:你认为以工作为取向的领导是好领导呢?还是以人为取向的领导是好领导?一方面此类问题对于受测者而言,不但通俗易懂,而且能够引起充分的辩论;另一方面对于评价者而言,不但在编制题目方面比较方便,而且在评价受测者方面也比较有效。但是,此种类型的题目需要注意的是两种备选答案一定要有同等程度的利弊,不能是其中一个答案比另一个答案有很明显的选择性优势。

（3）多项选择问题

多项选择问题是让受测者在多种备选答案中选择其中有效的几种或对备选答案的重要性进行排序。主要考察受测者分析问题实质、抓住问题本质方面的能力。此类问题对于评价者来说,比较难于出题目,但对于评价受测者各个方面的能力和人格特点则比较有利。

（4）操作性问题

所谓操作性问题,是给受测者一些材料、工具或者道具,让他们利用所给的这些材料,设计出一个或几个由主试指定的物体来,主要考察受测者的主动性、合作能力以及在实际操作任务中所充当的角色。如给受测者一些材料,要求他们相互配合,构建一座铁塔或者一座楼房的模型。此类问题,在考察受测者的操作行为方面要比其他方面多一些,同时情境模拟的程度也要大一些,但考察言语方面的能力则较少,同时主试必须很好地准备所能用到的一切材料,对主试的要求和题目的要求都比较高。

（5）资源争夺问题

资源争夺问题适用于指定角色的无领导小组讨论,是让处于同等地位的受测者就有限的资源进行分配,从而考察受测者的语言表达能力、分析问题能力、概括或总结能力、发言的积极性和反应的灵敏性等。如让受测者担当各个分部门的经理,并就有限数量的资金进行分配。因为要想获得更多的资源,自己必须要有理有据,必须能说服他人,所以此类问题可以引起受测者的充分辩论,也有利于主试对受测者的评价,但是对讨论题的要求较高,即讨论题本身必须具有角色地位的平等性和准备材料的充分性。

无领导小组讨论的实施

1. 测验目的和功能

（1）目的

无领导小组讨论通过模拟团队环境,考察受测者的领导能力、团队合作能力以及某些个性品质,诊断受测者是否适合胜任某一管理职位。

（2）功能

无领导小组讨论检测受测者的组织协调、口头表达、洞察力、说服力、感染力、处理人际关系的技巧、非言语沟通(如面部表情、身体姿势、语调、语速和手势等)等各个方面的能力,以及自信程度、进取心、责任心、灵活性、情绪控制等个性特点和行为风格,以评价受测者之间的优劣。

2．测验的特点

无领导小组讨论的突出特点是具有生动的人际互动性,能看到许多纸笔测验乃至面试看不到的现象,对预测真实团队中的行为有很高的效度。

3．适用对象

无领导小组讨论常用于选拔管理人员,它的适用对象为具有领导潜质的人或某些特殊类型的人群(如营销人员),可以从中择优选拔组织所需的优秀人才。

4．测验时间

无领导小组讨论的时间约为30~60分钟。整个讨论可分为三个阶段:
- 第一阶段:主试宣读试题,受测者了解试题,独立思考,列出发言提纲,一般规定为5分钟左右;
- 第二阶段:受测者轮流发言阐述自己的观点;
- 第三阶段:受测者交叉辩论,不但继续阐明自己的观点,而且要对别人的观点提出不同的意见,最后达成某一协议。

5．测验的施测过程

（1）准备阶段
- 指导语:要有统一的、明确的指导语,以免在组与组的受测者之间造成不匹配,失去可比性;
- 分组:应把以前曾经接受过无领导小组讨论训练或者参加过无领导小组讨论、有此类经验的受测者放在一组,把没有此类经验的受测者放在另一组;
- 场地安排:为了使所有的受测者处于同等的地位,无领导小组讨论应该用圆桌,而不要用方桌,使用方桌容易使相对而坐的人有对立感,而且不容易用一个摄像机来录像。另外,场地一定要宽敞、明亮。不过,随着科技的发展,目前可以用带多个摄像头的一套录像系统来记录无领导小组讨论的现场。于是,实际操作中有时也会使用方桌进行无领导小组讨论的测试,可以让受测者坐在方桌的三边或者四边,但要保证方桌的对立面距离不要太近,以免有对立感。

（2）具体实施阶段

主试在给受测者提供了必要的资料、交代了问题的背景和讨论的要求后,一定不要参加提问、讨论或者回答受测者的问题,以免给受测者暗示。

整个讨论过程用摄像机监测、录像。

（3）评价阶段
- 至少要有两个或两个以上的主试,以互相检查评价结果;
- 主试应对照计分表所列条目仔细观察受测者的各项表现;

- 主试要克服对受测者的第一印象,不能带有民族、种族、性别、年龄、资历等方面的成见;
- 主试对受测者的评价一定要客观、公正,以事实为依据。

（4）总结阶段

在进行无领导小组讨论后,所有主试都要写评定报告,内容包括此次讨论的整体情况、所问的问题内容以及问题的优缺点,主要说明每个受测者的具体表现、自己的建议、最终录用结果等。

6. 测验的样题（含指导语）

指导语：

现在我们要根据企业的要求开一个讨论会。在座的各位现在就组成一个专案工作小组。现在公司要求我们小组对下列问题进行讨论、分析,并做出决定。

请大家充分讨论,并拿出小组的意见来。讨论共有35分钟。请大家充分利用时间。

讨论一旦开始,将不再回答你们的任何提问,也不干预你们的讨论。

样题：

你认为什么样的领导是好领导？以工作为取向还是以人为取向？

7. 维度定义

对于受测者的计分,要分成几个维度;每个维度要有一定的标准定义;对于不同的维度,要根据岗位的不同要求而有不同的权重,比如对于销售工作而言,口头表达能力和说服别人的能力所占的权重就应该大一些。

以下是无领导小组讨论的维度定义：

1) 组织行为。主要考察受测者在小组讨论中是否主动发言,阐述自己的观点,以及能顾全大局,积极主动地请他人发言,并向他人提出疑问,及时纠正跑题,使讨论继续进行下去,发言能广泛综合他人意见,针对大家的观点适时概括、总结,并拿出一致性的意见。

2) 洞察力。又称智慧能力。主要考察受测者在讨论中是否能针对题目澄清前提条件,提出新颖、独到的观点或见解,在阐述自己观点时能旁征博引、引经据典,对题目分析透彻,并搜集证据来支持自己的观点。洞察力还体现在及时洞察他人谈话的漏洞,并加以支持、注释。

3) 倾听。倾听是小组讨论中一个很重要的维度。好的领导者（管理者）能很好地倾听下属或他人的谈话。在此主要考察受测者是否专心聆听他人的见解,并及时与他人进行沟通（如面部表情、点头、摇头等）,在讨论中不随便打断别人的谈话,别人插入自己的阐述时能接受,而不是拒绝。

4) 说服力。小组讨论不但要求受测者发言、提出自己的观点,最后还要拿出一致性的结论。这就说明了说服力的重要性。它包括两方面的内容：口才、逻辑性及表达。前者指的是发言的流畅性,语调、语速是否适宜,是否有婉转性及抑扬顿挫等；后者包括发言的针对性,不跑题,在阐述观点时,论点与论据间推理严密。

5) 感染力。对于一名领导者(管理者)来说,感染力是很重要的。在小组讨论中,这个维度能淋漓尽致地表现出来。它包括很多方面,如关注对象、语调、手势、他人反应等。

6) 团队意识。小组讨论是对受测者进行集体测试的方法,它要求受测者们密切合作,拿出一致性的意见。因此,受测者们要注意角色定位,不能在讨论中以自我为中心,忽视了整个团队。

7) 成熟度。是对受测者的总体把握。如在讨论中,与他人交谈时显示出的成熟风度,通常与工龄、工作经验成正比。

8. 报告样例

无领导小组讨论结果

考号:165　姓名:＊＊＊　性别:男　年龄:25

组织行为	洞察力	倾听技巧	说服力	感染力	团队意识	成熟度
80.6	74.8	86.4	54.4	71.8	88.3	60.2

评语:
- 具有良好的领导组织意识,善于影响他人,营造合作的团队氛围,表现出较强的组织能力;
- 对问题的思考和分析有良好的洞察力,能比较深入地把握关键的事物,做出客观合理的反应;
- 在与他人合作中有较好的沟通交流能力,团队合作意识强,人际关系取向较高;
- 在言谈、举止上成熟度一般,说服力有待加强。

附图

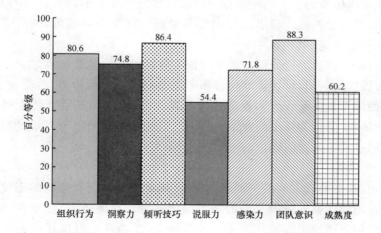

9. 注意事项

1) 评分者在观察受测者的行为和言语表现时,不要因为受测者的某些人格特点而对受测者造成不应有的偏见,这样会使结果失之偏颇。

2) 评分过程中,要求多名评分者对同一受测者的不同能力要素分别打分,取其平均值作为受测者的最后得分,这样的结果才科学、公正。

15.3 结构化面试

什么是结构化面试

1. 概述

面试是在考官与受测者直接交谈或设置受测者于某种特定情境中进行观察,了解受测者素质状况、能力与个性特征及求职动机等情况,从而完成对受测者适应职位的可能性和发展潜力的评价,是一种十分有用的测评技术。

面试的优点在于它比笔试或看人事传记资料更为直观、灵活、深入,可以判断出这些方法无法看出的人的属性或者层面;缺点是主观性大,考官容易产生偏见,难于防范和识别受测者的社会赞许倾向和表演行为。

与一般面试相比,结构化面试对面试的考察要素、面试题目、评分标准、具体操作步骤等进一步规范化、结构化和精细化,并且统一培训面试考官,提高评价的公平性,从而使面试结果更为客观、可靠,使同一个职位的不同受测者评估结果之间具有可比性。结构化面试可为组织选择合适的人才提供充分的依据,为实现高效的人员甄选录用、科学开发人力资源提供一种有效的技术手段。

2. 结构化面试的特点

结构化面试具有面试的一般特点,同时有其特有的结构化组织特点,如下所述:

(1) 科学性

面试法是通过对人员的外部行为特征的观察与分析,以及对过去行为的考察,来评价一个人的素质特征。心理学研究指出,一个人的气质、特征、能力往往是通过一个人的外部行为特征表现出来的。人的外部行为特征主要是一个人的语言行为和非语言行为。因此通过面试,对一个人的外部语言行为与非语言性行为的观察与分析,可以了解一个人的内在心理素质状况。

用过去的行为预测未来的行为,也是面试有效性的一个重要特点之一。通过受测者对其过去行为的讨论,考官可正确地理解和考察受测者过去的行为、活动、成就和以往经验。在这里,面试不仅仅是让受测者陈述自己以往的经历,而是要受测者提供有关过去行为的专门例证,了解行为发生的背景、结果等,这就使考官将以个人观点和信息为依据的评价,变成以事实为依据的评价。

(2) 双向沟通性

面试是考官和受测者之间的一种双向交流、彼此传达或引发彼此的态度、情感、希望的过程,包括言语或非言语两种水平的信息交流过程。在面试中,受测者并不完全处于被动状态,考官可以通过观察和言语来评价受测者,受测者也可以通过考官的行为来判断考官的态度偏好、价值判断标准,对自己在面试过程中的表现的满意程度,以此来调节自己在面试中的行为;同时,受测者也可以借此机会了解将要给予他的工作岗位的条件、特殊性,并由此决定自己是否可以接受这一职位。因此,面试不仅是对受测者的一种考察,也是主客体之间的一种沟通、交流和能力的较量。这就对考官提出了很高的要求,考官不仅要善于从受测者的言行、态度、礼节等外部行为表现来考察受测者的内在心理特征,而且要掌握一定的面试技巧,采取诱发反应的技术及步骤来活跃面试气氛,完成预定的面试任务。这就需要注重对面试人员的培训,着重从知识广度与深度、言语的表达力、思维的敏捷性、观察力、感染力、自信心和对面试者的态度等方面提高考官水平。

3. 结构化面试的结构性

（1）面试考核要素（工作分析）结构化,并作为评分标准的基础

首先必须对应试职位的日常工作进行科学与全面的分析,以期确定具体职位对人员的思想品德、职业能力、个性特征及相关学识的要求及水平标准,进而选用能够检验这些要求和标准的评价手段,以保证面试的针对性和有效性。工作分析是录用考试的最基础性的工作,是前提。

有了工作分析的基础,结合对从业者的具体职位说明及专业学识和技能方面的要求,便可分析、筛选、整合、概括出面试考核要素,对每个要素一一做出具体定义,以便于考官对受测者的行为表现进行观察评估。

在工作分析中要注意不同要素之间分类、分等的问题,这主要体现在评分权重的不同。

（2）面试试题（内容、种类、编制）的结构化,不同类型的题目与测评要素相对应

在针对特定目的的所有面试中,始终如一地使用一套事先确定了评价标准的、一系列与工作相关的、设计完好的面试问题。这些问题具备以下三个特点：

- 问题是基于职位职责的,即要从岗位的职责、职能、职权中引申出的问题；
- 问题是系统编制出来的,目的是揭示具体的资格条件,即能力、素质的水平；
- 能根据确定好的标准来对受测者的反应进行评价。

（3）评分标准结构化（要素得分、所占比重、总分、与其他测评工具的合成分数、考官评语）

考官评分的对象,是受测者在回答问题中在各个面试要素上所体现的能力和水平,而不是受测者在某个题目中回答的质量；因此虽然不同的受测者可能回答不同的问题,但在同一个要素上的得分有可比性。此外,每一个受测者得到各个面试要素分数,然后可按照要素比重的不同,合成其面试总分,这个分数代表其总体水平,可用于不同个体之间的横向比较。

考官使用的评分工具包括个人评分表和得分平衡评分表。评分表上的每一点定义得越清楚,评分表提供的信息就越可靠,这是因为评分表统一了下述三个方面的评分内容：

- 测评指标（反映受测者素质、资格的典型行为表现）；
- 水平刻度（描述行为表现所体现能力、素质或资格条件的数量水平或质量等级的量表系统）；
- 测评规则（一定水平刻度与一定行为指标之间的对应关系）。

依据工作分析的结果,按照职务要求的能力、素质及其他心理特征的不同重要程度,确定各个面试要素的不同权重数,以及与其他测评方法所得结果的合成比重,如与笔试之间成绩的合成。

考官要有评分评语,以显示公平性和科学性。不同考官对同一受测者的分数要加以平衡,平衡考官评分误差,避免极端分值影响。

(4)组建面试考官、监督员及考务人员队伍结构化

面试小组由7~9人组成,设有主考官、副考官、监督员及考务人员等,主、副考官负责向受测者提问,并且把握面试的总体进程,不至于冷场,使面试正常进行。选用考官时,应注意以下各个方面:

- 专业、年龄、性别的搭配;
- 通过监督员实现公正、平等性;
- 考官要经过培训,尤其是主、副考官;
- 对题本比较熟悉,尤其是主、副考官。

(5)选择与布置考场结构化

考场的选择和布置符合以下要求:

- 安静、整洁、无干扰,光线、温度等自然环境适宜;
- 面积适中(30~40平方米);
- 设立候考室(不能与主考场相干扰,防止已面试人员与未面试人员交流面试内容);
- 主考场的布置:考官席、受测者席、监督席、计分席,以及旁听席和记者席。

(6)具体操作步骤结构化

结构化面试包括以下主要操作步骤:

- 条件允许的话,对参加面试的所有受测者集中讲解面试的整体计划、时间安排、注意事项、纪律要求;以抽签或者其他方式确定每个受测者的面试顺序,并依次登记考号、姓名和次序号等必备的表明个体身份的号码。
- 主考场、候考室准备工作完成后,面试开始。由考务人员依次带领受测者从候考室进入主考场,并通知下一名候考人做准备。
- 每次面试一个受测者,由主考官或副考官依据面试题本向受测者提问。在这期间,根据试题要求或者面试前的分工、受测者答题情况,其他考官可续问、追问。
- 一般而言,向每个受测者提出的问题以5~7个为宜,时间控制在30分钟左右。
- 面试评分。在受测者离开主考场后,所有考官在制定的评分表上按不同的测评要素给受测者独立打分。由计分员收集每位考官手中的面试评分表送到计分席,并在监督员的监督下按确定的加权计分公式统计面试总分,填入受测者结构化面试成绩表中。计分员、监督员和主考官依次在面试成绩表上签字。
- 单个受测者的面试结束。

结构化面试的实施

1. 目的与功能

(1)目的

结构化面试综合考察受测者的各个方面,核查纸笔测验的结果,确认是否符合拟聘职位的要求。

（2）功能

结构化面试考察受测者的举止仪表、言语表达、综合分析、应变能力等多方面的表现，观察其在特定情境下的情绪反应和应对方略，做出量化分析和评估；并且结合个人简历等资料，提出对每个个体需着重考察的工作经验、求职动机、需求等方面问题，全面把握受测者的心态、岗位适应性和素质，从而具备以下基本功能：

- 区分功能：在一定程度上能够区分出受测者的相对差异，依据量化结果可做参照和比较；
- 评定功能：能在一定程度上评价、鉴别受测者某些方面的能力、素质和水平是否达到了规定的某一标准；
- 预测功能：面试中的考察要素与职位/岗位要求一一对应，体现以用为考的原则，能在一定程度上预测受测者的能力倾向和发展潜力，预测受测者在未来岗位上的表现、成功的可能性和成就。

2. 对结构化面试考官的要求

1）良好的个人品格和修养。面试考官所拥有的位置不仅反映出其个人的修养水平，更重要的是，他们代表着组织，代表着一种组织文化的特征，从他们身上可以反映出组织的风范。他们必须给人以正直、公正和良好修养的感觉，使每位受测者在与他们的接触中感受到彼此的价值。

2）具备相关的专业知识。相关的专业知识是面试考官的基本要求。虽然可以在专业知识笔试中解决对受测者知识水平的判断，但在面试过程中也会或多或少地遇到此类问题，有时专业问题的提问被看做是一种面试技巧，因此需要具备这方面的知识。至少，一个面试小组中，考官的知识组合不应存此缺口。

3）丰富的社会工作经验。面试的完成和质量很大程度上依赖考官所具有的丰富的工作经验。借助于工作经验的直觉判断往往能够准确地把握受测者的特征。同时，丰富的社会工作经验也是提高和掌握面试技能的保障条件之一。

4）良好的自我认知能力。心理学研究表明：人们总是习惯以自我为标准去评价他人。作为面试考官，如果不能够对自我有一个健全、准确的认识，就无法准确地评价他人。

5）善于把握人际关系。面试过程就是人际交往过程。在与受测者的交流中，考官应该善于利用有关人际关系的知识和自身对人际关系的敏锐感知力去判断受测者处理人际关系的能力。

6）熟练运用各种面试技巧。面试是一种技巧性很强的工作，要求考官必须熟练掌握各种面试技巧，达到准确、简捷地对人做出判断的评价目的。

7）能有效地面对各类受测者，控制面试的进程。有时，面试对象是一些很难控制的人，他们的行为可能会干扰面试的正常进行，因此要求面试考官应具备某种驾驭人的能力，使面试进程和目的免受破坏。

8）能公正、客观地评价受测者。人员选聘是为组织选拔所需的人才，故而不可因个人的好恶或受测者的外貌、习惯、家庭背景等非评价因素影响评价的结果。公正、客观的评价意味着能够以第三者的角度去评价受测者。

9）掌握相关的人事测评技术。面试过程中会自然地利用某些人事测评的手段和方法去评价受测者,因此掌握此类技术是提高面试能力和技巧的基本途径。

10)了解组织状况及职位要求。对应试职位和组织状况进行较为深入、全面的了解,有助于提高面试工作的质量,可以帮助选拔出真正需要的人才。

3. 适用对象

结构化面试广泛适用于各种类型和各种层次的应试人员的选拔。

4. 面试方案的构成

结构化面试方案共由五部分材料构成,其内容及作用如下:

(1)人员甄选中面试的技术规范

这部分材料主要对面试的一般原则、内容、方法及所需注意的事项进行了说明,考官可以通过对这部分内容的阅读,了解面试的基本情况,形成对面试程序的整体概念。

(2)面试考核要素重要性及具体标准分析表(参看表 15.1)

此分析表是用于记录在对应试的不同职位的人员进行结构化面试时,必须考察和评定的考核要素及其重要程度。通过列表说明针对各种职位应考核的各要素和要素的重要性及其具体标准,考官可以据此估算各考核要素的权重,并根据所列要素在具体考核受测者时做全面的观察和判断,有利于考官从受测者的种种应对和表现中敏锐准确地把握信息,依据规范化评分标准统一评分。

面试分两部分进行:第一部分,考察受测者的综合能力,包括:举止仪表、言语表达、综合分析能力、动机与岗位匹配性、人际协调能力、应变能力、情绪稳定性以及计划、组织、协调能力;第二部分,考察受测者的专业知识和技能,包括:专业性知识水平和培训经验、专业应用水平和操作技能、一般性技术能力水平、外语水平。

面试考核的要素可根据不同需要进行调整,根据具体情况可添加新的要素或减少考核要素。另外,在面试中,考官应根据对受测者背景情况的了解,有针对性地提出需考察的个别问题,判定受测者的特殊能力。

(3)规范性问题设计和题库

这部分内容包括结构化面试规范性问题设计样例和面试题库两部分。

1)结构化面试问题样例是针对六种不同职位分别设计了六套问题程序,每套问题程序中包含六种基本的考核题型,对所需考核的各方面因素进行考察(参看本章末的"针对不同岗位的面试规范性问题设计样例")。

2)面试题库包含 150 道题目,涉及以下各个方面:

- 一般性问题,如学校教育、工作经历、未来计划目标;
- 心理素质自我评价问题,如能力、个性特征、人际交往方面;
- 专业岗位性问题,岗位分:行政办公、总务、人力资源、后勤、业务、销售、市场、采购、生产、技术部门、商品管理。

(4)结构化面试个人评分表(简称"个人评分表",参看表 15.2)

这部分包含一套针对每名受测者独立设计的评分表。每张评分表列出需考核的各种因素,同时留出"个人考察要点"一栏,供考官在面试前可针对每名受测者在简历上所反映的情况,记录需重点考察的方面,以便于充分利用面试中与受测者面对面交流的机会,尽可能全面地获取受测者的信息。考官可在"个人评分表"上直接用 10 分制计分,并根据提示,针对个人具体情况提问。

表 15.1　面试考核要素重要性及具体标准分析表

岗位 要素	市场开发人员	技术支持	安装督导	英文译员	出纳	接线接待
举止仪表	***得体地与客户交流,代表企业形象	*恰当的举止态度,代表企业形象	*恰当的举止态度,代表企业形象	***得体地与客户交流,代表企业形象	*一般要求	***举止得体,具有礼仪知识
言语表达、理解	***有逻辑性和说服力,表达流畅	***技术用语的表达清晰、准确	*一般用语的表达	***语言精确、流畅,理解性强、言语理解性强	*一般要求	***言语表达得体、礼貌、恰当
综合分析能力	***市场分析能力,策略分析能力,信息捕获能力	***设备技术分析能力,工艺分析能力	***问题分析能力、问题解决能力			
动机与岗位的匹配性	***有挫折承受力,企业忠诚度强,有保守秘密的能力		***能吃苦、耐劳,有恒心			***接待时处理好与客户关系
人际协调能力	***协调与甲方的各种关系,开创、协调客户关系	***与他人的合作性	***与客户建立良好关系	***与他人的合作性		
计划、组织、协调能力	***组织策划、设计的能力		***安装调试、组织、协调能力			
应变能力	***与客户谈判时应变的能力	***对技术性提问的即时解答能力	***实际问题的现场处理能力			
情绪的稳定性	***面对挫折、刁难时情绪的稳定	***面对挫折、刁难时情绪的稳定	***面对挫折、刁难时情绪的稳定			
专业知识	专业市场知识、英文、电脑	专业知识、英文、电脑	专业知识,动手操作能力,英文、电脑	科技英文(听、说、写)、电脑	财务知识、电脑	英语、电脑
其他(面试中很难考察,最好用笔试考核)	热情、有责任心、主动、外向	耐心、细致	体能好、坚忍、自制、负责心强、有事业心、适应性强、宽容	机敏、反应快	细心、责任心强、诚实	耐心、口齿清晰

注:***表示十分重要;**表示比较重要;*表示一般要求;没有标号的情况表明无需考察;方格内的文字内容为考核时需侧重的方面及其标准。

表15.2　结构化面试个人评分表

编号:22　姓名:＊＊　性别:男　年龄:32　学历:本科
专业:无线电工程　现职务:副经理　应试职位:市场开发类

面试要素	观察要点	极差		较差		中等		较好		极好	
举止仪表	衣着打扮得体;言行举止随和,有一般的礼节;无多余的动作。	1	2	3	4	5	6	7	8	9	10
言语理解和表达	理解他人意思,口齿清晰、流畅,内容有条理、富逻辑性;他人能理解并具一定说服力,用词准确、恰当、有分寸。	1	2	3	4	5	6	7	8	9	10
综合分析能力	对事物能从宏观总体考虑;对事物能从微观方面考虑其各个组成成分;能注意整体和部分之间的关系和几个部分间的有机协调组合。	1	2	3	4	5	6	7	8	9	10
动机匹配性	兴趣与岗位情况匹配;成就动机(认知需要、自我提高、自我实现、服务他人的需要等)与岗位情况匹配;认同组织文化。	1	2	3	4	5	6	7	8	9	10
人际协调能力	人际合作主动;理解组织中权属关系(包括权限、服从纪律等意识);人际间的适应有效沟通(传递信息);处理人际关系原则性与灵活性结合。	1	2	3	4	5	6	7	8	9	10
计划、组织、协调能力	依据部门目标预见未来的要求、机会和不利因素并做出计划;看清冲突各方面关系;根据现实需要和长远效果做适当选择,及时做决策、调配、安置。	1	2	3	4	5	6	7	8	9	10
应变能力	有压力状况下:思维反应敏捷;情绪稳定;考虑问题周到。	1	2	3	4	5	6	7	8	9	10
情绪稳定性	在较强刺激情境中表情和言语自然;受到有意挑战甚至有意羞辱的场合,能保持冷静;在长远或更高目标,抑制自己当前的欲望。	1	2	3	4	5	6	7	8	9	10
专业知识和技能	针对不同职务考察专业知识,考察一般性技能,计算机水平、英语水平。	1	2	3	4	5	6	7	8	9	10
个人考察要点	1. 离开原公司的原因,个人目标如何;本公司职位的吸引力何在; 2. 具体谈对销售、市场方面工作的想法,有何业绩,是否适应常出差; 3. 优势是有合资和外企工作经验、市场部工作经验且职位较高,熟悉市场开发过程,有经验;年龄上成熟。	记录:									
考官评语									考官签字: 　年　月　日			

(5) 得分平衡表(参见表15.3)

为保证对所有受测者的平等对待,考官应将所有受测者的分数集中在一张"得分平衡表"内,参照对前一名受测者的评分,确定当场受测者的评分标准。

该表也可用于汇总多个考官对同一名受测者在各个面试要素上的得分,便于监控和平衡考官之间评分标准差异悬殊的现象。

总分的计算公式参见表 15.3 中的附注。

表 15.3　得分平衡表

应聘岗位:市场开发人员

考核因素	综合能力得分(占总分百分比:$P\%$)									专业知识得分(占总分百分比:$Q\%$)		考核总分
	举止仪表	言语表达理解	综合分析能力	动机与岗位的匹配性	人际协调能力	计划、组织、协调能力	应变能力	情绪的稳定性	综合能力总分	专业知识	专业知识校正分数	
权重	0.67	0.67	0.67	2	2	1.33	1.33	1.33		10		
1												
2												
3												
4												
5												
6												
7												
8												
9												
10												

注:综合能力得分、专业知识得分占总分百分比由考官针对具体职位要求制定,填入横线中,综合能力总分 = 求和(各项综合能力因素得分 × 各自权重);专业知识校正分数 = 专业知识 × 专业知识权重(10);考核总分 = 综合能力总分 × 综合能力得分占总分百分比($P\%$) + 专业知识校正分数 × 专业知识得分占总分百分比($Q\%$)。

5. 面试的过程

(1) 面试准备的步骤

- 在面试前,阅读"人员甄选中面试的技术规范",了解面试的一般概况。
- 基于职位描述和工作分析,分析确定面试考察要素及其重要性,填写"面试考核要素重要性及具体标准分析表",参见表 15.1。
- 利用上表,针对各种职位确定综合能力部分、专业知识和技能部分各自的占分比例。例如:对市场开发人员来说,设定综合能力占总分的 70%,专业知识占 30%。
- 计算考核要素权重。综合能力部分和专业知识技能部分的考核要素的权重分开独立计算,每一部分权重之和为 10,计算方法举例如下(见表 15.4)。

表 15.4 考核要素权重计算表

综合能力要素	重要性	（＊）数×10/（＊）总数	权重
举止仪表	＊	1×10/15	0.67
言语表达、理解	＊	1×10/15	0.67
综合分析能力	＊	1×10/15	0.67
动机与岗位的匹配性	＊＊＊	3×10/15	2.00
人际协调能力	＊＊＊	3×10/15	2.00
计划、组织、协调能力	＊＊	2×10/15	1.33
应变能力	＊＊	2×10/15	1.33
情绪的稳定性	＊＊	2×10/15	1.33
（＊）总数	15	15×10/15	10.00

注：＊＊＊表示十分重要，＊＊表示比较重要，＊表示一般考察。

- 区分不同的职位，将确定的综合能力部分和专业知识技能部分的占分比例数和对应各个考核要素的权重填入"得分平衡表"的对应栏目中，以备计算最后总分。
- 利用"规范性问题设计和题库"，参照其中的规范性问题样例，确定针对每种职位的具体考核题目，制定符合自己招聘情况的"规范性问题"。确定考核题目时，力求对应试同一职位的人员出大致相同的题目，以确保公平性。
- 填写制定"个人评分表"。首先填写每位受测者的背景信息，并把确定需要考核的要素标示出来或补充完全；其次参阅每一位受测者简历，把需要在面试中特别考察和进一步了解的问题填写在"个人考察要点"一栏；准备好每位受测者的多份评分表，供所有考官在面试中对其个人的情况做记录和评分。参见表 15.2。
- 面试前应确保以下材料的齐全：受测者的个人简历、"面试考核要素重要性及具体标准分析表"、"规范性问题"（针对具体职位）、"个人评分表"和"得分平衡表"。

（2）实施面试

面试时，参照"面试考核要素重要性及具体标准分析表"确定应考核的因素及侧重点，参照"规范性问题"对受测者进行有针对性的提问，同时参考"个人考察要点"一栏进行个别提问。考官注意做到以下几点：

- 对招聘职位/岗位有充分了解，熟悉职位要求；
- 语言规范，发音清楚，语速适中；
- 心思集中，避免面试过程被中途打断；
- 注意观察受测者的非语言行为，能够敏感地捕捉有关信息，主要包括一个人的仪表、风度、手势、体态变化、眼神、面部表情、言语表情、躯体表情等；
- 注意避免轻易下判断，以第一印象取人；始终以客观、负责的态度观察与评价受测者的行为表现及答问状况；
- 善于倾听，一方面应善于听取受测者的陈述，让其有充分表达思想的机会，另一方面考官应避免发表个人观点或对事物的价值性判断，防止受测者投其所好；
- 注意控制面试节奏，把握好面试时间。考官提问应简洁、明了，不对问题做反复解释；按时间要求把握好进度，对某些问题不要与受测者纠缠。

（3）评分

在每一位受测者完成面谈之后，留下一段空余时间，由面试考官分别根据应聘人员的面试表现独立打分（给出该受测者在每一个考核要素上的得分），同时考官对受测者的总体情况写出简明扼要的评语，如突出的特点、明显不足、评定意见等。

（4）评分的平衡

为保证对所有受测者的平等对待，考官应将所有受测者的分数集中在一张表内（见"得分平衡表"），参照对前一名受测者的评分，确定对当场受测者的评分。

另外，由于有数名考官对同一受测者进行考核，应将各个考官对受测者的评判分数加以比较。如果发现在分值上有较大差异，应在考官之间进行交流和协商，评出一个大家认可的分值。

（5）分数的计算

考核分数的计算需根据考官在各个要素上评定的分数、综合能力部分和专业知识技能部分各占总分的比例数，以及各面试考核要素的权重计算得出。在"得分平衡表"的附注中有三个运算公式供使用，将数据代入公式，可计算求出每位受测者的面试考核总分。

6. 面试考核要素的定义

（1）综合能力部分

- 举止仪表：受测者的体格外貌、穿着举止、精神状态；
- 言语表达：受测者言语表达的流畅性、清晰性、组织性、逻辑性和说服性；
- 综合分析能力：能否对所提出的问题抓住本质、要点，充分、全面、透彻而有条理地加以分析；
- 动机与岗位的匹配性：对职位的选择是否源于对事业的追求，是否有奋斗目标，积极努力，兢兢业业，尽职尽责；
- 人际协调能力：有人际交往方面的倾向与技巧，善于处理复杂人际关系，调和各种利益冲突；
- 计划、组织、协调能力：能清楚设定完成工作所需步骤，并对工作的实施进行合理安排，妥当协调工作中所需要的各方面的支持；
- 应变能力：在实际情景中，解决突发性事件的能力，能快速、妥当地解决棘手问题；
- 情绪的稳定性：情绪的自我控制能力，语调、语速的控制，遣辞造句等是否有理智和节制，反映耐心、韧性，以及对压力、挫折、批评的承受能力。

（2）专业知识和技能部分

- 专业性知识水平和培训经验：受测者的教育背景和学历水平，以及曾参加过的进修、培训的时间和水平。
- 专业应用水平和操作技能：如对高专业化仪器的功能和使用的了解和掌握程度，或对相关专业项目的程序设计、组织和监控等方面的经验和技术熟练度。
- 一般性技术能力：如计算机应用水平、驾驶水平等。
- 外语水平：所掌握的外语语种和数量，在听、说、读、写方面可达到的熟练水平，已获得的有关等级证书。

针对以上定义，在"个人评分表"上有范例供读者参考。据此可总结面试过程中应观察的要点。

7. 面试题型介绍

在面试中常常使用6种题型,可以用多种不同形式的问题全面考察受测者在各个面试要素上的水平:

(1) 导入性问题

导入性问题是指在受测者入场,考官做指导性阐述之后,考官提出的一些有关受测者背景的问题。考官一般用3~5分钟的时间大致了解一下受测者的情况,例如,受测者受教育和工作的情况,为何要来面试等。

这类问题于面试的最初阶段提出,主要用来缓和受测者的紧张情绪,形成考官与受测者之间融洽交流的气氛。这类问题的作用主要是使受测者能够随后发挥出最佳水平,同时使考官能了解每一受测者的真实水平,以求公平。另外,通过对受测者背景的询问,可以掌握一些简历以外的信息,为下一步的考核提供思路。

- 目的:主要用于了解受测者个人的基本情况。
- 出题思路(三个目的):让受测者放松,能自然进入面试的情境;作为一个初步的探查;看受测者是否有备而来、为深入面试提供引导,搜集话题。

例如,可以这样提问:"请你用二三分钟的时间简单介绍一下你自己的基本情况。"

(2) 行为性问题

行为性问题是指考官询问受测者过去某种情境下的行为表现。

由于这类问题的隐蔽性差,有些受测者会做一些言过其实的回答,所以考官需要对回答的某些细节进行追问。追问一般涉及当时的情境、任务、行动措施、行为结果等四个方面。

- 前提:过去表现是对未来表现的最好预测;了解受测者在特定情景下,特定的完整事件中的行为及其效果。
- 使用STAR追问法:STAR指当时的情境(situation)、任务(task)、行动措施(action)、行为结果(result)四个方面,即了解一个过去的完整的事件,旨在取得受测者过去行为中与一种或数种能力有关的信息。

例如,若要了解关于受测者压力耐受性的信息,可以问:"你能否告诉我某个最近发生的情况,在其中你不得不应付超乎寻常的紧张压力?"在了解到信息的基础之上,可以追问细节:"你是怎样应付这个情境的呢?""那么你的反应对他人有什么影响呢?""他人是如何评价你的?""你又如何评价你自己,从中你得到了哪些经验或者教训?"按照这种方式,在时间允许的理想情况下,持续追问,直到你已穷尽了这个主题或者你感到满意为止。只有你收集了足够多的信息,你才能就受测者的有关特征或有关能力做出合理、客观、正确的评价。

(3) 智能性问题

智能性问题主要考察受测者的综合分析、言语表达能力。一般,考官提出一些有争论的问题,让受测者阐述他(她)自己的看法。

对这类问题的评判,不应以受测者的回答与考官的理解是否一致为标准,而要考察受测者是否能自圆其说,令人信服,及其意思的表达是否清晰、有逻辑。

- 目的：考察受测者思维的逻辑性、严密性，思维的广度和深度，综合概括能力，分析比较能力，推理判断能力，观察力和知识面等。
- 出题的思路：不在于考察受测者的观点正确与否，而在于看其是否能在比较复杂的问题面前，抓住问题的症结，逻辑是否合理、正确，论据是否充分，是否能够以理服人。
- 特征：此类问题范围较广，比较好出，也是比较好的题目类型，能测查受测者的言语表达、知识面等方方面面。

　　举例："随着经济的发展，环境污染也日益成为百姓关注的问题。似乎经济发展和环境保护之间有矛盾。你对环境的污染和经济的发展之间的关系有何见解？是更看重经济的发展，还是更看重制止环境的污染？"再比如，可以问受测者如何理解"人平不语，水平不流"这句话。

（4）意愿性问题

意愿性问题主要考察受测者工作的动机是否与岗位相匹配。其目的是测查受测者的求职动机。

意愿性问题提问的方式主要有：
- 直接询问受测者应试这份工作的动机，告知他（她）工作的要求和将要承受的压力，观察受测者的反应。
- 询问受测者离开原工作单位的原因。
- 设计一种两难情境让受测者选择，并询问选择的动机是什么。

意愿性问题命题可采用投射、迫选等命题技术，主要特点为：
- 投射性问题的特点：问题模糊，表面上看起来与真正关心的问题似乎无关，但带有"旁敲侧击"的味道。
- 迫选性问题的特点：要求受测者在两项性质相近的事物中做出选择，强迫受测者在相互比较中表现出自己真实的特点和目的。如内向与外向的例子。

　　举例："我们公司需要有两种市场开发人员。一种只需在本地工作，但薪金较低，发展的机会也较少；另一种需长期出差，比较辛苦，但薪金较高，发展机会也多。你倾向于选择哪种工作？"该题的出题思路是给受测者一个迫选题。如果受测者选择愿意在本地工作，反映受测者更注重工作的环境好坏和稳定性，成就动机、自我实现需求不高；如果受测者选择高薪工作，表明他（她）倾向于从事富有挑战性的工作，有较高的成就动机，但也可能是经济取向。受测者不论怎么回答都无所谓对错，但评定时应以与拟任职位的匹配度（真实性、现实性、匹配性）来决定分值。

（5）情境性问题

情境性问题是指设计未来的一种情况，问受测者将会怎么做。这类问题可测的要素较多，可根据具体情况灵活控制。例如，可以设计某种任务达标、活动组织等情境，问受测者将如何组织实施。这种情况下，就可以考察受测者的计划、组织、协调及人际间协调的能力。

- 形式：描述一个针对相关能力的、与工作有关的假定情境，要求受测者回答在这个给定的情境中他们会怎样做。

- 假设：一个人说他（她）会做什么，与他（她）在这个情境中实际将会做什么是有联系的。或者说，一个人的应试反应基本上体现其在相应情境中可能的想法。

举例："有人说计划赶不上变化，所以作计划一点用处也没有。请结合亲身经历谈一下对此的感受。如果让你负责某项目的市场开发及跟踪工作，你认为哪些方面的工作最为重要？"

（6）应变性问题

应变性问题主要考察受测者在紧急情况下的快速反应、妥当解决问题的能力及情绪的稳定性。一般提问形式为，假设一种意外情况需受测者立即处理，问其设想的解决方案是什么；或者对受测者提出一些刁难性问题，看其如何表现。

可以提问受测者一个令人为难的问题："如果你的领导在一次工作报告会上的发言中出现一个明显的错误，但领导毫不知觉，你如何在不伤害领导形象的前提下，制止他继续犯错？"或者提一个制造紧张的问题："我们对你的书面材料很满意，所以才请你面试，但是说实话，你在面试中的表现却令我们很失望。你能解释一下原因吗？"这里的出题思路是，要在有压力的情境下测查受测者的应变能力、人际交往能力。这要求受测者具备敏捷的思维、稳定的情绪和良好的控制力，并对问题进行周密的考虑，同时给予机智的回答。注意：此类问题如果对受测者有欺骗性（如故意说其面试表现不好），在面试之后必须向受测者解释意图，请受测者谅解，并且这类题要安排在最后。

以上六种不同类型的问题的结合就构成整个面试的内容。也可用其他类型的题目来进行补充，如："请你谈一谈对营销策划工作的看法。"

以上六种类型的问题都体现了行为描述的方法。行为描述方法的基本前提有三个：

- 一个人能很全面地阐述一个思想或者观念，那么实际上在他内心里很大程度是赞成这一思想或者观念的。如智能性和应变性问题。
- 一个人过去的表现是对他未来表现的最好预测，如导入性问题和行为性问题。
- 一个人说他将会怎么做，并且说得仔细而且有条理，那么在实际生活中他一定知道做这件事的方法，并有可能这么做，但不能肯定他必然会这么做，如意愿性问题和情境性问题。

8. 面试程序设计和问题安排技巧

（1）预备阶段

主要是以一般的社交话题进行交谈，使应试人员自然地进入面试情境之中，以消除他们的紧张心理，建立和谐、友善的面试气氛。这一阶段安排的结构化问题是导入性问题、行为性问题。

（2）正题阶段

进入面试的实质性问题，安排的结构化问题是行为性、智能性、情境性、意愿性和应变性问题。此外，针对受测者个人情况，需进一步考察的要点问题可灵活穿插在其中。而应变性问题必须安排在最后，避免受测者情绪波动的影响，其他各类结构化题目可以灵活安排。

（3）结束阶段

面试的结束要自然、流畅，不要给受测者留下某种疑惑或突然的感觉。这一阶段可安排给受测者补充说明的时间；如果有欺骗性问题的设计，应向受测者说明意图。

9. 考官面试操作技巧

（1）提问的技巧（可与行为性问题相对照，解决没有弄清楚的问题。）

自然，亲切，渐进，聊天式地导入正题；使用统一的指导语很关键。好的开头是成功的一半，目的在于缓解受测者的心理紧张。

- 通俗，简明，有节奏感。提问时，考官应力求使用标准语言，避免使用有歧义的语言，不要用生僻字，尽量少用专业性太强的词汇。不要只是照念题目，而应有感情、有节奏地向受测者发问。
- 问题要有可评价性（与测评要素相对应）和延伸性（不是简单用"是"或者"否"就能回答）。
- 坚持"问准"、"问实"的原则（STAR追问法）。不允许受测者在这一问题上模棱两可，含糊回答。追问、了解、弄清楚受测者的真实情况和意图。
- 必要时可采取迂回的方式向受测者提问。如对于某些政治倾向和意愿，可问："你的同学和朋友是如何看这个问题的，你认为如何？"即采用投射法来了解受测者自己的真实情况。
- 追问和提问相结合，达到让受测者多说，考官多听的目的。
- 给受测者提供弥补缺憾的机会。受测者可能因为处于被动地位或心情紧张而不能充分发挥自己的水平，所以要有补偿，如问"你还有什么要补充的吗？"

（2）倾听的技巧

有技巧的倾听才能很好地发现问题、找出问题，在倾听中有以下要点需注意：

- 倾听时要仔细、认真，表情自然，不能不自然地俯视、斜视，或者盯着对方不动；防止造成受测者过多的心理压力，使其不能正常发挥。
- 慎用一些带有倾向性的形体语言，如点头或者摇头，以免给受测者造成误导。
- 注意从受测者的语调、音高、言辞等方面区分受测者内在的素质水平。如讲话常用"嗯"、"啊"等间歇语的人往往自我感觉良好，要求他人重视其地位；声音粗犷、音量较大者多为外向性格；讲话速度快而且平直，多为性格急躁、缺乏耐心；爱用流行、时髦词汇者大多虚荣心较强。
- 客观倾听，避免夸大、低估、添加、省略、抢先、滞后、机械重复等错误倾向。

（3）观察的技巧

- 坚持观察的综合性、目的性和客观性原则。
- 避免以貌取人，或者光环效应。
- 注意面部表情，通过对受测者面部表情的观察和分析，可推测其深层心理状况，在不同程度上判断其情绪、态度、自信心、反应力、思维的敏捷性、性格特征、诚实性、人际交往能力等。如当考官提出一些难以回答或窘迫的问题时，受测者可能目光暗淡、双眉紧皱，带有明显的焦急或压抑的神色。
- 注意身体姿态语言（手势、坐姿、表情变化、多余动作如捏衣角或攥手指等），这能提供有用的信息,了解受测者的内在心态。

10．评分中的注意事项

1）面试前,考官要一起研讨题目,找出追问的思路,统一评分的标准。

2）要以考察要素评分,按要素的情况而不是每个题目的情况对受测者的各个方面进行打分。

3）以综合评分为主,即在受测者答完所有问题后,为其综合打分,切忌一题一打分的做法。

4）每位考官的评分标准要前后宽严一致,不能忽严忽松,造成评分过程中的情绪化。

5）各考官横向式的评分标准要基本统一。考官在评定完第一位受测者面试分数后,及时组织评委交流情况,统一评分标准,以便横向之间的宽严基本统一,避免评分差距过大。这里所说的交流,只是允许在各自评分完毕情况下,而不是说考官可以互相商量后为受测者打分。

6）对应试同一职位的全体受测者要机会相等,考核标准统一,为此注意以下技术问题:

- 严格按照设定的结构化面试题目提问,如果是多套试题穿插使用,要保证题目的范围、大小、难易程度基本一致;
- 既要体现受测者的个性,又不能过多地考虑受测者的现实情况,如在应聘者的现任职位工作上过多追问,纠缠不清;
- 要避免纯粹工作式讨论,如听受测者的工作情况详细介绍或纠缠于某一具体的工作问题。

7）考官要一直保持旺盛的精力,防止出现评分中的"疲劳误差"。面试的特点是时间持续性长,主考官及评委要连续作战。面试中不仅考虑和留意各个考官的提问,仔细倾听受测者的回答,认真观察其反应,还要保持清醒的头脑,对受测者的能力和水平做恰如其分的判断。

8）避免"晕轮效应",考官不应由于受测者在某一方面表现出特长或有弱点,而由此认为他在其他方面也无所不能,或水平一般,非干练之才。

9）克服"第一印象"的影响。凭第一印象的判断常常左右我们对他人今后的态度。事实上,单凭第一印象去判断他人难免失之偏颇。

11．结果解释

1）面试结果分定性和定量两类:数量化结果包括要素分、总分,从各个方面和不同层面上描述受测者的素质特征和水平。定性结果指考官评语和评委总评语,这是对面试分数的补充,对于面试后受测者的考核和录用,都有重要参考价值。

2）面试结果可与其他考评技术相互支持、相互监测、相互补充,对受测者进行全面总体的评价;面试结果分数可按一定权重与其他考评分数累计成总分,作为聘用的量化依据。

12．注意事项

1）考官依据受测者在面试中的临场发挥来评分。为避免受测者因心理紧张等因素的影响,确保考试的公平性,每一位受测者入场后应有足够的时间和方法来使之心情放松,达到平常的平和心态,便于在面试中发挥正常的水平。

2) 注意保持考场不受外界任何干扰,面试不能中断暂停,考官也不能临时退席。

3) 统一考官的评判标准,注意对考官的公正性和客观性加以培训。提倡考官对于有争议的评分相互交流、评议,拿出平均分数。

针对不同岗位的面试规范性问题设计样例

1. 市场开发人员

开场白:你好!欢迎参加我们的面试,请你来主要是想通过面对面的交流增加对你的了解。我们会问你一些问题,这些问题可能与你的经历有关,也可能需要发表你自己的观点。对于每个问题都希望你如实回答,在后面的考核阶段我们要核实你说的情况。在回答每个问题前可先思考一下,不必紧张,这些问题都不难回答。如果你准备好了,我们就开始。

(1) 导入性问题

- 备选问题一:你以前听说过我们公司吗?

后续问题:从什么途径?它在你印象中是什么样子?你认为它同你以前单位有何相同与不同?这次面试对你现在的工作安排有何影响?(本题可从侧面了解应试动机。)

- 备选问题二:请简单介绍一下自己的工作经历(可参照结构化面试评分表中的个人考察要点提问)。

后续问题:这次面试对你现在的工作安排有何影响?你认为对于所应征岗位你有何优势?有何劣势?(通过本题可以从侧面了解此人在单位中所起的作用、事业心,及组织协调能力。)

(2) 综合分析能力测试

- 备选问题一:若想在现在激烈的竞争中取胜,必须要有良好的服务与优良的价格,但良好的服务同时也意味着成本及价格的上升,这一矛盾如何解决。(参考答案:我方应努力降低良好服务的成本,同时向用户解释这一点,帮助他们在同等服务条件下比较价格。最后应多方了解信息,力求了解用户倾向于哪一个方面,不得已时只能舍卒保帅。)

- 备选问题二:中国家电行业在经过激烈的市场竞争的洗礼后,有了长足的发展,但原来许多大企业却纷纷落马,请系统地分析一下失利原因。(答案无所谓正确与否,但必须思路清晰,有点有面,有理有据。)

(3) 人际协调能力测试

- 备选问题一:请描述到目前为止你所认识的最难相处的人。

后续问题:如果以后再遇到这样的人,你会怎么办?为什么?你认为同事相处,最关键的是什么?为什么?

- 备选问题二:你正在繁忙地为明天出差做准备,一位同事过来请求你的帮助,因为公司里你对这个问题最了解。但你需准备的工作很多,不受打扰的话下班之前勉强能完成,你会怎么做?(参考答案:向同事解释情况,在指导其工作之后,请他协助你准备出差。)

后续问题:你为什么这样做?你的同事对你会有什么想法?

(4) 动机与岗位匹配测试

可参照结构化面试评分表中的个人考察要点提问。

- 备选问题一:为什么离开原公司?

后续问题:希望本公司能为你提供什么?为什么你认为所在的公司不能而本公司能。假如你到我们公司来,进来后你首先要做的是什么?(如学习知识、了解公司、熟悉同事等)为什么?(本题可用来测试受测者是否对来此工作深思熟虑。)

- 备选问题二:以前经常出差吗?

后续问题:你怎么看待出差?我公司的出差有时很辛苦,你认为在这种条件下使大家能安心工作的最好方法是什么?你现在的公司做得怎样?(本题可检测应征者的需求。)

(5) 计划、组织与协调能力测试

- 备选问题一:具体介绍一下你以前组织大中型活动的经验?

后续问题:有何长处?有何不足?再有这样的机会你会怎么办?你认为组织大中型活动时最重要的是什么?为什么?

- 备选问题二:有人说计划赶不上变化,所以作计划一点用处也没有。请结合亲身经历谈一下对此的感受。

后续问题:如果让你负责某项目的市场开发及跟踪工作,你认为哪些方面的工作最为重要?

(6) 应变能力及情绪稳定性

- 备选问题一:我们对你的书面材料很满意,所以才请你面试,但是说实话,你在面试中的表现却令我们很失望,我们认为你的理解能力、分析能力、表达能力都不够好。对此你有什么解释?(此题只是测应变能力,故之后必须解释意图。)

- 备选问题二:假设你的上司并不知你来此面试,假如你等会儿从房间出去时碰到了你上司的爱人,你会怎么办?

后续问题:为什么?这样会有什么结果?

(7) 收尾问题(为了平稳情绪,根据应征者状态决定取舍)

- 你原来经验会对我们有何帮助?
- 描述一下对你人生影响最大的一本书,一个人?
- 你的家人和朋友会支持你到这里来吗?为什么?

2. 技术支持人员

开场白:同前"市场开发人员"相关内容。

(1) 导入性问题

同前"市场开发人员"相关内容。

(2) 综合分析能力测试

- 备选问题一:请你系统地分析一下我国通讯产业的现状。

后续问题:你认为如何提高?你能做些什么?

- 备选问题二:中国足球在经过职业化的洗礼后,有所进步,但国家队却再次在预选赛中失利,请系统地分析一下失利原因。(不要求回答的正确与否,但必须思路清晰,有点有面,比如可以从个人技术、整体配合及组织、其他队的水平提高来分析。)

(3) 人际协调能力测试
- 备选问题:你上一次与同事争执是什么时候?

后续问题:什么原因?你现在如何看待?如果类似事情再次发生,你会怎么办?

(4) 动机与岗位匹配测试

可参照结构化面试评分表中的个人考察要点提问。
- 备选问题:为了使员工的工作热情更高,什么样的激励方法最有效?

后续问题:你的同事们认为你现在的公司做得怎样?

(5) 计划、组织与协调能力测试
- 备选问题:作为优秀的技术人员,必须不断更新知识,完成本职工作,同时在同事需要帮助的时候提供支持,如何协调这三方面的冲突?

后续问题:你过去是否遇到这类问题?你是怎么处理的?

(6) 应变能力及情绪稳定性
- 备选问题一:请总结一下你对此次面试中自己表现的评价。
- 备选问题二:如果你被遗弃到一座荒岛,你被允许只带一本书(动物),你会选择什么书(动物)?

后续问题:为什么?如果允许你带一个书包,你会在其中装入什么?为什么?

(7) 收尾问题(为了平稳情绪,根据应征者状态决定取舍)

同前"市场开发人员"相关内容。

16

面向高绩效管理的测验

虽然很多人在很多地方都谈论管理者的素质,但迄今并没有绝对一致性的结论。究竟管理者应当具备什么样的素质,仍是众说纷纭。不同学者和实践者都提出自己的观点和体系。这里要介绍一套包括10项工具的"面向高绩效管理的测验",谨供读者参考。

16.1 人际敏感能力测验

1. 一般说明

"人际敏感能力测验"是一个测查管理者一般沟通常识的测验。它包括80个陈述题目,均以现实生活和管理中的现象为内容,描述常见的人际关系,反映了生活、工作中常见的恰当和不恰当的沟通概念和行为,考察正确的言语或非言语沟通的方法或概念,对思想、情感、事实的表达提供了参考。

2. 分数评价

人际敏感能力测验把原始分转换为标准分后,按"很低"到"很高"五个等级给出评价。

3. 参考

管理的很大一部分工作是与人打交道,是要沟通,包括上行、平行、下行沟通和组织内外部的沟通。正确了解、把握人际事务,建立正确的关于言语和非言语沟通的概念,掌握有关的技巧,是管理者的一项重要的修炼。人际敏感能力测验是以生活、工作实例为内容建立起来的,由于它十分接近真实情境,因此对预测受测者的真实人际技巧有较高的效度。

4. 例题

    1. 提问多的人不如提问少的人理解得清楚　　　　　　　　　　是　否
    2. 当人们不理解某个意思时,总是会告诉你他们不明白　　　是　否

16.2 管理变革测验

1. 一般说明

管理变革测验是用来帮助管理者了解自己在多大程度上对企业组织中引入的变革,以及有关引入变革的方法有正确的了解。也许有些问题不适用于受测者所处的情境,但大量研究表明它们确实具有相当的普遍性。因此,它们或许会对受测者以后的管理工作有所帮助。

2. 分数评价

测验分数的评价是基于对近2000名来自不同国家的管理者进行测试得到的常模。其标准分是最后依据统计学规律得到的转换分数,实际上是百分等级。基本上说,如果一个受测者的标准分(百分等级分数)是75,意味着其成绩在75%的管理者的成绩之上。因此,这可以帮助受测者与其他管理者进行对比,了解自己对变革的认识、掌握程度。

3. 参考

需要注意的是,这个测验里并非每一个问题的答案都是绝对的。但在相当大程度上它们反映了在此要测量的内容。下面一些有关变革的陈述也许会给你提供一些参考:

- 有关的人员通常会抵触变革,因为他们不理解变革的目的;
- 一旦声明要开始一项变革,应向变革所涉及的人最大限度地提供信息;
- 如果有关人员知道管理是要不断寻求变革,他们会更倾向于接受变革;
- 如果变革被看做是基于个人抱负,则往往会受到抵触;
- 如果员工因他们额外的工作得到奖赏,则会工作得更好;
- 绝大多数企业组织都必须不断变革以求得生存;
- 如果对引入变革的方法像对变革引入本身一样给予重视,则会达到最佳效果;
- 如果使员工对自己的工作和境地充分了解,他们会工作得更好;
- 应当使那些会受变革影响的员工事先充分了解要进行的变革;
- 往往改变一个群体比改变一个人更容易;
- 顺利引入变革的能力是评价管理者的一个重要指标;
- 只要有可能,应当允许参与变革的人设定引入变革的速度;
- 如果变革有计划可循,则效果最佳;
- 如果人们对自己的工作方式有发言权,他们就会干得更好;
- 员工们常常因为害怕陷入一种未知的陌生境地而抵制变革。

4. 例题

1. 如果人们对自己如何工作有发言权,他们会工作得最好。 是 否
2. 若允许员工自己定绩效标准,他们会比管理者给他们定得更高。 是 否

16.3　团队指导技能测验

1. 一般说明

团队指导技能测验是用来帮助管理者检查自己是否了解对自己所在团队的成员进行指导的正确知识和方法。这里的团队成员既可能是一般员工,也可能是下一级管理人员。测验强调进行指导的具体的方法和一般常识,而不是理论。这里所涉及的内容包括绩效评估、绩效标准、指导面谈与培训。

2. 分数评价

团队指导技能测验的常模是基于近 2 千名来自不同国家的企业管理人员的测验结果制定的。标准分是最后依据统计学规律得到的转换分数,采用百分等级。测验可以帮助受测者与其他管理者进行对比,了解自己对指导技能的认识、掌握程度。

3. 参考

所有的管理者都要在一定程度上提供指导,这是他们工作的一部分。这个测验便是用来检测指导技能的。这里的指导也包括培训的意思。

需要注意的是,并非每一个问题的答案都是绝对的。但在相当大程度上它们反映了在此要测量的内容。受测者可以反复检查每一个问题的答案,来了解自己的指导技能。下面一些陈述也许会给你提供一些参考:
- 指导通常可以促成更为轻松、高产出的工作氛围;
- 最理想的是,管理者了解下属的优缺点;
- 管理者不仅应指导下属的工作技能,而且要指导下属待人接物的人际社交技能;
- 指导的一个根本目的是要查出并说明造成不良绩效的所有原因;
- 如果管理者真正倾听下属的意见,下属会更多地发表自己的见解;
- 对下属的指导与对下属的评价应分开进行;
- 如果指导在正常的工作环境以外进行,通常效果会更好;
- 如果下属感到能自由而自信地与管理者交谈,下属的绩效往往会提高;
- 低绩效的普遍原因之一是人们没有被安置在适合他们的岗位上;
- 如果下属有机会和他人交流的话,他们有时也能自己解决问题;
- 指导实际上是帮助下属并建立良好关系;
- 指导往往是以不拘泥形式的方式进行时效果最佳;
- 如果下属看不到寻求帮助的需要,指导会很难进行;
- 在下属决定如何改善绩效时,指导最为有效;
- 如果管理者以恰当的评论表示出自己的兴趣,下属会更乐于发表自己的见解。

4. 例题

1. 低绩效一个普遍原因是因为人们干的工作不适合他们　　是　否
2. 管理者不应试图显得总是乐于助人,那会使他们显得心肠太软　　是　否

16.4　自我实现测验

1. 一般说明

自我实现测验是帮助管理者了解自己有哪些需要尚未得到满足,它们在多大程度上可能成为行为的原因和驱动力量。测验共包括六个方面的需要:生物需要,安全需要,爱与关系归属的需要,尊重与自尊的需要,独立的需要,自我实现的需要。

整个测验有 28 道题目,每道题有三个陈述。通过评价对每个陈述的同意程度,可探查需求模式。

2. 分数评价

自我实现测验的常模是基于 600 多名来自不同国家的企业管理人员的测验结果制定的。其中标准分是最后依据统计学规律得到的转换分数,按照从"很低"到"很高"五个等级来评定。

3. 参考

自我实现测验基本上是按照马斯洛的需要层次理论来设计的,用以考察管理者的需求定位,进而了解其工作动机。

4. 例题

① A. 我希望能拥有更多的美食

　　A：____

　B. 我希望能买更合算、保额更大的保险

　　B：____

　C. 我希望拥有更多的朋友

　　C：____

请根据你对上面三个陈述的同意程度评分,同意程度越大,分数就越高,但三个陈述的评分总和应为"3"。例如,如果你一定程度上同意陈述 B,完全不同意陈述 C,但并非完全不同意陈述 A,则填答：

A：　1　
B：　2　
C：　0　

其中,A + B + C = 3。

16.5　人际关系管理测验

1. 一般说明

人际关系管理测验用来帮助管理者了解自己在多大程度上掌握对待他人的正确态度。这些关系涉及上级、同事、下属。这个测验的高分数表明对他人有积极的态度。也许有些问题不适用于你所在的情境或你目前的情境。不过一个很低的分数却意味着一种消极的看法。由于这个测验来源于大量的考察结果，它或许可以帮助管理者重新审视自己的某些想法或所遇到的情境。

2. 分数评价

人际关系管理测验的常模是基于对近2000名来自不同国家的管理者进行测试建立起来的。标准分是最后依据统计学规律得到的转换分数，采用百分等级。因此，这可以帮助受测者与其他管理者进行对比，了解自己对人际关系的认识、掌握程度。

3. 参考

需要注意的是，并非每一个问题的答案都是绝对的。但在相当大程度上它们反映了在此要测量的内容。下面一些陈述也许能提供一些参考：

- 管理者应当签署所有的书面文件材料；
- 组织中会有相当一些少数派员工，他们有可能会给该企业带来麻烦；
- 管理者不应当参加部门性的社交活动；
- 员工之间的冲突常常是由他们的个性差异造成的；
- 管理者不应当忽视组织中盘根错节的关系；
- 缺少正规教育的员工在解决问题时往往效率较差；
- 员工之中的打趣逗乐应当控制在最小的程度；
- 所有生产企业应要求员工按时上班并打卡；
- 晋升应以工作绩效为根本依据；
- 生产及办公室员工在交班时应当签到签出；
- 所有层面的管理者都有责任解决有关人际关系方面的问题。

4. 例题

1. 要维系对部门的控制，管理者应当与员工保持一定的距离　　　　是　否
2. 所有的员工最初应当作不同的个体来对待　　　　　　　　　　　是　否

16.6　沟通技能测验

1. 一般说明

沟通技能测验用来帮助管理者了解自己在多大程度上掌握正确沟通的常识和方法。内容涉及与上级、同事、下属的沟通，下达命令，引入变革，语言及非语言沟通等等。这个测验的高分数表明在相当程度上对沟通有深入的认识并掌握良好的沟通技巧，对他人有积极的态度。

2. 分数评价

沟通技能测验的常模是基于对近2千名来自不同国家的管理者进行测试建立的。标准分是最后依据统计学规律得到的转换分数，采用百分等级，再转换为从"很低"到"很高"五个等级。因此，这可以帮助受测者与其他管理者进行对比，了解自己对沟通的认识、掌握程度。

3. 参考

需要注意的是,并非每一个问题的答案都是绝对的。但在相当大程度上它们反映了在此要测量的内容。下面一些陈述也许能提供一些参考:

- 得到充分沟通和鼓励的员工,工作绩效更大;
- 当管理者向员工征求建议时,他(她)的影响力往往会提高;
- 对工作条件的抱怨有时真正反映了员工受伤害的情感;
- 管理者应当从员工的角度来看待员工的抱怨意见;
- 在工作现场说话的音量反映了热情的程度;
- 最好的管理者听多于说;
- 人们往往对自己不感兴趣的事情不认真倾听;
- 如果管理者不能了解具体情境,他们的沟通效果会很差。

4. 例题

1. 对那些与即将开始的变革有关的员工应事先予以说明和沟通　　　是　否
2. 公司政策不必在非管理层进行沟通　　　是　否

16.7 XYZ管理方式测验

1. 一般说明

XYZ管理方式测验考察管理者的基本管理理念,它涉及 X、Y、Z 三种不同的对人类本性的假设。管理心理学的研究成果指出,采取不同的假设,就会对人采取不同的态度和对待策略,从而影响管理者的管理策略和方式。具体来说:

(1) X 假定

X 假定认为人类基本上是动物性的,是一种被文明所控制的动物,它生来是邪恶的,是由生物冲动所驱使的,是为了追求金钱和物质满足而生存的,它的基本交往模式是竞争。典型的表现是认为:

- 人类喜欢竞争;
- 提高绩效的唯一办法是提高报酬;
- 政府的基本职能是控制、约束。

(2) Y 假定

Y 假定认为人类的本性基本上是寻求自我实现,他们不需要什么控制、约束而能卓越地工作,人的本性是善的,是由人性所驱使的,它的基本交往模式是合作。这一假定的典型表现是认为:

- 人喜欢与别人合作;
- 绝大多数人是相互信任的;
- 政府的真正职能是帮助社会。

(3) Z 假定

Z 假定认为人类的本性基本上是理性的,它寻求理性并由理性所约束。人生来既不是善的,也不是恶的,而是可能在后天影响下成为善的或恶的。人是由智慧所驱使的,它的基本交往模式是独立。这一假定的典型表现是认为:

- 理解人的最佳方式是把人看做是理性的;
- 人是按照他们认为应该做的事去采取行动的;
- 让人从事某种工作的最佳方法是清楚地说明工作的内容、方法、意义等所有方面。

2. 分数评定

XYZ管理方式测验的常模是基于600多名来自不同国家的企业管理人员的测验结果制定的。其中标准分是最后依据统计学规律得到的转换分数,最后采用"很低"到"很高"五个等级评定对不同假设的倾向程度。

3. 例题

本测验共有42对问题,每对问题由两个陈述构成。回答的方法是:对每一对陈述,判断你在多大程度上表示同意或不同意,并把3个分数点分给这一对陈述,分数点越高,表示越同意。请把对每个陈述的评分填在其后面的虚线上。

1. (1) 让绩效达到最佳,最好的办法是提供奖赏　　　　　　　
   (2) 理解人的最佳途径是把他们看成是理性的　　　　　　　

如果你对问题1的陈述(1)完全同意,而对陈述(2)完全不同意,则评分为:

1. (1) ___3___
   (2) ___0___

16.8 基本管理风格测验

1. 一般说明

(1) 两种取向

关于管理风格,心理学、管理学进行了大量的研究。一个基本一致的见解是,可以把管理行为在两个维度上展开分析:工作取向和关系取向。

- 工作取向:管理者在多大程度上把努力放在完成任务上,其典型行为是发动、组织、指导;
- 关系取向:管理者在多大程度上把努力放在维系个人工作关系上,其典型行为是倾听、信任、鼓励。

(2) 四种类型

管理行为的两种取向是相对独立的。每个人都不同程度地兼有两种取向。高低不同的两种取向可形成四种不同的管理风格类型,见图16.1。基本管理风格测验也是基于此设计的。

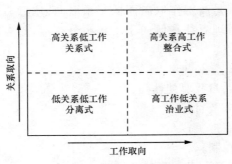

图 16.1　管理风格类型

2. 分数评定

基本管理风格测验是帮助管理者思考自己现有的管理风格及其他可能的管理风格。这种思考有利于人们调整行为,进而提高管理绩效。把所得的四种管理风格的分数合计起来,就可以进一步看出各种风格的表现程度。分数被转换为标准分,按"很低"到"很高"五个等级来解释。

3. 参考

（1）分离式管理

分离式管理行为的特征是工作取向和关系取向均较低,也就是说,其行为与工作和人皆相分离。分离式管理者倾向于一切不要有变化,仅仅关注系统的维持。具体特征有：

- 谨慎、认真、保守；
- 喜欢书面工作；
- 寻求已确立的规则；
- 精确、正确；
- 稳定、精细、耐心；
- 安静、谦逊、慎重。

（2）关系式管理

关系管理行为的特征是低工作取向和高关系取向。之所以称之为关系取向,是因为它强调和人的关系。关系取向的管理者倾向于能接受他人,友好,为他人创造一个安全的工作环境。具体的特征有：

- 他人走先,别人的事放在首位；
- 强调个人开发；
- 习惯采取非正式化沟通,较安静,不易被注意；
- 善于长谈；
- 有同情心,接受他人,友好；
- 创造安全的氛围。

(3) 治业式管理

治业管理行为的特征是高工作取向而低关系取向,注意力集中于工作,十分强调工作的完成。治业取向的管理者往往倾向于工作十分拼命,具有攻击性,独立性很强。具体特点有:

- 坚定,自信,攻击;
- 忙碌,具有主动性,自我驱使性强;
- 不断设定个人任务及目标;
- 独立,自我依赖,有抱负;
- 运用奖赏、处罚、控制;
- 任务优先,工作高于一切。

(4) 整合式管理

整合管理行为的特征是既强调工作取向,又注重关系取向,故此称之为"整合式"。整合型管理者注重目标共识,强调团队合作。具体特点有:

- 从目标和理想中获取权威;
- 把个体与组织相整合;
- 强调参与;
- 喜欢人们达成目标共识;
- 对激励方法十分感兴趣;
- 注重团队建设。

4. 例题

本测验是要帮助管理者了解自己的基本管理风格。测验共有23组问题。每组问题给出4个对管理风格的描述,请判断每个描述在多大程度上适合于你,并请把10个分数点分配给这4个描述,分数越高表示越适合于你。请把分数填在每一个描述后面的方格里。

例1:

	分离式	分数	关系式	分数	治业式	分数	整合式	分数
1. 交往模式	矫正	3	接受	3	支配	0	参与	4

注意:每一行里每一组中的四个陈述的评分总和必须是"10"分。

16.9 管理情境技巧测验

1. 一般说明

近来管理风格类型理论的发展鉴别出8种不同的管理方式,它们或许可用于任何管理情境,但没有哪一种是永远最佳的方式,也并非总能具体实施。它们的有效性取决于在多大程度上适合于所运用的情境。

管理情境技巧测验帮助管理者鉴别8种方式中哪种是在日常的管理实践中有效的或必要的。管理者还可以用这个测验测定其他人的管理风格,例如管理团队中的成员,或是自己的下属。一个好的管理者善于了解这8种不同的管理风格的意义、它们所适用的具体管理环境,有能力在相应的环境中选择最有效的风格方式予以实施,并能根据环境的变化做出及时的调整。

2. 分数评定

测验题目分别对应不同类型的管理。将所得原始分数填入设计好的对照表,即可看到各方面的评定结果。最后转换为标准分,再按"很低"到"很高"五个等级来评定。

3. 参考

8种管理方式的有效性不同。若从三个维度上给它们进行定位,前两个维度是工作取向和关系取向,第三个维度是管理有效性,或者是管理者可实现其绩效要求的程度,可以把这8个策略表示为一个三维空间的关系。

(1) 执行式

执行式管理者同时具有高工作取向和高关系取向,而他们所工作的环境恰恰适合采取这种方式,因此这种管理方式非常有效,这类管理者有较高绩效。具体的特征有:

- 在决策时采用团队工作方式;
- 恰当地运用参与管理;
- 引导下属对目标认同;
- 鼓励更高的绩效;
- 在工作中与他人协调。

(2) 妥协式

妥协式管理者是那些在只适用于一种取向或者工作、关系取向都不适宜的环境中同时采取高工作取向和高关系取向的管理者,因此他们的鼓励效果较差。具体的特征有:

- 过分利用参与管理;
- 妥协或示弱;
- 回避决策;
- 采纳令人不愿接纳的决策;
- 空想或模棱两可;
- 有时鼓励新观念,但很少大量采纳。

(3) 慈善式

实际上是慈善化的独裁式,这种管理者采取高工作取向和低关系取向,而他们所处的环境恰恰适合这种管理方式,因而他们绩效很好,管理有效。具体的特征有:

- 决断,显示出主创性;
- 勤奋,精力旺盛;
- 善始善终,目标执著;
- 对量、质、时间善于估算;
- 具有成本、利润、销售意识;
- 善于获得成效;
- 提出并善于开发许多新思想;
- 鼓励和高度评价效率和绩效。

(4) 独裁式

独裁式管理者采取高工作取向和低关系取向,而他们所处的环境不适于这种管理方

式,因而他们的管理效果很差。具体特征有:
- 批评式的,恐吓式的;
- 自己做出决定;
- 要求下属服从,对冲突采取压制;
- 要求立即采取行动并立竿见影;
- 只采取下行沟通;
- 工作从不征询意见;
- 担惊受怕,有厌烦心理;
- 更关注眼前绩效而不是长远效益;
- 在微妙的恐吓性情境中维持绩效。

(5) 开发式

开发式管理者采用高关系取向和低工作取向,而他们所处的环境恰好适于这种管理方式,因此这类管理效果很好。具体特征有:
- 维系开放的沟通渠道;
- 开发他人的潜能;
- 理解他人,给予支持;
- 和他人很好地合作工作;
- 信任人,倾听于人,也被他人所信任;
- 当负责制订计划时,邀请许多人共同参与。

(6) 传道式

传道式管理者采用高关系取向和低工作取向,但这种管理行为不适于其所处的环境,因此管理效果很差。具体的特征有:
- 回避冲突;
- 愉快,友善,温和;
- 寻求被他人接受,具有依赖性;
- 对事情想得开;
- 回避主动,被动性强,不给出指导;
- 不关心绩效产出和标准;
- 在出现冲突迹象时,尝试息事宁人。

(7) 官僚式

官僚式管理者采取低工作取向和低关系取向,而他们所处的环境适合于这种方式,因此他们的管理有效果。具体的特征有:
- 遵从命令、规则、程序;
- 可靠,依赖性强;
- 维持现有系统和现行的各种问题;
- 关注细节;
- 强调理性、逻辑,自我控制;
- 公正,公平;
- 喜欢以书面形式与他人沟通;

- 以规则和程序应对分歧和冲突。

（8）回避式

回避式管理者采取低工作取向和低关系取向，而他们所处的环境不适合于这种方式，因此他们的管理效果很差。具体的特征有：
- 为规则而工作，维持最低的绩效，轻易放弃；
- 回避责任；
- 很少给出有用的观点或建议；
- 没有创造性，心胸狭窄；
- 妨碍他人，使事情越发困难；
- 抵制变革，不合作；
- 很少关心失误，通常很少采取措施纠正或减少失误。

4. 例题

这个测验是帮助管理者进一步鉴别自己的风格，共有 8 组。每一组都有 8 个陈述。请判断你在多大程度上同意这些陈述，或者你认为它们反映了你的管理风格。对每一组陈述，请把 10 个分数点分配给最多不超过 4 个陈述，用以评定你对它们的同意程度。分数越高，同意的程度也就越高。但请务必注意，最多只能从一组的 8 个陈述中选出 4 个。也就是说，你可以只选出一个陈述并分配给 10 分，意味着你认为它唯一地并极大程度地符合你的管理风格。或者，你可以选出 2 个陈述，各给 5 分或一个给 7 分一个给 3 分。总之，你最多只能一组选出 4 个陈述，并且你给它们分配的分数总和必须是 10。例如：

1. 我常常不愿意搜集某些信息或对其质疑，因为那会伤有些人的感情　＿＿＿
2. 我非常善于"修理"那些试图为我提供信息的人　＿＿＿
3. 我通常对信息是愿意接受的，但并不总是利用我所得到的信息　＿＿＿
4. 我特别对来自正常公司渠道的信息非常关注　＿＿＿
5. 我很善于鼓励别人获取信息，并对他们的谈论十分留意　＿＿＿
6. 我对上级和专家的意见比对下属的意见更重视　＿＿＿
7. 我成功地获取各种我所能得到的信息资源　＿＿＿
8. 我没有搜集足够的信息以完成好一项工作　＿＿＿

16.10　组织绩效测验

1. 一般说明

组织绩效测验是用来帮助管理者了解自己所处的企业组织及有关管理的绩效取向及实际产出效果的。这里所谓的产出，是指实际上所完成的业务。

从某种意义上，这测验更像是一个评定调查，而不是一个严格意义上的测验。它也许难以给每一个管理者一个明确的定位，而是更注重对整体企业组织进行评估。

2. 分数评定

组织绩效测验共有 80 个题目，均为是非判断类型，即判断每一个题目中的陈述是否符合个人情况。分数被转换为标准分,采用标准10,再按"很低"到"很高"五个等级评定。测量内容一共有八个维度,从各个方面反映绩效。

3. 参考

8个测验维度的具体含义如下:
- 下属关系:在多大程度上认为上级管理者运用绩效和效率作为管理的方法;
- 上级关系:在多大程度上对下级运用绩效取向的方法;
- 同事关系:在多大程度上与同事的关系促进绩效产出;
- 权威定位:在多大程度上管理者对具体职位上的权威做出正确的、清晰准确的定位和理解;
- 资源:在多大程度上运用充分的资源实现高绩效产出;
- 产出氛围:在多大程度上所处的环境适宜于高绩效取向;
- 产出效益:在多大程度上绩效取向具有潜在的效益;
- 有效管理信息:在多大程度上管理信息系统被认为是恰当的、可满足需要的。

4. 例题

1. 我认为我的下属是欢迎采取绩效取向的　　　　　　　　　是　否
2. 我有充分的权利去实现组织对我的期望　　　　　　　　　是　否

实 务 篇

通过前两篇的讨论，我们已经了解了心理测量与人事评价的原理，了解了一系列人事测量的具体工具。然而，在现实工作中，每一个测量工具并不是单独使用的，因为我们从来都是要整体地考察、评价一个人，而不能只是考察单一的或少许的素质。现实中的工作，特别是那些复杂的管理工作或技术性很强的工作，往往都要求一系列胜任条件，所要求的任职者素质内容丰富而复杂。因此，在实际工作中，总是根据需求将若干不同的人事测量工具组合在一起使用。因此，我们不仅要掌握每一个测量工具，还必须了解如何对它们进行有机的组合，以满足具体岗位职务的诊断要求。在本篇里，我们将从方法到实例，详细介绍如何对各种人事测量工具进行组合设计。

此外，只是用工具完成测量还不够，我们还需要对测量的结果进行解释。特别是当测量是由一组工具共同完成时，不同测验的结果交织在一起，如何对其进行整合的解释，并根据这些内容对受测者做出评定、判断，是一个非常重要而复杂的工作。这个过程也就是我们说的"人事评价"。正是通过这个过程，我们判断受测者是否符合我们规定的任职要求和标准，并作出相应的人事决策。也就是说，人事测量和评价是两个不同的过程。从实务角度来说，评价更多依赖实施者的经验，主观成分往往容易加大。这就对测量工具的使用者提出更高的要求。对此我们也将在本篇给予讨论和案例介绍。

17

人事测量工具的组合原理

17.1 测量工具组合设计的含义

各种测评技术和测验工具都各有所长。它们的功能不同，适用对象和解释范围不同。如何在人事测量的实际业务中合理、灵活地选择适当的工具，解决实际的问题，是保证人事测量、评价工作质量的关键环节。这不仅要求人事测量工具本身达到一定的技术标准，而且要求实施人员具有相当的专业素养和水平。具体来说，要针对组织的需求，适应个人、组织和职位的特点，通过测评专家对各种测量技术和工具的熟练把握、灵活运用，选择出最全面、有效的测量工具组合。

对基本测量工具的组合运用，是人事测量与评价的高级技术。任何一个完善的人事测量系统，应该具备两种功能：

1）提供足够数量的、满足实用选择的工具。这是人事测量系统的基本功能。没有足够供选择的工具，无法满足复杂的使用需要。不同类型的任职者，如工人与管理人员，初级与高层管理人员，后勤与外联部门的从业人员，研发与销售人员，任职要求相差很大，不仅是程度的不同，而且是内容的不同，因此需要不同的测量工具。那种靠少数几种工具"以不变应万变"的做法，是不可取的，甚至是危险的。

2）提供如何组合各种测量工具的技术，即综合评价方法。这是人事测量系统的高级功能。得到一组工具，并不等于就懂得如何使用这些工具，更不等于能用好这些工具。测量工具再复杂，有许多现成的，很容易获取，这很简单，但要掌握它、用好它，就不简单了。这里的所谓复杂，主要是指要在理解每一个测量工具真正功能的基础上，根据实际诊断、评价的需要，恰当地选择、组合各种工具，满足测量任职素质（或叫胜任力）的需要。

从根本上说，评价系统的高级功能集中体现在该系统的深度使用，从而可达到更具综合性、复杂性，更具有应用价值的功能。深度使用的思路包括：测验本身能用于哪些更为复杂的人事测量目的，不同测量工具相互结合能产生哪些新的贡献，能帮助我们"挖掘"、评价人的哪些复杂、隐蔽的心理特征。实现这些高级功能是设计测评组合方案的指导原则。

17.2 企业组织行为和人力资源评价系统回顾

企业组织行为和人力资源评价系统，是一个多层次、多维度、多方法的整合系统。这个测评技术在构成上有六大方面的内容，一是个性品质测验，二是职业适应性测验，三是能力测验,四是组织行为评估,五是情境模拟测验,六是高绩效管理测验。测验形式有纸笔测验,情境模拟测验,调查评定,量化面试等。通过测评,可获得从个体到团队乃至组织层次的有关信息,包括定性、定量分析结果,进而服务于团队建设和组织管理,也帮助个体更好地发挥潜能和实现自我的价值。该系统在工具构成、技术水平、功能设置以及使用操作上,都是非常可靠和科学的,全面、科学、准确、有效是本系统所追求的目标。表17.1 所列为该系统各项工具的汇总表,由此可以对各种工具有一个全貌的了解。

表 17.1 人力资源评价系统工具汇总

测验类别	主要测评工具	测量维度
基本测验	个性品质测验	
	16PF 测验	乐群性;敏锐性;稳定性;影响性;活泼性;规范性;交际性;情感性;怀疑性;想象性;隐秘性;自虑性;变革性;独立性;自律性;紧张性
	DISC 个性测验	支配性;影响性;稳定性;服从性
	管理人员个性测验	正性情绪倾向;负性情绪倾向;乐群性;责任心;广纳性;内控性;自控性;自信心;A 型人格;成就动机;权力动机;面子倾向
	职业适应性测验	
	生活特性问卷	风险动机;权力动机;亲和动机;成就动机
	需求测试	生理需要;安全需要;归属和爱的需要;自尊需要;自我实现的需要
	职业兴趣测验	经营取向;社交取向;艺术取向;研究取向;技能取向;事务取向
	能力测验	
	多项能力、职业意向咨询	语言能力;概念类比;数学能力;抽象推理;空间推理;机械推理
	数量分析能力测验	数量及数量关系的识别和分析能力
	逻辑推理能力测验	思维能力测验;评估思维的逻辑性、灵活性和发散性
	敏感性与沟通能力测验	一般人员的人际敏感性;营销意识;沟通行为倾向;营销常识
基本调查	个体行为评估	
	工作感觉评定	工作满意度
	价值取向评估	理论取向;经济—政治取向;唯美取向;社交取向
	领导行为评估	
	沟通方式评定	测查正确的上下沟通的知识和技能掌握情况
	冲突应付方式评定	非抗争型:退避与顺应;解决问题型:统和与妥协;抗争型:竞争
	工作习惯评定	测查科层意识(官僚倾向)
	变革意识评估	测查对事物的灵活性和创新意识
	团体行为评估	
	团体健康度测试	共同领导;团队工作技能;团队氛围;团队凝聚力;成员贡献水平
	团体绩效评定	评估团队绩效

（续表）

测验类别	主要测评工具	测量维度
基于情境的测验	公文筐测验	工作条理性；计划能力；预测能力；决策能力；沟通能力
	无领导小组讨论	组织行为；洞察力；倾听；说服力；感染力；团队意识；成熟度
	结构化面试	评估综合分析能力；仪表风度；情绪控制能力；应变能力和动机匹配性等
面向高绩效的管理人事测验	管理开发测验	
	人际敏感能力测验	对人际事务的敏感力
	管理变革测验	变革意识；创新意识
	团队指导技能测验	团队管理开发技巧
	自我实现测验	寻求自我发展、发挥的动机
	人际关系管理测验	应付人际关系
	沟通技能测验	沟通技巧
	XYZ管理方式测验	基本管理理念
	基本管理风格测验	管理风格
	管理情境技巧测验	在各种情境中的行为模式
	组织绩效测验	绩效意识与可能的潜力
	管理者自我开发测验（本书略）	从事实把握、专业知识、敏感力、分析判断力、社交技巧、情绪灵活性、主动进取、创造性、心智灵活性、学习技巧、自我意识等11个方面评价管理素质
	控制源取向测验	内控取向；外控取向
	销售技能测验	坚韧性；进取精神；情绪智力；人际能力；适应力；责任心
	情绪智力测验	自我情绪评价；他人情绪评价；情绪调节；情绪利用
	道德成熟度测验	检测前习俗、习俗、后习俗三个水平共6个阶段的道德成熟度（如自我中心、契约守法、内化原则）

在表17.1的最右一栏，给出了所有这些测量工具所能考察到的所有要素（维度）。请读者再回想一下原理篇第10章表10.1中所提到的岗位任职要求素质表。它是在工作分析的基础上产生的，实际上也是人事测量的基础，也就是完成图10.2中的步骤一。现在有了表17.1，了解了测量各种要素的可用的工具，也就可以把它们对照起来，为一个具体的岗位的任职要素选择相应的测量工具。这恰好就是人事测量（图10.2）的步骤二。而这实际上就是测量工具的组合设计。

表17.1显示，不同的测量工具可能会考察同一要素，但它们往往是针对不同类型对象的。比如，同样是情绪特性，不同的个性测验都有涉及，但有的是针对一般人，有的专门针对管理人员，题目所适用的对象并不一样。又比如，同样是考察能力，不同测验针对不同的层次，有的适合大、中学生，如多项能力咨询；有的适合中层管理人员，如数量分析能力测验；有的则适合高层管理人员，如公文筐测验。还有的测验是从不同角度、不同方

式考察同一类素质,比如个性测验以纸笔方式考察情绪特性,无领导小组讨论和结构化面试则以情境模拟方式从行为上考察情绪特性。这些都表明了测量工具使用的复杂性。也就是说,建立表 17.1 与表 10.1 之间的匹配,把岗位要求和测量工具对应起来,并不是一件容易的事情。测量工具的制定者既不是同一个人,也不是在同一个时间针对同一个岗位,更不是针对所有的人,制定了五花八门的测量工具,也就使得在实际工作中给表 10.1 那样的岗位任职要求选择相应的测量工具时,不是简单地对号入座。

设计首先是一种思想,是一种智力活动,需要对任职要素和测量工具两方面的深刻了解和熟练把握,通过对具体作业需求的分析,在两者之间建立相当的联系。其次,设计必须遵从一定的程序,确保达到可靠的有效的结果。否则,就会陷入混乱,被一大堆要素、概念所缠绕,无从把握。

特别值得注意的是,一个专业的人事测量工作者,必须有一个清醒的认识,即人事测量工具是服务于具体岗位的,而不应让岗位要求迁就于测量工具。在现实中很多这样的情形,不是考虑如何根据岗位要求寻找合适的工具,而是用固定的工具去对付所有的岗位,这实际上是违背了人—事匹配的根本宗旨,因为这样的操作不可能恰当地考察特定岗位(事)所要求的特定的任职要素(人)。

17.3 测量工具的组合和设计论证

一般程序

测量工具的组合设计一般包括 7 个步骤:确定考评目的、需求分析、确定测量手段、预期结果、实施过程的设计、考评时间、费用预算或定价。

1. 确定考评目的

确立考评目的是人事测量的开端。明确设定的考评目的不仅为人事测量具体方案的设计指明了方向,并同时确立了后期对测量目标及其效果进行评估监控的依据,这不仅仅是人事测量活动实施的目的所在,而且是从思想认识上统一企业上下对考评工作的价值认同的过程。当人事测量作为一种新兴技术引入企业管理中时,更需要做好确立和充分论证考评目的的工作。

考评目的的确立,从大处讲,要参考社会、市场、经济形势的发展状况,结合企业的长远发展战略、企业的文化追求。例如,日本制造卫生洁具的 TOTO 公司有追求卓越的理念,在招聘时希望自己的员工有精益求精的品质;英荷皇家壳牌石油公司崇尚文化,在招聘时看重人际合作观念和技巧。又如,一个发展初期的企业,会看重创新能力和开拓精神,而在成熟阶段的企业会更看重管理理念和文化价值。从小处讲,考评目的的确立要结合企业的经营策划、组织策划、变革策划。具体来说,要结合具体的人事管理目的和人力资源开发需要,考虑内部的具体需求和特殊动机等多方面的信息,来确定人才素质测评的目标和方向。

2. 需求分析

需求分析建立在对施行人事测量的企业有全面、深入的认识基础上。例如,要了解公司的规模、性质、管理体制、经营理念、企业文化、组织战略等方面的情况。由此可在大体上把握符合企业要求的人员素质的水平。这是一个分析与归纳的过程,需要人事测评专业人士与企业双方面的广泛深入的沟通来达成共识——甄别人员素质考评要素。人员素质考评要素是整个人事测量与评价的技术性考评目标,考评要素是否全面、敏感、有效,决定了整体人事测评工作的质量和可实现价值,所以要求人员素质的考评要素必须反映:

- 企业文化和理念的要求;
- 岗位工作的要求;
- 岗位职责的要求;
- 个人可发展的要求;
- 适应性要求。

……

从内容上看,考评要素包括如下方面:

- 个性、品质;
- 职业适应性(如兴趣取向、价值取向、需求与动机水平);
- 技能与能力:资格认证水平(如专业技能水平和外语、计算机应用水平等)、基本能力(如智力水平)、职业能力(如营销技能)、管理技能(如计划、预测、决策、沟通能力)。

在具体操作中,首先要在细致全面的工作分析基础上,具体确定每一职位所要求的能力、个性品质(性向、情绪、风格)以及职业适应性和匹配度这三方面的要点,并且构建各个要点之间的整合关系,据此作为考评要素,它也是下一步组织测评方案的评价目标,同时也是做评价结果报告时对各项测验得分进行综合评估和优劣评定的参照依据。

接下来就要围绕上述分析得出的考评要素来组织测验工具。这时需要注意的是,对于难于控制掩饰倾向的考评要素,应尽可能同时使用多项测量工具,这样可多次考察该要素,在结果分析中可多方参照,相互印证,了解真实情况。

3. 确定测量手段

有了详细的需求分析,就可以选择具体的测量工具了。在每选择一个具体的工具时,要说明这个测量工具的功能,采用的理由。在选择测量工具时,必须考虑企业特色与文化。

> 华新国际在苏州启动"未来农林大世界"项目。该企业崇尚文化,追求"美"、"新",而该项目又是该企业理念的直接经典体现,"创建未来农林典范,开创未来美好生活",在分析岗位任职要求时,就应该考虑应聘者的价值取向、工作动机需求模式等要素。在选择测量工具时,价值取向测验、动机测验、需求测验就必须被考虑进来,而且在总评价的权重中,应占较重的比例。由此可见,考评要素不仅要和岗位职责相联系,也必须和企业文化、理念相联系。这样的设计不仅反映了岗位的一般性要求,也反映了企业的具体特色的要求。

4. 预期结果

选择完所有要求的测量工具后,应重新系统地评价这个设计方案,对可能的结果做出预期。这一预期包括几方面的内容:

- 由具体的分数如何建立综合报告；
- 测量的结果将如何指导后期的工作；
- 可能在更大范围中对员工产生的影响。

由于有许多要素要考查，同一要素又可能由多种方式（工具）考查，因此会得到一大堆测量分数，它们可能出现什么情形？如何整合在一起，如何根据测量分数进行整体评价和撰写综合报告？不同分数之间是否可能会出现"矛盾"？如何处理？这些在设计时都应有所考虑。

测量的结果会因测量目的的不同而对工作具有不同的意义。针对招聘的测量会影响到人力资源的质量；针对培训的测量会影响培训决策和效益；针对晋升的测量会触及个人和企业双方的利益。此外，由于目的的不同，测量标准可能服务于择优或淘劣，在具体标准的设定上也有所不同。例如前面提到的华新国际对员工的选拔，其"唯美价值取向"的标准就可能设定得比较高一些。

最后，还要考虑测量的实施会在更大范围中对员工产生哪些影响。测量方案是否对所有人都公平？是否适合各个阶层的人？人们会接受它吗？还是会出现很大抵触？时间上是否安排得开？测量实施时是否会产生疲劳和厌倦？是否会影响正常工作？投入（时间、精力、资金等）与产出比如何？员工会如何反应？是否需要事先在舆论和技术上的准备？所有这些问题都应当有周密的考虑，并在设计方案中给予说明。

5. 实施过程的设计

这时要把实施所有测量的具体程序确定下来，包括说明有关时间、地点、辅助材料、现场布置要求、分组（如果需要的话）、设备、流程等所有细节工作的安排、落实。

要注意，测量尽量不要安排在晚上，这时工作一天的人已经很疲劳，测量结果会受影响。而且，各个测量之间要有充分的休息。此外，由于一般都会有多个测量项目，不同项目的先后顺序也需要考虑妥当。一般来说，有这样几个考虑的原则：

- 简便易行的测量放在前面，但有时为了充分利用上、下午的时间，也会按时间段的长短调整顺序；
- 成本低的测量放在前面，这样，当采用单项淘汰策略时，前面测量不合格的人就可以不再进行后面的测量了；
- 当一个测量的内容可能影响（如暗示、帮助）其他测量时，这个测量应放在后面；
- 容易产生疲劳的测量放在后面；
- 测量内容比较敏感，或容易造成较大压力的测验（如能力测验往往会影响人的自信心），应放在后面。

6. 考评时间

测量组合设计时要考虑和说明测量项目的时间。有时，由于特殊需要，测量项目会比较多，总时间就会很长，有时甚至会需要几天的时间。这时应当有成本—收益分析，在过长测评的疲劳、对正常工作的影响与科学、系统的诊断之间，找到一个恰好的平衡点。有时，的确需要相当多的内容的考察。比如，如果一个企业要把几十亿的家当交给一个人去运作、管理，花上几天的时间诊断这个候选人是否能胜任，肯定是值得的。但如果过多的内容造成疲劳、厌倦，或所增加的信息量增大，出现边际效应，则多测无益。实际上，许多组织常常是因为对系统的测量的时间不能接受而放弃测量计划的。因此,可行性也是需要考虑的因素。

7. 费用预算或定价

一般来说,在完成一个人事测量的设计时,要给出它的预算(对组织内部而言)或定价(就组织外部而言)。

在人事测量行业,测量的费用通常按照每个人每项测量内容来计费。另外,当需要就一个人的多项测量结果给出综合报告时,会有额外的费用。这通常会发生在针对管理人员或专业技术人才的测量费用里。由于计算机技术的发展,许多测量结果的处理和初步报告(甚至测量的实施)都可由计算机自动完成,其费用会和纸笔方式的费用有所不同。

在西方,同时测量大量人员往往会比同等人数单人测量的合计费用要高。这是因为专业人员一下子要处理、分析大量测量结果会有相当困难,也会有疲劳,甚至影响其分析质量。因此这一行业的"批发"概念和一般产品市场"薄利多销"的概念不同。通常来说,同时测量的人越多,单人计费越高。

此外,当一个组织同时测量很多人,特别是整个组织大规模测评时,往往会需要对所有被测量人员的综合结果或是对整个组织的情况做出全面报告。这个报告总是会被额外计费的,因为它要求额外的系统分析。当然,这个工作是很有价值的,它给出了组织整体人力资源的概貌。

以上各步骤的设计落实在文字上,就构成了人事测量计划书,可用于项目申请、服务业务洽谈等。

有关的技巧与原则

1. 论证技巧

人事测量工具组合的设计需要通过论证来体现其全面、科学、系统性。在构思和计划书的写作中应注意以下几点:
- 要紧扣目的;
- 要有逻辑性,体现合理性;
- 结合企业的经营理念、文化追求来论证,体现"量体裁衣"的设计原则;
- 充分肯定企业/客户需求的重要性、迫切性和正当性,体现共识。

2. 组合的原则
- 以满足企业与客户双方的要求为目的,充分体现对该需求的呼应;
- 以工作分析为基础,突出重点,全面考评;
- 以对企业或职位来说十分关键的素质作为评估重点,兼顾经济的原则;
- 以能力、个性、职业适应性(动机、需求、兴趣)三大模块为基本测评内容。

18

针对不同管理目的的人事测量

18.1 用于招聘的测量组合设计

招聘操作概述

现代组织中,人事管理工作的首要任务是建立一个开放、有效而健全的人力资源管理系统。而对于一个不断发展的组织,其先决条件之一是强化组织的人力资源系统,为组织的发展不失时机地获取所需要的各类人才。

对一个组织来说,以最小的投入去提高生产力的有效途径之一,是建立或改进组织的人员甄选与录用。一个有效的人员甄选与录用系统程序,能使组织:

- 不断充实新生力量,实现组织内部人力资源的合理配置,为组织扩大经营规模和调整生产结构提供人力资源上的可靠保证。
- 减少人员流动,因为所甄选录用的人才都能胜任工作并对所从事的工作感到满意。
- 减少人员初始培训与能力开发的开支,增强培训效果。
- 管理活动更多地放在使好的员工变得更优秀,而不是将太多管理时间放在使一些不够称职的员工变得好一些。

一个有效的甄选录用系统应符合以下特征:

1)甄选录用系统是标准化的,每位通过同一岗位甄选系统的应聘者都经历同样数量和类型的选拔考核。

2)甄选录用系统以有效的顺序排列各种程序。花费较多的测量要作为系统的最后步骤,只用于那些最可能被录用的求职人员。

3)甄选录用系统能提供明确的、客观可靠的决策点。关于求职者通过这些决策点所具备的资格以及他们能否在评价系统中继续走下去,管理者有着共同的标准。

4)甄选录用系统能保证充分容纳确定求职者是否胜任工作所必需的信息。一个好的甄选录用系统能保证不遗漏需补充人员的职位的工作内容。它还保证从每个求职者那里收集到所有有关方面的信息。

5)甄选录用系统可防止在了解求职者背景情况时出现预料之外的重复。在一个有效的甄选录用系统中,每位参加甄选工作的管理者都了解自己收集信息的职责。这就可以防止出现下列情形:两个对求职者分别进行不同内容测评的考官,因不知道具体职责而在各自进行的检测中重复同样的内容,或遗漏其他重要的内容。

6）甄选录用系统能更突出求职者背景情况中的最重要的方面。设计一个有效的甄选录用系统能按照需要多次包容重要方面的情况。因为特别重要的内容可能要受到两三次检查。

人员招聘选拔的真正目的在于择优、淘劣,将真正有才干、适合企业需要的人才甄选出来。在人员甄选程序中以各种测量工具进行人才素质测评,是获取应聘者素质与行为能力信息的重要手段。由于心理测量所具有的特征（参看第1章）,使它不同于其他的人员甄选方法,它是经过科学研究精心设计的产物,是科学可靠的测量工具。科学的测评体系的建立是人员甄选录用系统有效运行的可靠保证,并且是确保甄选录用程序的标准化、客观化,提高决策准确性的关键步骤。

应用于招聘的人事测量

1. 心理测验在人员甄选录用中的应用

心理测验在人员甄选录用中的应用主要体现在以下几个方面：

（1）对应聘人员能力特征的诊断及发展潜能的预测

能力倾向的预测作用主要表现在三方面：

- 什么样的职业适合于某个人（职业选择和指导）；
- 为了胜任职位或岗位工作,什么样的人最适合（人员录用的选择配置）；
- 为了使个人适应某个岗位,对工作本身的哪些方面进行改善为好（适合职位的开发和职位的再设计）。

（2）对应聘者的非智力因素进行测定

这方面的测定主要涉及人的态度、情绪特质、价值观、气质、性格、动机模式等方面的特征。此外,检测应聘者的职业兴趣,对人员的甄选录用也有一定的价值。如果一个人表现出与某种职业中那些工作的人有相同的兴趣,那么此人在这个工作中很可能得到满足,从而工作的主动性、积极性也高。

（3）情境模拟法的行为检测

这是在控制的情境模拟状态下,在行为模拟过程中,考察应聘者表现出的与组织目标方面相关的行为。例如,如果要了解销售行为,应聘者就可能得到一份推销某种产品的"作业"。他们会得到有关该产品和顾客的信息。该应聘者的行为受到扮演顾客的组织代表或第三方人员的直接观察。然后针对有关的评价维度来评价该作业中的行为。它尤其适于评价具有某种潜能,但没有机会表明与特定工作相关的应聘者的行为和能力。

2. 用于人员选拔的测验组合原则

对人员选拔有两种策略：一是择优策略,指尽可能全面地了解所有应聘者的情况,从能力、性格、动机、兴趣等各个角度和层次上做广泛测查,依据职位要求综合性地评估各人的优势水平、与职位要求的匹配程度,从中选择综合优势最好的人员。另一个策略是淘劣策略,指依据职位的要求定出从业人员所必须具备的能力或素质的基线水平,通过各种测量筛除掉达不到基本要求的人员。那些通过淘劣测量的人员,也不一定都能胜任职位的要求,所以往往还需要配合后续的面试、复试等程序。

采用择优策略,在测量组合的设计上往往要求全面、详细,能力测验、个性测验和职业适应性测验都要使用,并且对应不同的职位要考察的内容侧重点不同,从而各测验维量的权重关系不同,这些差异在测量设计和评估标准上都应反映出来。择优策略往往用于选拔职位要求高、肩负责任大的人员,比如管理人员。择优测验的代价一般比较高,作业精细,一般在人员选拔程序中比较靠后,用于那些最可能被录用的应聘者,达到真正的择优目的。

采用淘劣策略,在测量组合的设计上要求准确、适度,往往以能力测验(包括能力倾向测验和职业能力测验)或专业知识和职业技能考试为主。在设计中,对于考察的能力和筛选标准应有明确设定。考察内容和标准的确定应当准确且适度,即以从事该岗位工作所需要的基本要求出发,要测查的能力是岗位要求的关键能力,筛选的标准以实际工作的要求来定。淘劣策略多用于对一般工作人员或某些特殊岗位人员的选拔,或是用于对大批量应聘者的初步筛选,往往处于人员甄选录用程序的前期筛选。如前所述,通过淘劣测查的人员并非都能胜任职位的要求,依据具体情况常需要做后续的面试、复试等工作。

3. 甄选录用决策时人事测量数据的使用建议

1)通过专门的人事测评小组或评价员会议,对测量数据资料进行综合分析。测评小组共同讨论每个评价维度的行为表现,得出对某一求职者有关这方面的情况的一致评价意见。在对每一个评价维度都进行了类似的综合后,评价员们就要考虑勾画出该应聘者在所有评价维度上的长处和弱点,然后做出最后的录用决策。

2)一旦对所有的评价维度都做出了综合评价,每个评价员都要复查这种"维度形象",并对该应聘者的总的情况做一个评价小结。不同组织采取的评价结构可以各有不同:
- 直接用这种总结评价表述录用或不录用的决定;
- 可以采用类似于五分制的方法进行总结评价;
- 设计不同的评分标准;在为某一职位同时比较几名应聘者时,采取某种多步评分是极有益的。

测量组合设计范例

1. 客户背景

客户是一家集生产、销售、开发为一体,从事新型高科技产业的大型民营股份制企业,其主要产品用于人工环境的净化和改良。在短短的近十年中,公司创造了巨大的经济效益和社会效益。

为了加强产品的营销力度,扩大产品市场占有率,增强企业效益和知名度,公司需要发展驻外机构的销售业务,因此急需一些具有良好业务素质和经验的销售人员。为了寻求到合适的人选,他们做了前期的广告招募工作,并对收集的大量个人简历做了粗略的筛选。如果对初步选出的人逐一进行面试,来获得合格胜任的人才,不仅在时间、人力、财力上都消耗巨大,而且面试方法自身有不足,同时该方法对面试人员在技术要求上难度大,该公司现有人事部门员工难以胜任,这就难以保证面试筛选的可靠性和标准性。

在这种情形下,该公司渴望有一种标准化的手段,这种手段能够很好地解决人事甄选技术力量薄弱与要求人事决策高质量之间的矛盾,既客观、可靠,又简便、有效。显然,以心理测量为主的人事测量系统是此时人员甄选的选择。

基于以上背景,此次测评的目的在于:为准确有效地选拔、培养合格的地区销售代表,为有针对性地培训和安置人才,提供科学的参考意见,充分体现公平竞争、择优选才、人尽其才的原则。

2. 需求分析

销售代表的职责是负责客户的开发和巩固、产品的区域宣传和推销、产品分销渠道的创建和维持,以及与当地政府管理部门及其他有关机构的协调等工作。这就要求从业者具有很强的营销能力、业务适应能力或潜力、公关能力,而且能异地独立作业。这种综合的岗位要求落实到基本素质上,表现为:

- 积极进取的内在动机追求,如高度的成就动机和责任心;
- 有一定的风险意识;
- 良好的人际敏感性和有效的沟通策略;
- 适宜的以人际、经营为指向的价值追求和兴趣取向;
- 独立的市场分析判断能力。

3. 论证

除了分析岗位需求外,还要考虑企业的文化特点和经营环境特点。该公司是民营性的新型高科技现代企业,具有管理新、经营活、规模大、竞争强、风险高等特点。这样的企业所需要的销售人才必须符合现代企业的特点和激烈市场竞争的要求,符合目前发展的要求和长远发展战略的需要,因此在进行具体设计时,考虑销售人员应具备:

(1) 良好的内在心理素质

销售人员必须具备现代营销知识,多方面的业务开拓和环境适应能力,尤其是独立工作、锐意开拓、善于创新、精于决策等心理素质。他们必须不仅有高度的企业认同,而且有高度的责任心和风险意识,有高度的成就动机,不怕挫折和困难。

(2) 良好的分析判断能力和人际沟通能力

销售人员必须具备全面的适应激烈市场竞争的工商管理基本素质和现代营销管理意识,需要突出人际判断的敏感性、沟通技巧和磋商、协调、监督等能力及操作技巧。

(3) 良好的职业适应性

销售经验或营销专业背景并不是决定销售能力的唯一因素,专业化营销还要求从业人员在个性和兴趣、态度和价值观等方面具备特殊素质。仅仅要求经验或背景的对口,可能与富有潜质的销售人员失之交臂,或是误选了因个性原因而销售业绩平平的人。专业化的营销人员必须具备经营型和社交型的职业兴趣模式,这种职业适应性的分析对选择正确的职业,充分发挥个人潜能是至关重要的。

根据以上分析,该公司销售人员的评价和选拔方案应综合各方面进行系统立体设计,拟订测评手段,以切实满足企业的要求。

4. 测验工具的选择

依据上述的分析结果,要胜任该公司的营销工作,必须在内在素质、人际敏感性、职业适应性三方面表现较好,因此在测量工具的选择上需采用适宜的、能够全面有效地获取以上相关信息,并反映个人的能力水平、个性特征和职业要求的匹配程度的方案。下面是一个参考选择:

(1) 动机特性测验

生活特性问卷:了解应试者的工作动机模式和强弱程度(包括成就动机、权力动机、风险取向、亲和动机等)。

(2) 人际能力和沟通技巧测验

敏感性和人际沟通能力测验:了解应试者能否敏锐地领悟、正确地把握人际关系信息,评估其是否具备对事物较好的洞察、分析和预见能力,并可从沟通意识、开放式和操纵式的倾向上分析其沟通模式的特点及有效性。

(3) 职业适应性测验

职业偏好测验:了解应试者在社会性、经营性、事务性等性质不同的工作类别上的偏好,并确定应试者的职业兴趣模式、价值取向和相关的个性特征。

5. 数据的使用与解释

由于销售和营销工作要求,从业人员要实现高绩效必须有如下几方面的特征:个性上外向、乐群,好与人打交道;成就动机高,能承受挫折和拒绝,坚定不移地追求目标,同时必须有一定的风险意识,敢冒必要的风险;能力上强调人际沟通方面的策略性和技巧性;兴趣取向应定位于经营类或社交类,经营型的人关注于商务经营活动,乐于施展口才和影响力,爱冒险,精力充沛,能适应要求应变性的工作;社交型的人喜欢与人打交道,在人际环境的活动中会十分活跃,工作中乐于与人合作、与人沟通,表达自己的想法,自觉地调整人际关系,善于社会角色定位。基于以上分析,制定评估标准如下:

- 各测验分数为百分制:平均分为 50 分,70 分以上为高,90 分以上为很高;30 分以下为低,10 分以下为很低。
- 重点考察以下各项分数:

测验维度	衡量标准
敏感性	70 分以上为宜
营销意识	70 分以上为宜
沟通技巧(开放式/操纵式)	开放式高于操纵式
风险动机	50～70 分为宜
亲和动机	50 分以上为宜
成就动机	70 分以上为宜,但不宜过高
经营型	排序越靠前,兴趣明显分化越好
社交型	排序越靠前,兴趣明显分化越好

6. 客户评价

测评的实施使企业得到了满意的结果。主管人员认为,在甄选录用中参照心理测量

数据,使甄选决策更为准确、迅速、可靠,并且获得了以下帮助:

1) 获得心理素质评估专业人员对各个应聘者在个性特点、优势、弱点、风险意识、成就动机和人际沟通能力等方面的具体描述,对其可发展的潜力和适宜的发展方向做出专业预测。

2) 对销售人员的选拔和培训,特别是培训内容的设计提供了针对性的参考意见。

3) 通过在销售人员的选拔中应用心理测评手段,提高人力资源开发的客观性和准确性,对推进人事管理的科学化、现代化是一个有益的尝试。

4) 增强企业员工不断提高自身素质和能力的紧迫感和自觉性,激励员工实现更大的自我价值。

18.2 用于培训和开发的测量组合设计

培训与开发操作概述

1. 培训与开发的内涵

培训与开发是人力资源管理的基本核心。人力资源必须要靠不断的培训、开发,才能在发展中适应外部环境变化,并为新的发展创造条件。现代组织的管理注重人力资源的合理利用和培养,使培训和开发成为人力资源管理所必须的手段和方法。一种有代表性的现代管理哲学观的用人原则是:开发潜能,终生培养,适度使用。这就是说,当一位员工进入组织以后,组织不再仅仅是工作的场所,更重要的是,组织为人的能力和潜能的培养与发挥提供了多种可以选择的机会。组织通过培训与开发的手段,掌握用人原则,推动组织的发展。同时,帮助每一位组织成员很好地完成各自的职业发展,使人力资源升值。因此,培训与开发还带来了组织和个人的共同发展。

任何组织的管理,只要是涉及人员的聘用、选拔、晋升、培养和安置等项工作,都离不开培训与开发。一般意义上的培训指各组织为适应业务及培育人才的需要,采用补习、进修、考察等方式,进行有计划的培养和训练,使其适应新的要求,不断更新知识,更能胜任现职工作及将来能担任更重要的职务,适应新技术革命所带来的知识结构、技术结构、管理结构等方面的深刻变化。

培训与开发的内涵在于通过学习、训导的手段,提高员工的工作能力、知识水平和潜能发挥,最大限度地使员工的个人素质与工作需求相匹配,进而促进员工现在和将来的工作绩效的提高。

概括起来,实施人力资源的培训与开发可以达到三个最主要的目的:

1) 当组织或个人的工作绩效低于需要达到的水平时,培训与开发可以大大提高工作绩效水平。特别是当一个组织面临着生产停滞和下降时,通过培训与开发,提高员工的工作能力,可以有效地改变局面。此外,为了适应新的工作技术要求,改变传统过时的工作方式,培训与开发同样可以发挥相应的机能。

2) 培训与开发可以增强组织或个人的应变和适应能力。现代化工业生产发展迅速,技术更新很快,只有那些具备很强的适应和应变能力的组织,才会保持其长久的生命力,而培训与开发正是在人力资源上做出的保证。重视对人员的培训与开发,就是为了使人员的素质保持在一个较高的水平上,从而满足组织发展对人力资源的需求。

3)培训与开发还可以提高和增强员工对组织的认同和归属感。培训可以使员工认识到他们自身的能力价值和组织对他们的承认和重视。当他们具有很强的对组织的认同感和归属意识之后,员工的能力和潜能才能够真正得到发挥,进而表现出工作绩效的提高。

培训和开发是企业的义务和责任,接受教育培训是员工的权利。这种责任和权利的同一基础是工作或做好工作,对企业来说,就是如何使员工具有做好工作的条件、资格、能力和机会;对每一个员工来说,就是如何在这些条件具备的情况下,保持或提高客观工作所需要的工作能力、工作态度和工作成绩。

2. 培训与开发的需求分析

要了解如何针对培训与开发设计人事测量,就要了解如何对培训与开发做需求分析。通常,这种分析包括三个方面:组织的需求分析、工作任务的需求分析和人员的需求分析。

(1)组织的需求分析

组织需求分析开始于组织目标设置,长期目标与短期目标决定了开展培训的深度。一般而言,长期的目标对培训要求高,而且持久。

组织的需求分析包括三方面:

1)组织的人力资源需求分析决定了组织的宏观与微观设计、组织的发展、组织的正常运行等对人力资源的种类、数量和质量的需求状况。从人力资源的角度要求组织的人员能力水平必须满足组织运行与发展的需要。

2)组织的效率分析,其中包括组织的生产效率、人力支出、产品的质量和数量、浪费状况、机器的使用和维修。组织可以对这些因素加以分析,制订出相应的效率标准。但凡不能达到效率标准要求的,就要考虑使用培训的手段加以解决。同时这些标准也是培训效果的评价指标。

3)组织文化的分析。这里,组织文化是组织的管理哲学及价值体系、行为规范等方面的反映。通过培训可以将组织完整的价值体系输入到每一个员工头脑中,从观念上指导他们的工作行为。

(2)工作任务的需求分析

这类分析将明确地说明每一项工作的任务要求、能力要求和其他对人员的素质要求。对工作任务的需求分析,使每个人都能够认识到接受一项工作的最低要求是什么。只有满足了一项工作的最低要求,人员才能上岗,否则就必须接受培训。工作分析的结果应该准确、规范,并由此来确定相应的培训标准。

(3)人员需求分析

人员需求分析包括两个方面:一是人员的能力、素质和技能分析。应该说这是与工作分析密切相关的工作。工作分析明确了每项工作所要求的能力、素质和技能水平。从人员的角度进行同样的分析是用以考察评价工作人员是否达到了这些要求,以及其能力、素质和技能达到了什么样的水平,并由此决定对培训的需求状况。此外,对人员的能力、素质和技能加以分析不仅仅是为了满足当前工作的需要,也是为了满足组织未来发展的需要。培训的目的之一就是发挥人的潜能,通过培训,使组织的人力资源系统得到合理的利用和发挥。但这一切都要求对人员的能力、素质、技能状况进行全面准确的分析。

人员需求分析的第二个方面则是针对工作绩效的评价。如果人员的工作绩效不能达到组织提出的效益标准,就说明存在着某种对培训的需求。

应用于培训开发的人事测量

1. 作为培训与开发需求分析的必要工具

培训与开发的需求分析是整个培训与开发程序的起点和基础;准确地把握培训需求,是实现高质量、高效率培训的前提。在需求分析阶段,采用测验评估全面了解在职人员的能力水平、动机需求结构、工作态度和满意度以及团队效率、领导水平等情况,是保证需求分析的科学、客观的关键,也是人员需求分析过程的主体内容。同时,采用测量方法也为结合组织的发展战略和运行而做的组织人力资源分析提供了必要的参考,为组织文化的分析提供了现实的对照数据。

2. 为培训的内容设计提供依据

在培训方案设计中,要明确培训内容,确定培训目标。内容和目标都必须是具体的、可操作的。通过测量可评定各层次人员现有的能力水平和素质状况,并且这些信息是量化的,有可比性。将所掌握的员工水平现状与组织所要求达到的标准相比较,就可找到差距,这种差距就是培训的内容和目标所在。围绕员工能力或素质等方面的差距,可设计有针对性的培训课程,并且根据差距的大小设定培训的强度,同时,这些信息也是评价培训效果的标准之一。

3. 用于培训实施中的目标管理

依据培训实施原则的要求,在培训实施过程中采用目标管理可大大提高培训的效果。而目标管理的难点在于如何合理、适度地设置明确和具有一定难度的培训目标。通过科学的人事测量,在准确了解员工实际能力水平和素质构成的基础上,合理适度地制定有一定难度的培训目标就有据可依了。

4. 用于培训效果的评价

在培训结束后,利用人事测量工具对受训人员再一次做能力、技能、心理状态及其他各有关方面素质的评估,其结果可作为数据资料来验证培训的效果。培训前后两次测量结果的比较研究,可作为培训效果评价的量化依据。

18.3 用于晋升的测量组合设计

晋升操作概述

1. 晋升的意义

所谓晋升,是指员工转入职责或职权更大的,地位、威信和声誉更高的,所需的知识、技能和经验更多,相应工资待遇更好的职务工作。晋升是职务工作的一种转换,不是职务或岗位的调动。

由于社会机构化、员工社会化程度越来越高,就业或工作已经不是单纯的谋生手段。对每个员工来说,已经不再仅为得到一份工资而感到满足,他们希望通过企业或组织,获得跻身社会的机会,或得到社会的承认,至少能获得自己周围亲朋邻里的尊敬和尊重。他们为能在较好的职位上工作而感到骄傲,甚至工作上的称心如意、得心应手,也能给他们的家庭带来欢乐;当然也为自己不能取得较好的职位不安。总之,员工希望晋升。

　　对组织来说,打通晋升通路,满足员工的上进心,是一种激励的杠杆。员工如果失去地位上升的可能,失去晋升的机会,就会放弃努力,甚至离开为此工作多年的组织。因此,组织制定合理的晋升制度,对保持自身的吸引力,增强人员稳定性是大有益处的。同时对组织来说,可应用晋升的杠杆,来直接调节员工为特定的战略、目标和方针服务。

2. 晋升的标准

　　晋升,从填补职位空缺的角度上说,与人员甄选是一致的,都是选拔合格人才去担任空缺或可能空缺的职位,只是晋升对象(职位候选人)是本企业成员,而公开的人员招聘中,选拔对象的来源没有任何限制。因此原则上说,晋升的标准要与人员甄选录用的标准是一致的,但由于晋升制度同时是企业的激励手段之一,为了激励士气,表彰先进,可能会做权衡考虑,并辅助以指导、培训、教育等措施。

　　从严格的职位需求上说,晋升的标准应直接规定为:候选人是否能够承担晋升所达到的职位的工作标准,以及是否满足完成职务所需要的能力要求。决定晋升的机会给谁,需要从客观实际中去把握每个候选人的条件。背离现实工作的晋升制度,很难维持其竞争性和公正性,更谈不上选拔质量。以往在有些企业中,"上级评议"普遍作为决定晋升的考核手段,并且这种评议的决定性是很大的。这样,对每一位希望晋升者来说,他所要做的努力可能只是给上级和同事们留下好印象。目前,有不少企业缺乏按职务职能标准建立的晋升制度,以及维持晋升制度运行的考评体系。

3. 晋升考评体系以及人事测量的运用

　　在判断晋升候选人的资格中,普遍存在三个困难:

- 从基层到中层和上层的管理职务和责任大小有差别。
- 对候选人过去管理经验的了解有差别;基层主管人员的候选人一般没有管理经验,较高职位的候选人也许有管理经验,但他的履历即使是适宜的,也往往是不可比较或不充分的。
- 在由谁来选拔的问题上也存在着差别,这可能要涉及从直接领导人(顶头上司)到各级管理层次的复杂关系。

　　要解决这些困难,最好的方法是建立标准化的、有预测力的考评体系,将候选人的考评结果从高到低排序,以科学的定量分析来作为晋升的主要依据。

　　人事测量工具具有客观性,有诊断和预测两大功能,对于建立晋升考评体系是很有帮助的。应用程序如下:

- 按岗位进行深入的工作分析,比较原有职位要求与晋升职位要求的差别,包括所需的知识、技能和经验的规定性,依据这些差别确定具体的考察内容,设定量化的晋升标准。
- 针对考察内容选取与之相关、敏感、可靠的预测因子(如个性、能力、兴趣等),将能够测量出个体在这些因子上的水平的测量工具作为考评手段,并构成组合设计。
- 实施考评。有条件的话,不仅要求候选人接受考评,而且请该职位所属层级的现有人员也参与测试。这属于基础性的工作,通过测试不仅可以对候选人排序,而且能够了解候选人与其目标层人员的差异程度,这将提供后续指导和训练的线索。

人事测量作为晋升考评体系中标准化程度最高的部分,其评估结果具有很大的参考价值。并且晋升职位的重要性越显著,管理层级越高,人事测量数据的价值就越大,越需要依靠测量来决策。但由于晋升的意义不仅仅在于人员到位,还往往伴随着一系列推断、评估和权衡,追求晋升上的绝对公平是不现实的。现实的是,晋升上的普遍认可,即公道和信誉。因此,晋升考评体系也需要采用按日常工作的要求,进行以事实为依据的考核。按考核的结果予以晋升,能够被普遍接受并认可。工作是客观的,做好工作是可比的,工作要求是明确的,对工作的日常考核是公开的,所有这一切使晋升工作可以维持公道和信誉。

应用于晋升的人事测量

1. 基层主管人员的晋升选拔

要想有效地选拔人才,就要了解:

- 需要什么样的品质;
- 每项品质的重要程度;
- 如何考察候选人的这些品质。

从全面了解管理人员所履行的职能及其环境看,有些品质对于取得事业成就是很重要的。一般认为,基层主管人员在了解他们做什么之后,他们的成就直接取决于他们想进行管理的迫切程度,取决于他们的管理操控能力、分析问题和上下左右之间的沟通能力,还取决于他们的正直程度。他们还需要一定的管理能力,但这可以在主管工作的实践中获得或提高。

这些重要品质简述如下:

(1) 管理意识

成功地履行管理职能的最普遍的要求,也许就是管理的欲望和意识。一个主管人员良好的工作成效,和他所具有的通过下属的协同努力而达到目标的强烈愿望之间,有着密切联系。有许多人进入管理部门工作,是因为受报酬、地位、津贴等报酬条件所吸引,而没有理解这种管理工作有其受挫折和应负责的方面。负责考评的有关人员必须摸清候选人之所以想从事主管工作的、掩盖于表面愿望下的真正理由,并要寻找那些能够同时合作、实现目标并从中获得基本满足的人(高成就动机,追求自我实现),这些人往往具有效能很高的管理人员所必不可少的干劲和决心。

(2) 一般智力

候选人智力水平的评价可能是一个简单的问题。通过个人档案可了解其学历水平、受教育和培训的程度,也可以根据他完成工作的成绩来评价其智力水平。智力在平均水平以上是绝对必要的。不过,智力作为一般能力不同于一般成就,往往有这样的情况,学历并不能很好地反映一个人的智力。这时,智力测验就能提供有效的帮助。

(3) 业务分析能力

通过观察候选人在承担一些超出其日常工作范围以外的特别任务,如草拟新建议、起草改变销售策略或程序的报告等,是有用的检测手段。候选人的建议和撰写报告所运用的程序、具体的内容,可反映他分析问题、解决问题的能力。

（4）信息沟通能力（社交能力）

可从候选人的书面报告、信件、口头讨论的表现等方面,来判断他们的表达思维的能力。从这些观察中可了解候选人在用词选择、思维组织、措辞、句子构造、表达层次,以及表达清晰度和说服力等方面的能力。

（5）正直

社会制度和行为伦理规范要求管理人员是道德高尚、值得信赖的。他们行使职权,对涉及企业的大量活动负责。但往往不能对他们进行密切的监督。这就需要他们本身是正直可靠的。主管人员的正直意味着很多内容,超出了金钱、物质以及工作时间的利用等方面的概念。它要求向上级全面报告情况,要始终一贯地反映真实情况,并且还有以符合社会道德标准而生活和工作的坚强品质。虽然评价一个人是否正直不是一件容易的事,但只价值观测验、道德成熟度测验、责任心测验等都能在一定程度上提供有参考价值的信息。此外,在工作中的实地观察,也可以为正确评价提供依据。例如,他们对时间的利用和支出的情况,他们如何处理与同事和其他企业同行的关系,他们对待任务和工作的诚实态度,以及他们对待生活的态度等等,所有这些都给上级提供了很多线索和机会来评价他们。此外,其他一些方面,例如：合作精神、领导能力、想象力以及外貌等,也都是值得考察的内容。

基于以上分析,可归纳出需要考察的四大类品质,其具体内容和适用的测验如表18.1 所列。

表18.1 考察内容与测量工具对照表

品 质	考察维度	测验工具	考 核
管理意识	成就动机、权力动机 支配性、影响性 自我实现需求 意图	管理人员人格测验 生活特性问卷 DISC 个性测验 需求测试	观察、面谈
智力	学历 工作成绩		看简历 过去绩效评定
分析能力		小组讨论 公文筐测验 案例分析	
信息沟通能力	书面报告 口头表达	公文筐测验 小组讨论	面谈
正直	诚实态度 道德行为	DISC 个性测验 价值取向评估 动机测验	观察、监督 谈话 观察
其他	团队合作 领导技艺 外貌	小组讨论	观察

2. 中、高层主管人员的晋升选拔

选拔中层和高层主管人员所遵循的原则，不同于选拔基层的主管人员。提升到这一层的所有候选人，往往都只具有低于他们拟提升职位的管理经验；而对一位主管人员未来业绩的最常用的预测，往往是他或她过去作为一个主管人所取得的工作成就。但对主管人员成就的评价易受人为影响。因为候选人总是为某一位上司工作，上司的意见对候选人和企业都有举足轻重的作用。另外，候选人的家世出身、个人因素等也会影响人们的印象。所有这些因素在选拔中是难于避免的。重要的是要认真全面地评价候选人的资格，并同职务的总要求加以对照。如果把明确的职务要求：责任、职权范围、上级关系、技术要求、所需领导作风，同候选人资格、经验、领导技艺和管理能力、价值观念、干劲、个性加以对照，并补充履历数据，那么就会相对更客观、更保险一些。

在选拔中层和高层主管人员时，即使采取了非常谨慎的态度，也只有当被提升的候选人在其新岗位上真正地干了一段时间以后，才能证明选他是对了还是错了。这种复杂性和风险性决定了对于高层主管人员的选拔很难期望高效度。从测量工具的应用角度来看，参照测验结果是必要的，但其决定作用和其他评价结果一样无法得到绝对的肯定。

概括来说，在针对中高层管理者的测量工具选择中，至少应考虑采用管理人员人格测验、情境模拟测验（公文筐测验或无领导小组讨论，最好两者同时使用）这两类测验，因为管理级别越高，对主管人员的技能要求会减少，而在个性品质、管理意识、人际能力这些以人为中心的素质方面的要求越高，也更广泛。通过这些基本的摸底测验，可预测应试者在管理开发方面的潜能，为准确、有效地提拔和培养企业骨干奠定可靠的基础。

此外，还可以考虑采用面向高绩效的管理开发系列测验。这些测验从管理实务的各个方面如沟通、监控、冲突管理、时间管理、变革、指导、考核等出发，从正确的领导知识，到管理风格，到高效的团队建设等各个层次上，全面描述应试者的管理行为、观念、风格和技巧。这一方面可考评应试者具备的管理技能水平和管理效绩，另一方面可促进他们自身在管理水平上的自我完善和提高。

18.4　用于考核的测量组合设计

考核操作概述

人事考核的概念从内涵上说是对人与事的评价，它有两层含义：
- 对人及其工作现状进行评价；
- 对人的工作结果，即人在组织中的相对价值或贡献程度进行评价。

从外延上说，人事考核就是有目的、有组织地对日常工作中的人进行观察、记录、分析和评价，它有三层含义：
- 从企业经营目标出发进行评价，并使评价以及评价之后的人事待遇管理有助于企业经营目标的实现；
- 作为企业管理系统的组成部分，利用一套系统一贯的制度性规范、程序和方法进行评价；
- 对组织成员在日常工作中所显示出来的工作能力、工作态度和工作成绩，进行以

事实为根据的评价。

1. 人事考核的内容

（1）成绩考核与业绩考核

成绩或业绩考核（performance appraisal），就是考核组织成员对组织的贡献，或者对组织成员的价值进行评价。

对于一个企业经营者来说，希望每一个员工的行为能够有助于企业经营目标的实现，为企业作贡献。这就需要对每个员工的成绩、业绩进行考核，并通过考核掌握员工对企业贡献的大小、价值的大小。

对每一个员工来说，企业至少是自己谋生的场所和手段，希望自己的成绩和业绩被考核所评价，以便自己的贡献得到企业领导的承认。人们渴望在贡献面前得到公平的待遇。

（2）能力考核

与一般能力测验不同，能力考核（capacity appraisal）是考核员工在职务工作中发挥出来的能力，考核员工在职务工作过程中显示出来的能力，诸如某员工在工作中的判断是否正确、迅速，协调关系如何，等等。依据他们在工作中表现出来的能力，参照标准或要求，确定他的能力发挥得如何，对应于所担任的工作、职务，能力是大是小，是强是弱等等，做出评定。

能力不同，所担当的工作重要性、复杂性和困难程度不同，贡献不同。对一个组织来说，不仅要追求现实的效率，还要追求未来可能的效率，希望把一些有能力的人提到更重要的岗位，希望使现有岗位上的人能发挥其能力。所以，能力考核不仅仅是一种公平评价的手段，而且也是充分利用企业人力资源的一种手段。同样，把一个能力偏低的人调离其现职，无疑有利于企业效率的提高。所有这些单纯依靠考绩是做不到的。考绩充其量能回答他在现岗位上干得如何，但回答不了现岗位是否适合于他。

能力与实绩有明显的差异，实绩是外在的，是可以把握的，而能力是内在的，难以衡量和比较。这是事实，也是能力考核的难点。但是，能力考核可以通过考核一系列中介因素去衡量，去把握其真实的情况，并且说明能力在不同人之间的差异。

能力的形成基础由四部分构成：一是常识、专业知识和相关专业知识；二是技能、技术和技巧；三是工作经验；四是体能。如图18.1所示。虽然能力不是上述四个部分本身，但确实是通过输出这些材料而形成和发展的。因此，能力考核可以转化为通过针对这四部分内容的考核来做出评价。

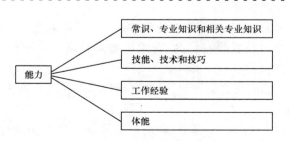

图18.1　能力的四个形成基础

当然，在不同岗位、层次上，所要求的能力的具体内容不同，考核的内容也就很不一样。比如，同样是知识的掌握能力，普通员工与研究人员，行政人员与营销人员，要求的内容就很不一样，必须有针对性地设计考核内容。

（3）态度考核

在某种程度和条件下，工作态度是工作能力向工作成绩转换的"中介"。但是，即使工作态度不错，工作能力也未必一定能全部发挥出来，并转换为工作成绩，这是因为从能力到成绩的转换过程中，还需要除个人努力因素之外的一些"中介条件"，有些是企业内部条件，如分工是否合适、指令是否正确、工作场地是否良好等等；还有企业外部条件，如市场恶化、商品卖不出去、原材料短缺等等。能力、业绩和态度的三者关系如图 18.2 所示：

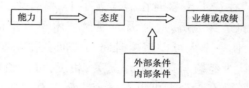

图 18.2　能力、态度与业绩的关系

工作态度考核要剔除个人以外的因素和条件。工作条件好，会使人做出好成绩，但这不是能力所致，也不是因为工作态度好。因此，必须剔除这些运气上的外在因素，否则是不公平的，也是有害于组织的；相反，如果由于工作条件恶劣而降低了成绩，并非个人不努力，考核时必须予以考虑。

2. 潜力测评与能力开发

（1）什么是潜力

为了说明这个问题，首先弄清楚什么是"潜在能力"（下称潜力）。潜力是相对于"在职务工作中发挥出来的能力"而言，是指"在工作中没有发挥出来的能力"。

至少有以下四方面原因，使一个人的能力不能在他所担当的职务工作中发挥出来：

- 机会不均等，即没有公平的竞争，没有获得发挥能力的机会；
- 与此相近的人员配置不合理，担任的职务与能力不配，不相称，所谓大材小用，小材大用，都会抑制一个人在自己职务上发挥才能；
- 领导命令或指示有误；
- 能力开发计划不周，具体说，一个人要发挥能力，必须自身的能力结构合理，否则就会因为缺少某一方面知识，妨碍其他已经拥有的能力的发挥；与此相联系，合作共事之间的能力结构也要配套，使彼此间能力互补，相长相促。

一个员工在自己的职位上是很少能完全发挥其拥有的能力的，总是存在一定的潜力；通过对潜力的了解、测评和把握，为有潜力的员工提供锻炼的条件，使潜力转化为现实的能力，是有实际意义的。将潜力测评和开发纳入人事考核系统作业中，有助于使人力资源充分发挥其作用。

（2）潜力的测量

首先是如何了解每个员工的潜力。能力考核解决的是：员工通过现有职务媒介发挥出来的能力评价问题；潜力测评针对的问题是：如何评价员工在现任职务工作中没机会发挥出来的能力；需要回答的是他还能干些什么？难点是：在他还没有干些什么的时候，如何把握他能干些什么。

这就需要找到一些帮助。借助心理测量技术就是一种有效的手段。就人事考核的手段而言，有三方面的综合评价方法：

一是根据工作中表现出来的能力进行推断，即根据上述"能力考核"的结果进行推断，至少可以参照能力考核的结果。

二是工作年限，具体说就是在该职务中连续工作的时间长短，这是一个综合反映一个人经验多少的指标。应该指出的是，这一指标是越来越过时了，因为在新技术革命的时代，"经验性能力"往往不是掌握在老年人手上，换言之，在新时代，经验的取得并不一定依赖亲自实践和亲身经历，这是因为现代技术条件下的职业工种要求变了，教育和培训的手段变了，使一个人可以超越时间和空间获得与职业工种相称的经验性能力。然而不能因此而认为经验与连续工作无关；相反，可以绝对地说，在现有科技水平下，没有一种职业工种，没有一个人可以在进入实际工作之前，能够学会并干好这件工作。工作年限中包含着综合性经验，可能超出我们现在所具有的认知水平；一位具有很长职业生涯的行家老手的直觉，可能超出我们现在所拥有的分析预测手段和方法。

三是考试、测验、面谈、培训研修的结业证明、官方的资格认定证明以及文凭等等。这些都是判断一个人知识和技能水平的依据。但其可靠性越来越受到怀疑，高学历低能力的现象越来越普遍，加上眼高手低、大事干不来、小事又不干的倾向在高学历阶层的蔓延，使文凭、学历和考试结果，只能成为一种"参考"。

能力考核包含了潜力测评，在其内涵上得到了扩展，即从日常能力评价系统，扩展到了能力开发系统。

3. 人事考核与人事测量的比较

人事考核与目前国内流行的人事测量，比如人员素质评价、领导行为与效能测定，以及其他心理、行为测评方法是不同的。具体表现为：

1）人事考核是企业内的管理活动；而人事测量主要是借助心理测量工具的测评工作，往往是一种咨询诊断工作。

2）人事考核是一种常规性制度，为企业经营战略服务，为企业人事管理服务；人员心理测评等活动通常是帮助企业招聘、选拔、录用、评价和开发人才，可根据某个企业或组织的临时性要求从外部帮助企业。

3）人事考核是对日常工作中的人进行评价，根据事实和职务工作要求，考核人对组织的实际贡献，强调人的特殊性；人员心理测评则依据"客观量表"、"统计分析"，对人本身的属性进行评价，分出优劣。

4）人事考核在对人的评价过程中包含对人的管理、监督、指导、教育、激励和帮助等功能；而人员心理测评并不直接涉及这些功能，测评活动本身要求"中立"，测评过程从开始到结束,不对被测评对象的工作行为进行直接性的改造,虽然这个过程本身可能对工作行为有所影响。

当然,上述区分只是相对的,它们也是有一定关联的。人事考核与人员心理测评同是作为评价人的方法,二者是不矛盾、不相互排斥的。在进行人事考核的企业中,完全可以适时展开人员素质评价以及领导行为与效能测定。而且,人事考核同样作为对人的考察,其方法也大量借鉴了心理测量的技术和原理。另一方面,人员心理测评等活动具有"中立"和"咨询"特性,可以弥补人事考核的制度性强制所带来的缺陷,使对人的评价更趋于客观公正。

应用于考核的人事测量

1. 人事测量在考核中的应用

(1) 使用心理测评,丰富考核科目

传统的人事考核内容非常丰富,但关注的核心是事实和现状,同时它具有制度性强制的特点,往往过分强调对人的外显行为和表现的观察,而忽视了对人的内在心理机制的了解。研究表明,人的许多心理特性与其工作绩效有着千丝万缕的联系,比如人的动机、兴趣取向对其行为有指向性,如果这种内在心理构成与工作任务相匹配,就会大大调动其工作热情。如果能够通过心理测评了解企业员工的内在需求,有策略地加以利用,无疑会大大提高员工的工作绩效。这样的结果与考核的目的是不谋而合的。因此,在考核科目中适时地增加关于人员个性、兴趣、动机、需求、态度等方面的心理测评,对考核本身是内容上的丰富、系统上的完善。

(2) 能力测验作为潜能考核的重要手段

心理测量工具中,能力测验的预测力和诊断力最为可靠,因此可在人事考核中发挥作用。前面有关"潜力测评和能力开发"部分的陈述中已经提到:能力测验是人员潜力测评的有效手段。

在测量工具的选择上常常要参考能力考核结果。根据员工在工作中表现的能力状况,可以推断和把握其潜在的发展方向。通过这样的分析定向,可以确定对其哪方面的能力潜质进行预测,从而选择内容符合的能力测验。

2. 用于考核的心理测量设计原则

如果目的在于对可塑性和可发展的潜质的鉴别,主要考虑使用能力测验。例如:

- 多项能力测验:预测能力结构,依据优劣势分析进行合理的工作安排;
- 管理数量分析能力测验:预测管理潜力,成功的管理者必须具有一定的数量关系的敏感性和分析力,如果这方面能力不合格,管理者就难于发展;
- 管理逻辑推理能力测验:预测管理潜力和创造潜力,管理者的思维能力是其成功的关键因素,如果思维逻辑性、灵活性不强,难于实现有效管理;
- 公文筐测验:适用于高层管理者,预测工商管理素质,评估综合管理技能,鉴别是否有全面、系统的经验和独当一面的预测决策力、系统把握驾驭的魄力;
- 小组讨论:适用于中、高层管理者,预测工商管理素质,评估领导意识和素质,以及表达能力和协调引导能力,预测管理效能和管理风格;

- 面向高绩效的管理潜能开发测验:适用于中、高层管理者,考察管理者的知识、技能水平和管理风格定位,可强化管理者的自我概念,帮助管理者的自我完善。

18.5 用于激励的测量组合设计

激励操作概述

员工激励是组织中人力资源管理的重要组成部分,当我们确立了"以人为中心"的现代企业管理观之后,其中的核心就是如何利用有效的激励措施,以及建立科学、合理、规范的激励制度,来激发人的工作积极性和提高人在工作中的满意度,进而保证较高的工作绩效。

传统的激励观点是把人放在被激励的地位,认为只要存在外在的刺激推动力,人们就会在这些推动力的作用下去努力地工作。事实上,人们的工作动力决非如此简单,它是外在刺激和内在需要相结合的产物。激励的实质就在于如何利用有效的外在刺激去激发人的内在动机,达到激发潜能、发挥能力、努力工作、实现组织目标的目的。

应用于激励设计的人事测量

1. 人事测量在激励制度中的应用

要达到有效的激励目的,必须有合理、科学的激励政策,激励制度才能产生效用。激励措施犹如子弹,只有调好了激励政策这个"准星"与人的内在动机这个"靶心"的一致性,才能百发百中。在制定激励政策之前,需要找准"靶子"——人内在的、敏感的心理状态和特性,这就需要利用人事测量技术来完成。心理测验是了解人内在心理状态和构成的重要工具,目前为止也是最有效的技术。

通过心理测验了解员工内心的需求趋势、动机水平构成,才能有针对性地建立组织的激励制度。

激励制度的效用总是通过满足员工的内在需要而实现的。比如,员工奖励制度迎合人的追求成就或公众赞许的心态,能够激励员工奋发向上;人人都希望自己得到肯定和接受,改善提议制度鼓励员工为改善经营管理而提出改进工作的观念和方法,激发积极性和创造性,并使员工因受到关注和重视而获得满足;员工因组织决策透明度的提高和允许其发挥更大的影响力,而大大提高了满足感,获得归属乃至自尊的满足。

2. 用于激励的测验组合原则

针对激励的测量工具组合设计立足于员工的动机、需求、兴趣、价值取向等几方面。常用的工具包括:

- 动机测验;
- 价值取向评估;
- 需求测试;
- 工作满意度调查;
- 激励因素调查。

其中,动机测验和价值取向测验作为比较精确的工具,适合针对个体,具体了解某个员工的心理特性,制定相应的激励方案。后三类调查工具比较善于反映整个组织的现状,特别是激励因素调查详细分析了70多项可能影响员工工作行为的要素,因此能得出具体的结论,为激励策略和方案的制订提供重要的操作性的依据。

19

针对不同对象的人事测量

一个组织有其不同的层次结构,包括个体层次、团体层次和整个的组织层次。针对不同层次的人事测量方案可能有所差别。针对个体层次的测量是把所有人看作同等的、独立的个体,分析的对象和侧重点在具体的、单个的人。针对团体的测量是要考察一个团队(如一个部门)的能力结构、士气、凝聚力等。而针对组织层次的测量是把所有的人当作一个整体来考察,是要了解组织的整体状态、特性,如工作满意度,组织氛围等,为宏观策略提供依据。除了组织的层次之外,人事测量的对象还可以是不同的职务和岗位。本章将针对不同对象来讨论如何设计人事测量方案。

19.1 用于不同层次的人事测量

用于个体层次的测量

面向个体的测量组合设计是以个体为中心,为满足个人的自我认识和决策需要而提供的全面的系统的评估。它适用于个人或组织针对个人的测评。

1. 个体性测评服务

对个人来说,对自己有一个客观正确的了解,才能扬长避短,正确地设计自己的职业生涯,实现自我的最大价值。古诗云,"天生我才必有用",只有了解"我"的优势和劣势所在,并且知道与大多数人相比好多少或差多少,才能确定"用"在哪儿,如何"用"。个人测评的内容一般包括能力、个性特征和个性倾向类测验。

(1) 能力结构诊断

个人能力上的优势是对个人发展最有影响力的因素之一,因此在测验选择上首先考虑对个体的能力结构加以诊断。基本能力的评估可使用各种能力倾向测验;综合能力或特殊能力的考评,依据其职业背景和兴趣,可考虑选择沟通能力测验、逻辑推理测验、公文筐测验和小组讨论(情境模拟测验)。上述测验可分别对其人际沟通能力、逻辑思维和创造能力、行政组织、经营管理、领导能力等做出评定,并对照常模确定具体的能力水平。

对于有志于在职业经理人角色上发展的个人,面向高绩效的管理潜能开发系列测验是可参考的评估和开发工具。

近十几年,人们也越来越重视情绪智力。它不属于传统的智力,但被认为是非智力类的能力。有研究表明它能比传统智力更好地解释人的成功。因此,现在个体情绪智力的测量也越来越受到重视。

（2）个性特征描述

个性特征和风格是个人最鲜明、最稳固的方面;个人性格与职业匹配与否,可能影响职业上的成就和发展。通过个性测验可帮助个人全面把握个性上的突出特点、风格,从而可有意识地培养和加强职业修养,正确认识个人的影响作用,调整自己在组织团队中的定位,实现个人性格与职业、与团队的良好磨合。

16PF 测验和 DISC 个性测验是比较常用的测验。这两个测验各有特点。前者从 16 个维度上对个人的个性作系统的描述,犹如画像;后者将个人的性格特征放在组织情境中分析其优、劣势,并对个人的行为倾向特别是人际互动模式的特点作预测,犹如画龙点睛之笔,有概括和指导意义。此外,如果是从事管理工作,可采用管理者个性测验,它从 12 个被认为与管理绩效有关的方面对个体进行个性描述,信息比较丰富。

（3）个性倾向定位

与个性一样,个人的兴趣取向、动机需求模式、价值观取向等,也影响着个人的态度、职业满意度、职业专注程度,最终影响个人潜力的发挥。由于这三方面都是有行动指向性的,它们与职业需求是否匹配,在很大程度上预测了职业适应程度。对于面临升学、就业、改行等选择的个人,最好做职业适应性的分析。这方面的测验有职业兴趣测验、生活特性问卷、需求测试、价值取向评估、道德成熟度测验。

为了解自我而参加测评的个体,对测验主动接受程度高,兴致高,不容易反感,而且态度合作,作答真实、可靠,能够付出较多私人的时间,在操作上难度不大。但由于测评内容多,在测验的时间安排上,可以分几个阶段,分批完成测验,以免应试者产生疲劳,影响正常水平的发挥。

2. 企业中的个人评估

对于企业来说,由于甄选、晋升、考核等具体情况的需要,要对特定的一些人员做全面测评或某一方面的特殊评估,如评估管理潜能。如果是全面测评,设计的思路与个人测评相似;如果是特殊评估,则要首先分析企业需求,即希望通过测评程序要解决什么问题,依据问题内容性质决定测评的内容和具体的测量工具。

按组织指令参加测评的人员,由于个体间有相互竞争的压力,如在甄选、晋升、考核等背景下,应试人员可能有高社会赞许倾向,表现出假饰行为,在测量设计、实施和结果分析中要注意监控和鉴别这种倾向。具体方法有:

- 选用低表面效度的测验,比如能力测验、行为模拟;
- 选用有可相互参照检验维量的测验,比如职业兴趣测验和价值观取向测验配合使用,个性测验和动机需求测验配合使用;
- 在测验指导语中加入必要的解释,消除应试者的顾虑,强调真实作答的必要性;
- 人事测量实施者应以客观的第三方角色出现,要求应试者的重要关系人回避;
- 在结果分析中,检查应试者的卷面作答和相关维量上的得分情况,分析应试者对同一表述或问题的反映的一致性和合理性;
- 如有测谎分数,注意参照。

此外，时间安排上要紧凑、快捷，以一次完成为好，这样可以尽可能减少组织中受测者间各种偶发事件因素可能造成的差异，以及防止受测者心理负担过重，减少受测者流失。

用于团体层次的测量

1. 团体层次测量的目的

用于团体层次的人事测量往往是为了解决特定问题而实施，比如企业为了分析培训需求，制订培训计划而需要了解某些部门或特定层次人员的总体水平。

面向团体的人事测量，目的在于帮助企业解决在人力资源管理或改革当中遇到的一些难题，因此这些问题就是测评的内容设计依据，例如团队合作、团队凝聚力、团队氛围等。在设计上，强调对企业需求的分析，选择使用对企业管理和决策有价值的测验，可以是一项，也可以是多项，但各项测验的结果都应对解决企业的问题有帮助。比如在上述例子中，企业的问题是不知道如何为管理层量体裁衣，制定适当的培训计划，这就需要了解管理层的现有管理技能、领导水平和创新意识。至于个性、价值取向等方面虽然与管理绩效有关，但这些方面是难以通过培训的手段加以影响和改善的比较稳固的个人特性，所以在测验中只选用管理能力的情境模拟测验和领导行为评估。

2. 团体测量的方法

测量实施中采用集体施测的形式，在相同的时间、场地内，所有人员同时进行。为保证测量的顺利进行，企业的决策层和人事部门的有关人员需要统一协调人员的组织、安排工作。在实施上应注意准备足够的测量题本和用具，安排适宜的场地，注意讲解测量指导和注意事项，确保每一位应试者了解答题方法，并且避免相互影响。如果是多项测量，每项测量都应统一开始和统一结束。

由于测量的对象都是企业的在职员工，在实施测量的同时，还必须完成日常的工作，因此选用测验的项目一般不宜太多，最好在半天之内完成，或分阶段（几个半天）完成。

有一类测量是专门用于团队的，它们一般都十分短小、简洁，而且由于是针对团队而不是一个人，作答的掩饰低，反应真实、可靠。这样的测量工具有很多，例如：

- 团队健康度测验；
- 团队绩效评估；
- 团体凝聚力测量。

用于组织层次的测量

1. 组合原则

组织层次的人事测量可适用的测评对象范围更大，往往是企业的所有人员，包括从高级管理决策层到一般职工的各个层次的人员。参加测评的人数众多、水平参差不齐，需要场地空间大，这些因素决定了应用于组织层次的测量必须要较为简洁短小、操作方便。

面向组织层次的测评往往有一定的研究目的，例如考察员工满意度、变革态度等，因此测量使用目的应与研究目的一致。涉及多个测量内容的，可分成几次完成。如果需要设计编制新的调查问卷,也应满足这一要求。

2. 组织层次的测量

常见的组织层次的测量,是一些适用于全组织范围的大型调查,这些问卷形式的调查无所谓难度,文字简明,量表评分明确,易于回答,而所获得的企业全体员工的数据很有研究价值。常见的调查工具有:

- 工作满意度调查;
- 工作价值观调查;
- 激励因素调查;
- 变革态度调查;
- 组织承诺(忠诚度)调查。

(1) 工作满意度调查

工作满意度调查是一些企业特别是发达工业国家企业经常实施的测量。这个调查旨在了解各层面员工对工作各方面的满意度,涉及内容包括对工作本身的看法、对工作待遇的看法、上司的看法、对同事的感受等。之所以这个调查在西方工业国家企业十分流行,是因为受到人本主义管理心理学的影响,采取"以人为本"的管理理念,强调企业追求"获得最大利润"和"使员工最大程度满意"双重目标。因此,检测员工工作满意度就成了例行工作。一般企业每年会进行一次检测,也有的两年检测一次或一年检测两次。

(2) 工作价值观调查

工作价值观调查是对员工的价值取向进行考察,具体内容涉及理论取向、唯美取向、社交取向、宗教取向、政治取向、经济取向等方面。不同价值取向的人,对事物的判断方法和标准不同,追求不同,其行为准则、行为动力的诉诸方向不同。企业组织考察工作价值取向,主要用意在于为企业文化建设获取第一手材料。不了解员工的价值取向,所制定的企业文化和员工的价值观格格不入,这个文化就无从建立。

另外,工作价值取向调查也为企业文化建设的策略提供参考。一个要建立一元化文化的企业,和一个要建立多元文化的企业,其策略不同。究竟如何行事,有必要通过实际考察来决策。这时往往会应用工作价值取向调查。

(3) 激励因素调查

组织时刻都在考虑如何更好地激励员工,以便提升绩效。为此组织就必须了解究竟什么因素可能会激励员工。一般来说,这个问题被转化为考察员工对什么感兴趣、需要什么、什么使他们满意和不满意。一个好的激励调查方案应能够涵盖所有这些可能影响员工工作积极性的因素。由本书作者所设计的一项激励调查,包括了70多个要素,以满足组织的精细调查与设计的要求。通过运用这一调查,可以分析出组织中有哪些类激励因素群,可以了解各种不同激励要素的重要程度,可以知道组织各方面的现状与员工理想状态之间的差距,可以根据各因素的轻重、主次、缓急,设计最有效的激励方案。

激励调查也是发达工业国家最常用的一项工具,这同样是因为"以人为本"的管理理念的缘故。不了解员工,不关心员工,就无法赢得员工,激励就不可能,提升绩效也就会落空。

在有些情况下,特别是当组织需要大规模文化建设、加大管理力度、全面重组或再创业时,往往会把以上几种工具同时使用,也就是结合满意度调查、价值观调查、激励调查,对组织的各方面状况进行全面监控,以便对有关策略提供系统化的依据。

此外,由于现代组织实施变革的频率越来越高,力度越来越大,也使员工体验到很大的压力和适应困难,导致员工离职增加,组织忠诚度下降。因此,往往在这种时候企业也会进行变革态度、组织承诺(organizational commitment,也称"组织忠诚")测查,以了解民意。

19.2 用于不同职务层次的人事测量

组织中不同职务层次的岗位对任职者的要求是不同的,因此在对他们进行考察时,所考察的内容和所使用的测量工具自然也就不同。在本节里将详细地说明针对不同职务层次的人事测量组合设计。

用于一般员工的人事测量

1. 一般员工的胜任能力——基本学识和技能考评

一般员工是企业基层的生产、业务、服务工作人员,他们是企业正常运作的基础,是企业效益的具体实现者。一般员工的素质和水平直接关系到企业的生产效率和进度、产出的数量和质量,其重要性是显然的。

一般员工所从事的工作有自主性低、工作责任和工作内容单一、任务量大、简单重复性高的特点。针对他们的测量,一般是从岗位需求出发,考察他们是否具有完成岗位任务的基本知识和技能。一般来说,没有必要对他们做复杂能力素质的综合考察,因为这些内容和他们的日常工作要求没有太大关系。而且,这些复杂的能力考察的绝大多数内容是他们绝大多数人都很难企及的,由此造成的挫折感可能是灾难性的,也是根本不必要的。

对一般员工的基本实际操作能力和工作经验的调查和考察,一方面可通过简历筛选和调查,对其受教育和培训的经历、获得的技能证书、工作经验等实际情况做出判断,或者进行现场操作技能考试进行筛选;另一方面可通过实习期观察、例行考核等监控手段加以了解。此后,无论是甄选录用、安置、考核,还是培训提高,对一般员工的考虑都是立足于工作任务所要求的基本技能。

2. 一般员工的心态——人事测量

一般员工是企业人员的主体,是发掘企业人力潜力、推行企业文化建设的主要对象。当企业致力于组织的发展和变革、着手企业文化的建设时,必然不能脱离一般员工的需求和心态。企业从自身内部寻求效益增长的起点,应当从对一般员工的激励开始。

根据以上分析,人事测量针对于一般员工的测评侧重点不仅在于能力,也在于员工的心态,比如工作满意度、员工的需求和动机。通过对这些方面的调查,可以为组织管理、激励员工、加强企业文化建设提供有价值的建议。

用于中层管理人员的人事测量

1. 企业执行层——中层管理者

任何一个有组织的企业都要以高效率和有效的方法来达到其特定的目的。每个企业都在内部建立一个正式组织。最高主管经理利用这一组织,按照某种方式来分配各自应该完成的任务,设立部门来完成专门化的工作。每个部门的主管人员构成了企业组织的中层管理阶层,他们承担着按规定的时间、预算和质量等条件,生产某种商品或提供某种服务的任务,并经常规定有考核的目标;这些任务与其他同级主管人员的任务有机结合在一起,目的是为了实现整个企业的目标。所有这些主管人员为了恰当地完成自己的任务,除了依靠他所支配的资源外,还要对他管辖范围内的业务工作再次分工,并为其下级人员确定任务。从更广的意义上说,主管人员有责任在政策、法律、社会道德规范和企业的规章制度等的约束内完成其任务。

事实上,一个企业的兴旺在很大程度上取决于其中层主管人员的质量。这种说法并不夸张。比如,以"协调"这一管理的主要内容来说,主管人员肩负着协调的职能,他们的中心任务是消除在方法上、时间上、力量上或利益上存在的分歧,使企业经营的目标与个人的目标协调起来。

如前所说,主管人员的品质、风格和朝气至少在长期内对各类企业取得的成就是有相当影响的。而对任何一个企业来说,要拥有一些有才能的人,必须进行有效的选拔、考评、培养和激励等工作。那么,人事测量如何利用心理测评,实现对中层管理人员的有效评估呢?

2. 面向中层管理人员的测量组合

中层管理人员所肩负的责任是多元化的,既强调职务技能和经验,又必须有才能实现管理职能。总而言之,中层管理人员所需要的品质是多种多样的,有身体的(健康、精力充沛、风度),智力的(理解与学习能力、判断力、思维活跃、适应能力),精神的(干劲、坚定、乐于负责、首创精神、忠诚、机智、庄重),技术的(职务所特有的知识和技能)和经验的(由工作本身产生的)。所有这些品质可分别归为能力、个性特征、动力适应性(个性倾向性)、知识经验四大模块,因此,针对他们的人事测量工具组合也是围绕这四大类内容展开的。

(1)能力方面

1)采用管理人员数量分析能力测验和管理人员逻辑推理测验,通过评估应试者对商务图表资料的快速分析能力,对数量关系的敏锐判断和估算能力,对语言逻辑的分析能力,可了解其思维灵活性和严密性、理解能力和判断能力,预测其分析处理复杂信息的应变能力、业务适应和发展的潜力。

2)采用无领导小组讨论这种情境模拟测验技术,对应试者在小组讨论中的表现加以考察,用于综合评价其组织协调能力、领导意识、成熟度、风度、口才、思维敏锐度;还可以考察能力以外的要素,如团队合作、人际感染力、情绪控制力等,可对管理能力、行为进行有效评价和对未来绩效进行有效预测。

3)采用领导行为评估中的沟通方式评定、冲突应付方式评定等工具,可以了解管理者的上下沟通能力和策略。

（2）个性方面

1）采用管理人员人格测验，从与管理绩效紧密相关的12个维度出发，评估应试者的个性特征、思维风格、行为特点，可预测其管理绩效。其中"面子倾向"是因中国人特有的文化性格特征而设计的维量，对于全面刻画应试者的性格特征有很大的参考价值。

2）采用16PF测验，在了解其性格概貌的基础上，可进一步评估其情绪稳定性、情绪控制能力、心理健康水平。作为一名管理人员，保持良好的情绪心理状态无论对管理绩效还是其本人都是大有益处的。此外还可以了解其创造性品质、适应力、事务管理能力。

3）采用DISC个性测验可提供针对应试者本人如何扬长避短，提高管理绩效的良好的建议。这种建议从个人的个性特征出发，在组织背景中分析归纳个人的优点和影响力的所在。

特别地，模糊耐受性和内控取向已被证明为是企业家精神（创业精神）的重要品质，和工作绩效有显著相关，因此也是管理人员性格考察的重要内容。

（3）兴趣、动机适应性方面

职业兴趣测验和价值取向评估都可反映个性倾向方面的一些特性，这些特性具有直接的行为指向性，因此具有动力倾向。个人动机模式调查可鲜明地描述个人的行为目的取向，如冒险意识、乐群倾向、权力欲望等等。这些信息可帮助组织合理地进行人员选拔和安置，有效地制定激励措施，引导主管人员正确地发挥其管理职能。对管理者本人，则可以帮助他正确地认识自己的需求，适当地调整自己的心态，以实现最佳绩效。

（4）知识经验方面

一方面，可考虑采用知识和技能考试的形式，从职务所需要的知识或技能出发，考察掌握知识的水平。另一方面，可通过管理人员的履历了解其受教育程度、专业技术职称水平、是否获得技能等级证书、资格证书等，以及他在以往工作经历中曾担任什么职位，有何工作业绩。这些内容大致反映了被考察者的专业水准和具备的资历。

4．测量设计范例

（1）企业背景

某企业是一家位于北京黄金商圈的大型商城，定位属中、高档次。商城自开业以来努力以"一流的商品、一流的服务、一流的管理、一流的设施"来吸引和满足消费者。商城以"诚信为本"服务大众，既获得了良好的经济效益，也创造了社会效益，树立了良好的服务风范。

在商城效益不断提高的同时，管理决策层意识到，要保持企业的持续发展动力，必须在人才上做工作。一方面需要加强企业的不懈奋斗、积极进取的文化建设，另一方面必须注意提高中层管理人员的素质。商城领导希望能够通过培训来提高管理人员的经营管理技能和业务能力，同时也希望通过引进科学的考核方式，来督促管理人员认识到现代管理人必须具备的能力是什么，加强其紧迫感，自觉地学习，不断地充实自己的知识和提高自己的能力。

基于以上背景，此次测评的目的在于：采用现代管理科学与心理学、统计测量学的技术与方法,按照对部门主管人员的规范要求,对管理人员的管理能力、工作能力、业务技能、行业规范知识和外语水平进行系统全面的综合测量、考察和分析,为合理地考核现有人员,任用和培养人才,提供科学的参考意见,充分体现公平竞争、择优选才、人尽其才的原则。

本次测评的预期是,通过测查管理人员的能力和知识水平,分析人员现状与职位规范要求的差距,找到需要培训和提高的着眼点和程度,同时通过全面的能力考核,体现管理人员必备品质的方方面面。

(2) 需求分析

作为商场中层管理人员,肩负着上下协调的职能,必须具备较高的人际敏感性和人际沟通能力,在管理能力方面强调其指挥、组织计划、机智应变等临场管理能力。

依据委托方所提出的要求,此次对管理人员的测评内容重点在能力和知识上。

(3) 论证

北京某商城是外资与全民所有制联营的新型现代企业,具有规模大、联营型、管理新、现代化等特点。这样的企业所需要的人才必须符合现代商业企业的特点,符合目前市场竞争的要求和商城长远发展战略的需要。因此,在进行具体设计方面,考虑一般管理人员应具备三方面素质:

• 系统的商业服务知识、规范和一定的外语水平。商业人员必须具备系统的商业服务知识和法律法规常识,熟悉相关服务规范,具备基本的英文读写能力,以适应联营企业国际化服务业务的要求,充分体现现代商城"服务一流、设施一流、管理一流、效益一流"的经营目标。

• 熟练的业务技能和良好的合作能力。一般管理人员是企业有效运作所不可忽视的中坚,在各个部门中分别担任不同的职责,相互联合成和谐有机的整体。他们必须具备现代商业管理实务所涉及的相关业务知识和技能,尤其要有与岗位要求相符合的独立工作的能力和细致认真、严谨有序、积极合作的工作风格,适应商城"以德为本,诚信负责"的企业文化形象。

• 良好的分析判断能力、人际沟通能力和组织管理能力。一般管理人员必须具备全面的适应激烈市场竞争的工商管理基本素质和现代经营管理的意识,适合服务行业的要求,需要突出人际判断的敏感性、沟通的技巧性和计划、协调、监督操作等管理能力和技巧。为此,一般管理人员的考评方案应综合以上各方面进行系统立体设计,拟订测评手段,以切实满足企业的要求。

(4) 测评手段

1) 行业规范知识和外语水平测验包括:

• 服务知识和规范测验:测查应试者对国家颁布的《消费者权益保护法》等法规常识的熟悉掌握程度,以及对商城现场服务规范、商品物流程序等企业内部管理、安全规范的掌握情况。可由商城自己命题,也可由专业机构负责出题,商城可提出具体要求、范围或有关资料。

• 商务英语水平测验:考察应试者的英语日常用语、基本商务英语的熟悉和掌握能力,以调动应试者努力学习英语的积极性,从而提高商城所有从业人员的整体素质。由专业机构负责出题,商城可提出具体要求、范围或有关资料。

2）业务技能测验：对现有管理人员和办事员按业务性质、能力要求分为四大类：公关市场营销类、行政人事教育类、金融财会审计类和物流储运维修类，分别针对每类人员进行业务知识和技能考核，由专业机构负责出题。

3）人际能力和管理能力测验包括：

• 敏感性和人际沟通能力测验：了解应试者能否敏锐地领悟、正确地把握人际关系的信息，评估其是否具备对事物的较好的洞察、分析和预见能力，并可从沟通意识、开放式和操纵式的倾向上分析其沟通模式的特点和有效性。

• 无领导小组讨论测验（现场录像）：通过实际观察应试者参与模拟专题讨论过程中的行为表现，评估其组织能力、分析洞察力、综合协调能力以及在团队意识、人际合作、成熟度方面的表现，同时可对其情绪控制力、口头表达能力、团队协调和应变、引导能力进行直接评价，得到量化的评定结果。

（5）数据的使用

测评的目的在于了解管理人员能力现状，为培训设计提供依据。各项测验的结果均针对所有参加测评人员做总体水平的统计分析，从平均分水平和分数分布特征来描述人员的素质状况。

行业规范知识和外语水平测验、业务知识和技能测验这两项，作为知识技能考试，以及格为通过，分数越高越好。如果不及格，则需加以培训。

敏感性和沟通能力测验和无领导小组讨论这两项，是对管理人员人际策略和管理能力的全面评估，需从子维量的水平做统计分析，分别设定通过标准。对各维量的重要性的分析，主要依据管理事务的需要和该能力是否可以通过直接培训而提高来确定。比如说，对管理绩效越关键的内容就越重要；可通过培训提高的内容，其重要性相对较低。简略的分析结构见表19.1。

表 19.1 测验要素的重要性及标准

测验名称	测验维度	重要性	通过标准（百分等级）
敏感性与沟通能力测验	敏感性	4	70以上
	沟通技巧	4	开放式高于操纵式
	营销意识	4	70以上
无领导小组讨论	营销常识	3	50以上
	组织行为	4	70以上
	洞察力	4	70以上
	倾听	3	30以上
	说服力	4	70以上
	感染力	4	70以上
	团队意识	3	30以上
	成熟度	3	30以上

注：重要性按五分制评定：1＝非常不重要，2＝比较不重要，3＝比较重要且可以培训提高，4＝非常重要且可以培训提高，5＝非常重要但难以培训。

（6）效果反馈

通过实施本测评项目，商城领导层获得了以下相关内容的报告：

- 对现有一般管理人员的整体素质进行综合评价,给出各项测验的团体模型和汇总分析;
- 对各应试者的能力、特长、弱点、可发展潜力和适宜发展方向做出具体的描述和专家解释,对企业现有初、中级人力资源结构提供系统分析;
- 对管理人员的配备和选拔后备力量提供参考意见,为企业择优录用人员,实现人尽其才,提高人力资源使用效率提供有价值的参考;
- 通过对一般管理人员和其他人员整体素质的评估,结合现代企业对管理人员的要求,提供制定立体化、针对性培训方案的重要参考信息,同时也为企业管理与企业文化建设提供参考依据。

用于高层管理人员的测量组合设计

1. 企业决策层——高层管理者

高层管理人员是企业的最高决策层,担任着经营决策、策划、指导与领导的职能。

任何企业从它成立之日起就处于复杂多变的经营环境中。中国的企业界更是面临着未来严峻的竞争和挑战。中国的管理决策者刚开始在初生的经济模式下学步时,就必须以其本能,应付极其复杂的经营环境以及处于不成熟的市场经济体制下的种种难题。面对复杂多变的环境,管理者关键素质之一是以不变应万变的能力,这种能力是在管理界共通的能力,是从事经营管理最基本的素质。所谓最根本的素质或能力,一般是可以迁移的;具备了这些素质,不管从事哪种行业,不管环境怎么变化,总可以得心应手地从容应付,获得成功。关于这些素质,并没有唯一的结论,但可以参考以下几方面:

- 一般智力水平;
- 工商管理能力;
- 创造性思维能力;
- 较高的成就动机和支配欲;
- 灵活机敏但有原则,正直,负责;
- 坚韧的毅力,内控自律;
- 敏感性与沟通能力;
- 开放和变革意识,较高的模糊耐受力和风险承担精神。

高层管理人员举足轻重的作用不仅表现在经营决策和工作管理方面,他们同时也对人员的精神面貌、价值追求有影响。某种意义上说,领导就是明智地运用激励方法加上能够唤起别人热情的行为。他们对公司的目标、政策、新方案以及预期的变革有直接的计划、决定和解释权,他们被认为是企业的灵魂和旗帜。所以管理者应对群体意识和社会责任感有充分的了解,应注重自身的形象塑造,以自身为楷模实践企业的文化追求。

2. 面向高层管理人员的测量设计原则

面向高层管理者的测验和考评立足点必然是可迁移的基本管理素质,参照上述分析,对高层管理者可考虑选择使用以下测验:

- 情境模拟测验；
- 公文筐测验；
- 无领导小组讨论；
- 动机调查；
- 管理人员人格测验；
- DISC 个性测验；
- 控制源取向测验；
- 领导行为评估系列测验；
- 管理潜能开发系列测验。

3. 测验应用范例

（1）企业背景

委托机构是某市高级经理评价推荐中心。该市对其市属的国营大、中型企业实行高级经理人才（正、副总经理）持证上岗制度。为了考核现有在职高级经理人员和后备人选的管理能力，拟进行情境模拟测验。

（2）需求分析和论证

高级经理人才持证上岗制度是经理人职业化的一种措施。对于高层管理人员，综合管理技能十分重要。从测评的技术角度来看，可用来评估和预测管理绩效的技术中，以能力测验的预测力、诊断力最强。而管理能力是一种综合能力，受个人经验、工作环境及组织绩效等诸多因素的影响，对管理能力的预测、鉴别难度大，加之受测人员来自各行各业，管理水平发展参差不齐。针对这些情况进行详细分析，决定采用情境模拟测验中的公文筐测验，因为公文筐测验具备以下特点：

- 针对管理的重要基本职能，包括：组织、计划、预测、决策、沟通，以普遍性管理事务为内容，考评被测人员的管理素质和普遍性、可迁移性的基本管理能力；
- 涉及的内容广泛，包括：行政、人事、生产、研发、市场、公关、销售等，能全面考察高层管理人员的系统综合管理能力；
- 测验效度高，测验情景与实际工作情景基本一致。

（3）客户评价

测验结束后，委托机构得到了所有受测人员的个人测评报告和一份全面详细的概括所有受测者的总体报告，对高级管理人才的配置、培训、储备提出了一些建设性意见。尤其是总体报告分析、概括了该城市高层经理的总体情况，对了解该市高级管理人才的资源特征具有重要意义。

19.3 用于不同岗位系列的人事测量

所有的企业都遵从某些特定的结构。这是组织内部运作分工的需要。一般来说，企业组织的基本运作单位包括生产（创造可使用的东西或增加商品和服务效用）、营销（寻找和吸引愿意按价格购买商品和接受服务的顾客或建立分销渠道）、财务（收支、保管和运筹企业资金），以及行政人事（安排人力资源并完成各部门之间以及内外部的必要协调)等。组织中的各个部门作为管理职能及其分解而成的管理业务的承担者,对企业实现整体目标所作出的贡献是不同的,这意味着部门业务的活动性质、难度、作用、技能和价值等存在着差异,从而对各个岗位上的要求有不同的侧重。在这一节里,我们对各个岗位主管的相应要求给予概括性的说明。

各岗位系列所要求的基本素质(参考)

1. 生产岗位系列基本素质要求
- 能力:时间管理(有时间概念,讲效率,严格保证生产进度),有效的控制力,系统全面的计划能力;
- 个性:认真、负责、准确;
- 知识经验和技能:专业水平高,熟悉生产流程和相关设施,具备安全生产知识。

2. 营销岗位系列基本素质要求
- 能力:良好的沟通、协商、应变能力和人际能力,适应力强,富有创造性,情绪控制能力;对客户的需要高度敏感;
- 个性:乐群、热情、耐心、坚韧执著,能承受挫折,健谈;
- 知识经验和技能:最好有客户关系,熟悉分销渠道,具备营销常识。

3. 财务岗位系列基本素质要求
- 能力:判断力、决策力,金融预测能力;
- 个性:细心、严谨、准确,为人谨慎,有序,负责,原则性强;
- 知识经验和技能:有专业资格认证,经验越丰富越好。

4. 行政人事岗位系列基本素质要求
- 能力:人际沟通能力,适应能力,全面细致的分析能力;
- 个性:随和、热情、友善、令人信赖,细致耐心;
- 知识经验和技能:熟悉有关劳动法规,具有相关工作经验。

5. 技术岗位系列基本素质要求
- 能力:独创性,发现和解决问题的能力,思维缜密,善于学习;
- 个性:自信,创造性,追求自我实现,专注于技术进步,最好具有研究型价值取向;
- 知识经验和技能:技术等级认证,相应技术领域的工作经验,研究开发的理论技术成果。

各岗位系列测量工具组合

表19.2列出了各岗位系列主管人员的主要考察要素和供选用的测量工具,供参考。至于各岗位系列的普通员工,可参照该表,减去和管理工作有关的内容,或替换某些内容,如把管理个性测验换成适用于普通人的16PF测验。

表 19.2　不同岗位任职要素的测量工具

岗位	考察要素	考评核心工具
生产系列	个性特征、组织协调能力、综合分析能力、兴趣取向、行为风格、工作履历	管理人员个性测验或 DISC 个性测验 兴趣偏好测验 价值观评定 面试（结构化或非结构化）
营销系列	人际敏感性、沟通能力、个性特征、动机需求模式、言语表达、工作履历	管理人员个性测验或 DISC 个性测验 敏感性与沟通能力测验 需求测试 生活特性问卷 无领导小组讨论 面试（结构化或非结构化）
财务系列	个性特征、思维分析能力和综合决策能力、工作履历	管理人员个性测验或 DISC 个性测验 数量分析能力测验 面试（结构化或非结构化）
行政人事系列	个性特征、人际技巧、事务处理能力、工作履历	管理人员个性测验或 DISC 个性测验 无领导小组讨论 领导行为评定 面试
技术系列	创造性、思维推理能力、个性特征、工作履历	管理人员个性测验或 DISC 个性测验 逻辑推理测验 抽象推理测验 面试（结构化或非结构化）

注：面向高绩效管理的系列也是各系列主管可以参考使用的考评工具。

20

针对企业特征和需求的人事测量

20.1 针对不同行业特征的测量组合设计

针对企业行业特征的组合分析

企业所从事的行业不同,对其从业人员的素质要求也不尽相同。俗话说"隔行如隔山",这是从业务的角度来描述其区别。如果从行业要求的素质和职业素养来看,虽然没有"隔山"这么大的分歧,不同行业确实各有侧重。由于行业性质的不同,各自形成自己的行业特点和规范,它们反映了对从业人员在能力、个性特征、适宜的动机需求结构等各个方面的要求。这些要求的侧重点不同,因而对不同行业人员的测评内容和考察因素都需要进行具体分析,在测量设计上应反映出行业的特点。特别是对于那些行业特征非常突出的企业,比如窗口服务业中的饭店管理服务业,其生产部门主要是前厅部和客房部,所有从业人员,从前厅经理、客房服务员到清洁工人,都可能与客人打交道,都必须具有良好的服务意识和心态,才能提供高品质的服务,使客人满意。对不同层次的人员要求的程度可能不同,但在与行业特性相关的要求上,内容是一致的,在性格上应耐心、责任心强,热情随和,克己自律;在兴趣取向上倾向于社会性、公益性以及人际性的活动,有较高的亲和动机。

此外,不同行业的发展水平不同,管理规范程度不同,也可能影响对从业人员的水平要求。这些行业背景因素都应在测量设计中予以考虑,以选择有针对性和难度适宜的测量方法,或针对性地设定适宜的考察选拔标准。

表 20.1 列出了对一些具有突出行业特征的人员特殊性需求分析,并列出在人事测量中针对这些行业特征要求,可以实现考察目的的考评工具类型。

表 20.1 不同行业特殊需求及相应测量工具

行 业	需求分析	测验类型
生产制造业	全面严格的质量控制力 创新开发能力	个性测验
服务产业	适于服务取向的个性、兴趣 人际技能	个性测验 人际技能测验

(续表)

行 业	需求分析	测验类型
文化产业	创造性思维 高超的组织策划能力 综合能力	思维测验 管理能力测验 案例分析
高新技术产业	独创性 学习能力 科技敏感力 高新技术造诣 敏锐的信息把握和驾驭能力	思维测验 情境模拟测验 案例分析

测量设计范例

1. 企业背景

委托客户是某国大型集团公司，从事文化产业。集团成立时间不长，是一个以投资、管理为主业，以资本运营为纽带，依托高科技、高知识含量的文化产业集团。其最具影响力的业务项目是策划和组织具有重大纪念意义和广泛策动力的庆祝活动。对于这样的企业，具有高度创造性和深厚的文化品位的知识人才是企业实力的源泉。由于业务发展的需要，集团需要补充从事活动创意、策划和文案的高级人才，以及活动项目的管理执行人员。对于高级活动策划和文案这一职位，要求有突出的创造性思维能力，而活动主管则强调其组织管理技能。集团最高管理层十分重视这次人才招聘活动，为能准确有效地鉴别和预测应聘者的创造性品质和潜力，进一步了解其管理能力，特引入人事测量技术，为筛选决策提供客观的参考依据。

基于以上背景，本次测验的目的在于：考评中层管理职位的应聘人员的创造性思维能力、组织管理能力、个性特征及个人的动机水平，为正确合理地选拔优秀人才提供科学的参考意见，充分体现公平竞争、择优选才、人尽其才的原则。

2. 需求分析和论证

对上述中层管理职位，首先做详细的职位分析。在本例中，无论是策划人员还是管理人员，必须具备：

1）良好的心理素质。优秀的管理、策划人员必须具备良好的个性品质和心理健康水平，这是具有多方面的业务开拓和环境适应能力的前提，尤其是锐意开拓、善于创新、精于决策、乐于负责等心理素质。他们不仅必须有高度的企业认同，而且要有高度的责任心和创业意识，有高度的成就动机，不怕任何挫折和困难。

2）熟练的管理技能和良好的合作能力、领导能力。管理人员是集团有效运作所不可忽视的中坚，他们必须具备综合管理技能，尤其要有与职位要求相符合的组织、协调、监督、操作等管理技能和严谨有序、积极合作的工作风格，讲究领导艺术，符合该集团的形象追求。

3）敏捷的思维创意和文字能力。思想是最为宝贵的资源，而好的"点子"往往来自于敏锐的思维推理和分析、灵活多样的思维模式，这也是较强的语言驾驭能力的前提。

为了详细说明，现将需要考核的内容一一列出，并依据考核要素的不同做了针对性的测量设计，详细情况见表20.2。

表 20.2 测评考核要素重要性及具体标准分析表

要素标准 \ 职位	高级活动策划	活动项目主管	测验工具	备注
个性风格/举止仪表	***① 热情、有责任心、主动、外向，② 得体地与客户交流，代表企业形象	**① 耐心、细致、自制、负责，② 恰当的举止态度，代表企业形象，③ 管理技能高	16PF 测验 DISC 个性测验 无领导小组讨论 面试	初试① 复试②③
言语表达和理解力	***① 有逻辑性，② 说服力、表达流畅	*① 理解准确，② 表达清晰，③ 有感染力，能影响他人	无领导小组讨论 思维测验	初试① 复试②③
综合分析能力	***① 策略分析能力、创造性思维信息捕获能力，② 市场分析能力	**① 思维严密，② 活动流程的设计分析能力、系统规划能力	无领导小组讨论 思维测验	初试① 复试②
动机与岗位的匹配性	**有挫折承受力，企业忠诚度高	**能吃苦、耐劳、有恒心	16PF 测验 动机测验	初试
人际协调能力	***① 乐与人打交道，② 协调与客户或政府等各方的各种关系，开创、协调客户关系	**① 人际亲和性，② 与他人的合作性，能有效地激励和引导下属	无领导小组讨论 动机测验	初试① 复试②
计划、组织、协调能力	*② 组织协调能力	***① 事务处理能力，② 活动流程中对人、事、物的监控能力	16PF 测验 无领导小组讨论 面试	初试① 复试②
应变能力	***与客户谈判时的应变能力	**对计划外事件的即时解决能力，实际问题的现场处理能力	无领导小组讨论 面试	复试
情绪的稳定性	*② 面对挫折、刁难时情绪的稳定性	**① 情绪管理能力，② 面对紧急事件、压力时情绪的稳定性	16PF 测验 无领导小组讨论 面试	初试① 复试②
专业知识/行业经验	*学历、作品或经历	***活动组织经验	简历筛选 面试	复试
其他	*** 书面文字表达能力	** 广告熟悉程度、社会关系	（测试中很难考察，最好利用其他线索）	

注：***表示十分重要；**表示比较重要；*表示一般考察；没有标号的情况表明无需考察；方格内的文字内容为考核时需侧重的方面及其标准。

3. 测评手段

（1）个性品质测验

• 16PF 测验：系统了解应试者的人格特征，预测应试者的工作稳定性、工作效率、压力承受能力等。从整体上把握个体的性格特征。

• DISC 个性测验：了解应试者的管理、领导素质以及情绪的稳定性等，并综合分析其优、劣势所在和适宜的工作环境。

- 生活特性问卷：了解应试者的工作动机模式和强弱程度。

（2）管理能力测验

- 无领导小组讨论（现场录像）：以情景测验方式考察应试者的能力、个性及合作、沟通技巧。

（3）思维测验

- 语言逻辑分析测验：对个体的一般推理能力和言语理解能力进行评估。它有助于了解应试者思维的严密性、发散性和思维的灵敏程度。

4. 测评结果

- 对各应试者的个性特点、弱点、成就动机和组织沟通能力做出具体描述，评定其能力和心理素质与应聘职位的匹配程度，对可发展的潜力和适宜的发展方向做出专家解释。
- 对管理人员的选拔和培训提出参考意见。
- 通过心理测量手段，提高人力资源开发的客观性和准确性，对推进人事管理的科学化、现代化是一个有益的尝试。
- 加强企业员工不断提高自身素质的紧迫感，激励员工实现更大的自我价值。

20.2 针对企业其他特征的测量组合设计

针对企业规模特征的组合分析

企业规模的大小直接反映在企业的组织结构和人员组成上。

规模小的企业组织结构简单，层次少，组织成员少，往往人事管理职能不完善。对这类企业的应用测评可在基础性的人事职能上做一些替代性的工作，如通过测评来决定人员录用和工作分配、晋升等，因此在测量设计上应面向个人做比较详细的测查，必要时可做包括面试在内的一整套人员甄选程序。对小规模企业一般不做团体层次或组织层次的测评。

规模大的企业，组织结构复杂，人员数量多，人事管理系统比较健全，往往需要通过测评来收集一些辅助性的信息，比如测查员工工作满意度、离职意向、工作动机需求状况，为制定有效激励政策提供参考；还可以测查团队绩效和团队健康度，为实现高效的团队合作和提高团队成长力服务。当然，并非所有的大规模企业都有完善的人事管理部门，能够执行全面的人事管理职能。对于这样的大型企业，对人员测评的需求同样是巨大的，测评服务的管理咨询功能将大有作为。

针对企业文化特征的组合分析

任何企业都有自己区别于其他企业的独特性文化。企业文化是企业内部长期形成的共同思想、理念、作风、价值观念和行为标准，是一种具有企业个性的信念和行为风格。

狭义的企业文化实际上是一种"以人为本"的管理思想，它把经济活动中最具有能动性和可塑性的人放在重要的地位，重视人的因素、人的管理、人的塑造，强调心灵的感召和情感的凝聚。企业好比一条大海中的航船，面对激烈竞争，全体人员唯有齐心协力、同舟共济,才能使企业的航船安全成功地驶达目的地,每个企业的成员才能在企业的成功中同时获得个人事业的成功和最大物质利益。企业管理者要使全体成员充分了解企业与自己这种休戚相关、荣辱与共的关系,消除企业与员工的对立、管理者与被管理者的对立,才能使员工与企业在价值观念上认同,员工把企业目标作为自己的目标,企业成败作为自己的成败,激发对企业的归属感和高度的责任感。

企业文化一经形成,便对企业的管理方式发生直接的作用。实际上它是企业管理的根本理念与经营方针的出发点和依据。企业文化代表了全体企业成员共同的价值观和文化追求,与企业文化相和谐的思想和方法对员工来说更易于接受,也能更有效地影响员工。

不同企业在企业文化上的重视、培育力度不同,其企业文化影响程度就不同。在对不同企业进行测量设计时,有必要了解其经营理念和文化追求,了解企业文化的建设状况,据此有针对性地使用不同内容的测验,使测评的结果更有实用性和应用价值。

比如某家生物科技制药企业以"团结、奋进、奉献、创新"为追求,强调员工之间相互尊重和关心,希望营造一个和睦、充满亲情的家庭式企业,这是关系取向的管理风格的体现。而另一家企业追求"高技术开发、高质量产品、高效率管理、高素质人才",它强调严格的质量管理,强调员工的技术开发能力和竞争力,使用规范的效率管理模式,这是工作取向管理风格的体现。对前者的测量设计重在考察员工的团队健康度和团队合作绩效,以及员工的成就动机、亲和动机强度。这些方面的数据有助于企业对员工进行合理的教育、安置和团队组合;对后者的测量设计重在考察员工的个人技术水平和开发创造力,考察管理者的任务取向的领导风格,同时评估员工的科层意识,中等以上的科层意识适于严格规范化的管理模式。

20.3 其他出于具体需要的人事测量

忠诚度评估的测量组合设计

员工对企业的忠诚度是很多企业关心的问题,特别是在选拔、提升各层次管理人员时,企业希望选择并保有那些既有才干又忠诚可靠的人才。如果由于使用了有不稳定心态的人,造成在重要的管理职位上的人员频繁轮换,对企业造成的损失是巨大的。为了避免这种损失,企业希望能够通过心理测评的手段,从个体内在心理特征的层面来分析、预测个人在职位上的稳定程度,即对企业的忠诚度。需求的产生提出了一个关于个人对企业的忠诚度的评估课题。

一般来说,影响员工工作心态、造成跳槽的原因很复杂,是组织内部因素和外部因素以及员工自身原因的综合作用结果。在这些因素中,组织内部和外部因素表现的形式、时机、过程都是不确定的,且往往无法预测和控制,但是如果从企业高层开始重视做优化内部管理、员工激励、情感沟通等方面的工作,可以在一定程度上预防和避免这种组织内部和外部因素的影响。

探求员工自身的原因时,可发现:员工对待工作的心态反映了他在个性上、行为倾向上的一些比较稳定的特征,如果通过对其个性、动机、需求、价值观取向、道德成熟度等多方面评估,分析其内源性动机和外源性动机的强弱,可判断应试者对本职工作是否抱以有恒负责的心态,预测其受工作之外的诱因影响和控制的程度,从而能够从这个角度来评估此人的可靠性。如果有条件,还可对与该职位有密切配合关系的其他职位的人,特别是其直接上司,也进行上述个性、动机、需求、道德价值观取向各方面的评定,将每个人的结果逐一对照研究,可以定性判断此人与上下级、与同事的配合关系,作为预测其工作满意度和适应性的参考指标。表 20.3 是各测验与人员稳定性有关维度的一个示范性分析,可供参考。

表 20.3 个性测验各维度与工作人员稳定性的关系

测验名称	维 度	影响方向	说 明
16PF 测验	谦虚顺从	+	倾向于做熟练的、容易的工作
	严肃谨慎	+	做事谨慎、认真,不易变更
	有恒负责	+	对工作持有的执著态度
	感情用事	−	做事易受情绪影响而失稳妥
	现实,合乎成规	+	遵循成规,处事保守
	依赖,随群附众	+	自主性差,难有出人意料之举
	自律谨严	+	讲道德,工作认真,有全局观
	畏缩退却	−	瞻前顾后,回避压力
DISC 个性测验	服从性	+	乐于顺从、随和,注重细节
管理人员人格测验	责任心	+	具有责任感,负责,可信赖
生活特性问卷需求测试	权力动机	−	追求地位,好支配人,有算计心
	生理需求	−	外源性动机,利益取向
	自尊需要	+	内源性动机,需要他人的赞许,回避谴责
	自我实现需要	+	内源性动机,追求工作成就,重视自我奋斗过程,超然物外
价值取向	理论取向	+	有执著探究的兴趣,讲究严谨、完备
	审美取向	+	有追求完美的倾向,注重自身修养
	经济取向	−	利益取向,以经济受益为重
履历	工作变动	−	反映敬业精神和择业态度

注:"+"表示该特征越强越有利于工作的稳定性;"−"表示该特征越弱越有利于工作的稳定性。

从表 20.3 来看,组织忠诚度不是一个单纯性的因素,它是许多内部因素复杂交错地互相影响而决定的,同时又受许多外部因素的影响。因此,要想判定组织忠诚度,往往需要多方面的考察和测量。类似地,所有员工的品德、职业道德方面的评价,也都是极其复杂的,不应指望用一个简单的维度或量表测查。

个人创造性评估的测量组合设计

1. 创造性的评估

创造性作为一种能够产生巨大生产力的特殊品质,为所有企业所推崇。企业需要来自员工的创造力来推动自身发展。更有一些特殊企业在一定程度上可以说是在卖"点子",比如说广告策划公司、营销策划公司、管理顾问公司等。在这一领域,对人才创造性能力的评估是至关重要的。

创造力是一种综合能力,不仅表现在其要求的基本能力是多元化的,而且是思维活动和丰富经验相结合的产物。创造性实际上是思维活动的杰出成果,思维方式的某些特性往往是产生创造力的必备条件。这种思维的灵活性、多样性、发散性和严密性就是创造性思维的特征。通过评估应试人员在思维推理和分析方面的能力,鉴别其思维特性,可预测其是否具备创造力的潜质。

富有创造性的人在性格上也具有一些共同的特征,在个人气质、动机、情绪、爱好、态度、观念以及能力方面具有一系列独特的品质。比如性格不内向,聪慧富有才学,好强执著,不过分审慎,冒险敢为,敏感,感情用事,幻想,独立不羁,自由,批评,激进,自立,当机立断。以上性格特征可通过16PF测验甄别出来,从而从性格的层面来评价其创造性品格。

2. 创造性评估的测验组合

综上所述,创造性评估立足于如下两方面:

- 思维能力测验:考察思维推理的灵活性、发散性和分析的严密性;
- 个性测验:描述思维风格和性格特征,综合估算创造性品质。

21

人事测量案例

北京大学心理学系人力资源评价开发中心在人事测量方面具有多年的理论研究基础和实践经验,并结合对现代组织管理理论和实践的研究,努力完善和丰富了人力资源评价开发方面的理论、方法、技术,已具备一套相当成熟、全面、科学、有效的组织行为和人才评价系统,并为企业、事业、机关、学校、医院等各类组织提供了大量的人事测量评价服务。为了使读者建立对人事测量的感性认识,更透彻地把握人事测量原理与实务,在此选择一些案例与读者分享,供读者参考。

需要说明的是,根据行业规范,一般情况下委托人名称是不公开的。这并不是出于隐私一类的缘故,而是对委托人的尊重。所以在此隐去了所有案例中企业的名称。

案例1:某英国跨国公司的人事测量

公司简介

该英国公司主要为它的所有海外公司提供管理支持服务。它是世界前50强企业,主要从事石油钻探、精炼等业务,也涉及商贸等领域。该公司在中国设有大中国公司,负责中国及周边地区的业务。该公司注重文化,在跨文化合作、管理中强调尊重当地文化,博采众长,推行多元文化。该公司重视运用科学方法甄选人才,并建立有评价中心,由有心理学背景的经理负责,采用情景模拟技术筛选应聘者,形成了一整套标准体系。

然而,过去,该跨国集团在中国的分公司招收新员工时,采用的评估方式以简历评估和面试为主,主要是三个步骤:简历筛选→面试→评价中心。但是,由于应聘的人员众多,该公司往往会同时收到上千份简历表。即使经过初步筛选,也有太多的人进入面试。面试耗时、耗人力,成本较高。对大量应聘者进行面试评估无疑会使招聘费用急剧增加,所以往往需要严格控制面试人数。这就对简历筛选在质量上要求更高。但要提高简历筛选有效性,在技术上可能会遇到以下两个难题:

首先,简历评估有其自身的局限性,评估得分一般难以拉开差距,造成很多应聘者的分数集中在一个很窄的分数段上,区分度差,很难从中筛选出少量的优秀者进入面试。

其次,简历的填写一般是由应聘者带回去完成的,这样往往无法杜绝出现应聘者揣摩简历所要考核的因素,而做出一些迎合考核目的的回答,甚至还可能出现请人代答,填写虚假信息等不诚实的现象。对于这些情况无法通过简历的评估予以甄别,这就可能造成素质差的应聘者被选上,使公司蒙受损失。

要解决上面的两个问题,最合理的方式是在简历评估和面试之间加入更为刚性的测量手段,相当于拦上一道有效的关口,阻止不合格的应聘者进入面试名单;同时由于多了一道筛选程序,在简历评估时就可以允许评选出多一些候选者,这样也就解决了分数过于集中无法拉开差距的问题。

需求分析

企业自身有针对员工素质的一套要求和评价标准,分为三个模块:

- 能力——对信息进行快速分析和快速学习的能力;凭事实而不是凭感情做判断的能力;分析客观存在限制的能力;认识事物内涵和联系的能力;管理复杂环境中的不确定性,提出创造性可操作办法的能力。
- 成就——为自己和其他人设定挑战性的明确目标的动机和热情;工作中心理和生理的弹性承受力;处理非正式问题的勇气和自信,必要时拒绝从众。
- 关系——真诚地尊重和关心他人,不按地位或文化来评价每个人;在他们的所有行为中证明他们的诚实和正直;通过展开和指导沟通创建信任感;通过鼓舞人心来劝导他人;以明确的方式来沟通和做决策。

这三部分的结构如图 21.1 所示。

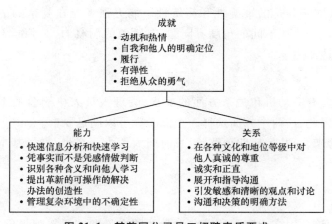

图 21.1 某英国公司员工招聘素质要求

图 21.1 实际上说明了该企业在人员招聘中使用测量工具的需求特性,因此在使用测量工具对人员进行筛选以确定进入面试的最后人选时,必须以该公司上述标准为依据。此外,为减低招聘成本,还应保证考核实施的简单易行和低成本。根据这些要求,在为筛选方法选择测量工具方面,考虑采用客观的能力测验和个性测验较为适宜。

对于管理人员而言,能力倾向的高分并不足以证明其优秀的管理潜质;但是,一定的数量分析能力和逻辑推理能力是高素质的企业管理人员所必需的,也是现代企业对管理者的基本要求之一。比如在美国,MBA 学位是获取公司中层管理职位的重要条件之一,而获取 MBA 学位的前提条件是通过 GMAT 测验,其测验内容就包括数量分析、逻辑推理。这种方法的假定是,这些测验的分数预示着未来职业上的成就。在此,同样也选择考察这两项内容的测验作为能力评价的手段。

人格评估指标的选择借鉴以前的人格研究,采用管理人员人格测验,包括被证明与管理绩效有关的 12 个维度,基本上涵盖了企业需求。

测量工具的选择

综上所述,在本案例中选取下列测验工具。

1. 能力测验

根据企业要求,能力方面基本上涉及数据分析、客观判断、创新、复杂事务应付等方面,为此,考虑使用数量分析能力测验、逻辑推理能力测验和管理案例分析测验。

- 数量分析能力测验:测查对数量、图表等信息的敏感度和分析能力。能力强者能处理大量数字信息,能迅速整合信息,找出答案而不受干扰信息的影响。
- 逻辑推理能力测验:测查应试者思维的准确敏锐程度、逻辑推理的严密性和连贯性。能力强者能具有很强的分析能力,能迅速、深入地加工信息,找到问题的关键。尤其善于分析语言文字表达的信息,基于事实而非主观意见做出判断。
- 管理案例分析测验:测查应试者对真实的管理事件的理解能力、分析问题的深入和敏锐程度,以及文字表达的准确性和简练性。能力强者能在复杂的情况下,通过分析比较,深入事情的本质,从不同的角度看问题,有敏锐的洞察力,其判断不脱离实际,并且有较强的语言表达能力。

2. 人格测验

仔细对照企业有关动机和关系方面的要求,管理人员人格测验的 12 个维度可基本涵盖所有内容。因此,这两个方面选择一个测验就可以满足要求。

这样,综合起来,一共需要四项测验,总时间大约为两个半小时,基本满足了简便、快捷的原则。

考评结果评价

通过考评,为该公司在中国三所著名大学的首次暑期实习招聘提供了比较有鉴别力的工具。这些工具将作为该公司在中国地区招聘员工的工具。成果主要体现在:

- 两个能力测验都表现了较好的信度与效度,证实了它们在人员选拔工作中的价值。
- 人格测验的题目形式较好地降低了受测者回答的社会赞许性。发现正性情绪倾向维度与面子倾向维度可望对参加面试与否产生较好的区分。并可立足于此做出改进面试考核体系的重要建议,将这两个维度作为预测面试成绩指标。
- 通过对企业已有员工的测验可能可以找到该企业员工的独特的人格特点,找出企业文化对员工人格特点有影响的各个方面。

- 以上结果将对该企业做人事技术本土化的工作提供具有重要价值的参考依据和支持。

案例2：某美国跨国公司的人事测量

"以人为本"的人力资源管理模式强调对人才本身的合理开发和资本投入，使得人力资源得以自发、高效、持续地发挥其潜在价值，获得公司效益与个人发展的双赢结果。获得和形成这样一个人本文化取向的和谐有机体的前提是，组织是如何定义和塑造人才，其管理模式和技术又是如何体现这种人才政策的。

美国某跨国公司以人为核心建立了一整套人事管理和测量体系，在这方面做出杰出的成就。该公司对人才的选拔和测评定义为：不是考试性质的，不作为个人价值判断的，不具有威胁性的，没有成败之分而只有适合和不适合的，由应聘者和公司双向选择的，追求双赢目标的程序。以下就一些核心概念和技术做如下介绍：

什么是人才

对于人才的定义，该公司的界定条件为：
- 条件优越的；
- 条件合适的；
- 具备起码的职能，承担最初指派的工作；
- 有发展的意愿和潜力；
- 有健康的身体、人格及身份。

如何识别人才

有了符合公司定位要求的人才定义，为如何去识别本公司需要的人才提供了目标和方向。该公司的人才政策是：

1. 获得最好、最合适的人才
- 与公司配合：适应于企业文化、管理制度的特点；
- 与工作配合：有工作所要求的专长、个性、价值观；
- 更高的潜力配合未来发展：企业与个人共同发展的双赢原则。

2. 专业方面
- 一定职位；
- 一定学历要求；
- 一定的经历、经验；
- 一定的专长；
- 个人特点。

3. 表现特点
- 有学习的能力并且愿意学习；
- 有应变能力、弹性处理事务的能力；

- 有调适能力；
- 有沟通协调能力；
- 有创新能力。

测评手段

在人才甄别中，该公司使用了一系列评估手段，包括：
- 一般考试，对基本知识的考试，针对于应试者的文化水平与背景情况；
- 专业考试，对专业知识的考试，针对专业背景的考察；
- 技能实际操作，对基本技术的考核，针对应试者的技术能力水平的考试；
- 智力测验，测智商，了解应试者智力水平的高低；
- 性向测验，了解个性倾向，评估态度、价值观和适应力与工作的可能配合度；
- 面试，以过去的成就来预测个人与工作的配合，了解沟通、行为、态度、价值观、个人经验、个人倾向；
- 观察、回馈与沟通，了解个人的技术、能力、态度对组织的贡献，评估个人总体状况与未来前程的配合；
- 体检，了解应试者的身心状况。了解生理上能否胜任岗位工作；
- 体质测评，比如以身体激素图形来判断个人性向。

人事测量在人事管理中的应用

1. 求职与解聘

使用的测验手段为：
- 性向测验；
- 专业考试；
- 面谈；
- 体检。

2. 晋升、转业、生涯规划

使用的测验手段为：
- 观察、回馈、沟通；
- 技能管理评价；
- 领导力评价。

3. 高阶选择

使用的测验手段为：
- 面谈；
- 观察、回馈、沟通；
- 评价中心；
- 体检。

人事测量信息的获取和评估

人事测评中可通过如下程序和途径收集信息，并按评估要点来综合信息：

1. **信息的来源**
   - 教育、培训；
   - 工作经历；
   - 技能获得与应用；
   - 工作习惯、领导经验；
   - 对公司与工作的了解；
   - 未来目标如何规划；
   - 自我评估：个人特性，优、缺点，如何改善。
2. **评估要点**
   - 工作态度；
   - 工作意愿；
   - 积极性；
   - 人际关系；
   - 心态与成熟度；
   - 逻辑、分析、判断力；
   - 人格。

技术管理系统的评价

该公司强调技术人才的评估，其技术管理系统相当完善和成熟。例如：对技能的评价有如下管理标准：

1. **技能种类(7组24类,数千种)**
   - 客户认知；
   - 业务环境、敏锐感觉；
   - 行业知识；
   - 公司了解；
   - 项目管理；
   - 产品、技术与服务；
   - 个人技术。
2. **技术定义**

知识水平	执行度
◇ 基本知识	有限
◇ 技能训练完成	有限，需他人支持，独立执行工作
◇ 标准要求	复杂或困难项目需他人支持
◇ 高于标准	完全独立工作
◇ 专家	完全独立工作，提供各类支持

领导力的评价和培养

领导力的评价和培养从个人的个性特点、能力和人际关系等方面出发，要考察的要

点如下:
- 客户优先;
- 人际关系:团队精神,压力承担,与上级的关系,敏感度,培训下属,考评能力;
- 决策能力:分析,研制,决定,调试,执行,风险承担;
- 个人技能:沟通,决定;
- 前瞻构思;
- 事业热忱;
- 个人活力;
- 诚恳坦率;
- 技术能力;
- 突破规范;
- 行政能力。

案例3:某瑞士跨国公司的人事测量

公司简介

某瑞士跨国集团以水泥、聚集体和混凝土产品的生产和相关服务为主业,是全球水泥材料的主要供应商之一。该集团在短时间内成功地开拓了海外业务,而成功的关键就在于其市场、产品、技术和管理优势在国际化进程中的成功。目前该集团已在中国开始了合资形式的投资项目,而更大规模的投资拓展业务则依赖于包括人力资源在内的市场、生产、产品规划的协同运作。该集团在人力资源的规划和开发方面有着非常成熟的体系,比如针对管理职位有一套相当完善的管理开发系统程序和标准,从未来领导人才的甄别、培养、开发到配置到位,都有非常翔实的计划和指导。

然而,该集团自身虽有一套相当完善的管理开发程序,但对文化的重视和对跨文化管理的认知,使其要寻求方法的本土化。中国独特的文化环境是跨国公司进入中国所遇到的重大问题之一。中国的文化及人格结构与西方相比有很大的不同,这影响到跨国公司原有的人力资源评估、开发系统的使用。中国具有巨大的潜在的市场,同时行业内的竞争也十分激烈,因此开发本土化的管理者是十分关键的问题。另外,由于该集团采用合资的方式进入中国市场,如何选择符合双方标准的人才将成为一个实质性的问题。

考评目的

从集团管理开发系统的程序和标准出发,结合对中国管理者的适应性分析和文化特性分析,采用现代管理科学与心理学、统计测量学的技术与方法,对该集团管理职位人员从专业能力、社会能力和个人能力三方面实施全面综合的测验和考察,充分体现公平竞争、择优选才、人尽其才的原则,对其发展潜力进行专家综合评价,为正确合理地选拔胜任于集团未来要求的领导人才提供科学的参考意见。

需求分析

测评组合方案按照集团管理开发的程序设计。测评处于开发的第二阶段,即绩效和潜能评估,以此寻找可发展的未来领导人才。结合目前发展的要求和长远发展战略的需要,集团对管理人员的要求从专业能力方面、社会能力方面和个人方面做出了明确定义,认为未来领导者应具备:

1. 专业能力方面——良好的专业知识和管理技能

集团的成功依靠于员工应付快速变化的环境和市场的能力。为了保证企业的竞争力,管理人员需要具备良好的专业知识和管理技能,保持对市场、环境信息的敏感性和快速反应能力,这主要体现在以下几个方面:

(1) 解决问题

基于对事实的理性分析,觉察复杂事物间的内在联系,全面、系统地思考问题,从而创造性地解决问题。

- 识别信息、问题和机会,决定是否采取行动;
- 收集相关信息;
- 整合不同来源的信息,觉察事物间的内在联系及因果关系;
- 通盘考虑,产生备选方案;
- 做出决策。

(2) 计划和组织

快速、全面地把握任务信息,确定优先级顺序,制定合适的时间表,确定要采取的行动,并监控执行过程以达到理想效果。

- 确定优先级顺序;
- 制定时间表;
- 授权;
- 监控行为。

(3) 战略眼光

有高瞻远瞩的战略观、全局观,能有策略性地思考问题;根据环境和市场的变化做出合乎逻辑的预测,进而制定长远规划。由于中国长期处于计划经济体制下,习惯于按计划指令行事,缺乏从长远的角度考虑问题的意识和经验,这项能力尤其需要加强。

(4) 成本—结果驱动

明确要获得的成本—结果目标,有效地利用各种人、财、物资源,考虑收益和成本,对工作的细节、策略和方法做出合理的计划。

(5) 客户—顾客取向

树立"顾客至上"的经营理念,从客户的角度考虑问题,了解不同客户的需求,并以此来提供自己的产品或服务。由于中国的市场经济体制还不健全,许多产业处于政府的保护之下,还没有把顾客当作真正的上帝来看待,服务态度和质量都有待于进一步提高。

2. 社会方面——娴熟的社会技能和领导艺术

高素质的管理者应当具有完备的社会技能。这些技能的应用在很大程度上确保了组织内部各种目标的统一,维护了组织内部沟通的流畅性,以及最大限度地凝结并激发组织成员的现有资源和潜能。上述社会技能包括如下几方面:

（1）目标的设定和监督

即指导组织成员设定适当的目标，并监督这些目标实施的结果。这一技能要求管理者能运用各种方式，指导、协调或直接参与组织成员各自目标的设定。对于这一技能，所要考察的因素有：

- 对组织目标分解的合理性；
- 对不同组织成员和情境的特异性的把握；
- 在设定和监督过程中采用的方式、方法的有效性。

（2）团队取向

即管理者应努力确保整个工作群体的高效运作。这一技能要求管理者能运用各种方法维护组织的团结，建立并维持组织成员之间良好的合作关系。这是管理者所应具备的十分重要的技能之一。中国企业对于这一方面是比较重视的，团队中团结合作的气氛对于中国员工的工作绩效具有很大的促进作用。在这方面所要考察的因素主要有：

- 对团队的指导能力；
- 良好的沟通能力和技巧；
- 对人际关系的敏感性。

（3）沟通能力

即管理者能够运用不同的表达方式清晰地传达相应的信息。这一技能要求管理者能通过口头、书面等不同的形式进行信息的交流，并促使他人对其自己的意愿的充分理解。这一社会技能对管理者是十分重要的。中国式的沟通是很有特色的，其运用的方式、情境也是多种多样的。因此中国人对于沟通能力也是比较重视的，优秀的中国领导者一般都具有高超的沟通技能，这一技能在很大程度上促进了其下属的工作绩效。对于这方面主要的考察因素是：

- 对各种沟通方式的灵活运用；
- 对沟通对方反应的敏感性；
- 对沟通情境的敏感性。

（4）领导技能

即管理者能够尽力激励组织成员，并采用适当的方法确保工作进程与组织目标相一致。这一技能要求管理者能够随时随地地激发员工的积极性，并运用各种方法指导、纠正、明确员工的目标，从而确保组织整体目标的实现。这是管理者所应具备的比较重要的社会技能。这方面技能所要考察的因素有：

- 对团队的指导能力；
- 对人际关系的协调和影响的能力。

（5）选拔和指导

即管理者能够选择适当的员工，并激励和帮助员工充分地发挥他们的潜力。中国式的管理是十分注重发掘人才、培养人才的。优秀的中国领导者在这一方面具有很高的造诣，故此有"伯乐"的美称。对于这方面所要考察的因素是：

- 对于员工潜能开发的支持程度；

- 对于不同员工能力的现状和潜能开发的洞察力。

3. 个人方面——良好的个人素质:创新性、适应性和责任心

优秀的管理人员必须具备良好的个性品质和心理健康水平,这是具备合格的业务能力和环境适应能力的前提。尤其要强调具有创新性、适应性和高度的责任心。他们不仅必须有高度的企业认同,而且要有高度的责任心和风险意识,有高度的成就动机,不怕挫折和困难。

测量内容与思路

1. 考察内容

针对以上要求,具体需考察的个人素质如下:

1) 思想开明。尊重新思想、新观念,有广泛的兴趣,不固守成规,愿意尝试新事物和新方法。

2) 激励意识。了解使员工努力工作的驱力来源,并能够采用合适的方法对员工进行激励,使其能够达到组织目标。

3) 创造性。认可变革需求,有独创性,能够创造出新观点。

4) 首创精神。在适当的时候能够导入变革,并且能够影响人们去接受变革。

5) 学习的态度/自我发展。有不断发展自我,以缩小现实自我能力与要达到个人或组织目标所要求的能力之间差距的愿望,并且能够觉察到这种差距的消失。

6) 应激压力承受力。能够视困难为学习的机会,能够在压力下工作,具有有恒负责、勇于挑战的心理品质,能够镇定、从容、冷静地应付紧张和压力,具有成熟的情绪管理技能,以积极的心态去面对生活和工作中的负性因素,往往看到事物积极的一面。

7) 正直诚实。对自己对他人真诚可信,为人讲"诚信"原则,对自己的行为富有责任感,不推诿和回避过失。

8) 先给予,再索取。管理者不仅应该在需要时对下属员工提出要求,而且应该发展员工成为适应集团要求的优秀人才,认识到指导和培养员工的发展是管理者应有的责任,能够在团队中以有效的措施发掘和塑造员工潜力。

9) 商业伦理道德。尊重和遵从来自于公司文化以及文化环境背景的价值判断标准。跨国集团对于其来自海外的外派管理职员强调评价其文化适应性,即敏感于不同国家民族的文化差异,能够适应和调整自我心态去适应文化差异,但对于其本地化的管理职员来说,需要考虑的是中国管理者能否对跨国集团整体公司文化和理念的认同,以及是否具备在中国文化背景下管理者实现高绩效所必需的道德操守。

10) 面子倾向。在重视人际关系的儒家文化中,中国人的价值观念和行为往往是集体主义和社会取向的。在这种价值取向的指导下,一般的中国人都较看重面子和人情问题。重视面子问题的中国人一方面维护自己的面子,另一方面为顾及情面为他人留面子,不做自认为使自己或他人丢面子的事情。此外,在集体主义文化中,个人的决策和行为还受到群体规范压力的影响,个性化倾向通常受到压抑,这对团体决策和个人创造性都会有影响。

影响日常人际关系的面子倾向同样也会影响到工作关系。在合资企业中,中国人的

这种特点在西方人眼中尤为突出。面子倾向太高的中国人在和西方人合作时,容易产生较多的冲突。出于这种考虑,我们在对管理人员的素质考察中加入"面子倾向"这一维量的考察。

2. 实施技术路线

管理人员的考评方案应综合以上各方面进行系统立体设计,拟订测评手段,以切实满足企业的要求。计划测验评估分为如下三个步骤:

- 收集简历信息;
- 实施团体测验,包括:标准化纸笔测验、情境模拟测验;
- 提供面试建议。针对评估标准,参考每位应试者在前期测验中的表现,结合文化特性分析,提供对面试阶段的具体建议。

请参见表21.1"考评计划双向细目表"。

表 21.1 考评计划双向细目表

目标	考核因素	适用工具
专业能力方面		
解决问题能力	识别信息、问题和机会,决定是否采取行动 整合不同来源的信息,觉察事物间的内在联系及因果关系 通盘考虑,产生备选方案 做出决策	公文筐测验 I 数量分析 逻辑推理
计划和组织能力	确定优先级 时间管理 授权 监控进程和绩效	公文筐测验 I
战略眼光	战略性远景思考 全局观 远期利益的权衡 制订长远规划	公文筐测验 I 面试建议
成本/结果驱动	明确成本—结果目标 成本—收益思维在计划制订中的应用 成本—收益思维在决策制订中的应用	公文筐测验 I 公文筐测验 II
顾客倾向	关注客户需要和变化 对客户、市场信息的即时反应 从客户角度出发提供产品服务	公文筐测验 I 公文筐测验 II
社会能力方面		
目标设定与监控能力	对组织目标分解的合理性 对不同组织成员和情境的特意性的把握 在设定和监督过程中采用的方式、方法的有效性	公文筐测验 II
团队取向	对团队的指导能力 良好的沟通能力和技巧 对人际关系的敏感性	无领导小组讨论 基本管理风格

（续表）

目标	考核因素	适用工具
沟通能力	对各种沟通方式的灵活运 对沟通对方反应的敏感性 对沟通情境的敏感性	无领导小组讨论 公文筐测验Ⅰ 沟通技能 面试
领导艺术/善于 沟通和引导	对团队的指导能力 良好的沟通能力和技巧 对人际关系的协调和影响的能力	团队指导技能 人际关系管理
选拔和指导	对团队的指导能力 对于员工潜能开发的支持程度 对于不同员工能力的现状和潜能开发的洞察力	公文筐测验Ⅱ
个人品质方面		
思想开明	尊重新思想、新观念 愿意尝试新事物	管理人员人格 测验
激励下属	了解员工的工作动力、感受和需要 采用有效的激励措施	公文筐测验Ⅱ
创造性	具有变革意识 敏感于有利于改变现状的因素 具有创新思想	管理人员人格 测验 公文筐测验Ⅱ 面试
首创精神	能导入变革 能影响人们接受变革 不拘于成规,具有首创的勇气和精神 关注未来发展趋势	管理变革测验 简历设计 面试建议
学习的态度/ 自我实现	不断提升目标,提高对自我的要求 关注自我能力结构的差距	需求测试 面试
应激压力 承受力	压力承受能力 情绪平衡和稳定性 适应性 坚忍、镇定、沉稳 开通 挑战性(知难而上)	管理人员人格 测验
正直诚实	诚实 正直、无私 勇于承担责任,不推卸自己的过失 不推诿搪塞	管理人员人格 测验 价值取向测验
先给予, 再索取	关注下属,及时反馈和评价 激励、支持下属学习、进步 塑造开发下属的能力 指导有利于职业发展的潜力开发	基本管理风格 公文筐测验Ⅱ
商业伦理 道德	对公司文化、价值的认同 对传统文化道德观的认同和遵从	道德成熟度 面试建议

考评手段

1. 管理素质与技能测验

（1）数量分析能力测验

了解应试者的基本管理素质和思维反应能力。

（2）逻辑推理分析测验

通过上下文的语义分析进行逻辑推理，对个体的一般推理能力和言语理解能力进行评估。它有助于了解应试者思维的严密性、连贯性和思维的灵敏程度。

以上（1）、（2）两项测验用于考察该集团所要求的解决问题能力。

（3）公文筐测验Ⅰ，Ⅱ

这两项测验是对实际工作中管理人员掌握和分析资料、处理各种信息以及做出决策的工作活动的一种抽象和集中。通过观察应试者在规定条件下的处理过程中的行为表现和书面作答，评估其计划、组织、预测、决策和沟通能力。

公文筐测验Ⅰ，Ⅱ用于测查应试者专业能力、社会能力和个人素质三方面，公文筐测验Ⅰ主要针对解决问题能力、计划和组织能力、战略眼光、投资/结果驱动和顾客倾向这五项考核因素，同时可考察其沟通能力，公文筐测验Ⅱ针对社会和个人方面要求的目标设置和监控、团队指导、领导沟通和激励、首创性这些方面的能力和表现。

（4）小组讨论（现场录像）

通过实际观察应试者参与模拟专题讨论过程中的行为表现，评估其首创精神、组织能力、分析洞察力、综合协调能力以及在团队意识、人际沟通、成熟度方面的表现，同时可对其情绪控制力、口头表达能力、团队协调和应变、引导能力进行直接评价，得到量化的评定结果。

此项测验考察的维量覆盖公司所要求的社会能力和个人素质两方面大多数的要求。

2. 管理模式与潜能开发测验

从管理风格、人际和沟通技巧、团队指导技能和变革意识与方式等方面对应试者的管理模式、管理效能进行描述和鉴别，对其在管理方面的发展潜能进行综合评估。具体的考评内容有：

（1）基本管理风格

在工作取向和关系取向两个维度上对领导者的管理行为展开分析，了解应试者的管理效能特点，为其管理风格定位，有利于人们调整行为，提高管理绩效。通过该测验明确应试者的管理风格，用于评估在社会方面要求的团队取向和个人方面所要求的对下属进行指导和支持的倾向。

（2）沟通技能

测查管理者在多大程度上掌握正确沟通的常识和方法。内容涉及与上级、同事、下属的沟通，下达命令，引入变革，语言及非语言沟通等等。该测验用于评估语言和非语言沟通技能。

（3）人际关系管理

考察管理者在多大程度上掌握对待他人的正确态度，在多大程度上能够建设性地处理人际关系,这些关系涉及上级、同事、下属。该测验能够预期管理者在多大程度上能够采取正确的策略去协调和影响人际关系,并且在多大程度上能够敏感于员工的需要和感受。通过该测验评价应试者对下属的态度,将此得分作为评价"领导力"的指标。

（4）团队指导技能

检查管理者是否具有对自己所在团队成员及下属进行指导的正确知识和方法,针对进行指导的程序如绩效评估、绩效标准、指导面谈和培训相关的一些具体方法和一般常识,了解应试者的做法、认识和态度。通过该测验可预测管理者对下属的指导方式和态度,了解管理者是否能够给予下属以支持和培养。

（5）管理变革

考察管理者在多大程度上对在企业组织中引入的变革以及有关引入变革的方法有正确的了解。该测验能够评估首创性,预测管理者能否合理地导入变革,并促成变革效益的实现。

3. 个性品质测验

（1）管理人员人格测验

从与管理绩效相关的12种人格维度出发,系统了解应试者的人格特征,并了解环境适应和心理健康等方面的可塑性,对其适宜的发展方向和组织环境提出建议。其中,该测验的"广纳性"分数可以作为评价"思想开明性"的指标之一。相关维量的综合估算可评估"创造性"、"压力承受力"、"正直"这几方面。"面子倾向"分量表可以评估应试者的人情和面子取向。

（2）需求与价值观测验

考察需求模式和价值取向,以此来鉴定应试者"自我实现的需要"和价值观追求,作为评价"学习态度"、"正直"的综合指标之一。

4. 面试建议

针对能力、社会、个人素质三方面的考核要素提出具体建议,如设计一系列精心构建的面试问题,考察应试者的举止仪表、言语表达、分析应变能力、实际经验和成就等多方面的行为指标,结合个人简历资料,提出对每个个体需要深入了解的问题,例如创造性、为人品质等方面,全面把握应试者的素质、心态和岗位适应性。

案例4:某国有企业的人事测量

公司简介

有"新中国第一店"之称的一家老字号大型国有企业,在市场经济浪潮的冲击下,为有效地占领市场份额,迅速实现主业大连锁的发展规划,需要实现对现有人才资源的合理化有效利用,选拔一批高素质的人员充实到采购队伍中去。如何从公司6000多员工中把真正合适的人才筛选出来呢?

根据企业委托,设计一套科学、全面、有效的考评方案,对应聘该公司购销业务员的200多名候选人实施了素质测评。这种方式以测验为工具,客观地评价候选人的心理类型、性格特点和行为方式,并以此作为公司内部人员选拔、任用和培养、配置的参考依据。这是国内大型企业在人力资源开发方面与国际接轨的一次有益尝试，在国内尚属首次。

需求分析

首先对该公司的特点及人员需求进行了分析。该企业具有历史悠久、规模大、合资伊始、管理新、现代化等特点。为这样的企业选配营销队伍，必须符合现代企业的特点，购销人员作为商业性企业的生力军，应当具备以下素质：

- 完善的购销业务知识和技术；
- 良好的市场心理素质；
- 适宜的工作性向与价值取向。

测评手段

考评方案是基于以上三方面的综合分析所建立的立体设计，目的在于切实满足企业的要求。在营销知识与技能测评中，对初、中级购销人员和高级管理人员分别使用不同的测评工具：

1. 从商务衍生出的知识测验和技能测验

可了解应试者对业务知识和技能的系统掌握和熟练运用程度；作为评价中心技术的重要工具之一的小组讨论和公文筐测验，可有针对性地考察高级管理人员的沟通、协调、控制、应变能力等管理素质，可了解其管理意识和经验。

2. 人格测验

以 16PF 测验等人格测验为工具对各类人员实测，可系统了解应试者的情绪控制力、行为风格和工作作风，以及在环境适应、专业成就和心理健康等方面的可塑性，预测应试者的工作稳定性、工作效率和压力承受能力等，并且总结其优势和弱点所在，做出相应发展建议。此外，以情景性案例测验考察应试者对购销实务或有关活动所要求的人际敏感性，了解其人际沟通技巧及具备适于从事购销业务的基本心理素质。

3. 职业兴趣测验

通过职业兴趣测验，可了解应试者在社交性、经营性等性质不同的工作类别上的定向，并初步确定应试者的兴趣、态度和价值取向，适于职业发展指导和人员安置。

测验结果及评价

通过实施一系列的标准化测验、计分和结果分析，我们对该企业的 200 多名候选人的性情、特长、弱点、适宜的岗位及发展方向作出具体描述，对企业现有的采购、销售人员和其他应聘人员（包括科员、柜组长、营业员等）的整体素质分别进行了综合分析，对该公司购销人员的配置和后备力量的储备提供了参考意见，并且对制定系列化、立体式培训方案和对现有购销人员的定期销售技巧和销售心理方面的综合培训，提供了针对性的指导信息。

此次测评结果报告对所有应聘人员的基本情况都作了详细鉴定，为该企业今后不同岗位上选用人才提供了可靠的依据。而其更深刻的意义在于充分体现公平竞争、择优选才、量才录用的原则,有效地发现人才、聚积人才,在企业内部形成一个公平竞争、择优上岗的机制。

案例5:某民营企业的人事测量

公司介绍

某高科技公司是由著名高校和外资企业合资建立的新型高新技术企业,是集科研、生产、销售三位一体的实体企业。公司的目标是办成国内一流、国际驰名的现代化高科技企业。为实现这一目标就必须建立现代的、科学的组织管理系统,创建有效、独特的人力资源管理模式。

人事测量的应用

为配合该公司人事工作和组织行为的调控、改进,运用人事测量工具对员工整体的需求结构、能力构成、管理素质状况和价值取向定位四个方面上做定性、定量分析。在测查方案设计上采取嵌套式,对公司各级职员集体施测,第一、二部分是管理人员和一般人员共有的,第三部分针对管理人员,第四部分针对一般人员。有关适用工具如下:

1)需求测验:通过了解公司各级职员对自我发展、福利待遇、人际关系的需求程度,可掌握员工心态、评定工作满意度和工作稳定性,为制定有效的、有的放矢的激励方案(包括奖酬、培训、安置调动、领导)提供依据。

2)基本能力测验:对员工的语言逻辑能力、数学能力加以考察,可了解公司人员的能力结构、团队素质,也测查作业的精细程度,为人力资源的配置及培养提高等提供参考意见。

3)管理素质测查:针对管理人员调查其基本的管理意识和技能,如:科层意识、沟通技能和变革意识,诊断作为管理者是否能正确地进行沟通,是否具有制度惰性,是否具有变通和求新精神,为管理培训方案的制订和管理水平的鉴定提供依据。

4)价值取向测查:通过价值取向测查可了解员工的兴趣分化,评定动机水平,与需求测验相对照使用,为公司的人事工作、动机激励和企业文化建设提供依据。

在对测查结果的分析中,一方面给每位应试人员提供详细的个人报告,另一方面有对全体职员的团体测查报告及一般人员和管理人员的比较分析结果报告。依据此次调查结果,对应所提出的调查目标,并配合公司文化理念和管理模式,建议公司采用因人而异的激励方案,随机构扩大和制度化的健全应注意监督科层意识的动态变化,保持企业活力,为提高员工的变革意识应做经常持久的工作。需要指出:高强度需求应给予及时关注,否则虽然可以加以利用,比如通过满足这种需要可激发员工的积极性,但也可能导致问题,比如若强需求暂时得不到满足,会产生不满情绪,持续得不到满足,会产生强烈的抵触,直至人员跳槽。总体上说,该公司的一般职员的基本能力水平较管理人员水平高,他们年轻,知识构成和素质构成好,是相当有潜力的。从长远的战略发展来看,公司要从人才素质或效益上提高竞争优势,应注重培养新人,重用青年人的才智,人尽其才,才能稳定员工队伍。

22

人事测量结果的报告

22.1 个人报告的撰写

格式

实施各项人事测量后,要撰写一份内容详尽、真实的测量报告。报告要有较好的结构性、逻辑性,让受测者或委托方能充分地理解、明白。个人综合报告撰写的格式如下:

1. 写明测评机构的名称和测评时间

一份精美、详尽的报告注明测评机构的名称有助于扩大其知名度,宣传自己的形象,树立品牌。注明测评时间能使测评人员查阅起来更加便利。同时,这两项也是不可缺少的程序之一。

2. 写明受测者的个人信息

其中包括编号、姓名、性别、年龄、教育程度、岗位(部门)、职务等,要根据具体情况进行取舍。

3. 注明测评项目

要根据受测者进行各项测验的先后顺序或其他顺序标明各个测评项目,每个受测者接受测验的数量和种类可能不一样,要根据真实情况填写。

4. 测评结果

测评结果指的是各项测验的结果图表等,不包含书面解释。这一部分通常标明"见另附结果图表",相应的结果图表按测评项目的顺序附在后面。

5. 结果分析

结果分析指的是各个测验的书面解释。按照测评项目的顺序逐一解释各个测验的分数和各个维度分数的含义,并做出必要的文字阐述。

6. 总评

针对测评的目的需求和该受测者各项测验的综合情况,评价该受测者的优势和不足、需要提高的方面以及适合发展的方向。如一家公司选拔营销人员,最后的综合评价要根据测评结果给出候选人是否适合营销这一职位,有哪些优点和不足等,并在候选人员中重点推荐适当的人选。

7. 复核意见

此意见一般由专家来填写,仔细检查报告的准确性,有无错误、疏漏,并针对报告撰写人的工作进行评价。

8. 报告撰写人和复核人及日期

最后,要在报告上注明报告撰写人和复核人的姓名及日期。拿到报告的委托方或受测者可以就任何不明白的地方向报告撰写人进行咨询。

评价的方法和技巧

1. 总评方法

通读、研究测量结果,注意看受测者的得分体现出他在哪些维度上有优势,哪些维度上不足,形成对个体特征结构模式的形象认识;针对应试者接受测量的目的,在相关方面上做概括性评述,阐明其个体特征对其追求的目标而言有何优、劣势,并提出可行性建议,有助于其目标的达成。

2. 总评技巧

总评工作难度大,对评审人员的要求高,为保证测验解释的质量,在总评时应注意防止以下几方面的倾向,以保证做出公正、客观的评议。

- 宽容倾向或严厉倾向:不依据分数解释标准来评议,过分宽容或过分严厉。
- 极端化倾向或中心化倾向:走极端,倾向于普遍打高分或低分;或总是给中间分数。
- 以偏概全倾向:即所谓一错百错,一好百好,缺乏对事实的深入分析。
- 逻辑推断倾向:即不是始终按测验所得实际结果进行评议,而是进行逻辑猜测判断。譬如,某人有知识,就推断他一定具有判断力。主要原因是缺乏对各项考核要素的充分理解。
- 好恶倾向:即评审人员在自己喜欢的方面、得意的方面,考核就严,自己讨厌的方面,自己不擅长的方面考核就宽,缺乏实事求是的态度。
- "联想效应":又称晕轮效应,即因为某人在某一方面表现好或者差,受此影响就对此人的其他方面给予过高或过低评价,而不是依据事实对应试者作客观的评价。

3. 复核的方法

复核人的工作可依据如下步骤进行:

- 首先,要判别报告撰写人对应试者的总体评价是否全面、准确、中肯,是否出现前后矛盾;
- 其次,是检查各项解释是否客观、贴切和适当,对偏颇之处提出修改意见;
- 最后,对总评中不全面之处做补充,对于需要特别注意的地方应提出强调。查实受测者是否存在掩饰作假的可能。

复核还应包括对报告行文、错别字以及标点使用正误的检查。

复核人应当是具有丰富经验的人事测量专家,但如果没有顾问咨询条件的话,可以组成多人复核小组,按复核方法要求的步骤多人穿插配合进行。

个人报告样例

个人报告的写法有多种,可根据实际情况灵活编排。通常来说,有三种常用的格式:文字图表式、文字式、简约式。为使读者有更直观的认识,下面各举一个完整的实例,并附全套图表,供读者参考。

1. 样例一:文字图表式

个 人 报 告

北京大学心理学系人力资源开发中心
测评日期:2008年4月13日

编号:1
姓名:＊＊＊
性别:男
年龄:26
部门:货运部
测验项目:
1. 公文筐测验　　　　　　　3. DISC 个性测验
2. 无领导小组讨论　　　　　4. 管理人员人格测验

测评结果: 见另附结果图表。
结果分析:
公文筐测验
1. 工作条理性:工作极其有条理,能从各种纷繁的事物中理出头绪,能根据事物的性质进行准确的分类,并能按照事务的轻重缓急安排工作。
2. 计划能力:对工作的处理得当,分析能力较强,能提出有效的处理意见,主要表现在能根据事务的轻重缓急对工作的细节、策略、方法做出较为合理的规划。
3. 预测能力:较有远见,能从不同材料中获取信息,通常能看到环境中各种不同相关因素的影响,并在足够的深度上获取解决问题的事实,预测的逻辑性较好,能提出有针对性的实施方案。
4. 决策能力:决策能力不足,不能发现各种解决问题的办法;有时不能对各种行动的结果有一个清醒的认识,或是不能有效地评估。
5. 沟通能力:书面表达方面,语言较流畅,谈起问题来很有针对性,能提出有力的论据,结构性较强,表现出较为熟悉业务的各个领域,并能通盘考虑。

无领导小组讨论
1. 具有一定的领导组织意识,能够影响和带动他人,营造合作的团队氛围。
2. 对问题的思考和分析有良好的洞察力,能比较深入地把握问题的关键层面,做出客观合理的反应。
3. 在人际沟通中缺乏成熟的意识和技巧,倾听与沟通的效果有待加强。

4. 语言表达方面有一定说服力,但在言谈、举止上成熟度还不高,可进一步加强力度和感染力,在领导行为上还缺乏一定的操作经验和魄力。

5. 具有良好的团队参与意识,善于合作,能够成为高绩效的团队成员。注:由于应试者中途退出讨论,评价结果不一定全面和充分,在此仅供参考。

DISC 个性测验

人性类型:影响型。

1. 优势:
- 影响他人接受自己的方式去思考问题的能力;
- 用非常开放的方式交流的能力;
- 平息冲突的能力;
- 提出并发扬新思想和新产品的能力。

2. 需要注意的事项:
- 作决策时不能过分依赖当时的情绪;
- 当需要时,要勇敢地面对困难和危险;
- 制订可行性的期限,并尝试好的时间管理方法。

3. 个人倾向:
- 目标:维持友谊;
- 通过什么标准判断他人:有影响力,所承担的义务、约定;
- 通过什么影响他人:自尊和领袖责任感的超凡魅力;
- 对团队的贡献:平稳的、依赖的,有很广范围的友谊;
- 经常并过度使用:热情;
- 处于应激状态时:过多的言语;
- 害怕:失败。

管理人员人格测验

该应试者有很强的责任心,工作认真仔细,较有原则性和组织性;有很强的自信心,对自己的能力有充分的把握;善于把握自己在他人面前的行为,从而给他人留下良好印象;权力动机倾向明显,希望自己能够影响、管理他人。

综合评价:

能力素质良好,有很好的个性品质,综合素质好,很有发展潜力。工作上有突出的条理性,长于计划;为人稳重、严谨,有恒、负责,有高标准的取向;从小组讨论结果来看,具有良好的团队意识,有一定领导技能。

复核意见:

应试者有良好的计划、协调能力,自我概念清晰,积极向上,团队意识强,能够实现较好的管理效能。需要积累管理经验,提高决策能力,培养做决断的魄力。

报告撰写人:　　　　　　　　　　　　　　　报告复核人:
日期:2008 年 4 月 17 日　　　　　　　　　日期:2008 年 4 月 18 日

附图

北京大学心理学系人力资源开发中心
测评日期:2008年4月13日

编号:1
公文筐测验

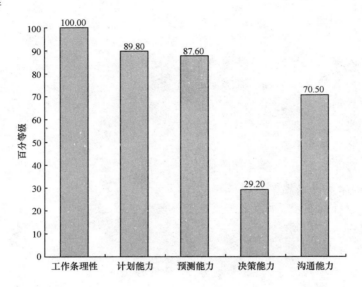

编号:1
无领导小组讨论

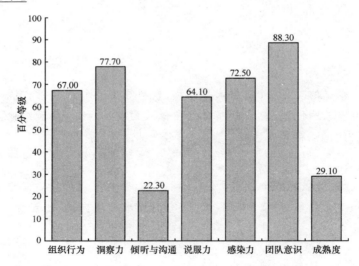

编号:1
DISC 个性测验

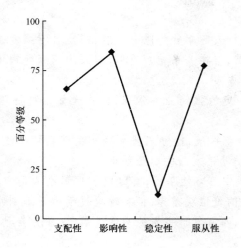

编号:1
管理人员人格测验

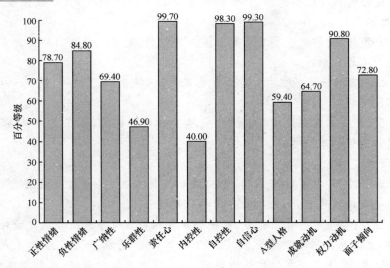

2. 样例二:文字式

个 人 报 告

北京大学心理学系人力资源开发中心
测评日期:2008 年 4 月 2 日

考号:261
姓名:＊＊＊
性别:男
年龄:30
测验项目:
1. 敏感性与沟通能力测验　　　　　3. 管理人员公文筐测验
2. 管理人员小组讨论测验　　　　　4. 16PF 测验及 DISC 个性测验

测评结果:略。
结果分析:
敏感性与沟通测验
　　1. 敏感性:预见和分析人际事物的能力一般,往往看不到复杂事物的内在本质联系,对人际关系的敏感性不高,但在关系相对简单、明确的问题处理中,能够利用人际关系的信息做出判断,提出解决方案。
　　2. 营销常识:具备一定的推销业务常识,能在大体上把握信息,找到适用的解决办法,能够处理一般性业务。
　　3. 营销意识:营销意识一般,能够把握一些有关营销的机遇,但不是特别敏锐;在业务中没有着意塑造和维护营销人员的职业形象。
　　4. 沟通技巧:在沟通中策略性不强,有时能够理解别人的立场、观点,提出一些建议性意见,平衡个人与他人的价值观差异,但有时也过于明显地刻意推销自己想法,可能十分健谈,但令人感觉生硬,不善营造良好的沟通气氛,不能为自己在不同意见间的周旋留下足够空间。

小组讨论测验
　　1. 具有较好的领导组织意识,在团队中善于影响和控制气氛,积极性高,目标性强,有一定组织协调能力。
　　2. 洞察力较好,能够对事物进行比较深入的分析,能够充分有力地阐述自己的观点,思维敏捷,比较有逻辑性。
　　3. 在与他人交往中比较主动,擅长表达自我,但缺乏倾听技巧,缺乏一定的沟通策略,应加强团队意识。
　　4. 在言谈、举止上成熟度中等,说服力、感染力都比较强,但在交流中缺乏对对方的关注,应加强针对性和有效性。

公文筐测验
　　1. 工作条理性:工作非常有条理,能分清事务的主次,并能据此安排自己的工作步骤,使工作按一定的次序进行,表现出一定的计划性;
　　2. 计划能力:有一定的计划能力,能根据事务的轻重缓急提出较有建设性的意见,针对各项工作做出的总体规划较为合理,但对工作的计划、分析能力还待进一步加强;
　　3. 预测能力:能提出较有针对性的预测,对事件的洞察力较好,有时考虑问题稍显片面,不能综合考虑各种影响因素,但对问题尚有一定的预测能力,对预测的实施充满信心;
　　4. 决策能力:处理事件较为果断,有一定的决策能力,能细致地分析复杂的问题,但有时不能综合其他因素进行考虑,对问题的分析深度不够,眼界较窄;
　　5. 沟通能力:书面表达能力很强,语言非常流畅,能提出有针对性的论点,表现出熟悉业务的各个领域,沟通能力相当强。

16PF 测验
　　1. 对人信赖,待人较为热情主动,不严肃拘谨。
　　2. 内心世界较为丰富,但有时喜欢感情用事。
　　3. 心理健康状况一般,新环境的学习适应能力中等。

4. 创造性及事务管理能力一般。
5. 对职业的专注及成就动机水平中等。

DISC 个性测验

1. 优势：
- 老练地处理困难情境的能力；
- 创造和谐、欢乐、舒服气氛的能力；
- 高效地交流思想的能力；
- 更倾向于节奏较快的环境。

2. 需要注意的事项：
- 应较少分析；
- 要更有决策力和果断性。

3. 个人倾向：
- 目标：同意并且接受；
- 通过什么判断他人：理解言语和非言语线索的能力；
- 通过什么影响他人：沉着自信；
- 对团队的贡献：缓解紧张，推动人和项目的发展；
- 经常并过度使用：控制与他人的交谈；
- 何时处于应激：和其他人进行交谈、推理；
- 害怕：独特性的丧失。

综合评价：

一般性推荐；工商管理基本能力较好，善于表达和控制，个性外向、热情，但敏感性略低，人际沟通技巧和管理经验需加强，可通过适当培训加以提高。

复核意见：

同意以上陈述。

报告撰写人：　　　　　　　　　　　　　　　报告复核人：

日期:2008 年 4 月 12 日　　　　　　　　　日期:2008 年 4 月 18 日

3. 样例三:简约式

个 人 报 告

编号:025　　　　　　　　　　　　　　北京大学心理系人力资源开发中心

结果报告	姓名:***
	性别:男
	年龄:26
	日期:1999 年 5 月 4 日
	职位:市场部项目经理
	背景信息:毕业于某大学国际政治系,已婚

(续表)

使用测验	16PF 测验 生活特性测验 沟通技能测验 高绩效管理测验	无领导小组讨论 公文筐测验 结构化面试
专业能力	包括基于方法的技能和对相关经济和生态学因素的掌握 **问题解决技能：** 能够洞察事物的复杂矛盾和内在联系，得出合理的结论；能够了解和把握本工作领域之外的信息，统观全局；能够提出有创见的问题解决办法，形成新思想。 （强）具有一定的战略思想 （中）识别问题和原因 （中）可理解内在联系 （中）获得对各领域的总体认识 （强）可得出建设性的问题解决办法	**计划和组织技能：** 对某项任务能很快地形成总体概观，分清工作的轻重缓急，能确定可采取的适宜措施和行动，列出清晰的工作程序，并能准确地做出时间估计。能够适度、高效地利用资源，监督和指导下属的执行，达成积极、有效的结果。 （中）有成本—收益的权衡动机 （好）能做出合理的时间表安排，工作有条理性，明确任务的轻重缓急 （强）监控下属行为 （强）客户取向
社会能力	包括有效管理风格，在团队中工作的能力和出色的沟通技巧。总之，这意味着知道如何与其他人相处 **领导技能：** 能够影响和组织一个团队或个体的活动，激励和推动他人去更好地达到目标。 （高）有目标取向 （好）挑选和指导下属 （中）领导有影响号召力 （强）组织和协调能力 **沟通技巧：** 在交谈中能够简明易懂地表达自己，借助适当的帮助手段有效地表达观点。 （好）很好的口头表达水平 （中）书面表达能力强 （好）善于运用手势和表情来增强言谈的感染力 （好）外表大方，衣着正式、整洁	**团队技巧：** 能够与他人合作、整合到一个团队中，做出贡献；能关心别人的需要，并做出回应；能与他人进行无障碍的沟通。 （好）对他人态度主动热情 （好）团结一致 （高）有活力 （强）善于交际 **自持决断技能：** 能够坦白地表达自己的立场；能够提出令人信服的论据来支持自己的不同意见；在坚持自己的信念中展示出个人的勇气；使用精湛的谈判技巧获得有积极前景的良好的协商结果。 （中）坚持主见的愿望 （一般）良好的情绪 （一般）坚韧执着 （好）对可行性的敏锐感觉
个人能力	指价值观取向和态度，特别是意味着知道如何处理权利和责任的关系 **人格结构：** 个人魅力由渊博的知识、独立决策判断的能力、风度、能够在压力下应付和保持冷静，具有令人敬畏的自信力等所构成。 （好）为人处世态度达观 （强）独立、自信 （中）富有责任心	（强）能够应付和承受压力，在压力下工作 （好）广泛的兴趣，思维活跃、思想开放 （好）举止大方、得体，有风度 （强）自我实现倾向，不断激励自己的进步 （中）创造性，有首创精神，善于学习，并乐于学习 （中）正直、诚实

复核意见及其他信息略。

22.2 总体报告的撰写

格式

如果企业中较多员工或有一定代表性的员工都参与了某一项或多项测验,可对企业提供总体报告。总体报告首先将从统计的角度逐一陈述全体受测者的分数分布特点、离散程度以及样本特征;其次,分析比较不同级别或部门的人员之间的差异,为企业了解其员工素质和能力的构成、员工的动机模式提供科学可靠的数据;最后,专家将结合企业的实际经营和管理模式,对应业已确定的测查目的,对相关问题或现象作讨论,解释差异的内涵,揭示问题的实质,提出专家建议。这种诊断性报告对组织管理的优化和发展很有价值,对加强人力资源管理的有效性也能提供很好的建议和参考依据。为此,要撰写一份内容翔实、全面、真实的心理测评总体报告,才能充分体现测验研究的科学依据和成果,让委托方能充分、正确地理解和接受,在更大范围的管理活动中参照测验结果数据,实现测评技术的更大应用价值。总体报告要强调行文的结构性和逻辑性,并突出分析归纳的科学性,所以总体报告撰写的格式如下:

1. 测查的设计

1)介绍测查内容,包括使用的测验工具的介绍,测查的对象说明,测查的目的和预期结果。

2)进一步对测查指标加以说明。这一部分的说明旨在让非专业人员能够理解测验各项维量的具体定义和分数的含义,说明包括各维量的理论分值区间,测验维度所涵盖的主要内容、分数的解释。

2. 团体测查结果

1)概况。描述受测者的级别层次、部门、数量等一般情况。附上所有受测者的各项测验分数结果的汇总一览表,以及各项测验所有指标的分数描述统计结果,内容包括:平均分、标准差(离散度)、最小值、最大值以及受测样本量。

进一步对各项测验结果的数据分布特点、统计结果的含义加以概括说明。并综合分析通过测验各维量的对照使用,可反映受测者在各方面的素质或能力水平。

2)比较。将有可比性或有比较价值的两个或多个不同的群体进行特别考察,对他们在所测的共同项上加以比较,在方法上根据需要可使用多种推论统计方法。比如,对管理人员和一般员工两个群体加以比较,对他们各自在同一维度上的分数做 t 检验。附上各种统计数据。

进一步说明比较的结果,内容包括不同群体存在何种差异、差异的大小、显著性检验结果和由此可推导的结论。

3)分数分布分析。为了直接地观察、分析测查结果,将各个测验维量的分数制成分布图。更重要的是对各分布图进行解释,说明分布特征所反映的问题和情况。

3. 讨论与分析

依据测查的结果和各种统计分析数据,对应预定的测查目的,配合公司文化理念和

管理模式,做综合分析和讨论。思路有:

对员工在各项测验指标上的得分特点所反映的现状加以概括说明。

对现存的趋势或现状水平与公司文化追求或管理目标进行比较,说明差距或解释原因。

对上述现状或问题在人力资源管理乃至组织的经营管理上的重要性加以说明,提出在人事管理、激励政策、培训教育或文化建设等多方面的建议。建议可包括提出需要特别谨慎处理的问题、对难度较大的问题的处理办法、对需要加强培训和训练的方面等。

4. 附录(表、图)

将报告中所涉及的所有数据表格和分布图按顺序编号排列,附在报告正文之后,供阅读者参考。

分析与讨论的技巧

测验提供了量化的结果,但无论是数据还是定量的描述统计结果,对于非专业人员来说都是杂乱无章、难以说明问题的。在分析与讨论部分就需要对各种数据做定性分析,运用分析综合、比较分类、归纳演绎等逻辑分析方法,对数据特征进行思维加工,从而认识群体或个体心理和行为的本质,从中抽取或推论出有应用价值的认识和结论。

分析和讨论中可考虑以下思路:

- 在描述基础上进行逻辑分析或判断;
- 侧重揭示心理状态或行为的意义;
- 不仅注重对单一维量的分析,而且重视对过程和维度相互关系的分析。

参 考 文 献

1. Cohen R J & Swerdlik M (2002). Psychological Testing and Assessment: An Introduction to Tests and Measurement. 5th ed. Boston: McGraw Hill.
2. Kohlberg L (1981). Essays in Moral Development Vol I: The Philosophy of Moral Development: Moral Stages and the Idea of Justice. San Francisco: Harper & Row Publishers.
3. Li L & Wang L (2007). Development and validation of a salespeople forced choice behavioral style test in information technology companies. Personality and Individual Differences, 42:99—110.
4. Liu C & Rounds J (2003). 评估职业兴趣的结构. 心理学报,35(3):411—418.
5. Murphy K R & Davidshofer C O (2005). Psychological Testing: Principles and Applications. 6th ed. Upper Saddle River, NJ: Prentice Hall.
6. Shi J & Wang L (2007). Validation of emotional intelligence scale in Chinese university students. Personality and Individual Differences, 42: 377—387.
7. Tong J & Wang L (2006). Validation of locus of control scale in Chinese organizations. Personality and Individual Differences, 41:941—950.
8. 王垒(1989). 心理测验程序库. 沈阳:辽宁大学出版社.
9. 王垒,姚宏,廖芳怡,肖敏(1999). 实用人事测量. 北京:经济科学出版社.
10. 彭凯平(1989). 心理测验:原理与实践. 北京:华夏出版社.
11. 郑日昌(1993). 心理测量学. 北京:人民教育出版社.

重要概念和术语汇总

第1章

心理测量(psychological measurement)是通过科学、客观、标准的测量手段对人的特定素质进行测量、分析、评价。这里的所谓素质,是指那些完成特定工作或活动所需要或与之相关的感知、技能、能力、气质、性格、兴趣、动机等个人特征,它们是以一定的质量和速度完成工作或活动的必要基础。

心理测量学(psychometrics)是研究心理测量的学科。

人事测量(personnel assessment)是心理测量技术在人事管理领域的应用,它以心理测量为基础,针对特定的人事管理目的如招聘、安置、考核、晋升、培训等,对人的素质进行多方面系统评价,从而为人事管理、开发提供参考依据。

心理测验(psychological test)是心理测量的一种具体方法和手段,它是结合行为科学和数学以评价特定个体在特定素质上相对于特定群体所处的水平的手段。心理测验是人事测量中最常采用的方法之一。

行为样本(behavioral sample)是指个体对所抽选出来的问题的解决行为。

标准化(standardization)是指测验编制、实施、计分和测验分数解释必须遵循严格的统一的科学程序,保证对所有受测者来说施测的内容、条件、计分过程、解释系统都相同。

常模(norm)是一组具有代表性的受测者样本的测验成绩的分布结构,包括它的集中趋势(通常用平均数表明)和离散度(通常用标准差表示)。常模是用以比较不同受测者测验分数的标准,它能够说明某一测验结果分数相对于同类受测者所处的水平。

平均数(mean)是常模的重要内容之一。这也是一个最通俗的统计概念,它的数学定义是一个数据序列所有数据之和除以数据个数的商。

标准差(standard deviation)数学定义为一个数据序列各数据与平均数之差的平方和除以数据个数之商的平方根,通常记为 S,是表示数据离散度的主要方法之一。

天花板效应(ceiling effect)指测验题目过于容易,致使大部分个体得分普遍较高的现象。

地板效应(floor effect)指测验题目过难,致使大部分个体得分普遍较低的现象。

信度(credibility)是指测验结果的可靠性、稳定性,即测验结果是否反映了受测者的稳定的、一贯性的真实特征。

效度(validity)是指所测量到的结果反映所想要考察内容的程度。测量结果与要考察的内容越吻合,则效度越高;反之,则效度越低。

表面效度(face validity),即从题目表面是否容易看出出题人的意向和答案倾向。

社会赞许性(social desirability),即题目本身的答案反映了一般社会价值倾向,应答者很容易表现出反应偏差,投其所好,按照对题目的社会价值判断而不是自己的实际情况回答的倾向。

第 2 章

智力测验(intelligence test)，评价、鉴定智力的结构和水平的测量工具。

智力(intelligence)包括一切高级的心理过程，并突出表现在推理、判断、问题解决的能力上。

被试(subject)，即心理测验或实验的接受者。

量表(scale)：是指测量心理的度量工具。

个体测验(individual test)是以单一个体为实施对象的测验，由于其方法特点，往往不能团体施测。

团体测验(group test)，可对一组人同时实施的测验。

智力年龄(mental age)即智力发展的年龄标志。具体方法是为每一个年龄(段)确定出难度最适宜的题目(即该年龄恰好有60%的受测者能完成的题目)，用受测者所能完成的最大难度的题目所对应的年龄作为该受测者的智力年龄，以此对照其实足年龄(chronological age)，来说明其智力发展水平的高低。

智商(Intelligence Quotient，缩写为 IQ)定义为智力年龄除以实足年龄的商，再乘上100，以避免小数位，并容易理解。

离差智商(deviation IQ)是以标准差为单位表示的测验分数偏离平均数的方向和程度。

人格(personality)的定义虽然在学术界仍存在争论，但一般来说，主要是指人所具有的与他人相区别的独特而稳定的思维方式和行为风格。

场依存性(field dependence)是指有的人很容易受周围人和环境的影响和暗示，判断事物缺乏自己的标准的倾向。其对立特性为场独立性。

动机(motivation)是指由特定需要引起的，欲满足该种需要的特殊心理状态和意愿。

一般生活动机(general motivation)是指人们在广泛的生活领域中具有普遍性的需求所导致的动机。

工作动机(work motivation)是具体指驱使人们工作的原因。

第 3 章

纸笔测验(paper-pencil test)就是只用纸和笔就能进行的测验。

主试(tester)，也称施测者或考官，是实施和控制测试进程的主要人员。

投射测验(projection test)要求受测者对一些模棱两可或模糊不清、结构不明确的刺激做出描述或反应，通过对这些反应的分析来推断受测者的内在心理特点。其逻辑假定是，人们对外在事务的看法实际上反映出其内在的真实状态或特征。

行为观察法(behavioral observation)，它是通过安排一定的情境，在其中观察特定个体(或群体)的特定行为，从中分析所要考察的内在素质或特征。行为观察法可以分为自然观察法、设计观察法和自我观察法。

自然观察法(natural observation)是观察者在真实的生活或工作情境中对个体的行为进行直接观察的方法。在自然观察中，观察者不应该对情境作任何干预和改变，被观察者也不应该意识到自己正在被观察这一事实。

设计观察法(designed situation observation)，即在人为设计的环境中观察特定的行为或反应。

情境压力测验(situational stress test)，即主试向被观察者布置一定任务和作业，借以观察个体完成任务的行为。工作样本测验、无领导小组讨论都可算作情境压力测验。

工作样本测验(working sample test)，即主试通常向受测者布置一项工作任务，要求受测者在一定时间内完成，观察者对受测者完成任务的行为过程和行为结果进行观察和评估。

无领导小组讨论(leaderless group discussion)是安排一组互不相识的应聘者(通常为6—8人)组成一个临时任务小组，并不指定任务负责人，请大家就给定的任务(讨论题)进行自由讨论，并拿出小组决策(讨论)意见。

模拟情境测验(situation simulation test)是指通过模拟一个尽可能接近真实工作情境的环境,要求受测者完成某项任务,对受测者完成任务的行为过程及行为结果进行观察、评估。

角色扮演测验(role taking test)是通过赋予受测者一个假定的角色,要求其按照角色的要求表现自己的行为,观察、记录并评价角色扮演的行为,评价角色接近程度或胜任力。

自我观察法(self observation)是由受测者自己对自己的行为进行观察,并记录自己行为的方法。

公文筐测验(in-tray test)是让受测者在所安排的假想的情境中扮演某种管理者的角色,对事先设计的一系列文件进行处理,进而针对受测者处理公文的方式、方法、结果等进行评价。

面试(interview)是考官针对自己感兴趣的、与工作有关的各种问题,与应聘者进行面对面的交谈,收集有关信息,从而达到了解、评价应聘者的目的。

结构化面试(structured interview)往往有事先确定的提问提纲,里面列出需要了解的各方面的问题,而且这些问题通常还可能有一定的内在的逻辑关系。

非结构化面试(unstructured interview)则没有固定的面谈程序,面谈者提问的内容和顺序都取决于面谈者的兴趣和现场应试者的回答。这种面试方法给谈话双方以充分的自由,面试考官可以针对应试者的特点进行有区别的提问,不同应试者所回答的问题可能不同。

调查法(survey)是指就员工的某些意愿、态度、观点或感受等认知性或情感性心理状态或行为倾向,进行一定范围的信息搜集,并就相应状态或倾向的特性、程度、广泛性等做出分析评价。

第 4 章

显示性测量(display measurement),反映受测者所显示出的各种素质的测量工具。

预测性测量(forecast measurement)预测一个人在未来情境下的行为的测量工具。

目标分析过程(purpose analysis)指测量工具的编制者把测量目标转换成可操作的测量指标的过程,又称之为目标操作化。

任务分析(task analysis),为使测量工具具有选拔和预测功用而对它要预测的行为活动所做的具体分析。

效标(criterion)是衡量测量分数(如受测者成功与否)的标准。

双向细目表(two-way checklist)是一个由测量的内容材料维度和行为技能维度所构成的表格,它能帮助成就测量工具的编制者决定应该选择哪些方面的题目以及各类题目应占的比例。

提供型题目(self-produced answer question)要求受测者提供答案的题目,如问答题、填充题。

选择型题目(selective question)要求受测者在提供的备选答案中选择正确答案,如是非题、匹配题、选择题。

反应定势(reaction set)是指部分受测者在回答问题时,其答案的选择建立在题目的形式或位置上(如偏向正面回答或否定回答),而不是建立在题目内容的基础之上。

作品量表(standard sample scale)一般包括一系列按顺序排列的不同作业程度、水平、质量的标准样本,评分时参照这些标准样本对受测者结果进行评分。

预测试(pilot test)指在测验编制过程中将预备测试题对一定规模的小样本被试进行施测,获得数据以进行校验、修订。

题目分析(thematic analysis)指利用预测试的数据对题目进行分析,删除不好的题目或对题目进行修改,具体内容包括对题目的项目分析和对测验信度、效度指标的检查。

项目分析(item analysis)指题目分析中对每个题目的具体分析,主要是指根据题目的难度、区分度、备选答案的合适度等数量指标来对题目进行分析。

第 5 章

指示语(instruction)是在测量实施时说明测量进行方式以及如何回答问题的指导性语言。指示语通常有两种：一种是对受测者的，另一种是给主试的。
罗森塔尔效应(Rosenthal effect)是根据心理学家罗森塔尔的实验命名，指实验者所获得的资料及实验结果会受其本身期望的影响的现象。又称作实验者期望误差(experimenter expectancy bias)。
焦虑(anxiety)是一种不愉快的、表现为焦急、恐惧和紧张的情绪体验，它主要是由于对可能出现的结果的担心或对应付某一局面的能力的担心而造成。
测验焦虑或考试焦虑(test anxiety)是指人们在测验前和测验中感到的焦虑。
肯定反应定势(positive response set)，由克伦巴赫发现，指在无法确定正确答案时，对题目不自觉地倾向于选择肯定答案的现象。
位置定势(position set)，由吉尔福特发现，指在无法确定正确答案时，不自觉地倾向于选择某一固定位置的选项的现象。
宽容定势(leniency set)指主试的计分过于宽松，即使没有回答出题目所要求的答案，评分者也给予较高的分数。
晕轮效应(halo effect)指给予受测者某道题较高分数仅仅是由于受测者在另外一些试题上获得了高分，也就是说对受测者的一般印象影响到具体某个问题的评价。
整体计分(global scoring)是评分者根据总体印象给答案评一个总分。
分析计分(analytic scoring)是给问答题的不同部分分派不同的权数，按照各部分的要求对答案中所包括的信息和技能评分，最后将各部分的权数和得分组合起来得到该问答题的分数。

第6章

原始分数(raw score)是通过将应试者的反应与标准答案相比较而直接获得的，其本身并不具有多大的实用意义，而只是一个理论上的过渡值。
标准分(standard score)是由原始分数通过与常模的比较而转换成的等值的导出分数。
常模参照解释(norm reference explanation)是由测量的原始分数通过与常模的对照得到可供比较的导出分数的过程，是测量分数的解释形式之一。
效标参照解释(criterion reference explanation)是依据外在效标作为标准来对应试者的分数进行解释。
常模团体(norm group)是指在参照常模解释分数时，被作为参照的团体，将应试者的分数与该参照团体的分数进行比较，并以该分数在这个团体中的相对等级或相对高低位置来描述应试者的素质或特点。也称做常模样本(norm sample)。
取样(sampling)是指从目标人群中选择有代表性样本的过程。
分层抽样(stratified sampling)是指先将目标群体的某一种变量(如年龄)分成若干层次(如不同年龄段)，再从各层次中随机抽取若干个案。各层次的个案总和即为样本个案数目。
百分等级(percentile rank)是指把一个总体的所有分数按大小顺序排列后，把所有分数按个数等分为100等份，这每一个等份对应的百分数就是这个分数分布的百分等级。
百分点(percentile point)或百分位数是在分数量表上，与各个百分等级相对的分数值。
百分等级常模(percentile rank norm)是通过双向方式编制的原始分数与百分等级的对照表。
z分数(z score)为最典型的线性转换的标准分数，它是指以标准差为单位所表示的原始分数与平均数的差距。
T分数(T score)由麦柯尔提出，是指以平均数为50，标准差为10的任何正态化与非正态化的转化标准系统。
标准九(standard nine)即标准化九分制的简称，其量表是一个9级的分数量表。以5为平均数，以2为标准差。
常模表(norm table)是一种简单而基本的表示常模的方法，是原始分数与标准分数之间的转化表，由原始分数表、相对应的导出分数表和对常模样本的具体描述等三个要素组成。

内容参照分数(content referenced score)即确定应试者对某个确定材料内容或技能的掌握和熟悉程度的分数。

结果参照分数(outcome referenced score)是将效标材料直接结合到测验结果的解释过程而进行评价的分数。预测性测验往往适合用结果参照分数进行解释。

第 7 章

系统误差(systematic error)是测量中必然的,但却是有规律的误差。

随机误差(random error)是测量中难免的,但却是毫无规律的误差。

信度系数(reliability coefficient)指用以表示信度高低的指标,通常以相关系数表示。

重测信度(test-retest reliability)指同一测验在不同时间对同一群体施测先后两次测量结果之间的一致性。这两次测验分数的相关系数(采用积差相关系数)即为重测信度系数,又称为稳定性系数。

复本信度(alternative-form reliability)又称等值性系数,它是以两个测验复本(功能等值但题目内容不同)来测量同一群体,然后求得应试者在这两个测验上得分的相关系数(积差相关)。

内部一致性信度(consistency reliability)主要反映的是测验内部题目之间的关系,考察测验的各个题目是否测量了相同的内容或特质。内部一致性信度又分为分半信度和同质性信度。

分半信度(split-half reliability)是通过将测验分成两半,计算这两半测验之间的相关性而获得的信度系数。

同质性信度(homogeneity reliability)是指测验内部的各题目考察同一内容的程度。

评分者信度(raters reliability)是指不同评分者对同样对象进行评定时的一致性。

第 8 章

内容效度(content validity)是检查测验内容是否是所欲测量的行为领域的代表性取样的指标。

效标关联效度(criterion-related validity),也称效标效度(criterion validity),它反映的是测验分数与外在标准(效标)的相关程度,即测验分数对个体的效标行为表现进行预测的有效程度。

预测效度(predictive validity)是指测验分数对任一段时间间隔后受测者行为表现的预测程度。

同时效度(concurrent validity)是指测验分数和同一时间采集的效标材料之间的相关程度。

观念效标(conceptual criterion),即效标的实质概念内容。

效标测量(criterion measurement),即效标的具体度量方法。

效标污染(criterion contamination)是指由于评定者知道测验分数而影响个人的效标成绩的情形。

相容效度(congruent validity)指一个新测验与相似的旧测验之间的相关程度;可以作为衡量新测验所大致测量的相同行为的程度的标准。

构想效度(construct validity)是指测验能够测量到理论上的构想或特质的程度。所谓构想通常指一些抽象的、假设性的概念或特质,如智力、创造力、言语流畅性、焦虑等。

因素分析(factor analysis)是分析行为资料内部关系、结构特性的一种统计技术,比较适合于对构想效度的研究。

会聚效度(convergent validity)即测验与测量相同特质或构想等理论上有关的变量有高的相关。

区分效度(discriminate validity)即测验与测量不同特质或构想等理论上无关的变量有低的相关。

第 9 章

难度分析(difficulty analysis)是对题目的难度所进行的估计,用以确定其适宜的难度。

项目鉴别度(item discrimination)是指测验项目对于所测查的心理特性的鉴别能力和区分程度。

项目效度分析(item validity analysis) 主要以效标为依据,考察受测者在每个试题上的反应与其在效标上表现的相关程度,即每个试题所测查的行为是否反映了受测者在效标上的表现。

　　鉴别度指数(discrimination index) 是比较效标得分高和得分低的两组受测者在项目上通过率上的差值。

　　项目—总分分析(item-total correlation analysis) 采用测验的总分代替效标,考察每个试题和总分的一致性。这种分析反映的是测验各项目所测查内容的一致性,而不能反映题目对效标的有效性。

　　诱答分析(distracter analysis) 是指系统考察测试题目,以诊断题目是否符合一系列测量学要求的过程,主要目的在于避免猜测的影响,使题目真正反映应试者的真实情况。

　　欺骗性诱答(deceiving distracter) 指过于似真的选项,即使受测者掌握了题目所要考察的全部知识仍很难对正确答案与该选项进行区分。欺骗性诱答的出现使题目实际考察了目标之外的能力,使测验的效度降低。

　　速度测验(speed-based test) 指考察受测者解决问题的速度的测验。

　　教育敏感性(education sensitivity) 是指一种教育培训项目能否产生特定效果的可能性程度。

第 10 章

　　人力资源(human resources) 是指人所具备的能按一定要求(质、量、速度、耐用性)完成一定工作的各种躯体的和心理的素质或准备,包括个体的能力、技能、个性、动机模式、兴趣偏好、价值取向、交际风格及知识等,以及由个体的人构成工作团队乃至整个组织时所产生的整体特性和效力。

　　综合评价(integrated assessment) 是以岗位对人事的各方面要求为依据,以人—事匹配为原则,进行全面系统的评价。

　　人—事匹配(people-job matching) 是指人和岗位的对应关系。每一个工作岗位都对任职者的素质有各方面的要求。只有当任职者具备所有这些要求的素质并达到规定的水平,才能最好地胜任这项工作,获得最大绩效。这就是人—事匹配。

　　关键事件法(critical event method) 是指通过要求任职者回忆过去工作中的一些重大事件,评价正确应付、处理该事件的行为、方法,由此诊断当事人素质的要求,从而建立岗位素质要求说明的方法。

　　知识(knowledge) 是指以概念及其关系的方式存储、积累的经验系统,这里主要指与岗位工作相对应的知识。

　　技能(skill) 是以动作活动的方式固定下来的经验系统。这里是指岗位工作所要求的具体的操作活动,如汽车驾驶、车床操作、打字、电脑操作等。

　　注意(attention) 力是心理能量的指向性集中,具有稳定性、敏感性、持久性等特性。

　　记忆(memory) 力是迅速获取并巩固大量信息的能力。

　　能力性向(aptitude) 是指一个人的能力结构各方面的组合特征,它使其具有特定的才干、胜任特定的工作。

　　情绪(emotion) 指人对态度的体验与控制,通常伴随有躯体反应。

　　气质(temperament) 指(由高级神经系统活动特性所决定的)行为活动的能量和时间特性,例如爆发性、灵活性、耐久性、强度等。

　　划销测验(deleting test),即在规定时间里按要求以一定规律划销测验纸上指定的内容,分析不同时间、不同任务要求下作业的成绩(作业量和正确率),以此可判定气质特征。

　　综合素质(synthesized quality) 不是由某种单纯性的素质而是由多种素质综合而成的工作素质。